풍석 서유구 연구 上

풍석 서유구 연구 上

楓石 徐有榘

조창록 · 김문식 · 염정섭 · 박권수 · 김호 저

재단법인 실시학사 편

실시학사
실학연구총서
09

사람의무늬

| 간행사 |

實學研究叢書를 펴내며

실학(實學)이 우리나라 학계에 연구주제로 떠올라, 정식의 학술논문으로 학술지에 등재(登載)되기 시작한 것은 1952년 이후의 일이다. 천관우(千寬宇)의 「반계 류형원(磻溪 柳馨遠) 연구」가 『역사학보(歷史學報)』 2・3집에 발표된 것이 그 시발점이다. 지난 계몽기(啓蒙期)의 몇몇 선학(先學)들이 실학에 대한 관심을 표명해 왔으나 일반 신문・잡지에 논설조(論說調)로 내놓은 것이 고작이었던 것에 비하면, 천관우의 글은 당시 비록 한편에서 저널리스트식 필치로 써내려 온 것이란 비판이 있었지만 일단 수미정연(首尾整然)한 체제를 갖춘 논문으로 주목할 만하였다. 그러나 당시 연구자의 수가 많지 않고 학계의 관심도 분산되어 있어서 개별 실학자에 대한 연구가 간헐적으로 있는 정도였고 그리 활발한 편은 아니었다. 그중에서 1961년에 한우근(韓沽劤)의 성호(星湖) 이익(李瀷)에 관한 연구가 『이조후기(李朝後期)의 사회(社會)와 사상(思想)』이란 책으로 나와, 그의 실증사학(實證史學)으로서의 견고한 학풍을 보여 주었다.

그러다가 1970년에 이우성(李佑成)의 「실학연구서설(實學研究序說)」이 나와, 그동안 유동적이었던 실학의 명칭문제가 일단 타결된 듯이 보이고, 나아가 실학의 내용을 경세치용(經世致用) · 이용후생(利用厚生) · 실사구시(實事求是)의 세 파로 나누어 설명함으로써 그 학문의 성격을 용이하게 파악할 수 있게 하였다. 또한 경세치용파를 근기지방(近畿地方)의 농촌토착적 환경에서, 그리고 이용후생파를 서울의 도시적 상황 속에 형성된 것으로 이해하면서 「18세기 서울의 도시적 양상」을 묘사하여 이용후생파의 성립 배경을 밝히려고 하였다. 다시 나아가 다산(茶山) 정약용(丁若鏞)에 이르러 위의 양파(兩派)가 회합(匯合)되는 동시에 호한(浩汗)한 경전해석(經典解釋)으로 실사구시파(實事求是派)를 추동(推動)시킨 느낌이 있어, 다산학이 실학의 대성을 의미하는 것이라고 언급하였다. 이후 계속해서 실학의 후속 학자로 최한기(崔漢綺)와 최성환(崔瑆煥)을 연구하여 최한기가 『기학(氣學)』과 『인정(人政)』을 저술하는 한편 서양 과학지식을 대폭 수용하고, 최성환은 중인(中人) 출신으로 국왕(國王)의 자문에 응한다는 취지에서 『고문비략(顧問備略)』을 저술하여 전반적 제도 개혁을 주장한 것을 높게 평가하였다. 특히 최성환의 바로 뒤에 중인층의 후배들이 개화운동의 배후 공작자로 활약하게 된 것을 말함으로써 실학사상(實學思想)과 개화사상(開化思想)의 연결관계를 미루어 알게 하였다.

한편 '실학국제회의(實學國際會議)'를 구성하여 한 · 중 · 일 삼국의 학자들이 각자 자국의 실학을 중심으로, 2년마다 돌아가면서 국제회의를 개최하도록 함으로써 동아시아 세계로 실학의 지평을 넓혔다. 그리고 '한국실학학회(韓國實學學會)'를 조직하여 국내 학자들을 수시로 발표시키고 1년에 두 차례 학보를 발행하여 우리나라 실학연구를 다소 진작되게 하기도 하였다.

실시학사(實是學舍)가 서울에서 근기(近畿) 쪽으로 옮긴 뒤에도 나는 젊은 학도들과 강독 및 연토(硏討)를 지속해 오고 있지만 연로신쇠(年老身衰)한 처지에서 불원 철수 은퇴할 것을 생각하고 있었다. 뜻밖에 나의 친구

모하(慕何) 이헌조(李憲祖) 형이 거액의 사재를 출연하여 실시학사를 재단법인으로 만들고 그 기금으로 실학연구에 박차를 가해 줄 것을 권유해 왔다. 나는 사회와 학문에 대한 그의 열정에 감동하여 사양치 않고 그의 뜻에 따랐다. 즉시 연구계획을 세우고 국내 학자들을 널리 동원하여 1차 연도에 성호·다산을, 2차 연도에 담헌(湛軒)·연암(燕巖)과 실학파 문학을, 그리고 3차 연도에 반계(磻溪)와 초정(楚亭)을 다루기로 하였다. 각 팀에 5명을 한 단위로 하여 1년 동안의 공동연구 끝에 각자 논문을 제출하여 한 권의 책을 내기로 하였다.

어느덧 적지 않은 세월이 흘렀다. 1·2·3차 연도의 성과가 이미 여러 책으로 나왔다. 집필자들은 모두 해당 분야의 전문 연구자로서 가장 정예(精銳)로운 분들이라고 생각한다. 이제 4차 연도의 농암 유수원(聾巖 柳壽垣)과 풍석 서유구(楓石 徐有榘)에 대한 연구 성과를 실학연구총서의 제8, 9권으로 펴낸다. 풍석은 저술이 호한(浩瀚)하여 상하(上下) 2책으로 내기로 한다. 하책은 다음 연도에 나올 것이다. 국내외 학계 여러분의 성원과 협조를 기대하여 마지않는다.

이 글을 마치려 함에 있어, 거듭 모하(慕何) 형에게 고마움을 표하면서 앞으로 그 뜻을 살려 더욱 성과를 내게 될 것을 다짐한다.

2014년 7월

實是學舍에서 李佑成

| 이 책을 내면서 |

풍석 서유구를 연구하는 팀이 조직된 시기는 2012년 11월 중순이다. 벽사 선생께서 『임원경제지(林園經濟志)』를 주 자료로 하면서 서유구의 이용후생학(利用厚生學)을 조명할 연구팀을 만들 것을 주문하셨다. 연구팀은 5명의 연구자로 구성되었고 팀의 구성은 김문식이 맡았다.

연구자를 소개하면 조창록은 서유구의 학문적 성격을 총괄하고, 김문식은 서유구가 『임원경제지』를 작성하던 시기의 관리 활동을 검토하며, 나머지 세 사람은 서유구의 학문을 분야별로 나누어 염정섭은 농학, 박권수는 자연과학, 김호는 의학을 담당하는 것으로 하였다. 이상의 연구자들은 모두 서유구나 서유구 가학(家學)에 대한 연구 성과를 발표한 경력이 있다.

풍석 서유구 연구팀은 실시학사 연구실에서 총 세 차례의 발표회를 개최했다. 1차 발표는 2013년 2월 26일에 있었다. 이날 5명의 연구자는 팀이 구성된 이후 처음으로 만나 각자의 연구 주제와 집필 방향을 소개하면서 연구 분야가 겹치는 부분이 있는지를 확인하였고, 서유구 학문의 특징을 밝히는 데 연구의 초점을 두기로 하였다. 2차 발표는 6월 18일에 있었다. 이날에는 연구자들의 집필 상황을 점검하고 8월로 예정된 실시학사 발표회의 발표자를 선정하였다. 5명이 연구 성과를 발표한 결과, 진도가 가장 앞서 있었던 조창록과 염정섭이 발표하는 것으로 결정하였다. 3차 발표는 11월 15일이었다. 이때에는 연구자의 집필 상황을 최종적으로 점검하고 11월 말까지 완성된 원고를 제출할 것을 확인하고 발표회를 마감하였다. 세 차례의 발표회가 진행되는 동안 벽사 선생께서 한결같은 모습으로 자리를 지키셨다. 벽사 선생께서는 2010년 성호 이익 연구를 시작했을 때부터 모든 발표회에 참석하여 부족한 점을 지적해 주신 바 있다. 함영대는 세 번의 발표회에 모두 참석하였고, 2차 발표회에서는 김대중·정명현·전용훈, 3차 발표회에서는 정호훈이 지정 토론을 맡았다.

실시학사가 주최하는 제3회 실학연구 발표회 '조선 후기 실학사의 재조명'은 2013년 8월 6일 성균관대학교 600주년기념관 6층 첨단강의실에서 개최되었다. 이날 조창록은 '풍석 서유구의 실학사적 위상과 임원경제'를, 염정섭은 '풍석 서유구의 농법 변통론과 농정개혁론'을 발표하였다. 이날의 지정 토론자는 김대중·박현순이었다.

이하에서는 본서에 수록된 5편의 논문을 개략적으로 소개한다.

조창록의 '풍석의 실학자적 위상과 임원경제'는 서유구의 학문적 연원을 소개하고 『임원경제지』의 성격을 정리한 것이다. 조창록은 서유구의 학문적 연원으로 조부 서명응(徐命膺)의 상수학과 부친 서호수(徐浩修) 및 백씨 서유본(徐有本)의 천문학과 수학을 꼽았고, 그와 교류한 문광도(文光道)와 김영(金泳), 어릴 때의 스승인 유금(柳琴)이 모두 수학자였음을 거론했다. 또한 서유구 집안의 인물들이 서광계(徐光啓)의 『농경전서(農政全書)』를 중시하고, 서유구는 서광계의 농학 지식뿐 아니라 농작물을 재배하고 농업 설비를 시험하며 말년까지 저작을 손질하던 행적을 본받았음을 주목했다.

조창록은 서유구가 농업을 비롯한 산업 전반에 학문적 관심을 가졌고 『임원경제지』는 이용후생을 집성한 기술서로 이해했다. 그는 18세기에 이

뤄진 이용후생학의 성과가 19세기에는 실제 생활에서 실천하는 단계로 들어갔고, 서유구는 학문의 지향점을 실용에 두고 사대부가 임원(林園)을 경영하며 자립적으로 살아갈 수 있는 기술을 『임원경제지』에 수록한 것으로 보았다. 또한 조창록은 서유구가 임원 경영을 통해 경세제민(經世濟民)의 이상을 실현하려 하였고, 이는 홍경모(洪敬謨)·홍석모(洪錫謨)·정학유(丁學游)·윤정현(尹定鉉)과 같은 후진에게 전수된 것으로 파악했다.

김문식의 '풍석의 수원유수 시 활동 양상'은 서유구가 1836년부터 2년간 수원유수로 근무할 때 작성한 『화영일록(華營日錄)』에 나타난 활동을 검토한 것이다. 이 시기는 서유구가 『임원경제지』의 초고를 작성한 이후 수정을 하던 때라는 점에서 주목된다. 서유구는 수원유수로 있으면서 규장각 제학을 겸했기 때문에 규장각 제학으로서의 활동과 수원유수로서의 활동을 동시에 보여 주었다. 서유구 집안은 정조가 규장각을 설립할 때 조부 서명응이 중요한 역할을 한 이후 대대로 규장각과 인연이 있었고, 서유구도 정조 대 이후 규장각의 관직을 두루 역임했던 인물이었다. 서유구는 순조가 사망하고 헌종이 즉위하던 시기에 규장각 제학으로 있으면서 순조와 익종의 어제(御製)를 편찬하고, 왕실의 주요 의례에 참석하였으며, 헌종의 경연(經筵)에 나가는 등 고위 관리로서의 활동을 계속했다.

수원유수로서의 활동은 화령전(華寧殿)과 현륭원(顯隆園)의 관리, 인사관리, 민생 관리로 구분되며, 그중에서도 민생 관리는 『임원경제지』와 밀접한 관련이 있는 것으로 보았다. 이를 보면 19세기 전반 수원부의 형편은 농사가 계절별 강수량에 큰 영향을 받고, 정조 대에 축조된 수리(水利) 시설은 손상된 곳이 많았으며, 매년 흉년이 들 것을 걱정하고 해일 피해를 입은 기민(饑民)들을 구제해야 하는 실정이었다. 이에 수원유수 서유구는 자신이 관할하는 지역의 농업을 장려하고 민생을 안정시키는 데 최선을 다했다. 김문식은 이를 근거로 『임원경제지』에 수록된 농사와 수리 시설에 대한 방대한 지식에는 개인 차원의 가정(家政) 경영과 함께 세상을 구제하고 백성에게 혜택을 주려는 국가 경영자로서의 의지가 담겨 있다고 해석했다.

염정섭의 '풍석의 농법 변통론과 농정 개혁론'은 『행포지(杏蒲志)』와 「의상경계책(擬上經界策)」, 『임원경제지』의 「본리지(本利志)」에 나타나는 농법 변통론과 농정 개혁론을 정리한 것이다. 염정섭은 서유구가 농법 변통론으로 수전(水田)에서 이앙법을 실시하고 시비(施肥)를 강조하며, 한전(旱田)에서 조과(趙過)가 고안한 대전법을 재해석한 풍석대전법(楓石代田法)을 제시한 것으로 보았다. 또한 서유구는 요긴한 수리 기술을 정리하고 보급하며, 조선의 각 지역에서 선호하던 도종(稻種)을 정리하여 조선 농법의 고유한 측면을 강화하면서 중국의 우량한 품종을 도입하여 시험한 것으로 보았다.

염정섭은 서유구가 농정 개혁론으로 결부법(結負法)의 폐단을 지적하고 경무법(頃畝法)을 보급하며, 방전법(方田法)을 사용하여 전국적인 양전(量田)을 시행하자고 주장한 것으로 보았다. 또한 서유구는 한전을 수전으로 바꾸는 번답(反畓)을 금지하고, 둔전(屯田)을 확산시키며 북방 지역을 점차 개발하려는 구상을 가졌다고 보았다. 염정섭은 특히 서유구의 둔전 설치론을 주목하여 농법의 변통을 통해 지력(地力)을 최대한 활용하면서 국가재정을 보충하려는 개혁론으로 보았다.

박권수의 '풍석의 자연과학 저술의 특징'은 『임원경제지』에 수록된 천문학·기상학·수학·풍수지리에 관한 내용을 정리하고 그 특징을 밝힌 것이다. 박권수는 「위선지(魏鮮志)」에 있는 천문과 기상, 「본리지(本利志)」에 나오는 역산(曆算)이 서양에서 전래된 정보를 이용했음을 확인하였다. 그러나 서유구가 이를 저술한 목적은 천문과 자연 현상을 통해 농사의 풍흉을 점치고 계절별로 농가에서 해야 할 일을 정리하는 것과 같이 임원에서 생활하는 유자(儒者)에게 필요한 지식을 얻는 데 있었던 것으로 보았다.

또한 「유예지(遊藝志)」의 산법(算法)은 청에서 전래된 『수리정온(數理精蘊)』을 참고했지만 전통적인 상수학적 관념이 반영되어 있으며, 「상택지(相宅志)」의 풍수지리도 전통적 풍수지리와 술수적 관념을 가지고 실용적 지식을 정리한 것으로 보았다.

박권수는 『임원경제지』에 과학적 지식과 술수학적 지식이 공존하며, 서유구는 술수학과 상수학의 이론 자체를 연구하지 않고 실제에 필요한 지식을 집대성한 것으로 보았다. 박권수는 서유구의 지식이 서명응과 서호수로부터 이어지는 가학의 전통에서 발전되었으며, 『임원경제지』는 실용성과 전문성을 아우르는 백과사전류의 책으로 파악했다.

김호의 '풍석의 의학론'은 『임원경제지』 「인제지(仁濟志)」에 나타나는 이용후생의 면모를 중국 외과 기술의 수용과 조선 후기 경험방의 수집이라는 측면에서 정리한 것이다. 김호는 서유구가 의학을 「보양지」와 「인제지」로 구분하여 체계화하고, 중국 의서(醫書)의 백미라 할 『경악전서(景岳全書)』와 『의종금감(醫宗金鑑)』을 적극 수용하고 조선의 경험방 서적도 최대한 수집하여 정리한 것으로 보았다. 특히 「인제지」에서는 청 건륭제의 명령으로 오겸(吳謙)이 편찬한 『의종금감』을 널리 인용하면서 자신의 분류체계로 재정리하여 효율적으로 활용하게 했으며, 서양의 의학과 약물 제조 기술에도 관심으로 가진 것으로 보았다. 서유구는 조선의 경험방도 널리 수집하고 자신의 방법으로 재분류했으며, 그 대상은 『산림경제』와 『증보산림경제』를 비롯하여 『광제비급』, 『김씨경험방』, 『규합사의』, 『해동경험방』을 망라하였다.

김호는 서유구가 정조의 의도를 제대로 실현한 측면이 있다고 보았다. 정조는 『동의보감(東醫寶鑑)』이 나온 이후에 나타난 중국 의서를 보완하고 조선 후기의 경험방을 보충한 새 의서를 편찬할 계획을 세웠고 강명길(康命吉)의 『제중신편(濟衆新編)』은 그 결과물이었다. 그런데 서유구는 명과 청, 일본의 서적까지 활용하고 조선의 의방을 빠짐없이 수집하여 「인제지」를 편찬함으로써 정조의 의도를 완수했다는 것이다. 김호는 서유구가 생활에 필요한 지식을 최대한 수집하여 활용하려 했지만 지식의 양이 많아질수록 활용은 감소했다고 지적했다.

이상에서 보듯 5명의 연구자는 다양한 방식으로 『임원경제지』에 접근하면서 그 학문적 특징을 다음과 같이 파악했다. 서유구는 학문적 지향점을 '실용'과 '이용후생'에 두고 사대부가 임원에서 살아가는 데 필요한 정보를 최대한 수집하고 정리했다. 서유구는 명과 청, 서양, 일본에서 들어온 신지식과 조선의 전통적 지식을 망라하여 수집한 후 이를 자신의 방식으로 재분류하고 체계화했다. 이렇게 정리된 『임원경제지』는 개인 차원의 가정(家政) 경영과 함께 세상을 구제하고 백성에게 혜택을 주려는 경세제민(經世濟民)의 특성을 가지고 있다. 서유구는 신지식을 대거 흡수했지만 그의 학문이 전통적 관념에서 완전히 벗어나 새로운 합리성을 찾았다고 보기는 어렵다. 또한 서유구는 자신이 정리한 지식을 실생활에 적극 활용하려 했지만 정보가 많아질수록 활용하기 어려워진 측면이 있다.

지금까지 2012년에 구성된 풍석 서유구 연구1팀이 거둔 성과를 정리해 보았다. 2013년에는 『임원경제지』에 나타나는 다양한 학문 분야를 연구하기 위해 새로운 풍석 서유구 연구2팀이 조직되었다. 필자는 새 연구팀이 기왕의 연구 성과를 참고하면서 더욱 진전된 연구 결과를 제출해 주기를 기대한다.

2014년 7월

집필진을 대표하여 김문식

| 차 례 |

楓石의 農法 변통론과 農政 개혁론

| 염정섭 |

楓石의 자연과학 저술의 특징

| 박권수 |

楓石의 醫學論: 「仁濟志」의 '利用厚生'을 중심으로

| 김 호 |

| 부록 |

楓石의 실학자적 위상과 '林園經濟'

조창록 | 성균관대학교 대동문화연구원 수석연구원

1. 연구사 검토

풍석(楓石) 서유구(徐有榘)는 1764년에 태어나서 1845년에 생을 마쳤으며, 『임원경제지(林園經濟志)』라는 방대한 실학 저술을 남긴 인물이다. 이 시기 그의 선배 혹은 동년배로는 연암(燕巖) 박지원(朴趾源, 1737~1805), 초정(楚亭) 박제가(朴齊家, 1750~1805), 다산(茶山) 정약용(丁若鏞, 1762~1836) 같은 사람들이 있었다. 이 중에서 정약용은 이른바 '일표이서(一表二書)'를 저술하여 반계(磻溪) 유형원(柳馨遠, 1622~1673) 이후 국가제도론을 집성하였고,[1] 연암학파의 기술혁신론을 도입하였으며, 고전 연구를 통해 실사구시학에 큰 추동력을 제공한 것으로 평가되고 있다.[2] 이에 비해 서유구는 한국 실학사에 있어서 뚜렷한 위상을 점하고 있지는 못한 형편이다.

〈그림 1〉 서유구 1838년 초상

다만 비교적 이른 시기부터 서유구의 학문에 대해서는 여러 선학들의 평이 있어 왔다. 먼저 최남선(崔南善, 1890~1957)은 '농학은 어떻게

---

1 이헌창(2009), 53면 참조.

2 이우성(1982), 22면 참조.

발달하여 나왔습니까'라는 글에서 다음과 같이 말하고 있다.

> 서유구는 일찍부터 생활과학에 유념하여 『금화경독기』, 『행포지』, 『난호어목지』 기타의 찬술이 많더니, 뒤에 이 여러 책들을 모으고 또 국내외 서적 830여 종에서 주요 항목을 발췌, 종류별로 찬술하여 『임원경제지』 113권을 편성하니, 실로 조선뿐 아니라 국내외를 통하여 유서(類書) 중의 백미라 할 만하며, 그중의 『본리지』 13권, 『관휴지』 4권, 『예원지』 5권, 『전공지』 5권은 순농학의 부분이요, 인용서 중에 『농상집요』 이하 『해동농서』까지의 우리 역대 농서가 죄다 들어 있으며 또 중국의 책으로는 『제민요술』 이하 역대 농서와 서광계의 『농정전서』, 웅삼발(熊三拔)의 『태서수법(泰西水法)』까지를 골고루 채록하여 당시에 있는 농학의 최고 수준을 엿볼 만합니다.[3]

여기서는 서유구를 '생활과학'에 유념한 인물로 파악하여 『금화경독기(金華耕讀記)』, 『행포지(杏蒲志)』, 『난호어목지(蘭湖漁牧志)』 등에 대해 언급한 다음, 『임원경제지』를 유서 중에서 백미이며 조선 농학의 최고 수준을 보여 주는 책이라고 하였다. 또 백남운(白南雲, 1894~1979)은 『조선사회경제사』 서문에서 서유구를 유형원 · 이익 · 이수광 · 정약용 · 박지원과 함께 '현실학파'라고 부르고 있다.[4] 이 밖에 의학사 분야에서는 『임원경제지』 중의 「보양지」와 「인제지」에 주목하였는데,[5] 미

---

3 최남선, 육당전집편찬위원회 편(1973), 「조선상식문답속편」.

4 백남운 저, 심우성 역(2004), 8면.

5 『임원경제지』는 16개 분과별로 편성되어 흔히 '임원십육지(林園十六志)'라고 지칭된다. 16지의 제목들을 각각 차례대로 나열하면, 「본리지(本利志)」, 「관휴지(灌畦志)」, 「예원지(藝苑志)」, 「만학지(晩學志)」, 「전공지(展功志)」, 「위선지(魏鮮志)」, 「전어지(佃漁志)」, 「정

끼 사카에(三木榮, 1903~1992)는 박물학 분야에서 조선 최대의 저술로 각고의 노력을 다한 책이라고 하면서도 '의학의 범위에서 원전을 직접 인용하지는 않았다는 점에서 이 책의 학문적 가치는 낮다.'고 하였다.[6] 그리고 김두종(金斗鍾, 1896~1988)은 조부 서명응(徐命膺, 1716~1787)의 『고사신서(攷事新書)』와 함께 「보양지」와 「인제지」를 소개하면서, '전원생활에 필요한 약물 및 본초학의 지식을 집대성한 근세 조선의 최대 전서이지만, 사본으로 전할 뿐으로 그것이 실생활에 어느 정도의 영향을 미쳤는지는 속단하기 어렵다.'고 평한 바 있다.[7] 이상을 보면, 단편적이기는 하지만 1970년대 초반 '실학'의 개념 정립과 시기별 유파 구분이 있기 이전에 서유구는 생활과학에 유념한 인물 혹은 현실학파로 인지되었으며, 『임원경제지』는 조선의 농학·박물학·본초학 분야에서 손꼽히는 저술로 인정받았음을 알 수 있다.

한편 이러한 평가가 있음에도 서유구의 문장은 그다지 좋은 평판을 얻지 못했던 것으로 보인다. 성낙훈(成樂熏, 1911~1977)은 실학의 개척자 10인을 소개하는 글에서 다음과 같이 말하고 있다.

> 그의 작품은 문장으로는 과히 취할 만한 것이 있다고 볼 수 없다. 그가 25세 때에 자편한 『풍석고협집』에는 매편 끝에 청성 성대중, 형암 이덕무 등 당대의 명사들이 미사로 평을 붙인 것이 있으나, 그것은 일종의 아첨이 아니면 희롱에 불과한 듯하다. 다만 그의 문장에서 특색을 찾는다면 도학자의 진부한 냄새나 번거로운 수식이 없는 간결하고 평이한 것이라

조지(鼎俎志)」, 「섬용지(贍用志)」, 「보양지(葆養志)」, 「인제지(仁濟志)」, 「향례지(鄕禮志)」, 「유예지(遊藝志)」, 「이운지(怡雲志)」, 「상택지(相宅志)」, 「예규지(倪圭志)」이다.

6 三木榮(1956), 338면; 三木榮(1963), 248면.

7 김두종(1993), 354~355면.

고나 할까?[8]

이 글에서 성낙훈은 서유구의 문장에 대해 과히 취할 만한 것이 없다고 단언하면서도, 그 특색을 '도학자의 진부한 냄새나 번거로운 수식이 없는 간결하고 평이한 점'에서 찾고 있다.

이러한 지적 때문인지, 이후로 서유구에 대한 연구는 문장가로서의 면모보다는 『임원경제지』를 중심으로 한 실학 저술에 집중되었다. 우선 농업·식생활·서지학 분야에서 『종저보(種藷譜)』, 『임원경제지』, 『누판고(鏤板考)』,[9] 건축 분야에서 「섬용지」, 미술사 분야에서 「유예지」에 대한 연구가 있었다.[10] 즉 일반 시문(詩文)보다는 특화된 실학 저술의 자료적 가치에 주목한 것이라고 할 수 있다. 그리고 서유구의 사상과 관련해서는 박지원과의 영향관계 등이 밝혀지면서 '연암일파'의 한 인물로 파악되었는데,[11] 이후로 생애와 문학, 저술에 관한 보다 구체적인 연구가 진행되었다.[12] 또 이 과정에서 그동안 연구가 거의 없었던 서명응·서호수(徐浩修, 1736~1799)·서형수(徐瀅修, 1749~1824) 등 달성 서씨 인물들에 대해서도 주의를 기울이게 되었다.

한편 『임원경제지』에 대한 연구는 다방면에서 그 범위를 확장해 나가게 되는데, 건축학·서화·음악·서지학·수산학·식생활·복식사·의사학 등의 분야에서 연구가 꾸준히 진행되어 그 성과들을 일일이 들기

8 성낙훈(1974), 194면.

9 篠田統(1967); 김용섭(1976); 김용섭(1977); 김윤식(1978); 이성우(1981). ※이하 본고의 참고문헌에 수록되지 않은 논저는 이 책의 「부록」을 참조할 것.

10 김성우·안대회(1987~1990); 이성미(1992).

11 유봉학(1995), 187~230면; 김명호(2008), 214~225면.

12 강민구(1998a); 강민구(1998b); 강명관(2000); 한민섭(2000); 조창록(2001); 조창록(2003).

힘들 정도이다.[13] 최근에는 『임원경제지』 중의 「섬용지」, 「전어지」, 「정조지」, 「본리지」, 「관휴지」, 「위선지」 등에 대한 번역서와 전체를 개관해주는 개설서가 속속 등장하고 있는 형편이다.[14]

이러한 추세를 감안해 보면 서유구와 『임원경제지』는 근래 가장 많이 연구가 진행된 실학자이자 실학 저술이 아닌가 여겨진다. 하지만 여전히 아쉬운 점은 자료적 측면이 부각되었을 뿐 그의 저술과 사상이 실학사에서 어떠한 의미를 지니는가에 대해서는 뚜렷한 자리매김을 하지 못하고 있는 것으로 판단된다. 본고는 이러한 점에 유의하여 서유구의 실학자적 위상과 '임원경제'에 대해 논해 보고자 한다. 이에 앞서 먼저 서유구의 관직과 저술에 대해 간단히 정리해 보면 다음과 같다.

서유구의 가문은 당색으로 따지면 소론으로 분류된다. 그러나 그 본색을 말하자면 임금의 측근에서 국정을 보필했던 측신 집안이라고 할 수 있다. 이러한 성향은 선조 대의 약봉(藥峯) 서성(徐渻, 1558~1631)에서부터 정조 대의 서유구에까지 이어지는데,[15] 특히 서명응 대에 최고의 성세를 누렸던 것으로 파악된다. 서유구 역시 그 후광에 힘입어 1790년 문과에 급제하여 승문원·규장각·홍문관·예문관 등에서 정

13 박은순(2000); 임미선(2000); 문선주(2001); 손병규(2003); 조창록(2005); 신영주(2005); 노기춘(2006a); 노기춘(2006b); 조은자(2007); 김문식(2009); 염정섭(2009a); 염정섭(2009b); 이천승(2009); 차경희(2009); 홍나영(2009); 장진성(2009); 조창록(2009a); 조창록(2009b); 차서연(2011); 전종욱·조창록(2012d); 박상영(213).

14 안대회 엮어 옮김(2005); 서유구 저, 김명년 역(2007); 서유구 지음, 이효지·조신호·정낙원·차경희 편역(2007); 서유구 지음, 정명현·김정기 역주(2008); 서유구 저, 노평규·김영 역주(2010); 서유구 저, 박순철·김영 역주(2010); 김일권(2011); 풍석 서유구 지음, 정명현·민철기·정정기·전종욱 외 옮기고 씀(2012).

15 서성 이래 서유구의 가계를 간단히 소개하면 다음과 같다. 徐渻→徐景雨→徐貞履→徐文裕→徐宗玉→徐命膺→(生父)徐浩修·(仲父)徐瀅修→徐有榘.

조 임금을 보필하였으며, 순창군수와 의주부윤으로 재직하였다. 그러다가 순조 즉위 후 1806년 서형수가 벽파 세력으로 몰려 숙청될 때 함께 연좌되어 정계에서 물러나게 되는데, 이후 약 17년 간을 재야에서 떠돌게 된다. 그리고 1824년 회양부사로 다시 정계에 복귀하였고, 대사헌·공조판서·형조판서·호조판서 등을 거치고, 강화유수·전라도관찰사·수원부유수를 역임하였다. 이어서 1838년에는 봉조하가 되고 1839년에 영예로운 퇴임을 하게 된다.

다음으로 저술을 차례대로 일별해 보면, 관직에 나가기 전까지의 글을 모은 『풍석고협집(楓石鼓篋集)』, 정조의 『시경』 조문에 응대한 『모시강의(毛詩講義)』, 간행서 판본을 분류·목록화한 『누판고』, 은거기 이래 각종 저술을 모은 『금화경독기』, 고구마 재배기술서인 『종저보』,[16] 전라도관찰사와 수원유수로 재임할 때의 행정기록인 『완영일록(完營日錄)』과 『화영일록(華營日錄)』, 노년에 열었던 시회(詩會)의 결과물인 『번계시고(樊溪詩稿)』,[17] 관직에 나간 이후 생을 마감하기까지의 글을 모은 『금화지비집(金華知非集)』, 그리고 잘 알려진 『임원경제지』가 있다.[18]

또 그 생애에 대한 전기 자료로는 홍경모(洪敬謨, 1774~1851)의 「시

---

16 참고로 이규경은 서유구가 저술한 『종저보』에 대해서, 그 교정과 탈고를 자신이 주관했음을 말하고 있다. 『五洲衍文長箋散稿』, 만물편, 「蕃藷辨證說」, "徐公有榘, 字準平, 號五費, 官至內閣大提學奉朝賀. 嘗輯種藷譜一編. 按察完營時, 刊刻字擺印, 傳行. 旣純廟甲午季秋, 而其校正脫稿, 予實主之."

17 이 시집은 10여 년 전에 학계에 소개된 것으로, 당대의 언급이나 선학들의 평은 없지만 일반 시집과는 달리 현저하게 농학 혹은 실학적인 내용을 담고 있다. 이런 점에서 비록 시집이기는 하지만 서유구의 대표적 실학 저술로 꼽을 수 있지 않을까 생각된다. 조창록(2001); (2013) 참조.

18 이 밖에 서유구는 우리나라 제현들의 글을 모은 '소화총서(小華叢書)'의 편찬을 시도하기도 하였다. 다만 이 책은 미완의 사업으로 끝났으며, 이덕무의 발의로 시작하여 이의준·서유구 등이 편집에 참여한 것으로 파악된다. 『오주연문장전산고』, 경사편, 「小華叢書辨證說」 참조.

장」, 이유원(李裕元, 1814~1888)의 「묘지」, 서태순(徐太淳, 1821~1868)의 「묘표추기(墓表追記)」 등이 있으며, 이규경(李圭景, 1788~1856)의 『오주연문장전산고(五洲衍文長箋散稿)』, 홍현주(洪顯周, 1793~1865)의 『지수염필(智水拈筆)』, 이유원의 『임하필기(林下筆記)』 등에 관련 일화가 다수 전한다.[19]

이상 서유구의 생애에서 특기할 점은, 1806년 관직에서 쫓겨난 이후 다시 복귀하여 노년에 이르도록 임원을 경영하며 농업 혹은 어업에 종사하였다는 사실이다. 그 주요 장소로는 금화(金華) · 난호(蘭湖) · 번계(樊溪) · 두릉(斗陵) 등지가 있으며,[20] 현재 전하는 『난호어목지』, 「의상경계책(擬上經界策)」, 『종저보』, 『임원경제지』 등의 실학 저술이 모두 이 과정에서 나온 것이다. 이러한 행적과 저술들을 보면 그는 명실상부한 실학자적 삶을 살았다고 할 수 있을 것이다.

한편 최근의 연구를 보면 정약용보다는 서유구를 18세기 이용후생학을 정통으로 계승한 학자로 보아야 한다는 견해가 제시되고 있다.[21] 그리고 『임원경제지』로 대변되는 서유구의 학문은 사대부가 '임원에서 살아가기 위한 지식 체계'이며, 따라서 그것을 '임원경제학'이라 규정하기도 하였다.[22] 이러한 논의들을 감안해 보면 서유구의 학문은 '이용후생학'과 '임원경제학'이라는 두 가지 주제로 접근해 볼 수 있는데, 이

---

19 홍경모, 『冠巖叢史』, 「吏曹判書致仕奉朝賀楓石徐公諡狀」; 이유원, 『嘉梧藁略』, 「吏曹判書致仕奉朝賀文簡徐公墓誌」; 「先王考奉朝賀府君墓表追記」, 『完營日錄』(성균관대학교 대동문화연구원, 2002) 수록.

20 금화는 달성 서씨 선조들의 묘소가 있는 포천시 영중면 거사 2리 금화봉 인근, 난호는 장단읍에서 20리 남쪽의 임진강 북단, 번계는 서울시 강북구 번동으로 추정되는 곳이며, 두릉은 경기도 남양주시 조안면에 속한다.

21 안대회(2006).

22 김대중(2011), 183~234면 참조.

어지는 장에서는 먼저 그 배경이 되는 학문적 연원에 대해 짚고 넘어가기로 한다.

2. 학문적 연원: 달성 서씨의 가학

서유구가 『임원경제지』의 찬술과 임원경제에 몰두하게 된 직접적인 계기는 물론 1806년을 기점으로 집안 전체가 벼슬길에서 멀어지면서부터이다. 그러나 그 학문적 배경을 보면 거기에는 상당히 독특한 가학(家學)이 자리잡고 있음을 알 수 있다. 그 가학은 간단히 말하면 서명응의 상수학(象數學), 서호수의 역산(曆算, 오늘날의 천문·수학), 서유구의 농학으로 이어지는 학문적 계통을 말한다.

이들 집안은 경기도 장단(長湍)을 묘향(墓鄕)으로 하고 있는데, 이곳은 현재 남·북이 대치하고 있는 군사적 접경지역이지만 원래는 고려의 수도인 송도(松都)의 오른쪽 날개 구실을 하였던 곳이다. 즉 고려 이래 중국 사행의 왕래가 끊이지 않았던 길목으로 문물이 번성하였던 곳이다. 이러한 역사 문화적 배경 아래, 집안의 인물들 역시 영·정조 대 국왕의 문화정책을 보좌하면서 해외 문물 도입을 주도하였던 것이다.[23] 또 이런 맥락에서 서명응은 북학의 선구자로 평가받기도 한다. 그는 박제가의 『북학의』에 쓴 서문에서 다음과 같이 말하고 있다.

성곽과 주택, 수레와 기물은 어느 것 하나 자연의 수법이 없는 경우가

23 조창록(2007), 196~198면 참조.

없다. 이 수법을 제대로 갖추면 견고하고 완전하여 오래갈 것이요, 그렇지 않으면 아침에 만든 것이 저녁이면 벌써 못쓰게 되어 백성과 나라에 끼치는 폐해가 적지 않다. 이제 『주례』(「고공기」)를 보면, 도로의 넓이에도 정해진 법도가 있고 가옥의 깊이에도 일정한 치수가 있다. 또 수레는 바퀴 둘레를 바퀴통보다 세 배 크기로 만들면 진흙탕에 빠지지 않을 것이요, 집은 지붕의 물매를 곱으로 하면 낙숫물이 쉽게 빠진다고 하였다. 또 쇠와 돌을 제량하는 것과 가죽을 느슨하고 팽팽하게 하는 것, 실을 물들이는 법, 옻을 칠하는 법에 이르기까지 상세하게 기록해 놓지 않은 것이 없다. …… 그러나 한나라 이후로 '우주 만물의 수법'에 정통하지 못한 학자들이 "이것은 백공(百工)들이 할 일이다."라고 일률적으로 판단해 버렸다. 그래서 당시의 제도를 기록하는 서적에서는 그에 대한 대강의 사실만을 기록하였을 뿐이다.[24]

위의 글에서 서명응은 성곽과 주택, 수레와 기물에는 모두 자연의 수법이 들어 있으며 도로의 넓이, 가옥의 깊이, 수레의 바퀴통, 지붕의 물매에도 모두 정해진 법도와 치수가 있다고 하였다. 그리고 『주례(周禮)』, 「고공기(考工記)」에는 이러한 법도와 치수, 각종 도구들의 제작 방법이 기록되어 있었는데, 그것들을 모두 장인들의 일로 치부해 버리고 계발하지 못하였음을 지적하고 있다. 한편 여기서 서명응이 말한 '우주 만물의 수법〔萬有之數法〕'은 그 학문적 기원이 역(易)의 기본 원리를 하

24 『保晩齋集』, 「北學議序」, "城郭室廬車輿器用, 莫不有自然之數法. 得之則堅完悠久, 失之則朝設夕弊, 害民國不細. 今觀周禮, 涂廣有軌, 堂脩有尺, 車轂三其輻則不泥, 屋葺一其峻則易溜, 以至金石之劑量, 韋革之緩急, 絲之漚, 漆之髹, 莫不謹書該載. …… 自漢以後, 儒者不能通萬有之數法, 槩曰此百工之事也. 凡當時制度之書, 但載其大綱." 박제가 지음, 안대회 옮김(2008), 9~10면 참조.

도(河圖)・낙서(洛書)로 도식화한 선천역(先天易)에 있다. 그리고 이 선천역에 담긴 수리사상에 철학적 체계를 부여한 것이 곧 상수학이다. 또 이 상수학의 실제 적용은 장인들이 곱자를 가지고 길이를 재거나 수준기로 수평을 재는 이른바 도수학(度數學)이 된다.

이런 측면에서 서유구의 가학은 흔히 '명물도수학'이라 일컬어지는데, 그 실제적인 적용은 주로 역산(曆算) 분야, 즉 천문・수학에 치중하고 있다. 그래서 서호수와 백씨(伯氏) 서유본(徐有本, 1762~1822)이 모두 천문과 수학 분야에서 전문적인 저술을 남기고 있는데,[25] 당시에 있어서 수학은 어디까지나 기예에 속하는 것으로, 사대부의 품격 있는 교양이 아니라 기술로 간주되던 것이었다.[26] 이런 점에서 서유구 가의 학문 경향은 조선의 여느 사대부 가에서 찾아보기 힘든 독특한 학풍을 형성하고 있다. 다음은 이처럼 전문적인 학술에 치중하는 이유에 대해 서형수와 서호수가 나눈 대화의 일부분이다.

> 일찍이 내가 공에게 묻기를, "도(道)는 형이상(形而上)이요, 예(藝)는 형이하(形而下)입니다. 군자는 상(上)을 말하지 하(下)를 말하지 않는 법인데, 공이 좋아하시는 것은 술(術)을 가리지 않는 것은 아닌지요?"라고 하였다.
>
> 그러자 공은, "그렇네. 나도 모르는 바 아니지만, 대개 도란 것은 형체가 없어 쉽게 현혹되는데, 기예(技藝)는 상(象)이 있어 거짓되기 어렵다네.

---

25 조창록(2008), 199~205면 참조.

26 이 점과 관련하여 서양 학술사에 대한 다음과 같은 언급이 참조가 된다. 피터 버크 지음, 박광식 옮김(2006), 150면, "영국의 수학자 존 월리스는 자서전에서 17세기 초만 해도 수학은 학문적 연구라기보다는 '상인이나 선원, 목수, 감정인' 따위와 결부되어 있던 '기계적' 기술의 하나로 치부되었다고 회고하고 있다. 교양적 지식이 실용적 지식보다 윗길이라는 통념은 베블런이 말한 '유한계급'의 구체제 지배가 가져온 지적 결과 중 하나인 셈이다."

나도 도를 싫어하는 것은 아니지만, 말로는 도를 좋아한다고 하면서 실제로는 무도하며, 이른바 기예에 나아가서는 아무것도 얻음이 없음을 미워할 뿐이네."라고 말하셨다.[27]

위의 글 전반부는 서형수가 『주역』, 「계사전(繫辭傳)」에 나오는 '形而上者謂之道, 形而下者謂之器.'라는 말을 인용하여, 형이하의 기예인 수학에 치중하는 서호수에게 의문을 던진 것이다. 이에 대해 서호수는 실천이 수반되지 않는 도는 아무런 형체도 없이 현혹되기 쉬운 데 반해, 전문 기예는 분명한 상(象)이 있다는 점에서 진실되다고 하였다. 또 겉으로는 도를 말하지만 실제로는 무도하며, 구체적인 기예에 있어서는 아무것도 아는 것이 없는 그런 학문을 미워한다고 하였다.

즉 공소(空疎)하고 거짓되기 쉬운 도를 좇기보다는 실체가 있고 실득(實得)이 있는 학문을 하겠다는 말이다. 서유구 역시 이러한 실용적인 학문관을 도처에서 피력하고 있는데, 서호수의 『수리정온보해(數理精蘊補解)』에 붙인 서문에서 다음과 같이 말하고 있다.

천하에 말이 있은 지는 오래되었다. 말할 만한 것은 옛사람들이 다 말하였으니, 이미 말한 것을 말하는 것도 군더더기요 말하지 않아도 되는 것을 말하는 것도 군더더기이다. 세상에 기예를 말한 사람은 헤아릴 수 없이 많지만, 예전에 가려져 있던 것을 오늘에 드러내면서 수만 마디 말 가운데 한 마디도 군더더기가 없는 것은 오직 『수리정온』이 그러할

27 『明皐全集』 권8, 「幾何室記」, "余嘗請於公曰, 道者, 形而上者也, 藝者, 形而下者也. 君子語上, 而不語下. 公之所好, 無乃不擇於術乎. 公曰, 然. 吾固無不知也, 夫道無形而易眩, 藝有象而難假. 吾非不好道也, 所惡名好道而實不道, 幷與所謂藝者, 而無得焉爾."

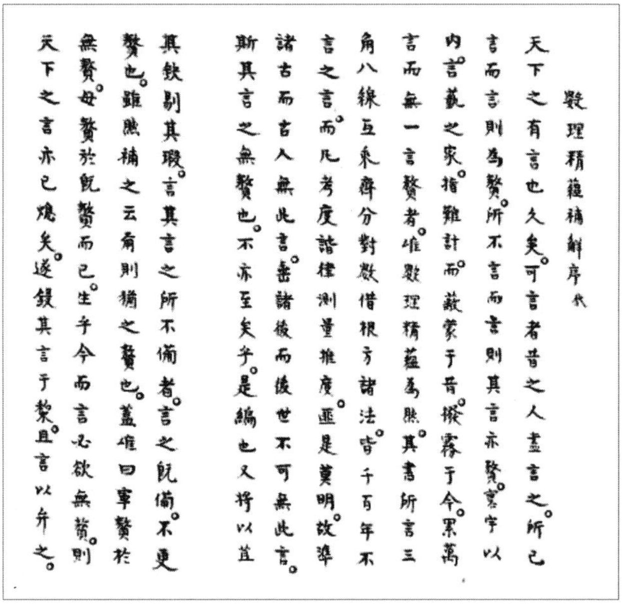

數理精蘊補解序 代

天下之有言也久矣。可言者昔之人盡言之。所已言而言則爲贅。所不言而言則其言亦贅。寰宇以內。言藝之家。指難計。而蔽蒙于昔。撥霧于今。累萬言而無一言贅者。唯數理精蘊爲然。其書所言三角八線互乘齊分對數借根方諸法。皆千百年不言之言。而凡考度諳律測量推度。靡是莫明。故準諸古而古人無此言。蓋諸後而後世不可無此言。斯其言之無贅也。不亦至矣乎。是編也又將以苴其缺則其瑕。言其言之所不備者。言之既備。不更贅也。雖然補之云有則補之贅也。蓋唯回寧贅於無贅。毋贅於既贅而已。生乎今而言必欲無贅。則天下之言亦已矣。遂錄其言于黎。且言以弁之。

〈그림 2〉『수리정온보해』 서문

것이다.[28]

위의 글을 한마디로 요약하자면, '『수리정온』이 담고 있는 학문, 즉 수학이야말로 군더더기가 없는 새로운 학문'이라는 것이다. 즉 이 말을 바꾸면 경전의 글을 반복해서 풀이하는 학문은 옛사람들이 다 말해 놓은 군더더기가 되는 셈이다.

이러한 학문 경향은 이들 집안의 교유 관계에서도 잘 드러나는데,

---

28 『풍석전집』, 「數理精蘊補解序」, "天下之有言也久矣, 可言者昔之人盡言之. 所已言而言則爲贅, 所不言而言則其言亦贅. 寰宇以內, 言藝之家, 指難計, 而蔽蒙于昔, 撥霧于今, 累萬言而無一言贅者, 唯數理精蘊爲然."

서호수와 학문적 수수관계에 있었던 문광도(文光道, 1727~1775), 서유본과 절친했던 김영(金泳, 1749~1817), 서유구의 스승이었던 유금(柳琴, 1741~1788) 등이 모두 당대에 수학자로 이름이 있었던 인물들이다.

이와 같은 가학 아래, 서유구는 10대 중반에 「고공기」를 배웠는데, 그 도중에 책상을 치고 일어나 "대장부의 글이란 모름지기 이러해야 하지 않겠습니까."라고 하였다는 일화가 전한다.[29] 서유구의 이름이 장인들의 도구인 곱자를 뜻하는 '구(榘=矩)'이며, 자(字)가 수준기(水準器)를 뜻하는 '준평(準平)'이 된 것도 이러한 신념을 반영한 것으로 이해된다.[30] 또 서유구는 자신이 거처하는 서재의 이름을 '자연경(自然經)'이라고 하였는데, 그 의미 또한 글로 표현된 문장이 아닌 우주와 자연의 원리를 학문 대상으로 하겠다는 뜻으로 이해된다. 그렇다면 서유구는 왜 농학을 하였는가? 그는 자신이 농학에 종사하게 된 이유를 다음과 같이 말하고 있다.

> 내가 유독 농학에 힘쓰고, 늙어 기운이 다하면서도 그만두지 않는 것은 진정 무엇 때문인가? 나는 일찍이 육경(六經)의 학문을 연구하였다. 그러나 말할 만한 것은 옛사람들이 다 했으니, 다시 재삼 반복한들 무슨 이익이 있겠는가? 나는 일찍이 경세(經世)의 학문을 연구하였다. 그러나 처사가 이리저리 궁리해서 하는 말은 흙으로 끓인 국이고 종이로 만든 떡이니, 공교한들 무슨 소용이 있겠는가? 이에 다 제쳐 두고 범승지(氾勝之)와 가사협(賈思勰)의 농학에 진력하게 된 것이다. 망령된 생각이지만 오늘날

29 『풍석전집』, 「楓石鼓篋集序」, "憶余嘗在明皐精舍, 與楓石子, 講禮之考工記. 時燈火青熒, 秋聲砰湃在楚間. 楓石子朗誦數遍, 拍案而起曰, 大丈夫爲文, 不當如是耶, 余笑而頷之."

30 조창록(2012b), 66~69면 참조.

말할 만하고 바로 적용할 수 있는 실용의 학문은 오직 이것이며, 하늘과 땅이 내려 주고 길러 준 은혜에 조금이라도 보답하는 길 또한 여기에 있지 저기에 있지 아니할 것이다.[31]

이 글에서 서유구는 먼저 자신이 배운 육경의 학문은 이미 옛사람들이 다 말한 것들이니 다시 반복할 것이 없다고 하였다. 이는 앞서 「수리정온보해서」에서 '군더더기가 없는 학문'을 추구했던 그의 신념과 맥락을 같이하는 것이다. 또 경세의 학문은 처사의 입장에서 볼 때 적용할 대상이 없는 흙으로 끓인 국이나 종이로 만든 떡과 같은 것이라고 하였다. 이에 비해 농학은 집안의 가학인 역산(曆算)과 밀접하게 연관되어 있고, 벼슬에서 물러난 서유구가 종사할 수 있었던 최선의 실학이었던 것이다.

한편 그 학문적 연원을 살펴보면, 서명응의 상수학은 중국에서는 소옹(邵雍, 1011~1077), 조선에서는 화담(花潭) 서경덕(徐敬德, 1489~1546)에게서 그 유래를 찾을 수 있다. 그러나 앞서 언급하였듯이, 서유구의 집안은 당시 해외 문물 도입의 일선에 종사하였고, 자연스럽게 중국 명·청 대 학술의 영향을 강하게 받고 있다. 학계에서는 당시 중국의 학술 경향에 대해, 첫째 황종희(黃宗羲)·고염무(顧炎武)·왕부지(王夫之)로 대표되는 고대 이래의 제도 정책 및 정치 이념에 대한 역사적인 재검토를 통한 일종의 정치경제론, 둘째 명 말부터 전래되기 시작한 마테오

---

31 『풍석전집』, 「杏蒲志序」, "余獨弊弊乎農家者流, 窮老盡氣, 而不止之者, 是誠何爲也? 吾嘗治經藝之學矣, 可言者, 昔之人言之已盡, 吾又再言之三言之, 何益也. 吾嘗爲經世之學矣, 處士揣摩之言, 土羹焉已矣, 紙餠焉已矣, 工亦何益也. 於是乎, 廢然匍匐于氾勝之賈思勰樹藝之術. 妄謂在今日坐可言起可措之實用者, 惟此爲然, 而其少酬天地祿養之恩, 亦在此而不在彼."

리치(利瑪竇), 아담샬(湯若望) 등 서양 선교사의 영향 아래 매문정(梅文鼎)·대진(戴震)·서광계(徐光啓)·송응성(宋應星) 등의 천문학·산학·농학 등 자연과학적인 관심의 고조, 셋째 고증학의 발흥을 통한 고전학 등을 그 주요한 특징으로 들고 있다.[32]

이 중에서 서광계(1562~1633)는 특히 천문과 산학 관련 저술들을 다수 한역(漢譯)하였으며, 농학에 있어서는 「감저소(甘藷疏)」, 『농정전서(農政全書)』 등을 저술한 인물이다. 그런데 특히 이규경은 그와 관련하여 다음과 같이 말하고 있다.

> 세상의 논객들이 말하기를 명물도수의 학문이 한대(漢代) 이후로 이미 끊어졌다고 한다. …… 명나라 말기에 이르러 중원의 인사들이 점점 그 가운데 들어가 하나의 기풍을 이루어 이 도리에 대해 모르는 것을 부끄러움으로 여겼다. 서광계(徐光啓)·왕징(王徵) 같은 부류들은 끊어진 학문의 뒤에 우뚝 일어나 많이 계발해 내어 상수학(象數學)을 창시하니, 명물도수의 학문이 찬란히 세상에 다시 밝아지게 되었고 이로부터 전문의 명가들이 점점 나오게 되었다.[33]

위의 글을 보면, 서광계는 한나라 이후 명맥이 끊겼던 상수학을 창시하여 명물도수학을 다시 밝힌 인물로 평가되고 있음을 알 수 있다. 즉 상수학을 새로 부흥시킨 인물이었으며, 이런 점에서 그가 보여 준

---

32 戶川芳郎·蜂屋邦夫·溝口雄三 共著(1987), 364~365면 참조.

33 「五洲衍文長箋散稿序」, "世之爲論者, 以爲名物度數之學, 漢代以後, 絶已久矣. …… 逮于皇明之末造, 中土人士駸駸然入于其中, 打成習尙, 以不知此道爲恥. 如徐玄扈, 王葵心之流, 崛起絶學之後, 多所啓發, 創始象數之學, 名物度數, 煥然復明於世. 從玆以後, 耑門名家稍稍出焉." 김채식(2008), 「이규경의 『오주연문장전산고』 연구」, 41면 참조.

학문적 발자취는 서명응·서호수·서유구로 이어지는 학술 경향과 매우 유사한 추이를 보이고 있다.[34]

서유구가 그의 학문을 접하게 된 것은 아마도 『농정전서(農政全書)』를 통해서인 것으로 짐작된다. 이 책은 1633년 11월 17일 서광계가 사망하던 날 손자 서이작(徐爾爵)에게 속히 완성해서 올리도록 유언한 것으로, 자신의 평생에 걸친 농학 연구를 집대성한 것이다.[35] 이 『농정전서』에 대해 서유구는 다음과 같이 말하고 있다.

> 예로부터 전해 오는 농(農)·잠(蠶)의 책들, 이를테면 항창자(亢倉子)와 범승지(氾勝之)와 가사협(賈思勰)에서부터 왕정(王禎)과 서광계가 지은 책들은 전아하지 않음이 없었으니, 그것은 모두 실용이었기 때문이다.[36]

> 서광계의 『농정전서』는 수없이 모으고 널리 채집하여 집대성한 것입니다. 그래서 후세의 선비들이 추천하고 권장하기를 농가의 지침이요 경세의 방도라고 일컬었으니, 이른바 '뒤에 나온 것이 더 낫다'고 하는 경우가 아니겠습니까?[37]

앞의 것은 서유구가 서명응의 『본사(本史)』에 대해 일종의 논평을 가한 글이요, 뒤의 것은 1790년에 지은 「농대(農對)」의 한 대목이다. 여

---

34 이하 조창록(2012a) 참조.

35 『徐光啓全集 拾』(2010), 「增補徐光啓年譜」, "同日, 語孫爾爵, 速繕成農政全書進呈, 以畢吾志."

36 『풍석전집』, "古來農蠶之書, 若亢倉子氾勝之賈思勰書, 以至王禎徐光啓書, 莫不典雅, 以其實用故也."

37 『풍석전집』, 「農對」, "徐光啓之農政全書, 薈萃博采, 集厥大成. 故後儒推奬之論, 至謂之農家之指南, 經世之津筏, 則豈所謂後出爲勝者歟."

기서 서유구는 『농정전서』를 비롯한 농서들이 전아한 까닭은 실용을 담았기 때문이라고 하였고, 또 『농정전서』는 역대 농서에 담긴 지식을 집성하여 농업 현장의 지침이요 경세의 방도가 된다는 점을 지적하고 있다.

또한 서유구는 그 행적에 있어서도 서광계와 매우 유사한 궤적을 보이고 있다. 먼저 서광계의 행적을 살펴보면, 1607년 5월 부친의 복상을 계기로 3년 동안 상해(上海)의 농장에서 고구마·순무·면화 등을 시험 재배하였다. 또 1613년 10월 병가를 얻은 것을 계기로 천진(天津) 일대에서 남방의 벼와 구황작물을 시험 재배하였으며, 둔전 설치, 제방 축조, 수차 사용 등 영농 기술을 실험하였다.[38] 서유구는 이 과정에서 나온 서광계의 농업 정책안을 적극 수용하여 다음과 같이 말하고 있다.

> 혹 전지를 개간하는 데 벼슬을 주는 것을 의심하는 사람들이 꼭 명나라 관직의 폐단을 예로 듭니다만, 이에 대해 신은 명나라 신하 서광계의 논의를 쓰기를 청합니다. 벼슬을 명하되 백성을 다스리지 않고 일을 처리하지 않는다면 그것은 공명첩과 같은 것이요, 녹을 주되 그 녹이 자신이 일군 땅에서 나오는 조세라면 그것은 스스로의 힘으로 생계를 꾸리는 것과 같습니다. 혹 명함뿐으로 실속이 없다고 사람들이 즐겨 부임하지 않을 것이라 의심한다면, 신은 또 서광계가 별도로 제시한 둔액과거(屯額科擧)의 제안을 본받아 우리나라의 도과제도(道科制度)를 참고하기를 청합니다. 개간한 전지가 10경 이상인 자에게 무학(武學)의 합격 자격을 주고, 매년 봄·가을에 관서관찰사가 순행하여 강계 관북에 이르고 육진(六鎭)에 이

38 김형석(1995), 91~99면 참조.

르면, 말타기와 활쏘기, 검술과 창술 등을 시험하여 우수한 자와 소문난 자를 뽑아서 무과 출신 자격을 줍니다. 그리고 공과와 능력에 따라 차례대로 발탁하여 한계를 넘지 않는 선에서 그들을 등용한다면 사람마다 다투어 권장하게 될 것입니다.[39]

위는 서유구가 1820년 전후에 작성한 「의상경계책」의 한 대목이다.[40] 그 요지는 10경 이상 농지를 개간한 자에게 국가에서 작위를 주도록 건의한 것인데, 이에 대한 반대 의견을 고려하여, 서광계의 논의에 따라 둔액과거를 실시할 것을 주장한 것이다.[41] 이러한 사실들을 보면, 서유구는 『농정전서』뿐 아니라 서광계의 저술 전반에 대해 숙지하고 있었음을 알 수 있다.

또 두 사람의 행적을 비교해 보면, 서광계가 부친상과 병가를 계기로 상해와 천진에서 작물 재배와 농업 설비를 시험한 것과 마찬가지로, 서유구 역시 벼슬길이 끊겼던 1806년 이후, 금화·난호·번계·두릉 등

---

39 『풍석전집』, 「擬上經界策 下」, "或疑墾田命爵, 必有皇明事例官之弊, 則臣請用明臣徐光啓之議. 命以爵而不理民不治事, 則猶之空名也, 給以祿而因其稅給其祿, 則猶之食力也. 或疑空銜無實, 人不樂赴, 則臣又請倣徐光啓另立屯額科擧之言, 而參之以我國道科之制. 墾田十頃以上, 許付武學解額. 每年春秋, 關西觀察使之巡到江界關北, 觀察使之巡到六鎭, 試以騎射擊刺之法, 拔其優者, 以其名聞, 賜武科出身. 考功察能, 以次擢拔, 不以流外限其用, 則人人競勸矣."

40 기왕의 연구에 따르면, '근래에 量田의 命이 있었다'는 대목과 또 다른 대목에서 甲戌년(1814)을 '六七年來'라고 표현하고 있는 점 등에서 「의상경계책」이 쓰여진 시점을 1820년경으로 추측하고 있다. 김용섭(1972), 142면, 주9 참조.

41 서광계의 이 논의는 숭정3년(1630) 6월 9일에 올린 「흠봉명지조화둔전소(欽奉明旨條畫屯田疏)」에 나오는 것이다. 『徐光啓全集 玖』 권2, 「屯田疏稿」, 61~62면, "臣所擬者, 不管事, 不陞轉, 不出征, 空名而已. 田在爵在, 去其田, 去其爵矣, 卽世襲又空名也. 名爲給之祿, 祿其所自墾者, 猶食力也. …… 但恐銜無實, 人未樂趨, 故必以空銜爲根着, 而又使得入籍登進以示勸. 凡狹鄕之人才必衆, 進取無因, 以此歆之, 自然麕集. 又疑土著之民不能相容, 則別立屯額, 科擧鄕試不與士人相參也. 以此均民而實廣虛, 甚易矣."

지에서 임원을 경영하였다. 그리고 서광계에 있어 『농정전서』가 필생의 유작이었던 것처럼 서유구 역시 삶을 마감하기 몇 해 전까지도 임원 경영의 지침서인 『임원경제지』를 교정하였다.

이러한 점에서 볼 때 서유구는 단순히 서광계의 농학 지식만을 받아들인 것이 아니라 그가 남긴 삶의 행적을 본받아 실천하였음을 알 수 있다.[42]

3. 『임원경제지』의 찬술과 '임원경영'

1) 이용후생학의 집성: 『임원경제지』

앞서 살펴본 「고공기」에 나오는 장인들의 기술처럼 서유구는 이론적 지식보다는 실생활에 활용되는 지식을 추구하였고, 이상적 삶을 제시하기보다는 목전의 삶을 개선하는 기술에 주안점을 두었다. 바로 이러한 차원에서 실생활에 필요한 이용후생의 지식과 기술을 집성한 책이 바로 『임원경제지』라고 할 수 있을 것이다. 여기서는 그 구체적 내용에 대해 살펴보기로 한다. 다음은 「전어지」 중 '도미'에 대한 설명이다.

(『난호어목지』) 일본에서 난다. 모양은 붕어를 닮았는데 넙죽하다. 그 비늘과 갈기는 담적색인데, 물에서 나오면 순적색으로 변하며 갈기가 유난히 붉다. 그 살은 흰색이고 맛이 좋다. 큰 것은 1~2척이고 작은 것은 1~2촌인

42 이와 관련하여 서호수는 1790년의 연행 때 마테오 리치의 무덤을 방문하여 고문(告文)을 올리기도 하였다. 조창록(2008) 참조.

데, 일본인들이 매우 진미로 여긴다. 중국에서는 본래 희귀종이므로, 『옥편』에서는 다만 '물고기 이름이다.'라고 하였고 그 모양과 색깔이 닮은 것은 거론하지 않았다. 오직 『민서』와 『남산지』에서 모두 '극만어(棘鬣魚)는 붕어를 닮았으나 그보다 크고 그 갈기는 홍자색이다.'라고 하였으니, 바로 이 물고기를 지칭한 것이다. 여러 본초서에서는 대강 본 것이 적지 않다. 근세에 일본을 왕래하는 강소·절강의 상선들이 많이 싣고 돌아오기 때문에 중국 영파 앞바다에는 많이 있다고 한다. 우리나라와 일본은 다만 한 줄기 해양을 사이에 두고 있는데, 여태까지 어종을 알지 못하는 것은 당연히 이용후생이 다른 나라에 훨씬 미치지 못해서이다.[43]

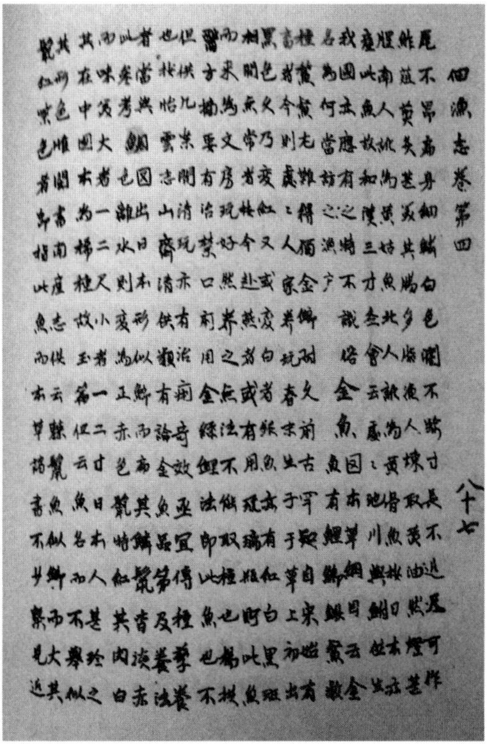

〈그림 3〉 『임원경제지』 중 「전어지」

43 『임원경제지』(보경문화사), 2책, 218면, "出日本. 形似鯽扁. 其鱗鬣, 皆淡赤色, 離水則變爲正赤色, 鬣特紅. 其肉白而味美. 大者一二尺, 小者一二寸, 日本人甚珍之. 其在中國本爲稀種, 故玉篇但云魚名, 而不擧似其形色. 惟閩書南産志俱云, 棘鬣魚似鯽而大, 其鬣紅紫色者, 卽指此魚, 而本草諸書不少槩見. 近世江浙商舶之至倭者, 多載之而歸. 故寧波海中

위의 글에서 서유구는 도미의 색깔 · 크기 · 맛 등을 언급한 다음 일본인들이 도미를 진미로 여긴다고 하였다. 그리고 중국의 『옥편』에서는 다만 '물고기 이름'이라고만 하였고, 『민서(閩書)』와 『남산지(南産志)』에서도 정확히 알지 못한 채 그 대강을 기록하였을 뿐이라고 하였다. 이어서 조선에서 이 어종에 대해 알지 못하는 것은 일본에 비해 이용후생의 학문이 뒤떨어졌기 때문이라고 개탄하였다. 이 밖에도 고래 · 다랑어 등과 관련해서는 『화한삼재도회(和漢三才圖會)』를 대량으로 인용하면서, 일본의 발달한 이용후생학에 대해 말하고 있다.[44] 다음은 「섬용지」 중에서 '바늘'에 관해 언급한 내용이다.

> 바늘〔針〕은 본래 침(鍼)이니, 『설문해자』에서 '옷감을 꿰매는 송곳'이라고 한 것이 그것이다. 우리나라 사람들은 바늘을 만들 줄 모르니 반드시 북경에서 사와서 쓴다. 이처럼 일상생활에 없어서는 안 될 도구마저도 남의 나라에서 사 오기를 기약하니, 만일 요동의 길이 3~5년 동안 막혀서 통하지 못한다면 압록강 동쪽의 사람들은 모두 장차 벌거벗은 채로 지낼 것인가? 『천공개물』에 바늘을 만드는 법이 실려 있으니, 진실로 방법을 헤아려 만들어서 국내에 유통시킨다면 또한 이용후생에 한 가지 도움이 될 것이다.[45]

위의 글에서 서유구는 일상에 없어서는 안 되는 바늘마저 중국에서

多有之云. 我國與日本, 只隔一帶海洋, 而迄無有傳種者, 宜其利用厚生之遠不及他邦也."

44 이하 『화한삼재도회』와 관련된 대목들은 조창록(2012c) 참조.

45 『임원경제지』(보경문화사), 2책, 437면, "針本作鍼, 說文鍼縫布帛之錐, 是也. 東人不知造針, 必待燕貿而後, 始給用. 如此日用不可缺之需, 亦須仰給於他域, 萬一遼瀋之路, 三五年閼而不通, 則鴨水以東之人, 皆將躶耶. 天工開物有造針法, 苟能按法打造, 流通域中, 則亦利用厚生之一助也(『金華耕讀記』)."

사 오는 현실을 개탄하면서, 중국 명대 말기의 산업기술서인 『천공개물(天工開物)』에 수록된 바늘 만드는 법을 배워 국내에 유통시킬 것을 주장하고 있다. 또 그렇게 하는 것이 이용후생에 한 가지 도움이 될 것이라고 하였다. 또한 서유구는 관련 법령을 제정하여 금·은·동·납과 같은 광산 자원을 개발하여 국가 재정에 이바지할 것을 주장하고 있는데,[46] 그중 '구리'와 관련하여 다음과 같이 말하고 있다.

> 성호 이익은 말하기를 "우리나라의 구리 광산에서는 기포(碁布)[47]가 난다."고 하였고, 또 반계 유형원의 『여지지』에 의하면 "경기의 영평, 호서의 공주·진잠, 호남의 순창·창평·흥양·진산·영광·강진·해남, 영남의 영해·거제, 관동의 평창·금성, 해서의 수안·장연, 관서의 구성·삼등에서 모두 구리가 난다."라고 하였다. 그런데도 모두 땅 속에 묻어 둔 채로 해마다 비싼 값을 주고 멀리 일본에서 사 오니, 이것은 진실로 이른바 곳간을 봉해 두고 이웃에서 쌀을 빌리는 격이다. 성호는 또 말하기를, "만약 천금으로 구리 제련하는 법을 구하기를 마치 손을 트지 않게 하는 약을 사듯이[48] 한다면 어찌 얻지 못할 리가 있겠는가?"라고 하

---

46 『금화경독기』 권7, 「金」, "금·은·동·납과 같은 것은 이용후생의 도구가 아닌 것이 없다. 그런데 동점(銅店)과 연점(鉛店)은 들추어내더라도 애초에 이익을 낼 만한 것이 없고, 금광과 은광은 다만 난잡한 폐단만 나오게 된다. 그래서 채굴을 금지하는 법령이 있게 된 것이다. 그러나 이제 폐단을 없앨 법령을 강구하여 재정을 튼튼히 하는 방도로 삼는다면 금·은·동·납을 금지할 까닭이 없다. 그러니 지금처럼 나라의 재정이 바닥난 마당에 당장에 할 일로 더욱이 이보다 큰 것이 없는 것이다〔金銀銅鉛, 無非利用厚生之具也, 而銅鉛訐店, 初無理益之效, 金銀設礦, 但見亂雜之弊. 故至有禁斷之令矣. 然今若購求無弊之法, 以爲生財之道, 則金銀銅鉛无施不可, 而方此罄之時, 當務之要, 尤莫大於此〕."

47 '기포(碁布)'란 본래, '바둑돌이 바둑판에 빽빽이 늘어선 모양'을 가리키는 말이나, 이 글에서는 구리 원석 알맹이를 지칭한 것으로 보았다.

48 『장자』, 「소요유」 편에 나오는 일화를 원용한 표현. 그 내용은 솜을 세탁하는 사람에게서 손이 트지 않는 약을 만드는 기술을 사들여, 그것을 월나라와의 수중전에 활용하여

였으나, 이 또한 통달하지는 못한 논의이다. 지금 『천공개물』을 살펴보니, 구리를 제련하는 데는 특별한 방법이 있지 않고 오늘날 은을 제련하는 방법과 같다. 다만 이용후생의 도구에 뜻을 두는 이가 없을까 걱정스러울 뿐이다.[49]

위의 글에서 서유구는 선배 실학자인 성호(星湖) 이익(李瀷, 1681~1763)과 유형원이 기록한 구리의 산지들을 나열한 다음, 일본에서 비싼 값을 주고 사 오는 현실에 대해 개탄하고 있다. 그리고 이익이 구리 제련하는 기술을 사들일 것을 주장한 사실에 대해서는, 『천공개물』에 나오는 구리 제련법은 은을 제련하는 방법과 같으니 굳이 사 올 것 없이 그 방법을 익히면 될 것이라고 말하고 있다. 이상은 오늘날의 산업 분야로는 수산업 · 공업 · 광업에 해당하는 기술들이다. 다음은 밀랍과 기름을 얻을 수 있는 오구나무 종자를 도입할 것을 주장한 내용이다.

오구나무는 강 · 절 지방에서 나는데, 우리나라에는 그 종자가 없다. 서광계는 그 이익에 대해 극구 말하기를, 한번 심으면 자손 만대에 이익이 된다고 하였다. 우리나라의 영 · 호남 해안과 해주군은 그 토질과 기후가 강 · 절 지방과 크게 다르지 않으니, 진실로 종자를 사다가 전파시킨다면 꼭 이용후생에 한 가지 보탬이 되지 않으리라는 법은 없을 것이다. 그

큰 공을 세웠다는 일화이다.

49 『임원경제지』(보경문화사), 2책, 484면, "李星湖謂, 我東銅山出棊布. 且據柳磻溪輿地志, 京畿之永平, 湖西之公州鎭岑, 湖南之淳昌昌平興陽珍山靈光康津海南, 嶺南之寧海巨濟, 關東之平昌金城, 海西之遂安長淵, 關西之龜城三登, 皆産銅, 而一切封椿於土石之中, 年年用重値, 遠市於日本. 此眞所謂封囷箱, 而乞糴於鄰者也. 星湖又云, 若以千金求煉銅之法, 如洴澼絖, 則豈有不得之理, 此又未達之論. 今考天工開物, 鍊銅無他法, 與今煉銀法同. 但患無人留意於利用厚生之具耳(『金華耕讀記』)."

래서 내가 「만학지」에서 이미 심고 가꾸는 법을 상세하게 수록하였고, 다시 여기에 송씨의 등불 만드는 방법을 덧붙였다.[50]

위의 글에서 서유구는 서광계의 말을 빌려 오구나무의 유익함을 말하고, 그 종자를 중국에서 들여와 퍼뜨리면 이용후생에 도움이 될 수 있을 것이라고 하였다. 또 이를 위해 재배에 필요한 관련 기술들을 「만학지」에 수록하여 두었음을 말하였다. 이 밖에 서유구는 고구마나 볍씨와 같은 새로운 종자 도입에 줄곧 관심을 기울이고 있는데, 이 점에 대해서는 이어지는 장에서 다시 살펴보기로 한다.

이상 『임원경제지』에는 도미와 같은 수산자원, 바늘과 같은 생활 공산품, 구리와 같은 광물자원, 오구나무와 같은 경제 수종 등에 있어 이용후생적 차원에서 자원과 기술의 개발을 주장하고 있다. 다음으로 「의상경계책」을 보면, 밭을 갈고 심는 기술에 있어 이용후생의 방도가 크게 뒤떨어져 있음을 지적하고 있다.

우리나라는 다만 지종법(趾種法) 한 가지만 알고 그 밖에 다른 방법은 없습니다. 벼 포기가 겹쳐져 줄이 맞지 않으니, 통풍이 고르지 않아 높은 곳은 거의 여물어 가는데 낮은 곳은 아직 꽃도 다 피지 않았습니다. 수확할 때가 되어서는 쭉정이가 거의 반이니, 여기서 우리나라 농법은 몇십만 섬의 곡식 종자를 땅속에 버리고 맙니다. 대저 경작이란 땅을 다스리는 것인데 우리나라의 경작법은 도리어 땅을 잃어버리고, 파종이란 곡식을

50 『임원경제지』(보경문화사), 2책, 464~465면, "烏桕樹產江浙等地, 我國無其種, 而徐玄扈盛言其利, 以爲一種可爲子孫數歲之利. 我東嶺湖南濱海州郡, 其地氣寒煖, 與江浙不甚遠, 苟能購種傳殖, 則未必不爲利用厚生之一助. 故余於晚學志, 既詳載種藝之法, 而復以宋氏造燭之法, 附之于此."

> 생육하는 것인데 우리나라의 파종법은 도리어 곡식을 잃고 있습니다. 결국 총 300만 경이나 되는 한 나라의 경작지가 이리저리 손실을 보고 거듭거듭 줄어드니, 이용후생의 방도가 중국의 수백 리 되는 작은 군현에 비해서도 오히려 손색이 있습니다. 그 까닭이 어디에 있습니까? 한 마디로 말해서 경작과 파종에 제대로 된 방법이 없기 때문입니다.[51]

위의 글에서 서유구는 볍씨를 파종할 때 다만 지종법 한 가지만 알아서 벼의 생육이 고르게 되지 않고, 결국 수확의 상당 부분을 버리게 됨을 지적하였다. 또 이런 점에 있어서 중국의 작은 군현에 비해서도 이용후생의 기술에 손색이 있음을 개탄하고 있다. 또 이러한 이용후생의 기술은 다만 수산업·공업·농업 등의 분야에만 해당되는 것이 아니라 치재(治財)의 기술에 있어서도 마찬가지라고 하고 있다.

> 스스로 문약한 것을 좋아하는 선비들은 생계를 도모하는 데는 서툴면서 재화의 이익을 말하기 부끄러워합니다. 그래서 처음에는 대대로 내려오는 수입으로 그런대로 생활을 유지하다가, 식구가 많이 늘어나고 쓰임새가 많아져서 생활 계획이 미치지 못하게 되면 군색함이 뚝뚝 떨어지고 아침이면 저녁거리를 마련하지 못하는 지경이 됩니다. 이렇게 되면 남에게 빌리고 꾸느라 온갖 구실을 대곤 하지만, 그러면서도 장사를 해서 영리를 취하는 일은 싫어합니다. 그래서 신은 말하기를, 우리나라에서 말하

51 『풍석전집』, 「의상경계책(하)」, "我國但知趾種一法之外, 更無他法. 叢疊無行, 通風不齊, 高者結實幾熟, 而低者方花未已. 及夫收穫, 萎秕居半, 是我又失幾十萬斛穀種於地中矣. 夫耕所以治地, 而我國之耕, 反以失地, 種所以生穀, 而我國之種, 反以失穀. 遂以提封三百萬頃之地, 而損之又損, 減之又減. 其利用厚生之道, 方之於中國數百里郡縣, 而猶歉然有愧色. 其故安在, 蔽一言曰耕種之無法也."

는 재리(財利)란 기술이라 하기 어렵다는 것입니다. …… 대개 우리나라에서는 중국의 한·당 이래 치재(治財)의 기술은 한 가지도 없으면서 그들의 의관과 문물의 세련된 점만은 빠짐없이 모방하려고 합니다. 그런데 이러한 의관과 문물을 갖출 재화는 과연 어디서 나오는 것입니까?[52]

이 글에서는 먼저 조선의 선비들이 생계를 도모하는 데 서툴면서 재화의 이익을 말하기를 부끄러워한다는 점을 말하고, 그러면서도 장사를 해서 영리를 취하는 일을 부끄러워한다고 하였다. 이 때문에 그 치재의 기술이 기술이라 말하기 힘든 수준에 놓여 있다는 것이다. 여기서 말하는 치재의 기술이란 작게는 가정 경제의 요령이요, 크게는 상업 활동의 방법이라고 할 수 있을 것이다.[53]

이상 서유구의 이용후생학은 농업·공업·상업을 포괄하는 산업 전반에 걸친 학문적 지향이라고 할 수 있다. 이런 측면에서 『임원경제지』는 단순한 농서라기보다는 '이용후생을 위한 기술서'라고 할 수 있을 것이다. 즉 서유구의 실학은 사상이나 제도와 같은 관념적 논의가 아니라 실제 생활 기술의 혁신에 그 주안점이 놓여 있었던 것이다. 이런 차원에서 그는 국가 체제나 조세 제도, 혹은 신분 제도 등에 대한 사상적 논의를 거의 남기고 있지 않다. 필자가 보기에 이러한 점 때문에 서유구의 실학은 다소 과소평가되어 온 것이 아닌가 여겨진다. 그러나 '실

---

52 『풍석전집』, 「의상경계책(하)」, "譬如文弱自好之士, 拙於謀生, 恥言貨利. 其始也世業租課, 尙可持支, 及其口衆食繁, 歲計不給, 則貧窶漏底, 朝不謀夕. 凡干求假貸, 無所不爲, 而猶不肯顯作轉販營殖之事. 臣故曰我東之言財利者, 難爲術也. …… 凡漢唐以來, 治財之術, 我無一焉, 而其衣冠文物之盛, 則必欲盡倣中國而後已. 此其財安從出乎."

53 서유구가 『임원경제지』 16지 중 마지막에서 일반 농서에서는 볼 수 없는 상업 활동을 다룬 「예규지」를 배치한 것도 위와 같은 생각이 반영된 것으로 파악된다.

학'의 학문적 의의가 과연 어디에 있는지를 생각해 보면 그 의의는 좀 달리 평가되어야 할 것으로 여겨진다.

2) 사대부의 자립적 삶: 임원경영

'임원경제'라는 말은 서유구의 삶과 학문을 가장 핵심적으로 대변해 주는 말이다. 하지만 이 단어는 당시에도 흔하게 쓰이지는 않았고 더구나 현재적 의미를 말하기는 간단하지 않다. 우선 '임원경제'라는 말의 뜻을 살펴보면, '임원(林園)' 혹은 '산림(山林)'은 벼슬하지 않는 선비가 생활하는 공간을 의미한다. 그리고 '경제(經濟)'는 벼슬에 나아가 '세상을 경영하여 백성을 구제〔經世濟民〕'하는 행위를 지칭한다. 즉 임원과 경제는 선비의 두 가지 생활방식을 뜻하는 것으로, 임원은 처사의 자기 수양처이고 경제는 벼슬아치가 뜻을 펴는 행위이다. 따라서 '임원' 혹은 '산림'은 본래 경제라는 말과는 어울리지 않는 것이다. 그래서 홍만종(洪萬宗, 1643~1725)은 「산림경제서」에서 다음과 같이 말하고 있다.

> 산림과 경제는 길을 달리한다. 즉 산림은 벼슬하지 않고 초야에서 자신의 한 몸만을 잘 지니려는 자가 즐겨 하는 것이고, 경제는 당세에 득의하여 벼슬하는 자가 행하는 것이다. 산림과 경제는 이처럼 다른 것이지만 공통된 점도 있다. 경(經)이란 각종 사무를 처리하는 것이고, 제(濟)란 널리 중생을 구제하는 것이다. 조정에는 조정의 사업이 있으니 이것이 곧 조정의 경제이고, 산림에는 산림의 사업이 있으니 이것이 곧 산림의 경제이다. 그러니 처지는 비록 다르지만 경제인 점에서는 같은 것이다.[54]

---

54 홍만선, 『산림경제』, 「山林經濟序」, "山林與經濟異途, 山林獨善其身者樂之, 經濟得意當

위의 내용을 요약해 보면, '산림'은 '초야에서 자신의 한 몸만을 잘 지니려는 자가 즐겨 하는 것'으로, 경제와는 비록 다른 길이지만 조정에 사업이 있듯이 산림에도 사업이 있으므로 산림과 경제를 합쳐 '산림경제'라고 할 수 있다는 것이다.

서유구 또한 『임원경제지』, 「예언(例言)」에서 다음과 같이 말하였다.

> 대개 사람이 세상을 사는 데는 벼슬하거나 벼슬하지 않는 두 가지 방도가 있으니, 벼슬할 때에는 세상을 구제하고 백성에게 은택을 끼치며 벼슬하지 않을 때에는 자신의 힘으로 먹고살면서 뜻을 기르는 것이 그 임무이다. 돌아보건대 세상을 사는 방도는 하나같이 정치와 교화에 필요한 것이어서 이에 대해 기술해 놓은 책은 진실로 많으나, 시골에 살면서 뜻을 기르는 데 필요한 책은 모아 놓은 것이 드물다. 우리나라에는 겨우 『산림경제』 한 책이 있으나, 그 가운데는 쓸데없는 군더더기가 많고 수록한 범위도 좁아서 부족하게 여기는 사람들이 많다. …… '임원'이라고 제목을 붙인 것은, 벼슬하며 세상을 사는 방도가 아님을 밝힌 것이다.[55]

위의 글에서 서유구는 선비에게는 두 가지 삶의 방식이 있는데, 벼슬하지 않은 선비가 자력으로 생활하는 데 필요한 책이 드물다고 하였다. '임원'이라고 제목을 붙인 것은 벼슬하며 살아가는 방식이 아님을

世者辦之. 其異若是, 而亦有所同者存焉. 蓋經者經理庶務, 濟者普濟羣品. 廊廟而有廊廟之事業, 則是廊廟之經濟也, 山林而有山林之事業, 則是山林之經濟也. 所處之地雖異, 其爲經濟則一也."

55 『임원경제지』(보경문화사본) 1책, 「例言」, "凡人之處世, 有出處二道, 出則濟世澤民, 其務也, 處則食力養志, 亦其務也. 顧濟世之術, 一應政敎, 無非所需, 固多備述之書. 至於鄕居養志之書, 尠有裒集者. 在我邦, 僅有山林經濟一書, 然中多冗瑣, 所採亦狹, 人多病之. …… 以林園標之者, 所以明非仕官濟世之術也."

밝힌 것이라고 하였다. 즉 이런 의미에서 『임원경제지』는 '사대부가 관직에 의존하지 않고 자립적으로 살아가는 기술'을 수록한 책이라고 할 수 있다.

그 역사적 배경을 살펴보면, 서유구가 살았던 19세기 전후에는 관직을 잃은 선비들의 생활이 심각한 문제로 대두되던 시기였다. 특히 서울 및 근기 지방 선비들은 재지적(在地的) 기반이 약했으며 관직 생활 의존도가 높았다. 따라서 그들은 관직 생활의 부침에 따라 생활과 신분을 위협받는 경우가 많았던 것으로 파악된다.[56] 서유구 역시 관직에서 쫓겨난 이후 자주 생활고를 말하였는데, 노년에 손자에게 보낸 편지에서 다음과 같이 말하고 있다.

> 이전의 사대부들은 조정에서 벼슬할 때도 따로 고향집을 두지 않음이 없어서, 관직이 있으면 나아가고 관직이 없으면 돌아와서, 벼슬하러 서울 가는 것을 마치 여행 떠나듯이 생각했다. 그것은 농사짓거나 녹을 받는 두 가지를 한꺼번에 잃어버리지 않고, 벼슬길에 나아가고 물러섬에 스스로 너그럽게 여유를 두고자 함이었다. 그런데 내가 한 가지 괴이하게 여기는 것은, 요즘의 벼슬하는 사람들은 성문 밖 10리의 땅을 거의 하루도 살 수 없는 황폐한 변방, 비루하고 더러운 땅쯤으로 여긴다는 것이다. 비록 벼슬길이 끊어진 뒤라 하더라도, 자손된 자들은 저자에서 한 발짝도 나가기를 싫어하여, 사내는 쟁기를 잡지 않고 계집은 베틀을 알지 못한다. 결국 춥고 굶주림이 몸에 와 닿을 즈음에는 하는 수 없이 선조로부터 물려받은 땅을 전부 팔고 휑하니 물새고 구들 무너진 한 뼘 집을 지키게 되는 것이다.[57]

56 이우성(1983), 18~20면 참조.

위의 글을 보면 서울 및 근기 지방 선비들이 폐가(廢家)하게 되는 과정이 잘 드러나 있다. 그들은 벼슬길이 끊긴 뒤에도 향리로 돌아가기보다는 서울 혹은 근교에 남아 도시적 생활 문화에서 떠나지 못했고, 그 결과 한두 세대를 지나서는 더 이상 사대부로서의 신분을 유지하지 못할 만큼 가세가 기울게 되는 것이다. 그러면서도 가족의 생계를 책임질 아무런 능력을 갖지 못하고 있다. 서유구는 이러한 현상을 괴이하게 여겼던 것이다.[58]

이와 같은 상황을 참작해 보면 처사로서 임원에서 생활하는 일은 하나의 절실한 고민거리가 되지 않을 수 없다. 그는 40대 초반에서 50대 후반에 걸쳐서 약 17년 간 스스로 '방폐기(防廢期)'라고 표현할 만큼 벼슬길에서 단절되었고, 그렇다고 유배를 간 것도 아니었다. 따라서 스스로 자립적 삶을 영위하면서 주변의 가족들을 부양해야 하는 부담감이 더욱 강하였을 것으로 짐작된다.

또 위의 언급을 보면 벼슬길에서 멀어진 선비가 임원을 경영하며 살아가기 위해서 선행되어야 할 요건이 무엇이었던가 하는 점이 잘 드러난다. 즉 실제 농사 경험이 없었던 선비들은 임원 생활의 지침이 될 만한 서적이 필요했던 것이고, 또 그것을 규모 있게 실현할 만한 땅이 반드시 필요한 것이다. 이 때문에 서유구는 『임원경제지』를 편찬하는 한편, 자손에게 물려줄 임원경영의 터전을 마련하기 위해 40년 가까운 세월 동안 경기 일원의 땅들을 물색하고 다녔다.[59]

---

57 『풍석전집』, 「示太孫」, "以前士大夫之仕於朝者, 無不別置鄕廬, 有官則來, 無官則歸, 視京舍如逆旅. 此其所以耕祿, 不至兩失, 而去就出處, 自可綽有餘裕也. 吾一怪, 夫近世縉紳家, 視城闉外十里之地, 殆若荒徼傖楚之鄕, 不可一日居也. 雖其祿仕旣絶之後, 爲子孫者, 不肯離闤闠一步地, 男不秉耒耜, 女不識機梭. 及其饑寒切身, 不得不斥盡先世所遺之田産, 而枵然守上漏傍圯之一區宅."

58 조창록(2003), 61~64면 참조.

이런 점에서 서유구의 삶은 산림에서 유유자적하며 자기 수양에 힘쓰는 처사적 삶과는 좀 다른, 더 적극적인 생활인의 태도를 보이고 있다고 할 것이다. 이러한 태도는 임원경영의 현장에서 잘 드러나고 있다.

> 신이 일찍이 갑술년(1814) 봄에 몇 무의 자갈땅으로 구전(區田)을 만들어 봄에 보리 한 말을 심었습니다. 그해에 유례없이 혹심한 가뭄이 100여 일이나 들어 기장·피·콩·삼 따위 모든 만종(漫種)한 곡식들은 일체 싹을 틔우지 못하여 들에 푸른 잎이 거의 없었습니다. 그러나 다만 구종(區種)한 보리는 예년에 비하여 3배의 수확을 얻었습니다.[60]

> 신은 일찍이 이 농법에 따라 우리 집안의 전지(田地)에 시험해 본 지가 몇 년이 되었는데, 삼가 경작의 효율이 가장 높은 농법으로는 대전법(代田法)보다 좋은 것이 없고, 만전법(縵田法)보다 못한 것이 없다고 생각합니다. 대전이 만전보다 좋은 점을 대개 5가지 들 수 있습니다.[61]

위의 글은 서유구가 은거기 농사 경험을 바탕으로 구전법(區田法)과 대전법(代田法)의 좋은 점에 대해 진술한 대목이다. 앞에서는 구전법을 시험해 본 결과 예년에 비해 3배의 수확을 얻었다고 하였고, 뒤에서는

---

59 『풍석전집』, 「示七輔」, "此吾四十年來, 問舍求田之一副粉本也. 夫以四十年遑遑之求, 而迄未得一邱壑可意之地, 其求之之未得其方邪, 抑有數存於其間邪."

60 『풍석전집』, 「의상경계책(하)」, "臣曾於甲戌之春, 用數畝沙礫地, 作爲區田, 種春麥一斗. 是歲亢旱百餘日, 凡黍稷荳麻之漫種者, 一切不曾吐苗, 幾乎野無靑草, 而獨區種之麥, 比常年能得三倍之收."

61 『풍석전집』, 「의상경계책(하)」, "臣嘗因是說, 而試之家田, 積有年所, 竊以爲陸耕之法, 莫善於代田, 莫不善於縵田. 代田之勝於縵田者, 蓋擧之有五."

대전법이 만전법보다 5가지 좋은 점이 있다고 하였다. 이처럼 서유구는 은거기 동안 농업 기술을 시험하였고, 또 '난호'에서는 어업에 종사하며[62] 『난호어목지』를 저술하기도 하였다. 또 호남관찰사 시절에는 고구마 종자를 보급하였으며, 1838년 대사헌으로 재직할 시절에는 중국으로부터 벼 품종을 도입하기를 건의하기도 하였다.[63] 이러한 임원경제는 노년에도 계속 이어지는데, 다음은 1838년 '번계'에 터전을 잡았을 무렵의 기록이다.

> 내가 거처하는 번계 산장은 앞에 짧은 제방이 있는데, 뽕나무와 삼 줄기가 가리워서 제방 밖에 밭이랑이 수를 놓은 듯 얽혀 있었다. 하인들에게 밭을 갈게 하고 부녀자에게는 양잠과 길쌈을 권장하였는데, 나는 늙어서 직접 따비나 쟁기를 잡을 수 없으니 긴 여름날에 할 일이 없었다. 문득 월령에 맞추어 노래를 지어서 농사를 감독하고 장려할 생각이 들었다. 그런데 고금의 농잠에 관한 서적들, 이를테면 「사민월령」이나 「전가력」과 같은 여러 서적들을 보니, 대부분 낙양과 장안의 절후에 근거한 것이었다. 이것들을 우리나라의 농사절후와 비교하여 보니 그 차이가 한 달 반이 빠른 것이었다. 진부(陳敷)의 농서와 진관(秦觀)의 잠서와 같은 책들은 강소·절강성 이남의 기후를 따랐으므로 말할 것도 없었다. 이 노래는 오로지 한양의 절기를 기준으로 하였으니, 중국의 농서와 비교해 보면 농시에 차이가 있을 것이다.[64]

---

62 『樊溪詩稿』, 기해편, 「六橋寄示直鉤吟同橘汀和謝」, "昔在蘭湖陝, 漁釣代耕祿."

63 참고로 이규경은 중국에서 볍씨 종자를 들여오자는 서유구의 이 주장에 대해, 우리나라에 전해 오는 올벼〔早稻〕 종자들을 언급하고, 굳이 중국에서 구할 필요가 없음을 말하였다. 『오주연문장전산고』, 만물편, 「早穀辨證說」 참조.

64 『번계시고』, 경자편, 「전가월령가 12수」 小序, "余居樊溪山莊, 前有短堤, 桑麻翁薆, 堤外田疇繡錯. 課僮耕田, 勸婦女養蠶績麻, 而余老不能躬執耒耜. 長夏無事, 輒按月令作歌, 以

위의 글을 보면 서유구는 번계 산장의 맞은편 둑에 뽕나무와 삼나무를 심고 둑 건너에는 밭을 일구어, 아이들에게는 밭을 가는 과업을 주고 부인들에게는 누에 치고 삼베를 짜게 하였다. 그리고 절후에 따른 농가의 할 일들을 적어 「전가월령가」 12수를 지었으니, 그것이 중국의 농서에 나오는 절기와는 다른 한양의 절기에 맞춘 것임을 말하였다. 노년의 서유구가 임원에서 보내던 일과를 짐작할 수 있게 하는 대목이다. 또 서유구는 이곳에서 새로운 종자를 도입하여 시험 재배하는 일에 힘썼는데, 이와 관련된 시제(詩題) 하나를 들어보면 다음과 같다.

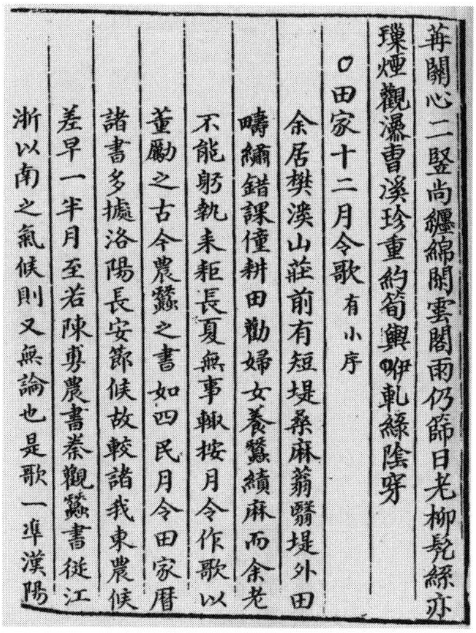
毎關心二竪尚纏綿鬧雲閣雨仍篩日老柳髡縧亦
璞煙觀瀑曹溪珍重約筍輿咿軋綠陰穿
○田家十二月令歌 有小序
余居樊溪山莊前有短堤桑麻蓊翳堤外田
疇繡錯課僮耕田勸婦女養蠶績麻而余老
不能躬執耒耟長夏無事輒按月令作歌以
董勵之古今農蠶之書如四民月令田家曆
諸書多據洛陽長安節候故較諸我東農候
差早一半月至若陳旉農書秦觀蠶書從江
浙以南之氣候則又無論也是歌一準漢陽

〈그림 4〉『번계시고』,「전가십이월령가」

번계 산장에서 광동의 함도(鹹稻)를 담장 남쪽 50이랑 논에 심고, 번저(番藷) 고구마를 약간 서쪽 낮은 언덕에 심었다. 인천 사또가 찾아왔는데, 갑자기 대접할 거리가 없어서 고구마 잎을 쪄서 밥을 싸먹게 하였더니 달고 향긋하여 입에 맞는다고 매우 칭찬하였다. 돌아간 뒤에 시 2수를 보내왔는데, 한 수는 볍씨를 구하는 것이고, 한 수는 고구마 잎을 읊은 시

董勵之. 古今農蠶之書, 如四民月令田家曆諸書, 多據洛陽長安節侯. 故較諸我東農候, 差早一半月. 至若陳敷農書秦觀蠶書, 從江浙以南之氣候, 則又無論也. 是歌一準漢陽節氣, 故視中州農書, 時有出入云."

였다. 볍씨는 장차 인천 방죽 간척지 논에 옮겨 심으려는 것이었다. 운을 밟아 화답하고, 또 볍씨와 고구마 잎을 보냈다.[65]

위는 번계 산장의 한쪽 논에는 함도벼를 심고, 다른 한쪽 언덕에는 고구마를 시험 재배하면서 이에 얽힌 작은 에피소드를 적은 것이다. 그 내용을 보면, 서유구는 산장을 찾아온 인천 사또에게 고구마 잎을 대접하였는데, 후일 그가 인천의 간척지 논에 함도벼를 시험 재배하기 위해 볍씨를 구하는 편지를 보내왔다는 것이다.[66] 이처럼 『임원경제지』는 실제 생활에서 체험되고 적용되었던 것으로, 책이 완성되던 무렵에는 새벽까지 「전가력(田家曆)」을 보면서 강우량을 비교해 보기도 하고, 「위선지」를 보면서 기후의 변화를 검증해 보기도 하였다.[67]

이상에서 18세기 이용후생학의 성과들이 서유구를 통해 19세기 생활 현장에서 구현되고 있음을 볼 수 있다. 이런 점에서 서유구 이용후생학의 가장 큰 특징은 단순히 지식과 정보를 집성한 점에 있는 것이 아니라 그것을 임원 생활에서 구현한 점에 있다고 할 것이다.

---

65 『번계시고』, 경자편, 「樊溪山庄, 種廣東鹹稻於墻南畦田, 種番藷於稍西小塢. 仁川使君來訪, 倉猝無供賓之需, 蒸藷葉, 裹飯而茹, 盛稱其甘香可口. 旣歸, 寄以二詩, 一求稻種, 一詠藷葉. 稻種將以傳殖於仁川堰田斥鹵地也. 步韻酬之, 且送稻種藷葉」.

66 당시 일본을 통해 들어온 고구마가 널리 전파되지 못한 이유로는 종자 보존의 어려움, 이해와 홍보 부족, 과세 부담 등이 그 원인으로 지적되고 있다. 정형지(2006), 124~128면 참조.

67 『번계시고』, 무술편, 「至後拈韻」, "挑燈細檢田家曆, 較雨占星到五更." ; 『번계시고』, 기해편, 「又次六橋絶句三首」, "挑燈細檢魏鮮書, 勝伏循環語不虛."

4. '임원경제'의 후대적 계승 양상

서유구의 실학자적 위상은 18세기 이용후생의 기술들을 『임원경제지』 속에 집성한 데 그치지 않고, 그것을 19세기 신진 학자들에게 전수하였다는 점에 또 다른 의의가 있다. 이러한 점을 고려하여 이 장에서는 그 후대적 계승 양상에 대해 살펴보기로 한다.

서유구는 1839년 퇴임을 전후하여 '번계'에서 임원을 경영하였고, 이후 1845년 생을 마칠 때까지 '두릉'에서 생활하였다. 이 시절 그의 문하에는 많은 신진 학자들이 출입하면서 시회를 열기도 하였다.[68] 그 주요 인물은 홍경모, 홍석모(洪錫謨, 1781~1850), 정학연(丁學淵, 1783~1859), 정학유(丁學游, 1786~1855), 홍길주(洪吉周, 1786~1841), 홍현주, 윤정현(尹定鉉, 1793~1874), 서유영(徐有英, 1801~1874), 김영작(金永爵, 1802~1868), 박규수(朴珪壽, 1807~1876), 신필영(申弼永, 1810~1865) 등 당대의 명사들이었다. 홍현주는 당시 서유구의 모습을 다음과 같이 그리고 있다.

문장은 실사(實事)를 추구하고	文章求實事
경제는 임원에 두셨네.	經齊在林園
만년에 망년(忘年)의 인연을 맺으시고	晩托忘年契
날 잡아 밤새 하길 기약하시네.[69]	頻期卜夜言

짤막하지만 서유구의 학문과 실천, 그리고 노년의 풍모를 잘 집약해

68 조창록(2001), 305~309면 참조.

69 홍현주, 『海居齋詩集』, 「又分園字」.

놓은 시이다. 그 내용을 보면 서유구는 학문의 지향점을 실용에 두었고, 임원 경영을 통해 경세제민(經世濟民)의 이상을 실현하고자 하였으며, 만년에는 그 사상을 후진들에게 전수하고자 하였다. 또 서유영은 밤이 깊도록 담론을 즐기던 서유구의 모습을 "촛불 심지 잘라 가며 농학을 이야기할 제, 백발이 은처럼 환히 빛났네〔剪燭談農圃, 華髮炯如銀〕."라고 묘사하고 있다.[70] 그렇다면 『임원경제지』에 대한 당시의 평은 어떠했을까? 이와 관련하여 홍경모는 다음과 같이 말하고 있다.

> 선정(先正)의 법도를 굳게 지켜서 매번 뵈올 때면 붉은 먹과 검은 먹의 붓 두 자루를 손에 들고 하루 종일 한 마디 말씀도 없으셨다. 그러나 배운 것을 여쭈어 보면 옛일을 끌어다 오늘을 증명하여 경위를 갖추어 설명해 주시는 것이 마치 옛사람이 곁에 앉아 상의하여 말해 주는 듯하였다. 살펴보건대 '가원(家園)의 여러 지(志)'들은 이용후생의 일이 아닌 것이 없고 경세제민의 재능을 또한 입증할 수 있으니, 한 점 고기로 솥 전체의 국 맛을 알 수 있는 격이라고 할 것이다.[71]

위는 홍경모가 직접 보았던 서유구 노년의 모습을 묘사한 대목이다. 이 가운데 '가원(家園)의 여러 지(志)'라고 한 것은 바로 『임원경제지』를 지칭한 것으로 판단된다. 즉 『임원경제지』의 교정과 전수에 임했던 서유구의 모습을, '매번 뵈올 때면…… 말해 주는 듯하였다.'라고 한

---

70 서유영, 『雲皐詩抄』, 「族兄楓石尚書(有榘氏), 致政家居, 夜邀洪沆瀣(吉周)丈原泉經臺賦詩, 經臺初入詩社」.

71 洪敬謨, 『冠巖叢史』 권8, 「祭楓石徐公(有榘)文」, "固守先正之法程, 而每見手丹墨二毫, 終日無一語. 然叩所學, 援古證今, 具有經緯, 如坐古人之旁, 而爲商確也. 第觀其家園諸志, 罔非利用厚生之事, 尤可驗經濟之才猷, 而嘗一臠可知全鼎也."

것이다. 그리고 홍경모는 『임원경제지』의 내용이 모두 '이용후생학'에 해당하는 것이라고 하고 있다. 또 윤정현은 다음과 같이 읊고 있다.

기로소에 드신 어른	耆社遺老
강호를 거처로 삼으시고	江湖是居
이용후생을 도모하시니	厚生利用
여러 글 모아 서책을 이루셨네.[72]	會稡成書

위는 서유구 사후 윤정현이 올린 치제문의 일부이다. 그 내용은 서유구가 임원에 거처하며 이용후생을 도모하였으며, 그 결과 여러 글을 모아 서책을 이루었다는 언급이다. 여기서 서책이란 곧 『임원경제지』를 지칭한 것으로 판단할 수 있다. 즉 서유구의 사후에 그 대표적 공적의 하나로 『임원경제지』를 찬술한 사실을 칭송하고 있다. 박규수 또한 『임원경제지』에 대해 언급하고 있는데, 다음은 「은퇴하신 풍석 서 판서께 바치다」라는 시의 후반부이다.

나라의 병폐 고칠 경륜 깊이 감추고	醫國深袖經綸手
임원에서 농사지어 나누어 먹기를 즐기실 뿐	林園樂事聊分甘
내 와서 『임원경제지』를 구해 읽어 보았더니	我來求讀十六志
신기루 속의 보물처럼 이루 염탐하기 어려워라.[73]	海市百寶難窺探

위의 내용을 보면 박규수는 서유구의 노년을 '경륜을 감추고 임원에

---

72 윤정현, 『梣溪遺稿』 권2, 「原任提學徐有榘致祭文」.

73 박규수, 『瓛齋集』 권3, 「呈徐楓石致政尙書」; 김명호(2008), 223면 참조.

서 나누어 먹기를 즐길 뿐'이라고 묘사하였다. 이것을 보면 국가 경영의 거창한 담론을 펴기보다는 임원의 현장에서 농업 경영에 몰두했던 서유구의 모습을 그려 볼 수 있다. 또 후반부에서 '『임원경제지』를 구해 읽어 보았더니'라고 한 대목을 보면, 『임원경제지』에 담긴 온갖 지식들이 19세기 신진 학자들 사이에서 읽히고 있었음을 짐작해 볼 수 있다. 이러한 노년의 행적을 통해 서유구는 정약용과 함께 당대 학계의 노학자로 나란히 추숭받기도 하였던 것이다.[74] 또 최근의 연구에 의하면 「인제지」는 구한말 종두법으로 유명한 지석영(池錫永, 1855~1935)의 소장인이 찍힌 『구급신서』라는 책이 나올 수 있었던 배경이 된 것으로 파악되고 있다.[75]

한편 앞 장에서 보았듯이 서유구는 번계 시절 임원경영을 통해 고구마나 볍씨와 같은 새로 도입한 종자를 시험하기도 하고, 또 지인들에게 전파 보급하였다. 이와 관련하여 서유구 문하에 출입한 기록은 보이지 않지만, 신석우(申錫愚, 1805~1865)는 「고구마를 심으며」라는 시에 붙인 서문에서 고구마의 여러 가지 명칭들에 대해 나열한 다음, 아래와 같이 말하고 있다.

풍석 서 상서께서 『종저보』를 지어 종자를 전하여 심고 기르는 방법을 다 밝혀 놓았는데, 그 이익이 민산(岷山)의 준치(蹲鴟)나 발해의 해구(薤韮)보다 배는 낫다고 한다. 근래에 영남에서 몇 뿌리를 얻어다가 작은 텃밭을 일구고 『종저보』를 참조해서 옮겨 심었다. 장차 뿌리를 널리 퍼뜨려 심는

74 서유구가 생의 마지막을 보낸 두릉은 정약용의 거처가 있던 곳으로, 홍석모는 그곳을 다음과 같이 읊고 있다. 『陶涯詩集』 권18, 「苕上雜詠」, "茶山事業遺珍笈, 楓石詞翰老研經. 斗渚如今江左地, 時人爭道聚文星." 김명호(2008), 224면 참조.

75 박상영(2013), 565~567면 참조.

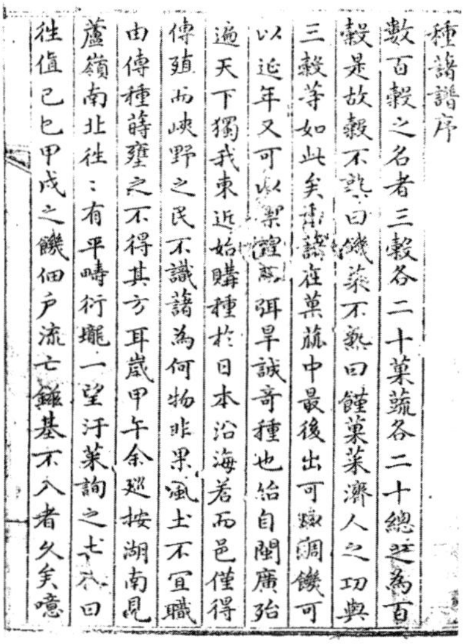
種藷譜序
數百穀之名者三穀各二十菓蔬各二十總之爲百
穀是故穀不熟曰饑菜不熟曰饉菓菜濟人之功與
三穀等如此矣甘藷在菓蓏中最後出可救凶饑可
以近年又可以禦饉救彌旱誠奇種也始自閩廣殆
遍天下獨我東近始購種於日本沿海若干邑僅得
傳殖而峽野之民不識藷爲何物非果風土不宜職
由傳種蒔壅之不得其方耳歲甲午余超按湖南見
蘆嶺南北往往有平疇衍壠一望汙萊詢之七十歲曰
往値己巳甲戌之饑佃戶流亡鋤基不入者久矣噫

〈그림 5〉『종저보』

다면 굶주리는 사람들이 배고픔을 면할 수 있게 할 수 있을 것이다. 사람들은 혹 이 일을 우활하다 비웃을지 몰라도, 내 나름으로는 경제의 뜻을 담은 것이다.[76]

위는 신석우가 영남에서 고구마 몇 뿌리를 얻어 와서 『종저보』를 참조하여 텃밭에 옮겨 심으며, 장차 기민 구제에 이바지하겠다는 포부를 말한 것이다. 마지막 단락에서 고구마를 심는 일이 '내 나름으로는 경제의 뜻을 담은 것'이라고 하였는데, 그것은 곧 서유구가 추구했던 '임원경제'라고 할 수 있을 것이다.

이처럼 서유구는 딱히 사승관계라고 할 만한 인맥을 형성하지는 않았지만, 실학의 후예라고 할 만한 학자들이 『임원경제지』나 『종저보』와 같은 저술을 읽었으며 그 속에 담긴 기술들을 실제 임원의 현장에서 적용하기도 하였다. 이러한 사례들을 통해 서유구의 실학이 19세기 학자들에게 착실히 전수되고 있었음을 볼 수 있다.

한편 서유구는 2장에서 살펴보았듯이 자신의 처지에서 바로 적용할 수 있는 실용의 지식은 경학도 아니요 경세학도 아닌 농학이라고 하였

---

76 『海藏集』 권3, 「種甘藷」, "楓石徐尙書爲譜, 悉著其傳種培壅之法, 其利益倍勝於岷山之蹲鴟渤海之薤韮. 近得數本於南中, 治小圃, 照譜蒔種. 將以廣播根植, 利濟艱食. 人或笑其迂, 而自謂寓經濟之志云."

는데, 이러한 신념은 당장의 생활방도를 마련하는 데 그치는 것이 아니라 임원경제의 터전을 후손들에게 물려주고자 한 것이었다. 그 의지는 다음과 같은 짤막한 발언 속에 잘 드러나 있다.

> 내게 많은 돈이 있는 것도 아니고, 또 한 줄 경전의 가르침도 준 적이 없다. 그러니 자손에게 물려줄 것은 오직 이습예(李襲譽)가 말한 것처럼 '10경의 전답과 천 그루의 나무'뿐이다.[77]

위는 서유구가 말년에 측자(側子) 서칠보(徐七輔, 1806~1881)에게 보낸 편지의 한 대목이다. 이 편지에서 서유구는 자신이 1806년 이후 40년 가까운 세월 동안 임원경제에 몰두한 것은 이습예처럼[78] 자손들에게 '10경의 전답과 천 그루의 나무'를 물려주기 위한 것이라고 하였다. 즉 자신이 물려줄 것은 돈도 아니고 경전의 가르침도 아닌, 오로지 '임원경제의 터전'이라는 점을 강조하고 있다. 또 홍경모의 「시장」에서는 다음과 같이 전하고 있다.

> 일찍이 그 집안 사람들에게 이르시기를, "내가 평생 동안 고심한 것은 한 언덕 한 골짜기의 터전을 마련하여 형제와 친척들이 처마를 나란히

---

77 『풍석전집』, 「示七輔」, "吾旣無滿籯之金, 又不曾有一經之敎, 所可遺者孫者, 惟有李襲譽十頃田千樹桑耳."

78 이습예는 『구당서』에 나오는 인물로 관직에 있을 때는 수리시설을 정비하여 백성들에게 농·상을 장려하였으며, 자손들에게 자신이 마련한 전답과 뽕나무, 그리고 서책 세 가지를 잘 가꾸고 읽도록 당부한 사람이다. 「열전」 제9, "襲譽性嚴整, 所在以威肅聞. 凡獲俸祿, 必散之宗親, 其餘資多寫書而已. 及從揚州罷職, 經史遂盈數車. 嘗謂子孫曰, 吾近京城有賜田十頃, 耕之可以充食, 河內有賜桑千樹, 蠶之可以充衣, 江東所寫之書, 讀之可以求官. 吾沒之後, 爾曹但能勤此三事, 亦何羡於人."

하고 상산(象山)의 육구연(陸九淵)처럼 공전(公田)을 두어 생계를 해결하고, 포강(莆江)의 정초(鄭樵)처럼 누에를 쳐서 살림을 마련하는 것일 뿐이다. 나는 벼슬길이 막힌 이래로 사는 곳을 모두 6번 옮겼다. 그러나 본래 집이 가난하여 싸라기조차 대기 힘들었기에, 생민의 근본은 농사만한 것이 없고 농사짓는 일은 곡식을 심고 기르는 기술보다 중요한 것이 없다고 여겼다. 그래서 서광계의 『농정전서』를 따라 파종시기를 놓치지 않고 온 마을의 농사꾼들이 부모를 봉양하고 자식을 키우는 데 굶주림이 없고자 한 것이다."라고 하셨다. 이것은 모두 공이 논밭에서 몸소 실천하며 마음으로 터득한 것으로, 근본을 두터이 하고 실제에 힘쓰는 것〔敦本務實〕을 국가 제일의 급선무로 삼아 반복해서 상소를 올리고 가는 곳마다 곡진히 권장했던 일이다.[79]

위의 글에서 육구연과 정초는 사상가로, 혹은 역사가로 이름을 떨친 인물이다. 그런데 서유구는 사상과 저술을 칭송하기보다는 그들이 경영했던 '임원'을 말하고 있다. 그리고 자신은 벼슬길이 막힌 이후로 농사를 최고의 실학으로 여겨 서광계의 『농정전서』를 지침서로 하여 그들처럼 임원을 경영하고자 하였음을 말하고 있다. 이것은 서유구가 추구했던 삶의 지향이 과연 어디에 있었는가 하는 점이 잘 드러나는 대목이라고 할 수 있다. 그렇다면 서유구가 이루고자 했던 임원경제의 터전은 결국 어떻게 되었을까? 이와 관련하여 서유구는 칠보(七輔)에게 다

79 洪敬謨, 『冠巖叢史』 권10, 「吏曹判書致仕奉朝賀楓石徐公諡狀」, "嘗戒其家人曰, "吾之一生苦心, 願得一邱一壑, 昆季親戚, 衡宇相望, 置公田給口食, 如象山之陸, 賦絲綿獻事功, 如莆江之鄭, 是已. 及屛廢以來, 凡六遷其寓, 而家故貧, 粗糲不給, 以爲生民之本, 莫如稼穡, 稼穡之務, 莫如種藝之有術. 依徐光啓農政全書, 播穀不愆, 爲一村力農家, 而仰事俯育, 賴以無飢. 此皆公躬行心得於溝塍阡陌之間, 而以敦本務實之爲國家第一先務, 反復於前後章奏, 縷縷於到處勸相者然也."

음과 같이 말하고 있다.

> 나는 병인년(1806) 이후로 사는 곳을 모두 4번 옮겼다. 금화는 산이 둘러 있지 않고 관로가 너무 가까웠으며, 대호(帶湖)는[80] 등질 산이 없고 땅이 비옥하지 않았으며, 번계는 터가 좁고 논이 척박하여 경제할 수 없었다. 그래서 모두 떠나게 되었다. 최근에 자리 잡은 두릉은 강과 산은 환하게 트여 좋으나 집 앞에 경작할 만한 논이 부족하다는 흠이 있다.[81]

위는 자신이 거쳐 왔던 임원경제의 터전들을 나열하면서 그 장단점에 대해 말한 대목이다. 그 내용을 보면 난호를 제외한 금화·대호·번계·두릉에 대해 진술하였는데, 네 곳 모두 그가 생각한 임원경제에는 모자라는 점이 있었다는 것이다. 마지막 터전이었던 두릉 역시 경관이 트여 있었으나 집 앞에 논이 부족하다는 점에서 자신이 생각한 임원경제의 이상과는 맞지 않는 곳이었음을 알 수 있다.

한편 현재 이곳들은 거의 흔적을 찾아볼 수 없고 후대의 기록 또한 별로 남아 있지 않다. 다만 두릉과 관련해서는 1867년, 박규수가 윤종의(尹宗儀, 1805~1886)에게 준 편지에서 다음과 같이 말하고 있다.[82]

> 이 아우의 평생 소망은 구름과 강물 사이에서 자유롭게 살아가는 것이

---

80 대호는 서유구가 1812년을 전후하여 머물렀던 곳으로, 장단 인근 임진강 유역을 가리키는 것으로 추정된다. 『풍석전집』, 「贈三道統制使諸公墓碑銘」, "壬申(1812)夏, 余在帶湖田舍."

81 『풍석전집』, 「示七輔」, "吾於丙寅以後, 凡四遷其居. 金華以山無拱抱, 迫近官路棄, 帶湖以背無靠依, 土亦赤黏棄, 樊溪以基窄田堉, 經濟莫施棄. 近所占斗陵, 江山最昭曠可喜, 而所乏者前坪耕稼之場耳."

82 김명호(2008), 224면 참조.

니, 꿈속에서도 맑고 아름다운 곳을 상상하곤 하였습니다. 지난번에 두릉에 낡은 집 하나를 얻었는데, 바로 풍석 선생의 옛집이었으니 스스로 마음에 꼭 맞는 일이었습니다. 저와 함께 뽕과 삼을 기르며 닭 잡고 기장밥 지어 주는 이웃이 되는 것이 어떻겠습니까? 짬을 내어 쓰니 회신해 주시기 바랍니다.[83]

이상 편지의 내용은 박규수가 서유구의 옛집을 사들여 그곳에서 임원 생활을 하겠다는 포부를 말하면서, 윤종의에게 이웃에서 함께 살 것을 권한 것이다. 그런데 박규수가 이 편지를 보낸 때는 서유구가 세상을 뜬 지 20여 년이 지난 시점이다. 즉 이 사실로 추측해 보면, 당시에 이미 서유구의 후손들은 두릉을 떠난 것으로 여겨진다.

또 서유구의 임종에 관한 일화에 '평소 모은 가산을 돌아가실 때에 다 나누어 주고〔平日蓄儲, 發於大歸之時〕'라는 표현이 나온다.[84] 이러한 기록들로 미루어 보면, 두릉의 집이 박규수의 손에 들어가게 된 경위는 자세히 알 수 없지만 임원경제의 터전을 자손들에게 물려주고자 한 서유구의 꿈이 현실화되지는 못했던 것으로 짐작된다.

한편 서유구는 1845년 음력 11월 1일 두릉에서 숨을 거두었고, 이듬해 정월에 경기도 장단 금릉리에 부인과 합봉되었다. 그곳은 화악산 기슭으로, 신필영은 그 묘역을 지나며 다음과 같이 읊고 있다.

---

83 『瓛齋集』 권9, 「與尹士淵(7) 丁卯」, "弟平生結習, 自放於雲水間, 夢想淸洌佳處. 向得一老屋於斗陵, 卽徐楓石舊宅也. 自以爲一可意事, 願與吾作桑麻鷄黍之鄰, 如何如何. 得閒暫草, 伏希回信."

84 『임하필기』 제31권, 「순일편」, 聽琴大歸, "楓石太史八十二疾革, 使侍者彈琴于側, 曲闋而終. 此至人忘形尸解之一事也. 余覽公家狀, 及於此, 未嘗不茫然歎息. 凡軒駟鳴呵敝緼蹻履, 其歸也一也. 公以平日蓄儲, 發於大歸之時, 聽琴怡然無怛化色, 非庸人可跂也."

화악산 기슭에서 한때를 회상하니	華屋山邱感一時
풍석 선생은 이미 흰 구름과 벗하셨네.	楓翁已與白雲期
빈소는 적막하고 가을 빛은 싸늘한데	繐帷寂寞秋光冷
임원경제의 꿈을 마치지 못한 것이 슬퍼라.[85]	經濟林園未了悲

위의 시 마지막 구절에서 신필영은 '임원경제의 꿈을 마치지 못한 것이 슬퍼라'라는 말로 서유구를 추념하고 있다. 이것을 보면, 조심스럽지만 임원경제의 터전을 후손들에게 물려주고자 한 서유구의 염원은 결국 실현되지는 못했던 것으로 이해되는 것이다.

5. 맺음말

서유구는 『임원경제지』를 비롯하여 「의상경계책」, 『금화경독기』, 『종저보』 등 조선 후기 실학을 대표할 만한 저술을 남긴 인물이다. 이러한 저술들의 자료적 가치에 대해서는 일찍부터 선학들의 평이 있었고 최근에 이르기까지 많은 연구가 진행되었다. 이에 비해 그 저자인 서유구에 대해서는 그 실학자적 위상이 충분히 드러나지 못한 것으로 파악된다. 본고는 이 점에 착안하여 (1) 학문적 연원 (2) 이용후생학의 집성 (3) 사대부의 자립적 삶 (4) 임원경제의 후대적 계승 양상에 대해서 각각 살펴보았다.

우선 여기서 논의된 내용들을 정리해 보면, (1)과 관련하여, 서유구의 가학은 오늘날의 학문 영역으로 보면 기하학 혹은 수학에 해당하는

85 『玉坡集』 권1, 장62, 「哭徐楓石」.

것이다. 이러한 가학을 배경으로 서유구는 벼슬길이 막힌 자신의 처지에서 바로 현장에 적용할 수 있는 농학에 뜻을 두게 되었다. 또 농학에 대한 탐구와 실천에는 서유구 가의 학문 경향과 매우 유사한 궤적을 보이고 있는 중국 명대의 수학자이자 농학자인 서광계의 영향이 지대했던 것으로 파악된다.

다음 (2)와 관련하여, 서유구는 이론적 지식보다는 실생활에 활용되는 지식을 추구하였고, 이상적 삶을 제시하기보다는 목전의 삶을 개선하는 기술에 주안점을 두었다. 따라서 『임원경제지』에는 수산자원, 생활 공산품, 광물자원, 경제 수종, 농업 기술, 치재술 등에 대한 이용후생의 방법들이 망라되어 있다. 이런 측면에서 보면, 『임원경제지』는 단순한 농서라기보다는 산업 전반에 걸친 '이용후생을 위한 기술서'라고 할 수 있을 것이다.

다음 (3)과 관련하여, 서유구는 1806년 벼슬길이 막힌 이래 『임원경제지』를 찬술하는 한편, 그 내용을 구체적으로 실현하는 임원경영을 필생의 업으로 삼았다. 이 과정에서 난호에서 어업에 종사하였고, 구전법과 대전법을 시험해 보았으며, 호남관찰사 시절에는 고구마 종자를 보급하였고, 대사헌으로 재직할 시절에는 벼 품종 도입을 건의하였으며, 번계에서는 고구마와 벼를 시험 재배하였다.

다음 (4)와 관련하여, 서유구는 퇴임을 전후한 시기부터 생을 마치기까지, 농학을 중심으로 한 18세기 실학의 성과물들을 여러 신진 학자들에게 전수하였다. 관련 기록들을 보면, 당시에 이미 『임원경제지』가 이용후생의 서책으로 인지되었으며, 『종저보』는 임원의 현장에서 참고서로 쓰였음을 알 수 있다. 즉 서유구의 실학이 19세기 학자들에게 착실히 전수되었으며, 이 과정에서 정약용과 함께 당대의 노학자로 나란히 존경받았음을 알 수 있다.

이상에서 정리한 사실들을 토대로 그것이 가지는 실학사적 의미에 대해 생각해 보기로 한다.

첫째, 서명응의 가학(상수학)은 중국의 소옹과 조선의 서경덕을 연원으로 하여 명대의 서광계로부터 직접적인 영향을 입고 있다. 이러한 배경에서 서유구의 집안은 수학・농학과 같은 실용적 지식을 추구한 것이다. 그런데 이 분야는 당시로서는 사대부의 품격 있는 교양이 아니라 어디까지나 기술로 간주되던 것이었다. 이러한 학문 경향은 교양적 지식을 실용적 지식보다 윗길에 두었던 전근대적 학문관을 어느 정도 넘어서는 것으로 이해된다. 또 이런 측면에서 그 현실적 지향은 한 집안의 학문적 특징에 그치지 않고, 한국의 실학사 혹은 과학사에서 매우 독특한 계통 한 줄기를 보여 주는 것이라고 할 수 있다.

둘째, 실학사의 맥락에서 볼 때 『임원경제지』는 단순한 농서라기보다는 산업 전반에 걸친 '이용후생을 위한 기술서'라고 할 수 있다. 또 그 내용은 국가 경영에 관련된 거창한 담론이 아니라, 하나 낮은 범주의 '생활의 기술'을 추구한 것이다. 이런 의미에서 『임원경제지』는 농서로서의 기본 성격과 『산림경제』로 대표되는 일용유서(日用類書)의 전통, 그리고 18세기 이용후생학의 성과물이 합쳐져서 생활 현장의 실학서로 변모한 것이라고 할 수 있다.

셋째, '임원경제'는 사의 존재 기반에 대한 반성과 고민에서 나온 것으로, 산림 처사적 삶을 경제 행위로 인식한다는 점이 가장 큰 의미를 갖는다. 이러한 인식하에 서유구는 18세기 이용후생학의 성과들을 문헌에 집성하는 데 그치지 않고, 그 지식들을 임원 생활에서 구현하였던 것이다. 즉 늘 있어 왔던 개인 혹은 가족의 의식주 문제를 사대부가 탐구해야 할 지식으로 인식한 점에 의의가 있다. 이런 점에서 산림에서 유유자적하며 자기 수양에 힘쓰는 전통적 처사의 삶과는 좀 다른, 더 적극적인 생활인의 태도를 보인다고 할 수 있다.

넷째, 서유구는 18세기 실학의 성과들을 집성하여 신진 학자들에게 전수하였는데, 그것은 국가 체제나 조세 제도 혹은 신분 제도 등 관념화되기 쉬운 주제가 아니라 실제 지식, 실용 기술을 전한 것임을 알 수 있다. 이런 점에서 종전에 하나의 슬로건으로 존재했던 '이용후생'이라는 시대정신이 좀 더 실천적인 영역으로 전문화되어 가는 과정을 보여주고 있다고 할 것이다.

參考文獻

朴齊家 지음, 안대회 옮김, 『북학의』, 돌베개, 2008.

朴珪壽, 『瓛齋集』, 『한국문집총간』 312, 민족문화추진회, 2003.

徐命膺, 『保晩齋集』, 『한국문집총간』 233, 민족문화추진회, 1999.

徐有榘, 『金華耕讀記』, 日本東京都立中央圖書館, 特7641.

_____, 『樊溪詩稿』, 국립중앙도서관 영인수집본.

_____, 『林園經濟志』, 보경문화사, 1983.

_____, 『楓石全集』, 보경문화사, 1983.

徐有英, 『雲皐詩抄』, 한국정신문화연구원 왕실도서관 장서각 디지털 아카이브.

徐瀅修, 『明皐集』, 『한국문집총간』 261, 민족문화추진회, 2001.

尹定鉉, 『梣溪遺稿』, 『한국문집총간』 306, 민족문화추진회, 2003.

申錫愚, 『海藏集』, 『한국문집총간』 속127, 한국고전번역원, 2011.

申弼永, 『玉坡集』, 『평산신씨문집』 제8집, 1981.

李圭景, 『五洲衍文長箋散稿』, 한국고전번역원 데이터베이스.

李裕元, 『林下筆記』, 성균관대학교 대동문화연구원, 1991.

_____, 『嘉梧藁略』, 『한국문집총간』 315~316, 민족문화추진회, 2003.

洪敬謨, 『冠巖全書』, 『한국문집총간』 속113~114, 한국고전번역원, 2011.

洪萬選, 『山林經濟』, 한국고전번역원 데이터베이스.

洪錫謨, 『陶涯詩集』, 국립중앙도서관, 한貴古朝45-가109.

洪顯周, 『海居齋詩集』, 규장각, 古3428-392.

徐光啓, 『徐光啓全集』, 上海古籍出版社, 2010.

김대중(2011), 「풍석 서유구 산문 연구」, 서울대학교 박사논문.
김두종(1993), 『한국의학사』, 탐구당.
김명호(2008), 『환재 박규수 연구』, 창비.
김용섭(1972), 「18·9세기의 농업실정과 새로운 농업경제론」, 『대동문화연구』, 성균관대학교 대동문화연구원.
______(1976), 『조선후기 농업사 연구』 I, 일조각.
______(1977), 『조선후기 농업사 연구』 II, 일조각.
김채식(2008), 「이규경의 『오주연문장전산고』 연구」, 성균관대학교 박사논문.
김형석(1995), 「명말의 경세가 서광계 연구」, 경희대학교 박사논문.
박상영(2013), 「『인제지』의 조선후기 의사학적 위상과 의의; 미키 사카에의 '재인용〔孫引〕' 지적과 '학술가치' 평가에 대한 재검토」, 『한국실학연구』 25, 한국실학학회.
백남운 저, 심우성 역(2004), 『조선사회경제사』, 동문선.
성낙훈(1974), 「실생활의 개혁－서유구」, 『조선실학의 개척자 10인』, 신구문화사.
안대회(2006), 「『임원경제지』를 통해 본 서유구의 이용후생학」, 『한국실학연구』 11, 한국실학학회.
유봉학(1995), 『연암일파 북학사상 연구』, 일지사.
이성우(1981), 『韓國食經大全』, 향문사.
이우성(1982), 「실학연구서설」, 『한국의 역사상』, 창작과비평사.
이헌창(2009), 「『임원경제지』의 경제학」, 『진단학보』 108, 진단학회.
전종욱·조창록(2012), 「『임원경제지』·「인제지」의 편집 체재와 조선후기 의학 지식의 수용 양상－『동의보감』과의 비교를 중심으로－」, 『의사학』 21권 3호, 대한의사학회.
정형지(2006), 「조선후기 농서를 통해 본 고구마 재배기술」, 『이화사학연구』 33, 이화사학연구소.

조창록(2001), 「풍석 서유구와 『번계시고』」, 『한국한문학』 28집, 한국한문학회.

_____(2003), 「풍석 서유구에 대한 한 연구」, 성균관대학교 박사논문.

_____(2007), 「조선조 개성의 학풍과 서명응 가의 학문」, 『대동문화연구』 47, 대동문화연구원.

_____(2008), 「학산 서호수론」, 『민족문화』 31, 한국고전번역원.

_____(2009), 「서유구의 학문관과 『임원경제지』의 글쓰기 방식」, 『쌀·삶·문명 연구』 2호, 전북대학교 쌀·삶·문명 연구소.

_____(2012a), 「조선 실학에 끼친 徐光啓의 영향-서유구 가문을 중심으로-」, 『史林』 41, 수선사학회.

_____(2012b), 「풍석 서유구와 『주례』·「고공기」」, 『동방한문학』 51, 동방한문학회.

_____(2012c), 「『임원경제지』를 통해 본 서유구의 일본 인식-『화한삼재도회』를 인용한 사례를 중심으로-」, 『대동문화연구』 78, 대동문화연구원.

최남선, 육당전집편찬위원회 편(1973), 『육당 최남선전집』 3, 현암사.

풍석 서유구 지음, 정명현·민철기·정정기·전종욱 외 옮기고 씀(2012), 『임원경제지-조선최대의 실용백과사전』, 씨앗을뿌리는사람.

篠田統(1967), 「種藷譜と朝鮮の甘藷」, 『朝鮮學報』 44, 朝鮮學會.

三木榮(1956), 『朝鮮醫書誌』, 自家印行.

_____(1963), 『朝鮮醫學史及疾病史』, 自家出版.

戶川芳郎·蜂屋邦夫·溝口雄三 共著(1987), 『儒教史』, 『世界宗教史叢書』 10, 東京: 山川出版社.

피터 버크 지음, 박광식 옮김(2006), 『지식』, 현실문화연구.

| 楓 石 |

楓石의 水原留守 時 활동 양상

김문식 | 단국대학교 사학과 교수

1. 머리말

서유구의 생애는 성장기(成長期)·사환기(仕宦期)·은거기(隱居期)·현달기(顯達期)·은퇴기(隱退期)로 구분하여 볼 수 있다.[1] 성장기(1764~1790)에 그는 조부인 서명응(徐命膺)과 중부(仲父)인 서형수(徐瀅修), 우산(愚山) 이의준(李義駿)의 문하에서 글과 문장을 익혔다. 사환기(1790~1806)는 1790년 문과에 급제하여 규장각 초계문신으로 선발된 이후 내직으로 규장각 대교·홍문관 부교리·형조참의·동부승지를 역임하고, 외직으로 순창군수(淳昌郡守)·의주부윤(義州府尹)·여주목사(驪州牧使)를 역임한 시기이다. 그러나 서유구는 1806년에 서형수가 김달순(金達淳)의 옥사(獄事)에 연루되어 추자도로 유배가면서 정계에서 축출되어 은거기로 들어갔다. 서유구는 은거기(1806~1823)에 벼슬길에서 물러나 장단(長湍) 지역의 금화(金華)와 대호(帶湖), 서울 주변의 번계(樊溪), 한강 유역의 두릉(斗陵) 등지를 옮겨 다니면서 농서를 연구하고 농업 기술을 시험했다. 현달기(1823~1839)는 그가 회양현감(淮陽縣監)으로 복귀한 이후 내직으로 우부승지·대사헌·공조판서·홍문관 제학·규장각 제학·병조판서·대사헌 등을 역임하고, 외직으로 양주목사(楊州牧使)·강화유수·전라관찰사·수원유수 등을 역임하며 자신의 뜻을 현장에서 펼쳤던 시기이다. 마지막으로 은퇴기(1839~1845)에 그는 75세의 나이로 봉조하(奉朝賀)가 되어 벼슬길에서 물러났고 임원(林園) 생활을 하면서 『임원경제지(林園經濟志)』의 편찬을 마무리하고 간행하기 위해 노력하

---

1 유봉학(1995), 190~195면.

였다. 1845년에 그는 두릉(斗陵)의 별서(別墅)에서 사망했으며 이듬해에 장단(長湍) 금릉리(金陵里)의 선영(先塋)에 안장되었다.

본고는 서유구의 현달기였던 수원유수[2] 시절에 그가 보였던 활동 양상을 살펴보고, 이때의 경험이 얼마 후 완성되는 『임원경제지』에 어떤 영향을 주었는지를 검토하기 위해 작성되었다. 서유구는 수원유수로 있는 동안 규장각(奎章閣) 제학(提學)을 겸했기 때문에 한양과 수원을 오가면서 다양한 활동을 하였다. 이에 본고는 서유구의 활동을 규장각 제학으로서의 활동과 수원유수로서의 활동으로 구분하고, 수원유수로서의 활동은 다시 화령전(華寧殿)과 현륭원(顯隆園)의 관리, 인사(人事) 관리, 민생(民生) 관리로 구분하여 정리하기로 한다.

서유구는 1836년 1월 11일부터 1837년 12월 12일까지 수원유수 겸 총리사(摠理使)로 근무하면서 『화영일록(華營日錄)』이란 일지를 꾸준히 작성했다.[3] 본고에서는 이를 주 자료로 활용한다. 서유구는 또한 1833년 4월 10일부터 1834년 12월 30일까지 전라관찰사 겸 전주부윤(全州府尹)으로 활동하면서 『완영일록(完營日錄)』 8책을 작성했다. 『완영일록』은 『화영일록』과 동일한 성격의 기록으로 본고에서는 보완 자료로 활용한다.

---

2 水原留守의 명칭은 원래 華城留守로 시작되었다. 그러나 본고의 주 자료인 『華營日錄』이나 당시 실록에 수원유수로 기록된 사례가 많으므로 수원유수로 칭하기로 한다. 『華營日錄』, 1836년 1월 11일, “水原留守, 首擬蒙點. 徐能輔〔病遞代〕.”; 『承政院日記』, 憲宗 2년 1월 12일(丙申), “備邊司薦望, 以徐有榘, 爲水原留守.”

3 필사본 『華營日錄』의 원본은 日本 大阪府立 中之島 도서관에 소장되어 있다(한13-9). 현재 국립중앙도서관에는 복사본이 있고(古2107-250), 李佑成이 편집한 栖碧外史海外蒐佚本 23(아세아문화사, 1990)에 영인본이 있다. 2004년에 경기도박물관에서 譯註本을 간행한 바 있다. 자료의 성격에 대해서는 鄭昌烈(2004) 참조.

2. 규장각(奎章閣) 제학(提學)으로서의 활동

서유구는 1836년 1월 11일에 수원유수로 임명되었다. 그의 전임자였던 서능보(徐能輔)가 신병(身病)이 있어 교체되었기 때문이다. 서유구는 1월 15일에 수원유수를 사직(辭職)하는 상소를 국왕에게 올렸지만 수용되지 않았고, 1월 26일에 승정원으로 가서 병부(兵符)와 교서(敎書), 유서(諭書)를 받고 길을 나섰다. 그가 수원부에 도착한 날짜는 1월 27일이었다. 이후 서유구는 1837년 12월 3일에 지경연사(知經筵事)로 낙점(落點)을 받았고, 12월 11일에는 다시 전생서(典牲署) 제조(提調)로 임명되었다. 당시 그는 서울에 있었기 때문에 수원까지 내려가지는 않았고, 12월 12일에 남대문 밖으로 나가 후임자인 이기연(李紀淵)과 교귀례(交龜禮)를 거행하는 것으로 임무를 교대했다.[4]

서유구가 수원유수로 부임할 때 국왕 헌종은 '수원은 서울에서 가까운 데 있으므로 매월 초하루에 올리는 기거(起居)를 빠트리지 말고, 국가를 위한 계책이 있으면 수시로 글을 올려 아침저녁으로 간언(諫言)을 올리듯이 하라.'고 당부했다.[5] 그렇지만 서유구는 수원유수로 근무했던 2년 동안 총 11차례에 걸쳐 서울을 출입했다. 헌종의 교서처럼 수원에 있으면서 문서로 계책을 아뢰는 정도가 아니라 서울에서 국왕을 직접 대면하는 날이 많았다.

4 『承政院日記』, 憲宗 3년 12월 10일(癸丑); 12월 12일(乙卯).

5 『承政院日記』, 憲宗 2년 1월 26일(庚戌), "於戲, 駟路近接於京輦, 毋替月朔之起居, 鴻猷時上於公車, 何異朝夕之納誨?" 이 교서는 知製敎 金洙根이 작성해 올린 것이다. 당시 헌종의 나이는 10세였다.

다음의 〈표 1〉은 수원유수 서유구가 서울을 출입한 일지를 정리한 것이다.

〈표 1〉 수원유수 서유구의 서울 출입 일지

회차	화성 출발	경유지	화성 도착	체류 일수	비고
1	1836. 2. 2		3. 6	34	
2	1836. 3. 17		4. 29	41	
3	1836. 5. 28	과천	8. 1	62	加資 肅拜
4	1836. 8. 17	시흥	9. 11	23	
5	1836. 11. 9	시흥	11. 13	4	孝成殿 大祥
6	1837. 1. 2	과천	1. 15	13	陳賀班
7	1837. 3. 8	과천	5. 2	53	樊溪 自然經室 2일
8	1837. 6. 6	시흥	8. 10	63	樊溪 1일
9	1837. 8. 21	시흥/과천	9. 18	16	樊溪 自然經室 1일
10	1837. 10. 6	과천	11. 14	38	樊溪 3일
11	1837. 11. 26	과천		15	
계				362	

이를 보면 수원유수 서유구가 서울에서 머문 날짜는 총 362일로써 근무 일수의 절반을 넘었다. 당시 서유구는 규장각 제학을 겸하고 있었기 때문에 서울에 있을 때에는 수원유수보다는 규장각 제학으로서 다양한 활동을 했다. 서유구가 서울에서 머무는 곳은 주로 필곡(筆谷)이었고, 가끔은 번계(樊溪)에 있는 자연경실(自然經室)에 들러 머물기도 했다.[6] 또한 그는 서울과 수원을 왕래하는 길에 과천(果川)이나 시흥(始興)에 들러 점심을 먹었다.

---

6 自然經室은 樊溪에 있는 서유구의 서재였다(『知非集』 권5, 記, 「自然經室記」).

이보다 앞서 서유구는 전라관찰사로 근무할 때에도 규장각 제학을 겸하고 있었다. 그렇지만 부임지였던 전주와 서울 사이를 감안한 때문인지 서울을 출입하는 일이 매우 드물었다. 서유구가 전주에 부임할 때를 보면 1833년 4월 10일에 서울을 출발하여 4월 16일에 전주부에 도착하는 일정이었다.[7] 서유구가 서울과 수원을 왕래할 때에는 하루면 충분했지만 서울과 전주를 왕래할 때에는 6일이나 소요되었다.

1) 편찬 사업

서유구가 규장각 제학으로 벌인 활동에는 규장각에서 주도하는 국가적 편찬 사업에 참여하는 일이 있었다. 서유구가 수원유수로 부임한 시기는 1834년 순조가 사망한 직후에 해당하므로, 규장각에서는 순조의 어제와 익종의 어제를 동시에 편찬하여 『열성어제(列聖御製)』에 포함시키는 작업을 진행했다. 순조의 아들이자 헌종의 부친이었던 효명세자(孝明世子)는 헌종이 국왕으로 즉위한 직후 국왕으로 추존되어 '익종(翼宗)'이란 묘호(廟號)를 받았고,[8] 순조의 어제를 편찬할 때 익종의 어제도 함께 편찬하였기 때문이다.

서유구는 수원유수로 임명되어서도 현지로 부임할 때까지는 3일에 한 번씩 규장각에 출근하여 어제(御製)의 교준(校準) 작업을 진행했고, 수원유수로 부임한 이후에도 서울을 방문할 때면 규장각에 나가 『열성어제』를 교준하는 업무를 계속하였다. 서유구가 마지막으로 교준에 참

---

7 『完營日錄』 권1, 1833년 4월 10~16일. 서유구는 서울에서 화성・진위・성환・천안・廣亭・공주・魯城・은진・여산・三禮를 경유하여 전주에 도착했다.

8 『憲宗實錄』 권1, 憲宗 즉위년 11월 庚辰(19일).

여한 날짜는 1836년 4월 27일이었고,[9] 순조와 익종의 『열성어제』가 완성된 날짜는 5월 19일이었다. 이날 서유구는 규장각 각신으로 감인(監印)에 참여한 공로를 인정받아 가자(加資)의 혜택을 받았다.[10] 이때 서유구는 수원에 머물렀으며 5월 21일에 가자(加資)를 내리는 국왕의 유지(有旨)와 교유서(敎諭書), 호피(虎皮) 1령(令)을 받았다.[11]

서유구가 참여한 『열성어제』는 『순종대왕어제(純宗大王御製)』 12권과 『익종대왕어제(翼宗大王御製)』 6권, 별편(別編) 1책을 합하여 총 18권 12책으로 구성되었고, 권말(卷末)에 수록된 교정자(校定者) 명단에서 서유구의 직함은 '資憲大夫 水原府留守兼摠理使 知實錄事 奎章閣提學'으로 기록되어 있다.[12] 순조와 익종의 어제를 합한 『열성어제』는 총 70건이 인쇄되었고 서유구도 그중 1건을 하사받았다.[13]

다음으로 서유구는 『순조실록(純祖實錄)』을 편찬하는 작업에도 참여했다. 『순조실록』은 1835년(헌종 1) 5월에 실록청 소속의 관리를 임명하는 것으로 편찬 작업을 시작하였고, 1838년 윤4월 13일에 인쇄를 마무리하고 윤4월 28일에 차일암(遮日巖)에서 시정기(時政記)와 실록의 초초(初草)와 중초(中草)를 세초(洗草)하였다.[14] 따라서 서유구가 수원유수

---

9 서유구가 御製를 校準한 날은 1836년 1월 16일, 19일, 22일, 25일, 2월 23일, 3월 2일, 3일, 18~23일, 4월 7일, 27일이었다.

10 『憲宗實錄』 권3, 憲宗 2년 5월 辛丑(19일).

11 『華營日錄』, 1836년 5월 21일.

12 『列聖御製』(규1123).

13 『承政院日記』, 憲宗 2년 5월 19일(신축), "傳于李鐸遠曰, 純宗大王御製, 翼宗大王御製, 列聖御製合附本, 奉謨堂·文獻閣·五處史庫外, 奎章閣·內閣·玉堂·藏書閣·西庫, 各一件奉藏. 監印閣臣原任提學南公轍·沈象奎·洪奭周·朴宗薰, 提學趙寅永, 原任提學鄭元容, 提學徐有榘, 檢校直提學徐憙淳, 直提學朴永元, 原任直閣徐俊輔·李光文·李嘉愚·李景在·吳取善, 直閣李公翼, 原任待教李憲瑋·金正喜, 檢校待教趙斗淳·金學性, 待教金洙根, 各一件頒賜."

14 『實錄廳題名記』(규1444); 『憲宗實錄』 권5, 憲宗 4년 윤4월 甲午(23일).

로 있는 동안에는 『순조실록』의 편찬이 계속해서 진행되는 상황이었다. 서유구는 수원유수로 부임하기 이전은 물론이고 부임한 이후에도 서울에 있을 때에는 거의 매일 실록청(實錄廳)에 나가 실록의 편찬에 참여했다.[15]

서유구가 『순조실록』의 편찬에 참여하던 중에 예문관(藝文館)에 보관하던 실록이 불에 타 버리는 사고가 발생했다. 좌의정 홍석주(洪奭周)는 시기가 가장 가까운 『정조실록(正祖實錄)』(=『정종대왕실록(正宗大王實錄)』) 조차 절반만 남아 있는 상황이므로 가장 먼저 보인(補印)할 것을 요청했고, 이를 위해서는 강화도의 정족산 사고에 보관되어 있던 실록을 서울로 이동시켜야 했다.[16] 수원유수 서유구는 정족산 사고의 『정조실록』을 서울로 이동시킬 때 협련군(挾輦軍)을 선발하여 보내는 임무를 받았다.

서유구는 1836년 8월 22일에 자기 휘하에 있는 시흥현령(始興縣令)에게 전령(傳令)을 보내 8월 27일부터 28일 사이에 건장한 자 20명을 협련군으로 선발하되 군장(軍裝)과 복색(服色)을 선명하게 하고 시흥현의 경계에서 행렬을 기다렸다가 숭례문(崇禮門) 밖의 신지(信地)에 이를 때까지 호위하게 하였다.[17] 강화도의 실록을 서울로 옮기는 행렬이 나타난 것은 9월 3일이었다. 이날 시흥현에서는 속오군(束伍軍)에서 협련군 20명을 선발하여 시흥현의 경계에서 숭례문(崇禮門) 밖까지 호위했

---

15 서유구가 實錄廳에 출근한 날은 다음과 같다. 1836년 1월 22일, 3월 2~4일, 18일, 20~21일, 4월 25일, 6월 7일, 9일, 12~13일, 28일, 7월 1~3일, 11일, 21~22일, 25~26일, 8월 23일, 27~28일, 9월 3~8일. 1837년 4월 8일, 11~12일, 20~21일, 23~24일, 6월 8~9일, 12~16일, 20~29일, 7월 11~15일, 19~21일, 25~26일, 29~30일, 8월 1~6일, 23~24일, 26~27일, 9월 3~8일, 10일, 10월 8일, 20일, 24일, 28일, 11월 1일, 4일, 7일, 11일, 28일, 12월 2~3일.

16 『憲宗實錄』 권3, 憲宗 2년 8월 辛酉(10일).

17 『華營日錄』, 1836년 8월 22일.

고, 서유구는 그 내용을 장계(狀啓)로 보고했다.[18]

서유구는 규장각에서 『열성지장(列聖誌狀)』을 속인(續印)하는 작업의 감인(監印)을 담당했다. 서유구는 1837년 7월 21일에 감인각신(監印閣臣)에 임명되면서 『열성지장』을 편찬하는 작업에 참여하기 시작했고, 이후 서울에 머무는 동안 규장각에 나가 『열성지장』을 교준(校準)하는 일을 계속했다.[19] 『열성지장』의 편찬이 마무리된 날은 8월 27일이었다. 이날 규장각에서는 새로 인쇄한 『열성지장』에 '규장지보(奎章之寶)'를 찍고 인정전(仁政殿)에서 국왕에게 책을 올리는 행사를 거행했으며 서유구도 참여했다.[20] 이튿날 서유구는 새로 인쇄한 『열성지장』 1건을 하사받고, 8월 30일에는 감동각신(監董閣臣)으로서의 공로를 인정받아 표피(豹皮) 1령(領)을 받았다.[21]

이보다 앞서 서유구는 1790년에 문과(文科)에 급제한 직후 초계문신(抄啓文臣)에 선발되어 규장각에서 학문을 수련했고, 1792년에는 규장각 대교(待敎)에 임명되어 국가적 편찬 사업에 참여한 바가 있었다. 정조 치하의 규장각에서 서유구는 『주역강의』, 『상서강의』, 『대학강의』, 『맹자강의』, 『좌전강의(左傳講義)』, 『시경강의』를 편찬하고, 『삼경사서(三經四書)』, 『육주약선(陸奏約選)』, 『주자서절약(朱子書節約)』, 『육영성휘(育英姓彙)』의 교정 및 편집자로 참여했다.[22] 정조 치하에 규장각 관리로

---

18 『華營日錄』, 1836년 9월 3일.

19 서유구가 『열성지장』의 편찬에 참여한 날짜는 1837년 7월 21일, 25일, 8월 4일, 7일, 9~10일이었다.

20 『日省錄』, 1837년 8월 27일; 『華營日錄』, 1837년 8월 27일.

21 『華營日錄』, 1837년 8월 28일; 30일. 서유구에게 『列聖誌狀』 1件과 豹皮 1領을 내리라는 헌종의 명령은 8월 27일 행사 직후에 있었다. 그러나 서유구가 실제로 이 상품을 받은 날짜는 8월 28일과 8월 30일이었다.

22 김문식(2009), 7~11면.

있으면서 국가적 편찬 사업에 참여했던 서유구의 활동은 수원유수로 부임한 이후에도 계속되었다.

2) 왕실 의례

서유구는 서울에 있을 때 효성전(孝成殿)과 효화전(孝和殿)에서 거행된 의례에 참여했다. 여기서 효성전은 순조의 혼전(魂殿)이고, 효화전은 익종(翼宗)의 신전(神殿)을 가리킨다. 순조는 1834년 11월 13일에 사망했고 11월 9일에 혼전의 이름이 효성전으로 결정되었다.[23] 효명세자(익종)는 이보다 앞서 1830년 5월 6일에 사망했고, 순조의 혼전 이름이 결정되던 날 신전의 이름은 효화전으로 결정되었다. 이후 효성전과 효화전은 1837년 1월 순조와 익종의 신주를 종묘에 부묘(祔廟)할 때까지 계속해서 유지되었다.[24]

서유구는 서울에 있을 때 효성전에서 거행되는 삭제(朔祭)·망제(望祭)·전알(展謁)·조상식(朝上食)·주다례(晝茶禮) 등의 의례에 꾸준히 참석했다.[25] 1837년 1월 1일은 효성전의 담사(禫祀)가 있는 날이었지만 서유구는 현륭원(顯隆園)의 정조제향(正祖祭享)을 주관하느라 효성전의 담사에 참석하지 못했다. 이에 서유구는 수원의 객사(客舍)에 가서 망곡(望哭)을 하는 것으로 참석을 대신했다.[26] 서유구는 효성전의 의례에는

23 『憲宗實錄』 권1, 憲宗 즉위년 11월 庚辰(19일). 순조의 殯殿은 長樂殿이었다(『純祖實錄』 권34, 純祖 34년 11월 甲戌(13일)).

24 文祜廟에 모셔졌던 孝明世子의 신주가 翼宗大王으로 바뀌어 孝和殿에 奉安된 것은 1835년 5월 19일이었다(『憲宗實錄』 권2, 憲宗 1년 5월 丁丑(19일)).

25 서유구가 효성전의 의례에 참석한 날은 1836년 6월 18일, 7월 1일, 2일, 11일, 15일, 9월 1일, 9일, 11월 11일, 12일, 13일, 1837년 1월 6일이었다.

26 『華營日錄』, 1837년 1월 1일.

자주 참석했지만 효화전의 의례에 참석하는 일은 매우 드물었다. 수원유수 서유구는 1836년 7월 11일에 효화전의 추전알(秋展謁)에 참여한 사례가 유일하다.[27] 이는 익종을 모신 효화전보다 순조를 모신 효성전의 의례가 중시되었음을 의미한다.

서유구는 순조와 익종을 종묘(宗廟)에 부묘(祔廟)하는 행사에도 적극 참여했다. 1837년 1월 3일에 서유구는 대전(大殿, 헌종)·대왕대비전(大王大妃殿, 순원왕후, 순조 비)·왕대비전(王大妃殿, 신정왕후, 익종 비)에게 올리는 부묘전문(祔廟箋文)과 존숭전문(尊崇箋文)을 각각 3도(度)씩 작성하여 경기감영으로 보냈다. 수원유수로서 순조와 익종을 종묘에 모시고, 대왕대비에게 '문인(文仁)', 왕대비에게 '효유(孝裕)'란 존호를 올리게 됨을 축하하는 전문(箋文)이었다.[28] 1월 4일에 서유구는 다시 부묘전문과 존숭전문을 작성하여 규장각으로 보냈다. 이는 규장각 제학의 자격으로 올리는 전문이었다. 서유구의 전문이 경기감영과 규장각으로 분리되어 전달된 것은 그가 수원유수이자 규장각 제학이었기 때문이다.

순조와 익종의 부묘례(祔廟禮)는 1837년 1월 7일에 거행되었다.[29] 하루 전날 서유구는 효성전과 효화전에서 신주를 지영(祗迎)하는 신하들의 반열(班列)에 참석했고, 그날 밤은 종묘 문 밖에 설치된 의막(依幕)에서 지냈다.[30] 이튿날 헌종이 부묘례를 주관할 때 서유구는 자리를 함께 했고 국왕이 환궁하는 행렬을 따라와 궁궐에서 국왕이 교서(敎書)를 반

---

27 『華營日錄』, 1836년 7월 11일.

28 『憲宗實錄』 권3, 憲宗 2년 10월 辛酉(11일).

29 『憲宗實錄』 권4, 憲宗 3년 1월 乙酉(7일). 순조는 太廟의 제16실, 익종은 太廟의 제17실에 祔廟되었다.

30 『華營日錄』, 1837년 1월 6일.

포하고 신하들이 진하(陳賀)를 하는 행사에도 참석했다.[31] 1월 10일에 서유구는 대왕대비와 왕대비에게 존호를 올리고 진하를 하는 행사에도 참석했다.[32] 선왕의 삼년상을 마치고 부묘를 하게 되면 왕실의 어른들께 존호를 올리는 것이 조선 왕실의 관례였다. 특히 이때에는 순조와 익종의 부묘례가 동시에 진행되었기 때문에 순조의 왕비인 대왕대비와 익종의 왕비인 왕대비에게 동시에 존호를 올렸다.

서유구는 1837년 3월에 거행된 헌종(憲宗)의 가례(嘉禮)에도 참여했다. 서유구는 3월 8일부터 5월 2일까지 53일 간이나 서울에 머물면서 3월 12일의 납징(納徵), 3월 13일의 고기(告期), 3월 18일의 책비(冊妃)에 참여하고, 대전(헌종) · 대왕대비전 · 왕대비전 · 중궁전(中宮殿, 효현왕후, 헌종 비)에게 이를 축하하는 진하전문(陳賀箋文)을 올렸다. 또한 그는 3월 20일에 있었던 헌종의 가례 행렬에 내각의 관리로 참석했으며, 3월 22일에 중궁전의 조현례(朝見禮)가 있은 후 문안(問安)을 올리는 반열에도 참석하였다.

왕실의 가족이 된 중궁전이 종묘에 가서 왕실의 선조들께 인사를 올리는 묘현례(廟見禮)는 1837년 8월 29일에 거행되었다. 이날 헌종 부부는 태묘(太廟, 종묘)를 참배한 후 경모궁(景慕宮, 莊獻世子)을 방문하여 묘현례를 거행했고, 순조의 생모인 수빈 박씨를 모신 경우궁(景祐宮)에 들러 인사를 올렸다.[33] 서유구는 이날 국왕의 행차에 참석했다가 환궁한 후 문안을 올렸다.[34]

---

31 『華營日錄』, 1837년 1월 7일.

32 『華營日錄』, 1837년 1월 10일.

33 『日省錄』, 1837년 8월 29일, "詣太廟 · 景慕宮, 展謁. 中宮殿, 行廟見禮. 仍詣景祐宮, 展拜. 中宮殿, 一體展拜."

34 『華營日錄』, 1837년 8월 29일.

서유구는 이 외에도 다수의 왕실 의례에 참여했다. 그는 규장각 제학으로 규장각이나 선원전(璿源殿)·경모궁(景慕宮)·경우궁(景祐宮)에 있는 어진(御眞)을 봉심(奉審)하거나 이봉(移奉)하는 행사에 참석했고,[35] 대전이나 대왕대비·왕대비의 탄신(誕辰)을 맞으면 진하전문을 올리거나 문안을 올리는 반열에 참석했다.[36] 또한 청 황제가 순조의 왕비를 책봉하는 칙서를 가진 사신이 방문했을 때 이를 맞이하는 영칙(迎勅) 반열에 참여했고,[37] 인릉(仁陵)의 기신제(忌辰祭)나 숙선옹주(淑善翁主)의 성복례(成服禮)에 참여하기도 했다.[38] 수원유수라는 관직도 외관(外官)이 아니라 경관(京官)에 해당하지만, 왕실의 의례에 두루 참석한 규장각 제학 서유구는 중앙의 고위 관리에 해당했다.

3) 경연 참여

서유구가 서울에 머물 때에는 헌종의 경연에 참여하여 권강(勸講) 또는 진강(進講)을 했다.[39] 이 무렵 헌종은 경연에서 『소학』과 『대학』, 『논어』을 연속해서 배우는 중이었고,[40] 경연에 참석한 서유구는 헌종에게

35 『華營日錄』, 1837년 4월 13일; 15일; 17일; 18일; 12월 7일.

36 7월 18일은 대전(헌종) 탄일, 5월 15일은 대왕대비전(순원왕후) 탄일, 12월 6일은 왕대비전(효현왕후)의 탄일이었다.

37 『華營日錄』, 1837년 9월 12일.

38 『華營日錄』, 1836년 6월 10일; 1837년 11월 13일.

39 서유구가 경연에 참석한 날은 1836년 7월 22일, 27일, 8월 23일, 9월 6일, 8일, 1837년 4월 22일, 26일, 28일, 6월 10일, 10월 8일, 20일, 24일, 28일, 11월 1일, 4일, 7일, 11일, 28일, 29일, 12월 2일, 5일이다.

40 『列聖朝繼講冊子次第』에 의하면 헌종은 『小學』을 1835년 1월 6일부터 1836년 9월 4일까지, 『大學』을 1836년 9월 5일부터 11월 18일까지, 『論語』는 1836년 11월 20일부터 1838년 윤4월 29일까지 읽었다.

새로 배우는 부분의 음을 읽고 해석해 주었으며, 그 문장의 뜻을 부연하여 설명했다. 다음은 서유구가 경연에서 헌종에게 강조한 부분이다.

모용(茅容)은 여항(閭巷)의 필서(匹庶)일 뿐입니다. 그러나 곽태(郭泰)는 그의 자질이 뛰어남을 보고 글을 배우기를 권하여 드디어 덕(德)을 이루었으니 학문이 인재를 성취함이 이와 같습니다. 하물며 국왕의 일심(一心)은 온갖 교화의 근원이니 경사(經史)에 힘을 쏟지 않으면 덕성(德性)은 무엇으로 인해 성취되고, 하루 이틀 만기(萬幾)를 하면서 어떻게 두루 응하고 곡진히 대할 수가 있겠습니까? 이 때문에 군주의 덕이 성취되는 것은 반드시 강학(講學)으로 인해야 하는 것입니다. 그렇지만 강(講)이란 바로 경(經)의 뜻을 토론하는 것을 말합니다. 근래의 강연(講筵)에서 문장의 뜻을 반복해서 토론하는 일은 드물고 그저 한 번 송독(誦讀)하는 것으로 일을 삼으니, 이렇게 하면 성학(聖學)이 어떻게 성장하고 진보하겠습니까? 오늘 새로 읽은 부분에 대해 마음속에서 토론할 만한 것이 있으면 물어서 자문을 구하시기 바랍니다(1836. 7. 22).[41]

'검소에서 사치로 가기는 쉽지만 사치에서 검소로 가기는 어렵다.'는 구절은 천고의 격언(格言)입니다. 장지백(張知白)의 이 말은 한 가정 내에서 자제(子弟)와 동복(僮僕)들이 보고 느껴서 일어나는 것에 불과합니다. 하물며 숭고(崇古)한 자리에 있으면서 억조(億兆)의 백성들에게 임하여 몸

---

41 『承政院日記』, 憲宗 2년 7월 22일(癸卯), "有榘曰, 茅容, 卽閭巷匹庶耳. 郭泰見其姿質之有異, 勸令學書, 遂能成德, 學問之可以成就人材, 有如是矣. 況人主一心, 萬化之源, 苟不致力於經史, 則德性何由而成就, 一日二日萬幾, 亦何以泛應曲當乎? 此所以君德成就之必由於講學也. 然講之爲言, 卽討論經旨之謂也. 近來講筵, 罕有文義之反復討論者, 只以一番誦讀爲事, 如是而聖學何由長進乎? 今日新受音, 自心中, 亦有可合討論者, 伏願發問下詢焉."

소 낡은 옷을 입고 소박한 음식을 먹는 모범을 실천하지 않으면 민서(民庶)들이 무엇을 보고 느낄 것이며 사치 풍조가 넘쳐나는 것에 끝이 있겠습니까? 검소를 숭상하는 정치는 오늘날의 가장 급선무이니 전하께서는 깊이 유념하기 바랍니다(1838. 8. 23).[42]

'거경(居敬)' 두 글자는 가장 체인(體認)해야 하며 경(敬)이란 주일무적(主一無適, 마음을 한군데에 집중하여 잡념을 없앰)을 말합니다. 강학하는 일로 말하면 이 장(章)을 강하면 마음이 다른 장으로 넘어가지 않고, 이 절(節)을 강하면 생각이 이 절에서 벗어나지 않는 것, 이것이 주일무적입니다. 이렇게 하면 성학(聖學)이 일취월장할 뿐만 아니라 정령(政令)과 주조(注措)도 일에 따라 확 풀릴 것이니 전하께서는 깊이 유념하시기 바랍니다(1839. 4. 22).[43]

『논어』, 「향당(鄕黨)」 편은 성인(聖人)의 음식 · 의복 · 기거(起居) 절차를 기록한 것입니다. 이 때문에 선유(先儒)는 이 편을 성인의 양생서(養生書)라 했습니다. 음식으로 말하면 때가 아니면 먹지 않고(不時不食), 익히지 않으면 먹지 않으며(失飪不食), 간장을 얻지 못하면 먹지 않는다(不得其醬不食)는 것은 그 맛이 입에 맞는 것이 아니라 다만 비위(脾胃)에 해가 되면 굳이 먹으려 하지 않았다는 것입니다. 의복으로 말하면 필유침의(必有寢

---

42 『承政院日記』, 憲宗 2년 8월 23일(甲戌), "有榘曰, '由儉入奢易, 由奢入儉難'二句, 卽千古格言也. 張知白此言, 不過爲一家內子弟僮僕之觀感而發耳. 況處崇高之位, 臨億兆之民, 苟不身率以菲衣惡食之化, 民庶何卽觀感, 而侈風之濫觴, 容有極哉? 崇儉之治, 最爲今日急先務, 伏願深留聖意焉."

43 『承政院日記』, 憲宗 3년 4월 22일(己巳), "有榘曰, 居敬二字, 最好體認, 敬者, 主一無適之謂也. 卽以講學一事言之, 講此章則心不越乎他章, 講此節則念不外乎此節, 此所謂主一無適也. 如是則不但聖學日就月將, 其於政令注措, 隨事沛然, 深留聖意焉."

衣, 반드시 잠옷을 입었다)의 필(必) 자를 범범하게 보면 안 됩니다. 필(必)이란 잠시라도 반드시 여기에 있다는 말입니다. 비록 바쁘고 급한 일이 있어도 옷을 입고 자리에 누운 적이 없고, 비록 제일 더울 때에도 이불을 밀치고 잠을 자지 않는다는 말입니다. 이 외에도 먹을 때에 말하지 않고 잠잘 때 말하지 않는다는 말은 성인(聖人)께서 절선조보(節宣調葆, 계절 변화에 맞게 몸을 조리하는 것)하는 방도가 아닌 것이 없으니 선유가 양생법(養生法)이라 한 것이 이것입니다. 지금 유유(悠悠)한 온갖 일 중에 어찌 '보호성궁(保護聖躬)' 네 글자에서 벗어나는 것이 있겠습니까? 이 「향당」 편을 항상 향안(香案)의 앞에 두고 돌아보고 생각하시기를 천만번 바랍니다(1839. 10. 8).[44]

이를 보면 서유구는 어린 나이에 국왕이 된 헌종에게 학문에 전념하여 성학(聖學)을 진보시킬 것과 일상생활에서 검소함을 실천해 보일 것을 요청했다. 특히 그는 『논어』의 「향당」 편을 성인(聖人)의 양생서(養生書)로 보면서 여기에 나타나는 공자의 음식・의복・기거 절차를 잘 익혀 국왕의 몸을 보호하는 데 유의하라고 신신당부했다. 서유구의 이러한 태도는 『임원경제지』에서 음식・의복・기거의 구체적 방안을 상세히 서술한 것과 통하는 것으로 보인다.

1836년(헌종 3) 11월 24일, 서유구는 대왕대비로부터 특별한 선물을

44 『承政院日記』, 憲宗 3년 10월 8일(壬子), "鄕黨一篇, 專記聖人飮食衣服起居之節, 故先儒以此篇, 爲聖人養生之書. 蓋以飮食言之, 不時不食, 失飪不食, 不得其醬不食, 非爲其滋味之適口也, 特以有害於脾胃而不欲苟食也. 以衣服言之, 必有寢衣之必字, 不可泛看. 必者, 造次顚沛, 必於是之謂也. 雖有忙急之事, 未嘗和衣而寢, 雖於盛暑之中, 亦不脫衾而寢之謂也. 外此, 食不語寢不言等語, 無往非聖人節宣調葆之道, 先儒之謂以養生法者, 此也. 方今悠悠萬事, 豈有出於'保護聖躬'四字乎? 以此一篇, 常留香案之前, 常常顧諟留念, 千萬伏望."

받았다. 헌종에게 『대학』을 진강하는 수업이 끝나자 대왕대비가 권강각신(勸講 閣臣)으로서의 공로를 인정하여 분홍설한단(粉紅雪漢緞) 1필과 남수화방주(藍水花方紬) 3필을 하사했기 때문이다. 서유구는 이보다 앞서 1802년(순조 2)에도 순조에게 『상서(尙書)』를 진강(進講)한 후 주단(紬緞)을 받은 일이 있었다. 30년 세월이 흐른 후 다시 동일한 의미의 선물을 받은 그는 감격의 눈물을 흘렸다.[45] 이를 보면 서유구는 국왕의 경연에 참석하여 국왕을 직접 가르치고 현안을 건의할 정도로 고위 관직에 있었다. 이는 그가 규장각 제학으로 있으면서 경연관을 겸했기 때문에 가능한 일이었다.

3. 화령전(華寧殿)과 현륭원(顯隆園)의 관리

1) 화령전(華寧殿) 관리

화령전은 1801년에 정조의 어진(御眞)을 봉안하기 위해 수원에 건립한 영전(影殿)이다. 화령전에 모셔진 어진은 1792년(정조 16)에 정조가 장헌세자의 묘소인 현륭원(顯隆園)의 재실(齋室)에 어진 봉안각(奉安閣)을 설치하여 모셨던 것으로, 1800년 정조가 사망한 이후 현륭원 재실 옆에 건릉(健陵)을 조성하게 되자 화성행궁(華城行宮)의 유여택(維與宅)으로 옮겨졌다. 유여택은 정조가 화성에 행차할 때 머물던 장소였다. 화령전은 1801년 4월에 건립되었다.[46] 그런데 현륭원 재실에 봉안되었던 정조의 어진은 군복 차림의 소본(小本)이라 새로 건립된 영전

---

45 『華營日錄』, 1837년 11월 24일.

46 『純祖實錄』 권2, 純祖 1년 4월 乙亥(29일).

(影殿, 화령전)의 중앙에 두기에는 적합하지 않은 점이 있었다. 이에 정순왕후는 규장각 주합루에 모셔져 있던 강사포(絳紗袍) 차림의 어진 대본(大本)[47]을 화성행궁으로 보내어 이전에 있던 소본과 함께 봉안하게 하였다.[48]

새로 건립된 화령전의 관리는 수원유수의 주관하에 5일 간격으로 봉심(奉審)하고, 매월 삭일(朔日)과 망일(望日)에는 분향(焚香)을 하였으며, 계절이 바뀔 때마다 대봉심(大奉審)을 하도록 규정되었다. 또한 화령전의 제향(祭享)에는 매년 정조의 탄신일에 거행되는 탄신제향(誕辰祭享)과 12월 납일(臘日)에 거행되는 납일제향(臘日祭享)이 있었다. 화령전의 제향은 1908년 9월에 이곳에 봉안되었던 정조의 어진이 덕수궁(德壽宮) 선원전(璿源殿)으로 이안(移安)될 때까지 계속되었다.[49]

수원유수 서유구는 1836년 1월 17일 수원에 도착한 직후 화령전을 방문하여 숙배(肅拜)하고 봉심하는 것으로 임지에서의 업무를 시작했다.[50] 수원유수의 업무 가운데 화령전의 관리가 중요한 위치에 있었음을 보여 주는 행동이었다. 비슷한 행동은 서유구가 전라관찰사로 부임했을 때에도 나타났다. 서유구는 1834년 4월 16일에 임지인 전주에 도착하자마자 태조의 어진을 모신 경기전(慶基殿)과 전주이씨의 시조인 이한(李翰) 부부의 신주를 모신 조경묘(肇慶廟)를 연이어 방문하여 숙배

47 『正祖實錄』 권33, 正祖 15년 9월 庚子(28일).

48 『純祖實錄』 권1, 純祖 즉위년 12월 甲寅(6일). 1800년 12월의 시점에서 규장각에 봉안된 정조의 御眞에는 1791년에 그린 大本과 1796년에 그린 小本이 있었다. 이 중 대본은 화성행궁으로 옮겨졌고, 소본은 규장각 주합루에 그대로 남았다. 1791년에 그린 대본 어진은 원래 정조가 현륭원 재실에 봉안하려 했던 것이다(『正祖實錄』 권33, 正祖 15년 10월 戊申(7일)).

49 華寧殿의 관리와 祭享에 대해서는 정해득(2011)을 참조.

50 『華營日錄』, 1837년 1월 27일.

하고 봉심하는 것으로 업무를 시작했다.[51]

서유구가 화령전을 봉심한 것은 대봉심(大奉審)・봉심・일차봉심(日次奉審)으로 구분되었다. 대봉심은 1년에 네 차례 하는 것으로 춘대봉심(春大奉審)은 1월 1일, 하대봉심(夏大奉審)은 4월 15일, 추대봉심(秋大奉審)은 7월 15일, 동대봉심(冬大奉審)은 10월 15일에 거행하는 것이 관례였다. 그러나 서유구가 서울에 출장 중이라 제 날짜에 대봉심을 시행할 수 없을 때에는 15일 또는 1개월을 연기하여 거행했다.[52] 대봉심이 거행될 때에는 먼저 분향(焚香)을 한 다음 수원유수가 화령전령(華寧殿令)과 판관(判官)・위장(衛將)과 함께 봉심을 했고 영화찰방(迎華察訪)이 동참하는 경우도 있었다. 다음으로 봉심은 삭망일(朔望日), 즉 매월 1일과 15일에 거행하는 것으로 수원유수가 주관하지만 화령전령이나 위장(衛將)・장령(掌令)이 대신하기도 했다. 삭망일의 봉심도 분향을 한 후 봉심을 했다. 일차봉심은 삭망일을 제외하고 매 5일과 10일에 하는 것으로 서유구가 수원에 있는 경우에만 시행했으며, 분향의 절차도 없었다. 화령전의 봉심에서 가장 중요한 것은 이곳에 있는 정조의 어진 2건의 상태를 점검하는 일이었다.[53]

화령전의 제향에는 탄신제향과 납일제향이 있었다. 탄신제례는 정조의 탄신일인 9월 22일에 화령전에서 거행하는 제례로, 국왕의 영전에서 탄신제를 거행한 것은 매우 이례적인 일이었다. 왕실에서는 정조의 탄신일이 가까워지면 규장각 각신을 수원으로 파견하여 화령전과 건릉(健陵)・현륭원(顯隆園)을 봉심하게 했다. 이에 1836년 9월 20일에

51 『完營日錄』 권1, 1834년 4월 16일.

52 1836년 하대봉심은 4월 15일에서 5월 1일로 미루었고, 추대봉심은 7월 15일에서 8월 15일로 미루었다.

53 정해득(2011), 152~156면.

는 각신 김정희(金正熙)가, 1837년 9월 20일에는 각신 김학성(金學性)이 수원으로 파견되어 봉심 임무를 수행했다. 납일제향은 동지 뒤 세 번째 미일(未日)에 그해의 농사 형편을 신에게 고하는 제사로 섣달〔臘月〕에 지내므로 납향(臘享)이라 했다. 화령전의 제향은 수원유수가 주관하고 수원판관이 전사관(典祀官) 겸 대축(大祝)을 맡는 것이 관례였다.

다음의 〈표 2〉는 서유구가 화령전을 봉심하고 제향을 거행한 일지를 정리한 것이다.

〈표 2〉 수원유수 서유구의 화령전 관리 일지

시기	1836				1837			
	酌獻	大奉審	奉審	日次奉審	酌獻	大奉審	奉審	日次奉審
1. 1		春大奉審 연기				春大奉審 연기	焚香	
1. 15							분향 兼令	
1. 20								日次
1. 25								일차
2. 1		春大奉審				春大奉審		
2. 5				日次				일차
2. 10				일차				일차
2. 15			焚香				분향	
2. 20								일차
2. 25								일차
3. 1			분향				분향	
3. 5								일차
3. 10	登極周甲		兼衛將					
3. 15			분향				분향 겸령	
4. 1			겸위장				분향 위장	
4. 15		夏大奉審 연기	兼掌令			夏大奉審 연기	분향 위장	
5. 1		夏大奉審					분향 겸령	

시기	1836				1837			
	酌獻	大奉審	奉審	日次奉審	酌獻	大奉審	奉審	日次奉審
5. 5				일차				일차
5. 10				일차				일차
5. 15			분향			夏大奉審		
5. 20								일차
5. 25				일차				일차
6. 1			兼令				분향	
6. 5								일차
6. 15			겸령				분향 겸령	
7. 1			殿令				분향 겸령	
7. 15		秋大奉審 연기	겸위장			秋大奉審 연기	분향 겸령	
8. 1			겸장령				분향 겸령	
8. 5				일차				
8. 10				일차				
8. 15		秋大奉審				秋大奉審		
8. 20								일차
9. 1			겸장령				분향 위장	
9. 15			분향				분향 겸령	
9. 20				일차				일차
9. 22	誕辰祭享				誕辰祭享			
9. 25				일차				일차
10. 1			분향				분향	
10. 5				일차				일차
10. 10				일차				
10. 15		冬大奉審				冬大奉審 연기	분향 겸령	
10. 20				일차				
11. 1			분향				분향 위장	
11. 5				일차				
11. 15			분향			冬大奉審		
11. 20				일차				일차

시기	1836				1837			
	酌獻	大奉審	奉審	日次奉審	酌獻	大奉審	奉審	日次奉審
11. 25				일차				일차
12. 1			분향					
12. 10	臘享祭享							
12. 15			분향					
12. 20				일차				
12. 25				일차				

1836년 3월 10일은 정조가 국왕에 등극한 지 60주년이 되는 뜻 깊은 날이었다. 이날 화령전에서는 대왕대비의 특교(特敎)로 특별한 작헌례(酌獻禮)가 거행되었으며 헌관(獻官)으로 지정된 좌의정 홍석주(洪奭周)[54]가 향축(香祝)을 받들고 수원으로 파견되었다. 다음은 작헌례를 거행하라는 대왕대비의 교서이다.

> 이해 이날은 우리 정종대왕께서 어극(御極)하신 주갑(周甲)으로 망극한 아픔과 애절한 생각이 미칠 곳이 없다. 3월 10일에 화령전 작헌례에 마땅히 대신을 보내 섭행할 것이므로 해방(該房)은 모두 알아야 한다. …… 화령전 작헌례에는 좌의정이 나아가라.[55]

작헌례가 진행되는 동안 서유구는 겸위장 김상우(金相宇), 영화찰방 오치건(吳致健)과 함께 전정(殿庭)의 서반(西班)에 참여했으며, 제례를 마

54 정조의 회갑이 되는 1812년 9월 22일에는 정조의 駙馬인 永明尉 洪顯周가 파견되어 화령전의 탄신제향을 주관했다. 홍현주는 1836년에 헌관으로 파견된 홍석주의 동생이었다(『純祖實錄』 권16, 純祖 12년 9월 丙戌(17일); 9월 辛卯(22일)).

55 『華營日錄』, 1836년 3월 9일; 『憲宗實錄』 권3, 憲宗 2년 3월 甲申(1일).

친 후에는 호피(虎皮)를 상으로 받았다. 다음의 〈표 3〉은 이날 제향을 거행한 참석자의 명단이다. 이를 보면 작헌례의 제관(祭官)은 수원부 판관이 전사관(典祀官)으로 참석한 것을 제외하면 모두 서울에서 특별히 파견된 관리가 주도했음을 알 수 있다.

〈표 3〉 **정조의 登極周甲日 제례 참석자**(1836. 3. 10)

分 掌	관직	이름
獻 官	左議政	洪奭周
典祀官	水原判官	李敏榮
執 禮	司僕寺正	趙在慶
大 祝	弘文館 修撰	權 溭
祝 史	司僕寺 僉正	李奎秀
齋 郎	副司果	李玄五
贊 者	義盈庫 直長	姜 渚
謁 者	氷庫 別檢	鄭琓容
祭 監	司憲府 監察	徐有隅

정조가 등극한 지 60주년이 되는 날 화령전에서 특별한 작헌례를 거행한 것은 정조가 영조에게 거행한 의례를 모범으로 한 행사였다. 1784년(정조 8)에 정조는 영조의 등극 60주년을 기념하여 진전(眞殿)에 참배하고 선왕 영조의 심법(心法)과 정치를 본받겠다고 선언했다. 1836년에 화령전 작헌례에 헌관으로 참석했던 홍석주는 서울로 복귀한 이후 정조의 사례를 소개하면서 헌종에게 정조의 심법을 계승하여 학문에 힘쓰고 백성을 사랑할 것을 건의했다.

예전 우리 정묘(正廟, 정조)께서 갑신년(1784) 8월 영종대왕(英宗大王)께서 즉위하신 구갑(舊甲)일에 진전(眞殿)을 전배(展拜)하고 윤음(綸音)을 선포하여 다음과 같이 말씀하셨습니다. '내가 오늘 힘써야 하는 것은 오직 선대왕의 심법(心法)을 계승하고, 선대왕의 제도를 준수하며, 선대왕의 조신(朝紳)을 보호하고, 우리 선대왕의 백성들을 편안하게 하는 데 달려 있다.' 지금 전하께서 힘써야 하는 것도 우리 정묘의 심법을 계술하는 데 있지 않겠습니까? 우리 정묘의 성덕(盛德)과 홍렬(洪烈)은 역사서에 다 쓸 수가 없고, 모훈(謨訓)과 정령(政令)은 모든 일의 모범이 되지만, 현재의 감법(鑑法)으로 가장 친절한 것은 '전학(典學)'과 '애민(愛民)' 두 가지에 있을 뿐입니다. 오늘 정신(廷臣)이 예전 일을 직접 목격한 것으로 말하면 만기(萬機)의 여가에 독서를 과제로 하여 성현(聖賢)의 경전(經傳)을 좌우에서 떨어지지 않게 하고, 자주 근신(近臣)을 만나 예전 일을 토론하기를 밤에서 낮까지 이어지도록 권태로움을 보인 적이 없으니 그 전학(典學)하심이 이와 같았습니다. 여항의 고통은 작은 일이라도 살피지 않음이 없고 주린 자를 구휼하고 폐단을 제거하는 데 미치지 못할 듯이 하였으며, 비가 내리거나 해가 뜨거나 밤낮으로 서성거리며 민사(民事)에 관계된 것은 잠시도 지체하지 않았으니 그 애민(愛民)이 이와 같았습니다. 성덕(聖德)이 백왕(百王)의 으뜸이셨고 정치 교화가 만세토록 의지하게 된 것은 실로 이 때문이었습니다. 전하께서 시험 삼아 『춘방일기(春坊日記)』와 승정원 기주(記注)에서 수십 년 간의 기록을 살피시면 하루나 이틀 동안 신린(臣隣)을 만나지 않은 것이 없으니 남기신 모범을 우러러 상상할 수 있으실 것입니다.[56]

56 『承政院日記』, 憲宗 2년 4월 5일(丁巳), "粤昔我正廟, 當甲辰八月英宗大王踐祚之舊甲, 展拜眞殿, 誕宣綸音. 若曰, '予今日所當勉者, 惟在於紹我先大王心法, 遵我先大王制度, 保我先大王朝紳, 安我先大王黎庶.' 今殿下所當勉者, 又豈不在於仰述我正廟心法乎? 我正廟盛德洪烈, 史不勝書, 謨訓政令, 動垂典則, 而目下鑑法之最親且切者, 惟'典學''愛民'

홍석주가 헌종에게 이 건의를 올렸을 때 서유구도 자리를 함께했다. 이를 보면 화령전의 작헌례는 조선 왕실이 선왕인 정조의 정치를 기억하고 그의 업적을 계승할 것을 다짐하는 계기가 되었던 것으로 보인다.

2) 현륭원(顯隆園) 관리

현륭원은 정조의 생부(生父)인 장헌세자를 모신 묘소로 1789년 10월에 정조가 수원에 조성했다. 정조의 묘소인 건릉은 1800년 9월에 현륭원 인근에 조성되었다. 서유구는 수원에 부임하고 이틀 만에 건릉(健陵)과 현륭원을 방문하여 봉심(奉審)하고 정자각(丁字閣)과 비각(碑閣)도 살펴보았다.[57] 수원유수의 업무를 시작하는 시점에서 건릉과 현륭원을 둘러본 것이다.

수원유수가 주관하는 현륭원의 봉심은 대봉심과 봉심으로 구분되었다. 대봉심은 건릉과 현륭원을 동시에 살피는 것으로 춘추(春秋)에 한 번씩 1년에 두 차례 거행되었다. 춘대봉심(春大奉審)은 한식제향이 있는 날 거행되었고, 추대봉심(秋大奉審)은 추석제향이 있는 날 거행되었다.[58] 서유구는 대봉심이 있는 날 다음의 사항들을 확인하여 장계로 보고하였다.[59]

二者耳. 惟以今日廷臣所逮覩於昔年者言之, 萬機之暇, 讀誦有課, 聖賢經傳, 不離左右, 頻接近臣, 討論往古, 夜以繼日, 未嘗示倦, 其典學也如此. 閭里疾苦, 無微不燭, 賙饑祛瘼, 如恐不及, 一雨一暘, 宵旰憧憧, 民事所關, 晷刻無滯, 其愛民也如此. 聖德之卓冠百王, 治化之萬世永賴, 實由於斯. 殿下, 試以昔年春坊日記及政院記注, 奉考屢數十年之間, 曾未有一兩日不接臣隣之時, 則亦可以仰想遺範矣."

57 『華營日錄』, 1836년 1월 29일.

58 春大奉審은 2월 20일과 3월 2일에, 秋大奉審은 8월 15일에 거행되었다.

59 『華營日錄』, 1826년 2월 20일.

1) 건릉의 정자각과 비각
2) 현륭원의 정자각과 비각
3) 현륭원의 수목(樹木)·화소(火巢)는 능원관(陵園官)에게 살피게 함
4) 만년제(萬年堤) 저수지 안
5) 앵봉(鸎峰) 부석소(浮石所) 봉표(封標) 내를 적간(摘奸)·편비(偏裨)를 파견하여 살핌

현륭원의 봉심은 매월 1일과 15일에 거행하는 것으로 현륭원을 관리하는 령(令)이나 참봉(參奉)이 살펴본 후 첩정(牒呈)을 통해 수원유수에게 보고했고, 수원유수는 이 사실을 장계로 보고했다.

현륭원의 제향에는 1월 1일의 정조제향(正朝祭享), 한식 날 거행하는 한식제향(寒食祭享), 5월 5일의 단오제향(端午祭享), 장헌세자의 기일(忌日)인 5월 21일에 거행하는 기신제향(忌辰祭享), 8월 15일의 추석제향(秋夕祭享), 혜경궁의 기일인 12월 15일에 거행하는 기신제향(忌辰祭享)이 있었다. 현륭원은 장헌세자와 혜경궁이 합장(合葬)된 묘였기 때문에 매년 두 차례의 기신제향이 있었다. 현륭원의 기신제향에는 중앙에서 제사를 감독하고 원소(園所)를 봉심할 규장각 각신이 별도로 파견되었고, 기신제향의 헌관은 수원유수가 담당했다. 현륭원의 제향이 있으면 서유구는 하루 전날 향축(香祝)을 받들고 원소(園所)로 나가 재사(齋舍)에 머물렀고 이튿날 새벽에 제향을 거행한 후 관아로 복귀했다. 한편 건릉의 제향은 정조(正朝)·한식·단오·추석에 거행되었고 헌관은 중앙에서 별도로 파견되었다. 건릉의 헌관과 현륭원의 헌관이 구분된 것은 국왕의 능(陵)과 세자의 원(園)에 위상의 차이를 두었기 때문으로 이해된다.

다음의 〈표 4〉는 수원유수 서유구가 현륭원을 봉심하고 제향을 거

행한 일지를 정리한 것이다.

〈표 4〉 수원유수 서유구의 현륭원 관리 일지

시기	1836			1837		
	酌獻	大奉審	奉審	酌獻	大奉審	奉審
1. 1				正朝祭享		원령
1. 15						참봉
2. 1			參奉			원령
2. 15			園令			원령
2. 20	寒食祭享	春大奉審				
3. 1			원령			참봉
3. 2				寒食祭享	春大奉審	
3. 15			참봉			원령
4. 1			참봉			참봉
4. 15			원령			원령
5. 1			원령			참봉
5. 5	端午祭享			端午祭享		
5. 15			참봉			원령
5. 21	忌辰祭享			忌辰祭享		
6. 1			원령			원령
6. 15			원령			원령
7. 1			참봉			참봉
7. 15			참봉			참봉
8. 1			원령			원령
8. 15	秋夕祭享	秋大奉審		秋夕祭享	秋大奉審	
9. 1			원령			참봉
9. 15			원령			참봉
10. 1			원령			원령
10. 15			참봉			원령
11. 1			원령			참봉

시기	1836			1837		
	酌獻	大奉審	奉審	酌獻	大奉審	奉審
11. 15	冬至祭享					원령
11. 25				冬至祭享		
12. 1			원령			
12. 15	忌辰祭享		원령			

수원유수 서유구는 건릉의 제향에 직접 관여하지는 않았지만 현륭원과 건릉의 관리는 주관했다. 현륭원이나 건릉 일대에 소나무나 잡목을 보식(補植)하는 일이 있으면 현륭원령(顯隆園令)과 건릉령(健陵令)은 서유구에게 보고했고, 서유구는 해당 내용을 국왕에게 보고했다. 현륭원이나 건릉 일대의 수목을 보식하는 작업은 매년 연례적으로 진행되었고,[60] 정자각의 월대와 같이 시설물의 보수가 필요하면 즉시 시행되었다.[61]

1837년 4월 10일 서유구가 대왕대비에게 직접 보고한 사안도 현륭원과 건릉의 관리에 관한 것이었다. 관천고(筦千庫)는 정조가 현륭원을 조성한 후 화소(火巢) 안의 민전(民田)을 구입하여 마련한 것으로, 현륭원의 정자각 및 비각(碑閣)의 수리, 홍전문(紅箭門) 내외의 공해(公廨)를 관리하는 비용으로 사용되고 있었다.[62] 이에 비해 건릉의 관리는 탁지(度支, 호조)에서 비용을 지급했지만 이를 집행하는 시간이 많이 걸려 불편했다. 서유구는 건릉을 관리할 때 현륭원처럼 관천고의 비용을 사

60 樹木을 補植하는 작업은 1836년 2월 19일, 1837년 2월 28일, 9월 29일, 10월 10일에 보고되었다.

61 현륭원 丁字閣의 월대 磚石을 수리하는 작업은 1836년 5월 5일, 13일, 19일에 보고되었다.

62 『正祖實錄』 권42, 正祖 19년 4월 乙未(15일).

용할 것을 요청했다.

서유구 : 현륭원을 천봉(遷奉)한 후 화소 안의 민전(民田)을 비용을 주고 사서 매년 세입을 관천고에 비축하고 정자각 이하를 수리할 때 이 비용으로 거행하는 것을 영식(令式)으로 정하여 지금까지 거행했습니다. 그런데 건릉의 수개(修改)는 다른 능침(陵寢)의 사례를 따라 탁지(度支)에서 거행하므로 공역이 있을 때마다 왕복하는 데 날짜가 소비되어 끝내 관천고처럼 아침에 명령하여 저녁에 준비하는 것만 못합니다. 또한 같은 국(局) 내에서 능(陵)과 원(園)의 사례가 다른 것은 마땅하지 않습니다. 지금부터 제릉(齊陵)·후릉(厚陵)을 수개할 때 개성부(開城府)에서 거행하고, 헌릉(獻陵)을 수개할 때 광주부(廣州府)에서 거행하는 사례를 따라 건릉의 수리는 도감(都監)을 설치하는 대역사를 제외하고 소소하게 수리하는 일은 모두 관천고에서 거행하면 일의 형편도 편하고 정리(情理)에도 맞습니다. 사체(事體)가 막중하니 대신들에게 물어 처리하는 것이 어떻겠습니까?

대왕대비 : 대신들의 뜻은 어떠한가?

박종훈(朴宗薰) : 관천고는 본래 현륭원을 수리할 때의 비용을 위해 설치한 것인데 능과 원의 사체에는 다름이 없습니다. 또한 근거가 되는 기왕의 사례가 있으므로 화성유수가 아뢴 대로 시행하는 것이 좋을 것 같습니다.

대왕대비 : 그대로 시행하라.[63]

---

63 『承政院日記』, 憲宗 3년 4월 10일(丁巳), "有榘曰, '顯隆園遷奉後, 火巢內民田, 給價買取, 每年稅入儲置筦千庫, 丁字閣以下修補之節, 專縮擧行, 著爲令式, 行之至今. 而健陵修改, 猶循他陵寢例, 自度支擧行, 每當功役之作, 往復費日, 終不如該庫之朝令而夕備. 且於一局之內, 陵·園不宜異例. 自今依齊·厚陵修改之自開城府擧行, 獻陵修改之自廣州府擧

또한 팔달문에서 현륭원에 이르는 어로(御路)는 1789년(정조 13)에 처음 조성되었지만 1825년(순조 25)에 벽산보(碧山洑)에 남둔(南屯)을 설치하면서 동쪽 언덕 위로 신작로를 옮겨서 만들었다. 그러나 얼마 후 남둔의 수문에 문제가 생겨 보에 물을 가두지 못하자 행인들은 멀리 돌아가는 신작로 대신 옛길을 이용하는 상황이었다. 이에 서유구는 옛길을 보수하여 어로로 사용하고, 신작로 지역은 개간을 허락하여 이곳에서 나오는 세입(稅入)을 관천고로 넣자고 제안했다.

서유구 : 본부(本府, 수원부)의 팔달문 밖 어로(御路)는 기유년(1789) 읍을 옮기던 처음에 측량하여 처음 건설한 것입니다. 상유천(上柳川)으로부터 벽산보(碧山洑)를 지나 하유천(下柳川)을 거쳐 대황교(大皇橋)에 이르게 됩니다. 을유년에 처음 남둔(南屯)을 벽산보에 설치할 때에 어로는 동쪽 비탈진 언덕 위로 옮겼습니다. 얼마 있다가 남둔의 수문에 탈이 나서 처음에는 물을 저장하지 못했고, 왕래하는 행인들이 신작로(新作路)가 조금 멀리 돌아간다는 것을 알고 다시 옛길을 따라 길을 내었습니다. 금지해도 되지 않고 지금까지 10여 년이 되자 큰 길이 되었으며, 신작로는 밟고 다니는 것이 드물어 풀이 해마다 무성하니 봄가을로 수리를 하느라 민력(民力)만 허비할 뿐입니다. 지금 옛길을 다시 통하게 하면 조금만 수리해도 행행(幸行)할 때 연로(輦路)를 갖출 수 있으며, 신작로는 백성들에게 경작을 허용하여 매년 세입을 관천보에 붙이면 일이 매우 편리하고 대소 인민들도 하나같이 이것을 원합니다. 그러나 처음에 길을 옮길 때 이미 장계

行之例, 健陵修理, 除設都監大役外, 小小修葺之役, 一體自該庫擧行, 則事勢旣便, 情理亦叶, 而事體莫重, 下詢大臣處之, 何如?' 大王大妃殿曰, '大臣之意, 何如?' 宗薰曰, '筦千庫, 本爲園寢修改所需而設, 陵・園事體, 宜無異同. 且有可援之已例, 依華留所所奏施行, 似好矣.' 大王大妃殿答曰, '依爲之.'"

로 알리고 거행한 일이니 감히 함부로 편리한 대로 하지 못하고 앙달(仰達)합니다.

대왕대비 : 옛길로 하라.[64]

이상에서 보듯 이날 서유구가 올린 건의는 모두 즉석에서 해결되었다.[65] 이는 그가 수원유수일 뿐만 아니라 규장각 제학으로 조정의 논의에 직접 참여했기 때문에 가능한 일이었다.

4. 인사(人事) 관리

1) 소속 관리의 포폄

조선시대 관리의 포폄(褒貶)은 매년 6월과 12월 두 차례 실시하도록 규정되어 있었다. 수원부에 소속된 관리들은 원래 경기관찰사가 포폄을 했지만, 1783년(정조 17) 이곳에 경관(京官) 정2품의 유수부(留守府)가 설치된 이후 수원유수가 직접 예하 관리들의 포폄을 담당했다.[66] 조선시대의 경관(京官)은 소속 관청의 당상관(堂上官)이 직접 포

---

64 『承政院日記』, 憲宗 3년 4월 10일(丁巳), "有榘曰, 本府八達門外御路, 卽己酉移邑之初, 尺量設始者也. 自上柳川, 過碧山洑, 歷下柳川, 以達大皇橋矣. 乙酉年間, 設始南屯於碧山洑時, 移路於東偏陂坨之上. 旣而南屯水門有頉, 初不得貯水, 而往來行人, 以新作路之稍覺迂廻, 復從舊路側作路. 禁之不得, 于今十餘年, 仍成大路, 而新作路則跋涉旣罕, 草薉茂盛, 春秋修治, 徒費民力. 今若復通舊路, 略加葺治, 以備幸行時輦路, 而新作路則許民耕墾, 每年稅入, 付之筦千庫, 則事甚便宜, 大小人民, 一辭願此. 而當初移路, 旣是狀聞擧行之事, 有不敢擅便, 敢此仰達矣. 大王大妃殿答曰, 以舊路爲之."

65 『華營日錄』, 1837년 4월 10일.

66 『大典會通』 권1, 吏典, 正二品衙門, 「水原府」, "(補)掌治華城. (原)都護府. 正宗癸丑, 置留守, 今移錄."

폄을 했기 때문이다.[67] 수원유수는 1793년에 처음 설치되었을 때 비변사(備邊司) 제조(提調)와 장용외사(壯勇外使)·행궁정리사(行宮整理使)를 겸직하고, 1801년에는 화령전 제조까지 겸하게 되었다. 그러나 1802년 수원에 설치되었던 장용영(壯勇營) 외영(外營)이 혁파된 이후 장용외사와 행궁정리사는 없어지고 그 대신 총리사(摠理使)를 겸하게 되었다.[68] 따라서 1836년에 서유구의 직책은 수원유수이면서 총리사를 겸하고 있었다.

서유구는 1636년 6월 12일과 1637년 6월 12일에 춘등(春等)과 하등(夏等)의 포폄, 1636년 12월 12일에는 추등(秋等)과 동등(冬等)의 포폄 등제(等第)를 결정하여 중앙 정부에 보고했다. 서유구가 포폄을 한 관리에는 수원부에 소속된 판관(判官, 蔭官 종5품)과 검율(檢律, 蔭官 종9품), 중군(中軍, 무반 정3품)과 종사관(從事官, 判官 겸직), 화령전을 관리하는 겸령(兼令, 判官 겸직)과 겸위장(兼衛將, 中軍 겸직)과 겸수문장(兼守門將, 종9품, 五司哨官 2員)이 있었고, 별오사파총(別五司把摠)[69]·협수겸파총(協守兼把摠)·척후장(斥候將)·독산겸파총(禿山兼把摠)·둔아병파총(屯牙兵把摠) 등이 있었다.[70] 이 중에서 별오사파총은 진위현령(前司)·과천현감(後司)·용인현령(左司)·안산군수(右司)가 겸직했고, 협수겸파총은 시흥현령, 척후장은 영화도(迎華道)찰방, 둔아병파총은 평신진(平薪鎭)첨사가 겸직했다. 이들은 모두 수원유수의 포폄 대상이긴 하지만 임명 대상은 아니었다. 수원부에 소속된 중군(中軍)과 판관(判官), 지방

---

67 『大典會通』 권1, 吏典, 「褒貶」, "(原)京官, 則其司堂上官提調, 及屬曹堂上官, 外官, 則觀察使, 每六月十五日, 十二月十五日, 等第啓聞."

68 『水原府邑誌』(古915.12 Su93g), 「官職」, 留守一員.

69 五司는 前司·後司·左司·右司·中司를 가리킨다.

70 『水原府邑誌』(古915.12 Su93g), 「殿宇」, 華寧殿; 「官職」.

관이면서 파총이나 척후장을 겸한 관리는 모두 중앙에서 임명한 관리였기 때문이다. 이 중에서 화령전의 겸수문장은 수원유수가 직접 임명했다.

다음의 〈표 5〉는 수원유수 서유구가 포폄한 내용을 정리한 것이다.

〈표 5〉 수원유수 서유구의 표폄 내역

연도	1836						1837		
구분	春夏			秋冬			春夏		
직위	이름	題辭	等	이름	題辭	等	이름	題辭	等
華寧殿 兼令	李敏榮	肅敬以將	上	李敏榮	一念敬勤	上	金漢淳	敬謹以將	上
兼衛將	金相宇	恪勤拱衛	상	朴蓍會	小心拱護	상	朴蓍會	殫誠衛護	상
兼守門將	洪時榮 金遠浩	守鑰靡懈 勤於供職	상 상	洪時榮 金遠浩	已報仕滿 守鑰恪勤	상 상	金遠浩 徐鎬豊	奉職恪勤 守鑰惟謹	상 상
判官	이민영	倉察欠斛 案無滯牘	상	이민영	方喜耀完 遽惜瓜熟	상	김한순	一念圖酬 隨事殫竭	상
檢律	卞學秀	頗解律例	상	卞學秀	律例頗鍊	상	卞學秀	律例頗嫺	상
從事官	이민영	恬約成規 贊佐何有	상	이민영	民方惜去 軍亦同惜	상	김한순	吏治戎政 相須相濟	상
中軍	김상우	言須踏實 猛必濟寬	상→중	박시회	不煩不撓 盜戢逋完	상	박시회	簡不至弛 綜不過刻	상
別前司把摠 振威縣令	吳勤常	崔科心勞	상	南興中	慤納極督	상	朴長馣	崔科宜勉	상
別後司把摠 果川縣監	鄭晩教	舅甥 相避	-	鄭晩教	舅甥 相避	-	鄭晩教	舅甥 相避	-
別左司把摠 龍仁縣令	李瀰	何適不宜	상	金芸淳	軍民胥悅	상	李鐘允	初政修擧	상
別中司把摠				金魯學	久而益勤	상	金魯學	一何沈屈	상
別右司把摠 安山郡守	金原淳	曠禮非故	상	李俊秀	來固屬耳	상	李俊秀	軍民無怨	상
協守兼把摠 始興縣令	李鳴遠	斗邑硎刃	상	李鳴遠	前評無改	상	李鳴遠	久益播譽	상

연도	1836						1837		
구분	春夏			秋冬			春夏		
직위	이름	題辭	等	이름	題辭	等	이름	題辭	等
斥候將 迎華道察訪	吳致健	獘驛幾完	상	吳致健	可矯獘邑	상	吳致健	材優字牧	상
禿山兼把摠	김상우	分糴稱平	상	박시회	糴政就緖	상	박시회	糴精糶均	상
屯牙兵把摠 平薪鎭僉使	朴允默	稅納無愆	상	朴允默	催撫兩得	상	朴允默	稅納不愆	상

이를 보면 서유구는 별후사파총(別後司把摠)을 맡은 과천현감 정만교(鄭晩敎)와 생질(甥姪)간이 되어 상피(相避)를 하느라 3차례 모두 포폄을 하지 않았다. 또한 서유구가 포폄한 내용을 보면 모두 '상(上)'의 등급을 주었다. 다만 1836년 6월의 포폄에서 서유구는 중군(中軍) 김상우(金相宇)의 등급을 '상'으로 평가했지만 병조로부터 너무 높게 평가했다는 지적을 받아 '중(中)'으로 낮추었다.[71] 이때 병조에서는 각 도의 유수(留守)나 관찰사(觀察使)·병마사(兵馬使)가 보고한 무반(武班)의 포폄에 엄명(嚴明)하지 않은 곳이 있어 경책(警責)할 필요가 있다고 하면서 상고(上考)를 받은 3인을 중고(中考)로, 중고를 받은 3인을 하고(下考)로 낮출 것을 보고하였고, 국왕의 허락을 받았다.[72]

---

71 『華營日錄』, 1836년 6월 24일, "中軍金相宇褒貶等第, 以居中施行事, 自兵曹草記. 〔草記〕 卽見水原留守徐有榘褒貶啓本, 則本營中軍金相宇, 以'言須踏實猛必濟寬'爲目, 當置諸中考, 而置之上考, 殊無嚴明殿最之意. 中軍金相宇, 以居中施行, 該守臣推考警責, 何如? 傳曰允."

72 『承政院日記』, 憲宗 2년 6월 23일(乙亥), "又以兵曹言啓曰, 拆見諸道褒貶啓本, 則水原留守徐有榘啓本中, 中軍金相宇, 以言須踏實, 猛必濟寬爲目. 全羅監司金興根啓本中, 中軍李文奎, 以縱無緊管, 且宜殫誠爲目. 黃海兵使趙運永啓本中, 大峴別將李枝蕃, 以孤城弊局, 何以振刷爲目. 則俱宜置諸中考, 而置諸上考. 黃海兵使趙運永啓本中, 長壽別將李元會, 以財當遠嫌, 杖宜的罪爲目. 平安兵使李惟秀啓本中, 亶洞權管金利見, 以盍勉謹愼, 曠

수원유수 서유구가 직접 포폄한 대상은 16개 관직에 불과했고 그 중 대부분은 겸직에 해당했다. 그러나 서유구가 전라관찰사로서 포폄한 대상은 70개 관직에 이르렀다. 전라관찰사의 예하에는 직속된 중군(中軍)과 도사(都事)·판관(判官)·심약(審藥)·검율(檢律) 이외에도 전주부에 위치한 조경묘(肇慶廟)와 경기전(慶基殿)을 담당하던 관리, 53개 부(府)·목(牧)·군(郡)·현(縣)의 지방관이 있었기 때문이다. 전라관찰사 서유구가 포폄한 등급을 보면 절대 다수는 상(上)이지만 그중에는 중(中)이나 하(下)도 상당수가 섞여 있었다.[73] 따라서 서유구는 전라관찰사로 있을 때보다 수원유수로 있을 때의 포폄이 더 후했다고 할 수 있다.

2) 문사(文士)와 무사(武士)의 선발

서유구는 수원부의 문사와 무사를 선발하는 시험을 주관하기도 하였다. 먼저 서유구는 문사를 선발하기 위해 공도회(公都會)를 개최했다. 공도회는 관찰사나 유수가 관내 유생에게 보이는 과거 시험으로 생원진사시(生員進士試)의 초시(初試)에 해당하며, 시험 과목에는 제술(製述)과 강서(講書)의 구분이 있었다. 공도회는 해당 지역에서 매년 시행되었고 여기서 선발된 유생은 식년(式年)에 거행되는 생원진사시의 복시(覆試)에 바로 응시할 수 있는 자격을 주었다. 서유구가 활동할 당시 수원

擅宜警爲目. 乾川權管盧鎭泰, 以盍察橫侵, 有欠詳明爲目. 則俱宜置諸下考, 而置諸中考. 殊無嚴明殿最之意, 各該守臣及道帥臣, 竝推考警責. 水原中軍金相宇, 全羅監營中軍李文奎, 大峴別將李枝蕃, 竝中考施行. 長壽別將李元會, 烏洞權管金利見, 乾川權管盧鎭泰, 竝下考施行. 何如? 傳曰, 允."

73 『完營日錄』 권1, 1833년 6월 15일; 권2, 1833년 12월 15일.

부에 배당된 인원은 제술(製述) 6인, 강서(講書) 2인이었다.[74]

서유구는 1836년 12월에 수원부 유생을 대상으로 한 공도회를 개최했다. 서유구는 한 해 전인 을미년(1835)에 공도회가 열리지 않은 것을 고려하여 2년 치의 공도회를 한꺼번에 열었고, 참시관(參試官)은 연서찰방(延曙察訪) 전제현(田齊賢)이었다. 공도회는 12월 2일부터 4일까지 연속으로 3장(場)이 열렸으며, 부(賦)와 시(詩)를 대상으로 한 제술에 응시하여 수합된 시권(試券)은 각각 309장, 303장, 230장이었다. 그러나 수원부에서 강서(講書)에 응시한 유생은 한 사람도 없었다. 이에 서유구는 강서에 배당된 2인을 제술에 추가하여 2년 동안 16인을 선발하였고, 선발된 인원의 명단, 성적, 생원시와 진사시 중에 희망하는 시험, 선발자의 부친명을 정리하고, 수석(首席)을 차지한 시권(試券)을 베껴서 규장각에 보고했다.[75]

다음의 〈표 6〉은 수원 공도회의 시제(試題)와 3일 동안의 성적을 정리한 것이다. 이를 보면 시간이 흐를수록 응시자의 숫자가 줄어들고 성적도 점차 하락하는 경향을 보였다. 응시자의 숫자가 줄어든 것은 1차나 2차 시험에서 성적이 좋지 않은 사람들이 그 다음 시험에 응시하지 않았기 때문으로 이해된다. 공도회의 시험 성적을 보면 삼하(三下)와 차상(次上)만 있고, 두 점수 간 비율은 부(賦)는 1 : 3.4이고 시(詩)는 1 : 2.4 정도로 나타난다.

---

74 『大典會通』 권3, 禮典, 「諸科 · 公都會」, "○製述同陞補. ○講書同四學講. 〔各道都事, 兩道留守, 每年試取, 赴式年生進覆試.〕(補) 水原府, 製述六人, 考講二人."

75 『華營日錄』, 1836년 12월 5일.

〈표 6〉 수원 공도회의 試題와 성적(1836)

월/일	試券	賦題	詩題	賦		詩	
				三下	次上	三下	次上
12/2	309장	鷄犬識路	使聖人壽富多男子	21	54	17	39
12/3	303장	避正堂舍蓋公	安知蓋公不往來於其間	12	42	22	54
12/4	230장	居士殆將隱	伊水別墅見簑笠牽蓮艇白衣與衲僧泝流吟嘯歎高逸之情莫及	9	13	8	20

다음의 〈표 7〉은 1836년 공도회 시험에서 합격한 16인의 신상 내역과 성적을 정리한 것이다. 이를 보면 합격자의 나이는 29에서 63세까지 매우 다양했으며, 세 차례 시험의 성적은 합격자 모두가 삼하(三下) 2회와 차상(次上) 1회를 받아 도합 2푼반〔分半〕의 점수를 받았다.

〈표 7〉 수원 공도회 합격자 명단(1836)

年條	합격자	나이	성적	1場	2場	3場	희망	부친
을미 1835	幼學 李又新	29	賦 2分半	3하	3하	次上	생원시	學生 李運翼
	유학 洪雨周	40	부 2푼반	3하	3하	차상	생원시	進士 洪性謨
	유학 金在龜	39	부 2푼반	3하	차상	3하	진사시	유학 金箕燦
	유학 金鐘爈	58	부 2푼반	3하	차상	3하	진사시	通德郎 金致聖
	유학 李雲驥	51	詩 2푼반	차상	3하	3하	진사시	통덕랑 李昇鎮
	유학 沈永奎	32	시 2푼반	차상	3하	3하	진사시	통덕랑 沈憲祖 景慕宮令 沈尚祖
	유학 任希濂	45	시 2푼반	차상	3하	3하	진사시	학생 任喆中
	유학 鄭基奭	39	시 2푼반	차상	3하	3하	생원시	학생 鄭濬容 유학 鄭循容

年條	합격자	나이	성적	1場	2場	3場	희망	부친
병신 1836	유학 申衡模	43	부 2푼반	3하	차상	3하	진사시	학생 申用祿
	유학 徐綮輔	33	부 2푼반	차상	3하	3하	진사시	유학 徐幼星
	유학 尹致萬	63	부 2푼반	차상	3하	3하	생원시	贈좌승지 尹衡烈
	유학 曹錫建	48	시 2푼반	3하	3하	차상	진사시	僉知事 曹始振
	유학 曹昌年	36	시 2푼반	3하	3하	차상	진사시	학생 曹萬榮
	유학 李濟翊	44	시 2푼반	차상	3하	3하	진사시	통덕랑 李錫龜
	유학 金奎應	58	시 2푼반	3하	차상	3하	진사시	학생 金希星 학생 金希理
	유학 崔昌來	34	시 2푼반	차상	3하	3하	진사시	유학 崔悳鎭

다음으로 무사(武士)의 선발에는 별효사(別驍士)·열교(列校)의 도시(都試)와 별군관(別軍官) 도시(都試)가 있었다. 먼저 별효사와 열교를 선발하는 도시는 매년 춘등(春等)과 추등(秋等)을 시험하는 것으로, 수원유수가 시험을 주관하며 수석한 자와 몰기자(沒技者, 만점을 받은 사람)는 무과(武科) 전시(殿試)에 바로 응시하고, 그 다음의 성적인 사람은 무과 회시(會試)에 응시할 수 있는 특전을 주었다. 시험 과목은 철전(鐵箭)·유엽전(柳葉箭)·편전(片箭)·기추(騎芻)·편추(鞭芻)·조총(鳥銃)이었다.[76]

서유구가 부임했을 때 수원 별효사와 열교의 도시는 문사(文士)를 선발하는 공도회와 마찬가지로 1835년에는 개최되지 않은 상황이었다. 이에 서유구는 1836년 10월에는 1주일 동안 2년 치의 선발을 했고, 1837년 9월에는 이틀 동안 1년 치의 선발을 했다. 수원부의 무사를 선

---

76 『大典會通』 권4, 兵典, 「試取·水原別驍士列校」, "〔都試〕(補)〔留守每年春秋試取, 狀聞. 居首者, 沒技者, 直赴殿試. 之次, 直赴會試〕 鐵箭〔百步〕. 柳葉箭. 片箭. 騎芻. 鞭芻. 鳥銃."

발하는 시험이 치러진 장소는 화성의 동장대(東將臺)였고, 중군(中軍)과 종사관(從事關)·영화찰방(迎華察訪) 등이 참관했다.

다음의 〈표 8〉은 별효사와 열교 시험에서 수석으로 합격한 사람의 신상 정보와 성적을 정리한 것이다. 1836년 추등(秋等)에서 선발된 한량 윤지환(尹志煥)의 경우에는 편전(片箭)의 성적만 나타나는데 이 과목에서 만점을 받아 바로 선발되었기 때문이다. 이들은 모두 무과 전시에 응시할 특전을 받았다.

〈표 8〉 수원 別驍士·列校 都試의 수석 합격자(1835~1837)

시기		직위	이름	나이	父	거주(面)	鐵箭	柳葉箭	片箭	騎芻	鞭芻	鳥銃	合
1835	春等	左列別驍士	한량 李命夏	20	李春寬	南部	111步 120보 110보	貫 2中 邊 1중	변 1中	1중	1中	2중	10矢 2分
		列校 守牒官	한량 金基錫	31	金洛天	南部	110보 106보 112보	변 2중		3중	2중	변1중	11矢
	秋等	右列別驍士	한량 金守哲	25	金得信	晴湖	106보 104보 105보	관 2중 변 2중		1중		1중 변1중	10矢 3分
		列校 守牒官	한량 金祥浩	26	前虞侯 金廷煥	北部	112보 111보 111보	변 3중		1중	2중	1중	10矢
1836	春等	右列別驍士	한량 李東秀	33	李仁德	振威	111步 110보 118보	貫 2中 邊 1중	관 1中	2중	2中	1중	12矢 3分
		列校 旗牌官	한량 張翼斗	18	出身 張啓福	南部	112보 108보 114보	관 2중 변 1중		1중	2중	1중	10矢 2分
	秋等	左列別驍士	한량 卞文圭	31	卞光瑋	北部	128보 116보 125보	변 2중	관 1중 변 1중	1중	2중	1중	11矢 2分

시기		직위	이름	나이	父	거주(面)	鐵箭	柳葉箭	片箭	騎芻	鞭芻	鳥銃	合
		列校 別武士	한량 金聲達	28	金濟元	南部	106보 106보 110보	관1중 변3중	변1중		2중		10矢 1分
		左列別驍士	한량 尹志煥	25	尹龍祿	南部			관1중 변2중				
1837	春等	左列別驍士	한량 李守業	37	李泰得	日用	108步 107보 108보	貫 1中 邊1중	貫 1中		1中		8矢 2分
		列校 守堞官	한량 姜周成	33	姜得範	晴湖	106보 108보 108보	변1중	변2중		2중	변2중	10矢
	秋等	右列別驍士	한량 曹源振	31	前五衛將 曹允恒	梅谷	120보 124보 122보	관1중 변1중	관1중	2중	2중		10矢 2分
		列校 守堞官	한량 李世煥	32	李德文	安寧	108보 108보 113보	관1중 변2중		2중	2중		10矢 1分

다음의 〈표 9〉는 별효사와 열교를 선발하는 시험에서 차점으로 합격한 사람의 명단이다. 이들은 수원부에서 상을 주고 무과 회시(會試)에 응시할 자격을 주었다. 이를 보면 '차점 합격자〔之次〕'란 각 분야별로 2등과 3등에 해당하는 사람을 의미했음을 알 수 있다.

〈표 9〉 수원 別驍士·列校 都試의 차점 합격자(1835~1837)

시기		순위	직위	이름
1835	春等	2등	右列別驍士	閑良 鄭孝源
		3등	左列別驍士	한량 鄭煥榮
		列校 2등	守堞軍官	한량 林光祿
		열교 3등	別武士	한량 金祥浩

시기		순위	직위	이름
	秋等	2등	左列別驍士	閑良 卞文圭
		3등	左列別驍士	한량 洪聖文
		列校 2등	守牒軍官	한량 宋鉉圭
		열교 3등	旗牌官	한량 張翼斗
1836	春等	2등	右列別驍士	閑良 李東珪
		3등	左列別驍士	한량 卞文圭
		列校 2등	守牒軍官	한량 李世煥
		열교 3등	旗牌官	한량 朴在觀
	秋等	2등	右列別驍士	閑良 金順榮
		3등	左列別驍士	한량 李命夏
		列校 2등	守牒軍官	한량 鄭時浩
		열교 3등	討捕軍官	한량 龍永在
1837	春等	2등	左列別驍士	閑良 金聲鍾
		3등	右列別驍士	한량 鄭龍錫
		列校 2등	旗牌官	한량 金仁詳
		열교 3등	別武士	한량 洪秀民
	秋等	2등	左列別驍士	閑良 金聲鍾
		3등	右列別驍士	한량 李德良
		列校 2등	守牒軍官	한량 崔東臣
		열교 3등	旗牌官	한량 金仁詳

서유구가 주관한 무사(武士)의 선발에는 별군관(別軍官) 도시(都試)도 있었다. 당시 수원부에는 100명의 별군관이 배치되어 있었는데,[77] 이들을 대상으로 매년 두 차례(春夏等·秋冬等) 수석 합격자를 선발하여 중앙에 추천하는 제도였다. 별무관 도시는 수원유수가 주관하는 가운데 종사관(從事官)이나 중군(中軍)이 입회하였다. 서유구는 1836년 11월 25일

77 『水原府邑誌』(古915.12 Su93g), 「將官」, "○別軍官一百員."

에 추동등(秋冬等) 도시(都試)를 거행하여 좌열별군관 최현정(崔顯鼎)을 선발하였고, 1837년 5월 16일에는 춘하등(春夏等) 도시(都試)를 거행하여 좌열별군관 최홍원(崔弘元)을 선발하였다. 이들의 시험 과목은 철전(鐵箭)·유엽전(柳葉箭)·편전(片箭)·기추(騎芻)·편추(鞭芻)·조총(鳥銃)으로 별효사(別驍士)와 열교(列校)를 선발하는 시험과 동일하였고, 수석 합격자의 성적도 10시(矢) 1분(分)과 10시(矢) 2분(分)으로 나타나 별효사(別驍士)·열교(列校)의 수석 합격자와 비슷한 수준이었다.

이상에서 보듯 수원부에는 수원유수의 주관하에 매년 문사와 무사를 선발하는 시험이 시행되었다. 이는 수원부에 도성을 방위하는 유수부가 설치되어 있고 국가적 상징물인 화령전과 현륭원을 관리하는 임무가 있었기 때문에 국가에서 특별하게 부여한 혜택에 해당했다.[78]

3) 군사훈련

1836년 1월 26일, 수원유수 서유구는 경기감영〔畿營〕을 방문하여 경기관찰사 김도희(金道喜)와 교귀례(交龜禮)를 거행했다. 김도희는 수원유수를 겸하고 있는 인물이었다. 이때 서유구가 가진 인신(印信)은 발병부(發兵符) 우(右)1척(隻), 수원유수인신(水原留守印信) 1과(顆), 수원부판관(水原府判官) 발병부(發兵符) 좌(左)1척, 5읍 발병부(發兵符) 좌5척이었다. 이때 수원부에 소속된 5읍은 용인(龍仁)·진위(振威)·안산(安山)·시흥(始興)·과천(果川)이었다.[79]

---

78 수원부의 위상을 높이기 위해 수원유수의 주관하에 陸補試와 公都會를 실시할 수 있게 한 것은 최초의 유수였던 蔡濟恭이었다. 김준혁(2013), 96~97면.

79 『華營日錄』, 1636년 1월 26일.

수원부의 방어체제로 수원에 있는 장용영(壯勇營) 외영(外營)을 본영(本營)으로 하고 주변의 5개 읍이 이를 협수(協守)하는 제도가 마련된 것은 정조 대였다. 1795년(정조 19)에 정조는 용인·안산·진위에 있던 속오군을 수원부로 소속시키고, 1797년에는 시흥과 과천의 속오군을 수원부로 소속시키면서 수원 주변 5읍의 수령들이 파총(把摠)을 겸하게 했다.[80] 그 결과 수원은 안산·용인·진위·시흥·과천의 중앙에 있으면서 이들 5개 읍이 수원의 사방을 감싸면서 방어하는 체제가 구축되었다.[81] 그러나 1802년(순조 2)에 수원에 있던 장용영 외영이 혁파되고 총리영(摠理營)이 설치되면서 수원유수는 총리사(摠理使)를 겸하게 되었다.[82] 또한 수원부에 소속되어 있던 5읍의 속오군은 훈련도감이나 수어청 등으로 이속(移屬)됨에 따라 수원유수가 직접 지휘하는 군사의 규모는 크게 줄어들었다.

수원유수 서유구가 주관한 군사훈련에는 춘조(春操)와 추조(秋操)가 있었다. 이는 수원유수 지휘하에 있는 수원의 총리영 본영(本營) 및 5개 속읍(屬邑, 안산·진위·시흥·과천·용인)의 군사들을 한곳에 집합시켜 마병(馬兵)과 보병(步兵), 병마(兵馬)의 숫자를 점검하고 군사훈련을 실시하는 것이었다. 그러나 서유구가 수원유수로 근무한 2년 동안 춘조와 추조가 제대로 거행된 적이 없었다. 당시 조선 전역에는 농정(農政)이 제대로 시행되지 못해 흉년이 되는 일이 잦았고, 수원과 5개 속읍의 군병(軍兵)은 제언(堤堰)을 준설하거나 방축(防築)하는 일에 동원되는 경우가 많았기 때문이다. 이에 서유구는 각 지역의 관아 진문(鎭門)

80 『正祖實錄』 권47, 正祖 21년 9월 庚寅(24일).

81 장필기(1998), 184~186면.

82 『純祖實錄』 권4, 純祖 2년 2월 戊申(7일). 심승구(1998), 202~208면.

에서 군병을 모아 숫자만 확인하는 관진문(官鎭門) 취점(聚點)이나 공사 현장에서 군병의 숫자만 확인하는 이점(移點)의 방식으로 군사훈련을 대신했다.

다음은 서유구가 수원유수로 있는 동안 비변사(備邊司)에서 도신(道臣)과 수신(帥臣)에게 전달한 국왕의 하교(下敎)이다.

> 힐융(詰戎, 군대를 다스림)의 중요한 업무를 완전히 포기한 지 이미 수십 년이 되었다. 편안할 때 위태로움을 잊지 않는다는 뜻은 매우 소홀하게 되었지만 지금 거행하는 것을 용납하지 않는다. 생각건대 상토비예(桑土備豫, 재난을 당하기 전에 미리 대비함)의 도리는 민력(民力)을 아끼는 것이 근본이다. 지금 동북(강원 · 함경) 지역이 모두 흉년을 겪고, 양서(황해 · 평안) 지역은 공억(供億, 음식물을 준비하여 접대함)에 피곤하며, 기전(畿甸, 경기)과 삼남(경상 · 충청 · 전라) 지역은 비록 곡식이 익을 희망이 있지만 비바람으로 재난을 입어 가을 수확을 아직 판단하지 못한다. 이런 때에 농민들에게 징조(徵調)의 역(役)을 다그치면 실로 품어서 보호하고 너그럽게 구휼하는 뜻이 아니다. 이번 가을에 팔도(八道)와 삼도(三都, 개성 · 수원 · 광주)의 수군 및 육군의 조련, 순력(巡歷)과 순점(巡點)을 모두 정지한다. 관진문(官鎭門) 취점(聚點)은 비록 정조(正操)와 차이가 있지만 뜻을 두어 강행(講行)하면 연융이무(鍊戎肄武, 군대를 훈련시키고 무예를 익힘)의 절도에 보탬이 되는 것이 있을 것이다.[83]

> 국가에서 소중한 것은 힐융(詰戎)보다 더한 것이 없지만 여러 해 훈련을 정지한 것이 곧 항식(恒式)이 되었다. …… 생각건대 사도(四道)에 진휼

---

83 『華營日錄』, 1836년 10월 25일.

을 설치한 것이 양남(兩南, 영남·호남)에는 전수(轉輸)하는 수고로움을 더하게 되었고, 서로(西路, 평안·황해)는 소강(小康)이라 하지만 지금 사객(使客, 사신)이 연속되어 공억(供億)이 복잡하다. 기읍(畿邑, 경기)의 시세도 차이가 없으니 이런 때에는 징조(徵調)를 의논하기 어렵다. 금년 가을에 팔도와 삼도(三都)의 수군과 육군의 조련, 순력과 순점을 모두 정지한다. 관진문 취점에 있어 대오를 충당하고 무기를 수선하는 일은 거듭 약속을 밝혀 한낱 문구(文具)로 보지 않게 신칙(申飭)하는 효과가 있게 하라. 제언(堤堰)이 있는 곳에서는 이점(移點)하게 하라.[84]

이를 보면 조선 정부는 흉년을 만나 민력(民力)을 아끼는 것이 급선무라는 명분으로 오랫동안 군사훈련을 실시하지 않았고, 관진문(官鎭門) 취점(聚點)이나 제언을 수축하는 현장에서 이점(移點)할 것을 지시했음을 알 수 있다. 이에 대해 서유구는 수원부의 군병은 현장에서 직접 파악했지만 5개 속읍의 군병은 해당 지방관이 보고한 내용을 그대로 이문(移文)하는 방식으로 대응했다. 가령 1837년 10월에 있었던 추조(秋操)의 경우 서유구는 수원의 마보군병(馬步軍兵)을 직접 취점했고, 안산·용인·진위·시흥의 군병은 해당 지방관이 제방을 수축하는 곳에서 이점했으며, 과천의 군병은 과천현감이 취점하여 보고했다.[85]

군사훈련을 대신하여 관진문에서 취점(聚點)하거나 제언을 수축하는 곳에서 이점(移點)하는 방식은 서유구가 전라관찰사로 있을 때의 사정도 다르지 않았다. 서유구가 전라관찰사로 근무한 1834년과 1835년에 비변사에서는 관진문 취점이나 이점을 권장했다. 군병들이 제언을 수

84 『華營日錄』, 1837년 10월 25일.
85 『華營日錄』, 1837년 10월 25일.

축하는 공사에 동원되어 있어 군장(軍裝)이나 복식(服飾)을 갖추기 어려운 사정을 감안했기 때문이었다.[86] 이를 보면 19세기 전반의 지방군은 제언의 수축을 비롯한 공사에 동원되느라 군사훈련을 제대로 실시하지 못했다.

5. 민생(民生) 관리

1) 농형(農形)과 우택(雨澤) 보고

한 해의 농사를 잘 관리하여 풍년이 들게 하고 국가의 재정을 충실히 하는 것은 지방관의 가장 중요한 업무였다. 수원유수 서유구도 이를 원만하게 수행하기 위해 많은 노력을 기울였다.

서유구의 농업 관련 활동 가운데 가장 눈에 띄는 것은 10일에 한 번씩 농형(農形)을 보고하는 일이었다. 이는 수원부의 판관(判官)이 현지의 형편을 살펴서 첩정(牒呈)을 작성하여 올리면, 수원유수는 첩정을 통해 현지 사정을 파악하고 장계(狀啓)를 작성하여 중앙으로 보고하는 방식이었다. 따라서 서유구는 농사 현장을 일일이 확인하지는 못했지만 농형 보고를 통해 수원부의 농사 형편을 그때그때 파악하고 있었다.[87] 서유구의 열흘마다 올리는 농형 보고는 그해의 농사를 시작하면서부터 수확할 때까지 계속되었고, 보고하는 작물의 종류에는 봄보리〔春麰〕·

---

86 서유구가 전라관찰사로 있던 1834년 10월과 1835년 2월에도 官鎭門 聚點으로 군사훈련을 대신했다(『完營日錄』 권1, 1833년 9월 21일; 10월 4일; 권3, 1834년 1월 18일; 권4, 1834년 2월 2일).

87 서유구가 직접 현장에서 農形을 살피는 경우도 있었다. 1836년 8월 4일에 그는 安寧面과 章州面에 나가 농형을 관찰했다.

가을보리〔秋麰〕·올벼〔早稻〕·늦벼〔晩稻〕·콩과 팥〔豆太〕이 있었다. 이 중에서 늦벼는 파종 방법에 따라 다시 건파(乾播)와 이앙(移秧)으로 구분되었다.

서유구가 전라관찰사로 있는 동안 농형을 보고하는 방식은 이와 크게 달랐다. 관찰사가 관할하는 53개 지역의 농형을 10일마다 파악하여 보고하기는 사실상 불가능했기 때문이다. 그 대신에 전라관찰사는 매년 한 차례씩 관할 구역을 순력(巡歷)하면서 각 지역의 농형과 민정을 살폈다. 1834년 8월에 전라관찰사 서유구는 열흘 동안 관내 16개 읍을 순력했고, 자신이 직접 방문하지 못한 지역은 편비(編裨)를 대신 파견하여 현지 형편을 살피게 했다. 순력을 마친 서유구는 지역별 농형과 재해 상황을 종합하여 정리한 환영(還營) 장계(狀啓)를 올렸는데, 농형의 경우 벼는 조도(早稻)와 만도(晩稻)로 구분되었고, 만도(晩稻)는 다시 조이(早移)와 만이(晩移)로 구분되었다. 또한 전곡(田穀)으로는 서율(黍栗)과 두태(豆太)를 언급하였고 목면(木棉)의 상황도 보고하였다.[88] 수원유수가 관할하는 지역과 전라관찰사가 관할하는 지역은 넓이에 큰 차이가 있었기 때문에 농형을 보고하는 방식도 이처럼 달랐다.

서유구는 중앙 정부에 농형을 보고할 때 판관이 파악한 내용에 자신의 견해를 덧붙였다. 다음은 서유구의 판단에 해당하는 것으로 그는 가뭄이나 폭염으로 농사에 차질이 생기는 것을 몹시 우려했음을 알 수 있다.

> 이앙하는 절기는 점차 늦어지고 한 차례의 비도 오지 않아 눈앞의 민사(民事)는 더욱 황망하고 민망합니다(1837. 5. 18).

---

88 『完營日錄』 권1, 1833년 8월 26일.

‘동풍(東風)이 한 달을 넘기고 가뭄과 폭염 때문에 가뭄에 심어 수근(水根)이 있는 곳은 물이 마르지 않지만, 원야(原野)의 높고 건조한 땅에는 전답(田畓)의 곡식들이 시들어 죽은 것이 많습니다. 하류의 연해(沿海) 각 면도 모두 건파(乾播)한 봉천(奉天)의 땅으로 오랜 가뭄과 폭염 때문에 짠 기운이 솟아오릅니다. 따라서 나무뿌리는 타고 줄기는 메말라 열매를 거두기를 기약하기가 어렵다.’고 합니다. 민사(民事)를 생각하면 진실로 민망하며 이즈음 소낙비가 쏟아지기를 절실하게 바랍니다(1836. 7. 27).

‘이앙한 늦벼는 수원(水源)이 있는 곳에는 간혹 이삭이 피지만 바람과 가뭄에 시달려 흰 반점으로 시들어 죽거나 오그라들어 피지 않습니다. 콩과 팥도 꼬투리는 맺었지만 알이 매우 적다.’고 합니다. 이것은 동풍(東風)에 병들고 끝내 가을 가뭄에 손상된 것이며, 절후는 점점 늦어지고 열매는 몇 개 없습니다. 바닷가 각 면은 작년에 해일이 일어난 곳은 짠 기운이 치솟고 그루갈이가 모두 시들어 색사(穡事)를 생각하면 매우 민망합니다(1836. 8. 7).

‘가을이 된 후 하나같이 건조하여 전답에 손상을 입은 곡식들은 끝내 소생할 희망이 없다.’고 합니다. 동풍(東風)은 겨우 그쳤지만 때늦은 가을 햇볕이 계속되어 전답의 곡식들은 흰 반점이 들거나 시든 것이 대부분이고 실과(實顆)는 매우 적습니다. 민사(民事)를 생각하면 더욱 민망합니다(1836. 8. 17).

일전에 한 보지락[犁]의 비가 내린 것은 흡족하지 못하여 간절히 기원했습니다. 그런데 단비가 계속 내려 높고 낮은 데를 물론하고 관개하기에 충분하니 민사(民事)를 생각할 때 크게 다행입니다. 그러나 지금은 이앙하는 시기가 늦었고 빗물을 대는 것이 시급하므로 서로 권하면서 보조하는 방도를 판관(判官)에게 감결(甘結)을 띄워 신칙(申飭)하였습니다(1837. 5. 30).

서유구의 농형 보고를 보면 작물별로 일정한 성장 패턴이 있고 여기에는 각 작물의 재배법이 반영되어 있었다. 서유구가 보고한 작물별 성장 패턴은 다음과 같았다.

春麰: 畢耕 → 立苗 → 鍤役 → 向青 → 苗長 → 胚胎 → 發穗 → 入實 → 向黃 → 刈取

秋麰: 向青 → 向茂 → 苗長 → 胚胎 → 發穗 → 入實 → 向黃 → 刈取

早稻: 付種 → 立苗 → 向青 → 初除草 → 再除草 → 三除草 → 胚胎 → 發穗 → 向黃 → 刈取

晩稻移秧: 注秧 → 立苗 → 移秧/移揷 → 初除草 → 再除草 → 胚胎 → 發穗 → 向黃 → 刈取

晩稻乾播: 始役 → 立苗 → 向青 → 初除草 → 再除草 → 三除草 → 發穗 → 向黃 → 刈取

豆太: 根耕 → 立苗 → 鋤役 → 起花 → 結顆

이를 보면 벼의 경우에는 올벼〔早稻〕든 늦벼〔晩稻〕든 건파를 했으면 모두 세 차례의 제초 작업을 했고, 이앙을 했으면 두 번의 제초 작업으로 마무리되었다. 또한 보리나 콩·팥과 같은 밭작물은 제초 작업의 과정이 나타나지 않았다.

다음의 〈표 10〉은 서유구의 농형 보고 중에서 작물별 성장 상황을 정리한 것이다.

〈표 10〉 서유구의 農形 보고(1836~1837)

시기	春麰	秋麰	早稻(付種)	晩稻	豆太 根耕	判官 牒呈
1836 2. 25	畢耕					李敏榮
3. 5	立苗 鍤役方張	向青				〃
3. 15	向青 鍤役了畢	向茂	付種方張	注秧及乾播 今方始役		〃
3. 25	向青	苗長	付種了畢	注秧及乾播 方張		〃
4. 6	苗長	胚胎	立苗	注秧及乾播 已畢		〃
4. 16	胚胎 惱旱之餘 間多白颯	發穗	向青	注秧及乾播 已盡立苗		〃
4. 26	發穗 惱旱白颯	向黃	初除草方始	注秧及乾播 向青 有水根處 移秧		〃
5. 6	向黃	間間刈取	初除草方張	乾播 初除草方始 水根沓 方張移秧		〃
5. 15	間間刈取	已盡刈取	初除草已畢	乾播 初除草方張 移秧 方張	方始	金相宇
5. 25	已盡刈取		再除草方始	乾播 初除草已畢 移秧 已畢	方張	이민영
6. 6			再除草方張	乾播 再除草方始 移秧 初除草方始	已畢	〃
6. 16			再除草已畢	乾播 再除草方張 移秧 初除草方張	立苗	〃
6. 26			三除草方始	乾播 再除草已畢 移秧 初除草已畢	鋤役方始	吳致健
7. 7			發穗	乾播 三除草方始 移秧 再除草方始	鋤役方張	〃
7. 17			間間向黃	乾播 三除草已畢 移秧 再除草已畢	鋤役已畢	이민영
7. 27			間間刈取	乾播 間間發穗 移秧 胚胎	起花	〃
8. 7			已盡刈取	水根處 間或發穗	間或結顆	〃
8. 17				已盡發穗	已盡結顆	〃

시기	春麰	秋麰	早稻(付種)	晩稻	豆太 根耕	判官 牒呈
1837 3. 4	畢耕					朴蓍會
3. 15	耕播差晩 米立苗 銛役方始張	下濕田 間或向青				金漢淳
3. 26	早耕 漸次向青	向茂	付種 今方始役	注秧乾播 今方始役		박시회
4. 6	漸次向青	間或苗長	付種已畢	注秧及乾播 方張		〃
4. 16	漸次苗長	間或胚胎	間間立苗	注秧 間間立苗 乾播 已畢		김한순
4. 26	間或發穗 惱旱之餘 間多白颯	已盡發穗	已盡立苗	注秧 已盡立苗 乾播 間或立苗		〃
5. 8	已盡發穗	入實	初除草方始	注秧 間多乾涸 乾播 向青		〃
5. 18	入實 間多白颯	向黃	初除草方張	乾播 初除草方始 水根沓 間或移秧		〃
5. 30	間間刈取	已盡登場	再除草方始	乾播 初除草方始 移秧 低下處向茂 高燥地移揷	方始	裨校
6. 10	方張刈取		再除草方張	乾播 再除草方始 移秧 高燥地移揷	耕播方張	김한순
6. 20			再除草已畢	乾播 再除草方張 移秧 初除草方始 晩移秧已畢	幾盡耕播	〃
7. 1			三除草方張	乾播 再除草已畢 移秧 初除草已畢	立苗	〃
7. 11			方張胚胎	乾播 三除草已畢 移秧 再除草已畢	鋤役方張	〃
7. 22			方張發穗	乾播 間或發穗 移秧 三除草已畢	鋤役已畢	〃
8. 2			向黃	乾播 發穗 移秧 胚胎	起花	〃
8. 13			方張刈取	乾播 發穗 早移秧 發穗 晩移秧 間間發穗	結顆	〃

시기	春難	秋難	早稻(付種)	晩稻	豆太 根耕	判官 牒呈
8. 24			已盡刈取	乾播 向黃 早移秧 向黃 晩移秧 已盡發穗	入實	〃
9. 5				乾播 間或刈取 早移秧 間或刈取 晩移秧 已盡向黃	向黃	〃

〈표 10〉을 보면 1837년은 1836년에 비해 농사가 10일에서 15일 정도 늦게 시작되었고, 작물의 수확도 15일에서 18일 정도씩 늦어졌다. 수원부에 위치한 동일한 토지에서 농사 시기가 이처럼 달라진 것은 바로 강우량 때문이었다. 1837년에는 농사를 시작할 무렵에 강우량이 크게 부족하여 농사 일정이 전반적으로 늦어졌다.

서유구의 농형 보고는 추수가 끝난 후 한 해의 작황(作況)을 종합하여 보고하는 연분(年分) 장계로 마무리되었다. 수원부의 연분 장계는 2년 모두 9월 27일에 있었으며, 그해의 강우량 추이에 따른 농사 형편, 이앙한 벼의 작황, 연해 지역의 상황, 밭작물의 작황을 종합하여 보고했다. 다음은 1836년의 연분 장계인데 서유구가 수원부의 농사 형편을 정확하게 파악하고 있었음이 잘 나타난다.[89]

본부(本府)의 지형은 서남쪽이 바닷가로 척박하여 소금기가 많고, 동북쪽은 산에 의지하여 관개(灌漑)가 매우 적습니다. 한차례 가뭄이 있으면 재해가 매우 심해 비록 풍년을 예상하는 해라도 곡식이 영글지 않는 해가 많았습니다.

89 『華營日錄』, 1836년 9월 27일.

금년에는 농사를 시작하는 초봄에 비가 자주 내려 논에 물을 대고 파종하는 것은 기한을 어기지 않았습니다. 그러나 벼의 싹이 자랄 무렵에 우택(雨澤)이 점점 줄어들어 간혹 단비가 내렸지만 끝내 가뭄의 근심을 면하지 못했습니다. 5월 중순경에 다행히 큰 비가 내렸지만 하지(夏至)가 이미 지나 시급하게 물을 대는 것에 촌각을 다투었습니다. 이 때문에 판관(判官)에게 감칙(甘勅)하기를 밤을 가리지 않고 독려하여 양식을 돕고 소를 빌려 주어 높은 곳이나 낮은 곳 없이 차례로 이삽(移揷)하여 큰 희망을 가졌습니다. 그러나 한차례의 비가 장마로 이어져 개인 날이 항상 적었습니다.

일찍 이앙한 벼는 싹이 빼어나지 않아 줄어들었고, 늦게 이앙한 벼는 피해가 더욱 심해 6월 20일 이후 3개월 동안 매우 가물고 동풍(東風)이 연이어 불었습니다. 이미 이삭이 핀 것은 알맹이가 성글어 백삽(白颯)이 반을 차지했고, 아직 이삭이 피지 않은 것은 땅에 달라붙어 시들고 쪼그라들어 열매가 거의 없는 것이 곳곳이 모두 그랬습니다. 연해의 각 면은 작년 여름 해일이 있었던 곳에 폭염이 내리쪼이고 짠 기운이 두루 퍼져 완전히 버려진 들녘이 많았습니다. 처음에 곡식이 익을 것이라 짐작했던 곳은 겨우 흉년을 면했고, 늦게 열매가 익을 것이라 기대했던 것은 그저 빈 껍질만 남았습니다. 타작을 해도 종자와 세금을 내기에도 부족하고 들녘에 그냥 버려두기도 하여 끝내는 처음 생각이 크게 빗나갔습니다. 밭에 심은 곡식들은 처음에는 장마로 인해 호미질의 때를 잃었고, 나중에는 가뭄으로 메말라 손상된 것이 반이 넘어, 꼬투리가 떨어지고 열매를 맺은 것이 매우 적었습니다.

통틀어 논하면 전답(田畓)이 모두 황폐하여 우열을 분간할 수가 없습니다.

서유구는 농형 이외에도 우택(雨澤), 즉 비가 내린 상황을 일일이 보고했다. 우택 보고도 농형과 마찬가지로 판관이 올린 첩정(牒呈)을 인용했으며, 농형은 10일마다 정기적으로 보고한 반면, 우택은 비가 내릴 때마다 수시로 보고했다. 다만 작물의 수확이 모두 끝나면 아무리 많은 비가 내려도 우택을 보고하지 않았다.[90] 이를 보면 지방관의 우택 보고는 강우량 자체보다 농사에 영향을 미치는 강우량에 관심을 두었던 것으로 보인다.

서유구가 우택을 보고할 때에는 비가 시작된 시간과 끝난 시간, 강수량, 수원부에 설치된 측우기(測雨器)로 측정한 수심(水深)을 들어 있었다. 이 중에서 강우량의 정도는 티끌적심〔浥塵〕·보지락〔鋤〕·호미자락〔犁〕을 단위로 사용했다. 다음의 〈표 11〉은 서유구가 우택 상황을 보고한 내용을 정리한 것이다.

〈표 11〉 **서유구의 雨澤 보고**(1836~1837)

시기		부터	까지	강수량	測雨器 水深	判官 牒呈
1836	2. 5	4일 묘시	4일 오시	浥塵	3分	이민영
	2. 12	11일 술시	12일 진시	浥塵	3분	〃
	3. 1	29일 미시	30일 묘시	3犁	5寸 3분	金相宇
	4. 9	8일 오시	8일 신시	浥塵	3분	이민영
	4. 15	14일 신시	14일 묘시	1鋤	5분	〃
	4. 29	28일 오시	29일 신시	1犁	1촌 1분	〃
	5. 3	2일 신시	3일 묘시	1鋤	7분	〃
	5. 13	11일 신시	12일 유시	2鋤	1촌 2분	김상우

90 1836년 10월 4일의 경우 비가 반나절이나 내려 別驍士와 列校의 都試를 거행하기 어려운 상황이었지만 雨澤을 보고하지는 않았다. 이해의 농사는 8월에 수확이 완료되었기 때문이다.

시기		부터	까지	강수량	測雨器 水深	判官 牒呈
	5. 15	15일 인시	15일 오시	3犁	4촌 5분	〃
	5. 18	17일 유시		1犁	1촌 8분	〃
	5. 27	26일 해시	29일 묘시	2鋤	1촌 2분	이민영
	6. 1	29일 유시	1일 인시	2犁	3촌 1분	〃
	6. 6	4일 미시	5일 오시	2鋤	1촌 2분	〃
	6. 12	10일 유시	11일 오시	2犁	3촌 3분	〃
	6. 16	15일 묘시		1鋤	6분	〃
	6. 19	15일 미시	18일 미시	2犁	3촌 2분	〃
	6. 26	22일 묘시	25일 묘시	2鋤	1촌 1분	吳致健
	7. 12	10일 유시	11일 인시	浥塵	4분	〃
	7. 29	28일 신시	28일 유시	浥塵	5분	이민영
1837	3. 20	18일 술시	20일 진시	2犁	3촌 3분	金漢淳
	3. 28	27일 진시	27일 오시	1鋤	7분	朴蓍會
	4. 3	1일 술시	1일 축시	浥塵	4분	김한순
	5. 8	7일 신시		1鋤	6분	〃
	5. 27	26일 오시	27일 묘시	2犁	3촌	〃
	5. 30	29일 오시	30일 묘시		5촌 8분	〃
	6. 3	30일 묘시	2일 유시		8촌 8분	〃
	6. 10	8일 신시	9일 인시	1鋤	4분	〃
	6. 14	13일 묘시		1犁	1촌 5분	〃
	7. 11	9일 오시	10일 묘시	2犁	2촌 4분	〃
	7. 16	14일 술시	15일 묘시	2鋤	9분	〃
	7. 19	18일 신시		3犁	3촌 7분	〃
	7. 28	25일 해시	27일 묘시	川渠張滿	7촌 7분	〃
	7. 29	27일 묘시	28일 인시		1촌 2분	〃

이를 보면 1836년에는 측우기로 5촌(寸)을 넘을 정도의 큰 비는 단 1회에 불과했고, 농사를 짓는 동안 우택을 보고한 횟수는 19회에 달해 비교적 월별로 고르게 비가 내린 셈이었다. 1837년에는 우택을 보고한

횟수가 14회에 불과하지만 5촌을 넘긴 경우가 많고 5월 26일부터 30일까지, 7월 25일부터 28일까지는 세찬 비가 내려 홍수가 발생했다. 특히 1837년 7월에는 엄청나게 불어난 물 때문에 축만제(祝萬堤)의 서수문(西水門) 양쪽이 깎여 나가 수문이 무너질 정도였다. 그러나 이때에는 수문 아래에 만들어 놓은 물길이 넓어 물이 바로 빠져나갔기 때문에 전답(田畓)에 미친 피해는 크지 않았다.[91] 정조 대에 만들어진 제언 시설이 홍수에 제 기능을 했기 때문이다.

서유구는 가뭄이 심각해지면 기우제(祈雨祭)를 지내기도 했다. 가뭄으로 흉작이 예상될 때에는 중앙 관리나 지방관이 주관하는 기우제를 지내는 것이 당시의 관례였기 때문이다. 1837년에는 가뭄이 5월까지 계속되자 수렴청정을 하던 대왕대비가 기우제를 지낼 것을 거론했다.

> 오늘 차대(次對)에 나오게 한 것은 혹심한 가뭄 때문이다. 간혹 한두 차례 소나기가 내린 적은 있지만 이것으로는 밭을 갈고 김을 맬 수가 없다. 봄보리는 처음에 조금 익었다고 하지만 가뭄이 하나같이 이와 같으니 비록 여러 해 동안 풍년이 든 나머지라도 오히려 구제하기가 어려울 것이다. 날마다 비가 오기를 기다려도 아직 한 번도 흡족하게 내리지 않고 있다. 하지(夏至)도 멀지 않았으니 기우제(祈雨祭)를 길일(吉日)을 가리지 말고 속히 설행(設行)하는 것이 옳지 않겠는가?[92]

---

91 『華營日錄』, 1837년 7월 29일, "近尺之雨, 一時暴霪, 祝萬堤西水門兩邊內, 托爲漲水所衝嚙, 漸就剝落, 防遏無路. 水門左右潰決之體垌, 假量十餘把是乎旀. 垌底田畓段, 水門下水道, 本自深濶乙仍于, 雖於潰決之後, 水從舊水門直下, 堤底田畓之沈損汰覆, 不至夥多是如爲白乎所."

92 『憲宗實錄』 권4, 憲宗 3년 5월 戊子(12일), "今日次對之進定, 以亢旱之故也. 間或有二三次驟雨, 而此不可以鋤犁論. 春牟則初云稍登矣, 旱氣一直如此, 雖屢豐之餘, 猶難救濟. 而日日望霓, 尙靳一霈. 夏至且不遠, 祈雨祭, 不卜日設行, 可乎?"

이날의 논의 결과 정부에서는 5월 14일에 삼각산·목멱산(남산)·한강에서 기우제를 지냈고,[93] 지방에서는 날짜를 가리지 말고 즉시 기우제를 지내라고 지시했다.[94]

수원부에서는 5월 15일부터 기우제를 지내기 시작했고 3일마다 장소를 옮겨 가면서 기우제를 계속 지냈다. 기우제를 지낸 제단은 5월 15일에는 수원부의 사직단, 18일에는 광교산(光教山), 21일에는 용연(龍淵), 24일에는 팔달산(八達山), 27일에는 축만제(祝萬堤)였다. 그런데 〈표 11〉에서 보듯이 수원부에는 5월 27일에 비가 내렸고 5월 30일에는 큰 비가 내렸기 때문에 이후로는 기우제가 중단되었다. 서유구는 다섯 번의 기우제 가운데 팔달산과 축만제에서 지낸 기우제를 주관했고, 나머지 세 번의 기우제는 수원부 판관과 영화도 찰방이 주관했다.

다음은 1837년 5월 27일에 서유구가 축만제 기우제에서 사용한 제문이다.[95]

> 제방의 이름은 축만(祝萬)이니 무엇을 축하하는가
> 만억(萬億)에 천억이 되는 벼와 삼, 늦벼·올벼라네.
> 이 제방의 공역은 화합하고 윤택하게 하는 것이니
> 넘실대는 천경(千頃)의 땅을 수문 하나로 조절하네.

---

93 『承政院日記』, 憲宗 3년 5월 12일(戊子), "禮曹, 祈雨祭不卜日設行事, 伏承慈教矣. 初次祈雨祭不卜日, 今五月十四日, 三角山·木覔山·漢江, 遣堂下三品官, 虔誠設行事, 知委, 何如? 判付啓, 依所啓施行爲良如教."

94 『華營日錄』, 1837년 5월 14일.

95 『華營日錄』, 1837년 5월 26일, "堤名祝萬, 云何之祝, 萬億及秭, 禾麻穜稑. 維此堤工, 粤在協洽, 瀲灩千頃, 節以一閘. 坪曰大有, 渠云萬石, 於乎何忘, 先王肇錫. 遺老擊壤, 今三紀歷. …… 雨師風伯, 陰驅顯率, 濺泥一尺, 作霖三日. 以灌以漑, 澤此南國, 黍稷薿薿, 時萬時億. 顧名思義, 毋瘝闕職, 同我衿紳, 來禱來索. 如響斯應, 庶不終夕."

들녘의 이름은 대유(大有)요 도랑의 이름은 만석(萬石)이니
아 어찌 잊을까 선왕(정조)께서 처음 내려 주신 것을.
유로(遺老)들이 격양가(擊壤歌) 부른 지 지금 36년이 되었네.
(……)
우사(雨師)와 풍백(風伯)은 음기를 몰고 나타나
일 척(尺)의 비를 뿌리고 삼일 동안 장마를 내려라.
물을 끌어들여 이 남쪽 나라에 혜택을 주면
서직(黍稷)이 무성하여 만도 되고 억도 되리니
이름을 보고 의리를 생각하여 이 직분을 병들지 말게 하라.
우리 사대부가 함께 와서 기도하고 찾으니
소리처럼 응답하여 이 저녁 넘기지 마소서.

이상의 제문을 보면 서유구는 정조가 축만제(祝萬堤)와 만석거(萬石渠)를 쌓고 그 아래에 대유평(大有坪)을 조성하여 30년 이상 풍년을 누렸지만, 이제는 가뭄이 들어 농사의 형편이 심각하므로 우사(雨師)와 풍백(風伯)에게 많은 비를 내려 줄 것을 기원했다. 서유구가 기우제를 지낸 날 오후에 마침 비가 내렸고, 5월 30일부터 6월 2일까지는 계속 비가 내려 가뭄이 완전히 해소되었다.

서유구는 이 외에도 상강(霜降)이나 월식(月蝕)이 있으면 그 상황을 보고했다. 상강 보고는 첫 서리가 내릴 때 보고하는 것으로, 서리가 일찍 내리면 미처 수확하지 못한 농작물에 피해를 주기 때문에 이 역시 농사와 관련이 있는 보고였다.[96]

---

96 『華營日錄』, 1836년 8월 25일; 1837년 9월 19일.

늦가뭄이 이미 혹독한데 엄상(嚴霜)이 바로 내리니, 늦게 건파(乾播)하여 흰 반점이 들거나 마른 것은 끝내 다시 살아나 열매를 맺을 희망이 없습니다. 민사(民事)를 생각하면 더욱 민망합니다(1836. 8. 25).

서유구는 현지에서 월식을 목격하면 일일이 보고했다. 월식이 있으면 그는 판관과 함께 먼저 구식(救食) 행사를 거행했고, 월식이 일어난 시간과 변화한 시간을 보고하면서 식체(食體)의 도형(圖形)을 그려 첨부했다.[97]

이상에서 보듯 서유구는 수원부의 작물별 농사 형편을 10일마다 정기적으로 보고했고, 강우량이 있을 때마다 일일이 보고했으며, 가뭄이 심각할 때에는 기우제를 지내기까지 했다. 이는 수원유수의 직무 가운데 농업을 진흥시키는 임무가 큰 비중을 차지했음을 의미한다.

2) 권농(勸農)과 제언(堤堰) 관리

서유구가 농업을 진흥시키는 활동에는 권농(勸農)을 하고 제언(堤堰)을 관리하는 것도 있었다. 서유구는 수원유수로 부임한 직후 각 면(面)에 권농 전령(傳令)과 삼금(三禁) 전령을 내려 농사에 힘쓸 것을 각별히 당부했다. 다음은 서유구가 부임한 직후에 내린 권농 전령이다.

본부(本府, 수원부)는 거듭 흉년을 만나 삼정(三政)이 모두 병들었으며, 백성들은 가난해질 우려가 있고 땅에서는 농사를 그만두는 탄식이 있다. 도도한 폐단들이 모두 여기에서 생기는 것이니 오늘날의 폐단을 회복시

97 『華營日錄』, 1836년 9월 15일; 1837년 3월 17일.

키는 방도는 오직 유식(裕食, 식량을 넉넉하게 함)에 달려 있고, 유식은 오로지 권농(勸農)에 달려 있다. 지금 춘분이 되어 봄 농사가 시작되니 제보(堤洑)에 물을 가두는 절차와 가래·호미와 같이 사용하는 도구에 유의하여 혹시라도 때를 놓쳐서는 안 된다. …… 근래에는 우금(牛禁)이 해이해지고 우축(牛畜)에 손실이 생겨 전호(佃戶) 중에 소를 기르는 사람이 열에 하나둘도 되지 않는다. 이 때문에 광농(曠農, 소홀하여 실속이 없는 농사)이 곳곳마다 그러하다. 춘경(春耕) 때나 이앙(移秧)하는 계절에는 반드시 이웃 마을에서 서로 빌려 혹시라도 기일을 넘겨 농사를 망치는 한탄이 없게 하라. 혹 여역(癘疫)으로 인해 경작하지 못하는 사람은 이웃 마을의 족친(族戚)들이 힘을 합치고 서로 도와서 조그만 땅이라도 묵히는 폐단이 없게 하라.[98]

이를 보면 서유구가 부임한 수원은 흉년이 계속되어 어려운 상황에 있었고, 농사를 권장하여 식량을 넉넉하게 마련하는 일이 최우선 과제였다. 서유구는 한 해의 농사를 시작하는 시점에서 미리 물을 관리하고 농기구를 준비하며, 춘경하거나 이앙할 때 소가 없는 집은 이웃에서 빌리고, 병 때문에 농사를 짓지 못하는 집은 인근의 친척이 대신 경작하여 묵히는 땅이 없게 하라고 당부했다.

서유구가 지적한 삼금(三禁)은 우금(牛禁)·주금(酒禁)·송금(松禁)을

98 『華營日錄』, 1836년 2월 초1일, "本府, 荐經歉荒, 三政俱病, 民有顚連之憂, 地有曠廢之歎. 滔滔百弊, 一皆由此, 爲今日蘇弊之方, 惟在裕食, 裕食之道, 專在於勸農是置. 見今春分已届, 東作伊始, 堤洑貯水之節, 錢鎛資用之器, 預先留意, 毋或失時爲旀. …… 近因牛禁解弛, 牛畜耗損, 佃戶畜牛者, 十未一二. 因此曠農, 在在皆然, 春耕之時, 移秧之節, 必須隣里相借, 毋或有愆期失農之歎爲旀. 或因癘疫不能耕作者, 隣里族戚, 併力相助, 俾無片土陳荒之弊爲乎矣."

말한다. 이 중에서 우금(牛禁)은 논이나 밭을 경작할 때 소가 필수적이기 때문이었다. 그런데 수원에는 특히 우시장이 발달하여 관가의 허락 없이 사도(私屠)를 하거나 관아에 세금을 내고 시장에서 매매를 하는 이른바 관포(官庖)가 많았다. 이에 서유구는 세금을 거두는 관포까지 일체 금지시킴으로써 우금을 엄격하게 시행했다.

> 관주(官廚)에 포(庖, 푸줏간)를 설치하는 것도 이미 법외(法外)의 일인데 하물며 장시(場市)에 있어서랴. 일전에 묘당에서 엄하게 신칙(申飭)하여 이미 감결(甘結)에 써서 알렸듯이 본부(本府, 수원부)의 경내에서 장시에 포를 설치하는 폐단은 다른 지역에 비해 더욱 심하다. 세금을 납부하는 관포(官庖)라고 핑계 대고 어지럽게 매매를 하며 조금도 꺼리는 것이 없다고 하니 무엄한 것은 그만두고 몹시 놀랍게 들린다. 이는 엄하게 금단하지 못했기 때문이니 어찌 영(營)이 있고 읍(邑)이 있다고 하겠는가? 이른바 세금을 납부하는 관포라는 것을 지금부터 일체 엄금한다.[99]

다음으로 주금(酒禁)은 술을 빚으면 곡식의 허비가 많고 술에 취한 사람들이 길거리에서 싸움이 붙어 인명(人命)까지 다치게 하므로 술을 금지한다는 것이고, 송금(松禁)은 산의 나무를 함부로 베어 내면 샘의 근원을 고갈시키고 제방이 무너뜨려 농사를 망치게 할 우려가 있기 때문에 금지시켰다.[100] 이를 보면 삼금(三禁)이란 결국 농사를 보호하고

---

99 『華營日錄』, 1836년 2월 초1일, "〔牛酒松三禁傳令〕 官廚設庖, 已是法外, 況於場市是乙喩. 日前, 廟飭截嚴, 纔已謄甘知委是在果, 本府境內, 場市設庖之弊, 比他尤甚. 諉以納稅官庖, 狼藉行賣, 少無顧忌云, 無嚴除良, 駭聽極矣. 此不嚴加禁斷, 豈可曰有營有邑乎? 所謂官庖收稅, 自今爲始, 一切嚴禁爲去乎."

100 『華營日錄』, 1836년 2월 초1일.

농작물의 소비를 제한하는 조치에 해당했다.

서유구는 수원부에서 우금을 엄격하게 시행했지만 민간에서 불법적으로 도살하는 폐단이 완전히 근절되지는 않았던 것으로 보인다. 1836년 12월에 서유구는 우금을 강조하는 전령을 다시 한 번 각 면(面)으로 내렸다.

> 우척(牛隻)을 몰래 도살하는 것은 삼금(三禁)의 하나로 조정의 명령이 엄중하고 영칙(營飭)을 연달아 반복하였다. …… 우축(牛畜)은 농사 업무에 관계되는 것인데 과연 어떻게 하였기에 호반(豪班)과 완민(頑民)이 법의 뜻을 잊고 함부로 범하기를 어렵게 여기지 않아 날마다 줄어드는가? 해마다 한 해의 경간(耕墾)을 축내고 매번 농시(農時)를 잃어 풍흉이 여기서 판가름되니 이것이 어찌 작은 일인가?[101]

수원유수 서유구는 수시로 권농(勸農)을 당부하는 감결(甘結)을 판관에게 보내어 풍헌(風憲)이나 권농(勸農) 같은 면임배(面任輩)들을 독려할 것을 지시하였다. 다음의 사례에서 보듯 서유구의 권농 감결은 비가 내릴 때 농시(農時)를 놓치지 말라고 독촉하고 어려운 이웃이 있으면 힘을 합쳐 농사를 지으라고 당부하는 내용이었다.

> 한 달이 지나도록 가뭄을 걱정하던 나머지 여러 차례 단비가 내리니 어찌 천만다행이 아니겠는가? …… 지금 내린 비가 흡족하지는 않지만

101 『華營日錄』, 1836년 12월 17일, "牛隻潛屠, 係是三苓之第一條件, 而朝令自來嚴重, 營飭繼以申複. …… 牛畜之關係農務, 果何如而豪班頑民, 罔念法意, 無難冒犯, 日就耗縮? 歲減一歲耕墾, 每患失時, 豊歉從以判焉, 此豈細故也哉?"

먼저 수근(水根)이 있는 곳은 차례로 이앙(移秧)하고, 수근이 없는 곳은 다시 우택(雨澤)을 기다렸다가 상황을 보고하라. 농민이 힘을 더는 길은 일제히 바쁜 것보다 나은 것이 없는데, 생각을 늦출 수 없는 것은 게으른 농부가 때를 읽고 곤궁해진 백성들이 농기구를 갖추지 못하는 것이다. 소와 양식이 없는 사람에게는 이웃을 잘 깨우쳐 서로 빌려 주고 도우면서 시일이 지연되거나 절후(節侯)의 차질이 없게 하라. 혹 병으로 폐농(廢農)하는 사람이 있으면 이웃 마을이 힘을 합해 도우며 절대로 그냥 넘기지 말아야 한다. 면임(面任)은 두루 돌아다니며 면마다 감독하고 신칙하라. 초복(初伏) 전후에 영문(營門)에서 적간(摘奸)하는 별기감찰(別岐監察)을 많이 내보낼 생각이다.[102]

지금 듣기에 본면(本面) 오산장촌(烏山場村)에 때를 놓쳐 폐농(廢耕)하는 집이 있었는데 그 동(洞)의 농민 40여 인이 서로 의논하고 도와 주앙(注秧)하는 사람은 소를 빌려서 모를 옮겨 심고, 부종(付種)하는 사람은 힘을 합쳐 김을 매었다고 한다. 이처럼 훈훈한 풍문이 들리므로 가상함을 이기지 못하고 청주(淸酒) 10선(鐥)과 정육(正肉) 3근을 보낸다. 면임은 즉시 해당 촌으로 가서 두두인(頭頭人)과 그날 부역한 전부(田夫)들을 모아 이런 뜻으로 고기와 술을 전하라. 다른 촌에서는 어떤가를 살피되 이에 반대되는 일이 있으면 이에 반하는 벌이 있어야 할 것이다.[103]

농상(農桑)을 권하는 것으로 영문(營門)에서 평소에 고심하는 것이다. 봄과 여름을 지내면서 우택(雨澤)이 인색하여 물을 대어 심은 모〔秧〕는

102 『華營日錄』, 1836년 5월 초3일.
103 『華營日錄』, 1836년 5월 26일.

쓸쓸히 그을리고 육경(陸耕)한 밭에는 자기(鎡器, 호미)가 들어가지 않은 것이 한 달을 넘기니 간과 허파가 타려고 하였다. 다행히 초순 사이에 한 자가 넘는 비가 내려 높은 밭이나 낮은 밭에 흡족하지 않은 곳이 없으니 민정(民情)을 생각하면 크게 다행함을 이길 수 없다. 이앙하는 계절이 조금 늦어 물을 대는 것이 시급하므로 서로 권하고 돕는 방도를 일각도 허비할 수 없다. 일전에 감사(甘辭)로 특별히 신칙하고 처음으로 편비(編裨)를 나눠 보내어 면마다 적간(摘奸)하려 하였지만 관인(官人)이 오래 외촌(外村)에 머물면 민폐가 적지 않으므로 우선 정지할 것을 신칙(申飭)한다.[104]

서유구는 농사를 권장하는 틈틈이 제방(堤防)을 관리하는 일에도 신경을 썼다. 서유구는 특히 1837년에 수원부 내의 제방들을 보완하고 물길을 준설했으며, 홍수로 무너진 축만제의 수문(水門)을 개수했다. 제방을 수리하는 비용은 수성고(修城庫)와 저치고(貯置庫)의 비축분을 사용했으며, 작업은 3월부터 9월 말까지 계속되었다. 서유구가 수원부의 제방을 관리하는 작업은 다음의 다섯 가지로 구분할 수 있다.

첫 번째는 북둔(北屯)의 물길을 트는 일이었다. 북둔은 정조가 화성을 축성할 때 만든 곳이지만 1832년과 1833년에 홍수가 나서 모래가 덮여 저장된 물이 거의 없는 상황이었다. 서유구는 1837년 3월부터 춘조(春操)를 중지하고 군사를 동원하여 진흙이 막혀 뭍이 된 곳을 깊게 파내고 방죽이 무너진 곳을 완축(完築)하였다.[105] 그 결과 제방 안을 파내고 제동(堤垌)과 북쪽 제방을 보축한 길이가 220파(把), 넓이는 7파,

104 『華營日錄』, 1837년 6월 5일.
105 『華營日錄』, 1837년 3월 4일.

동쪽 제방을 신축한 것이 280파, 넓이는 4파에 이르렀다.

두 번째는 여의교(如意橋)의 좌우 석축이 태반이나 밀려난 것을 개축하는 일이었다. 이곳은 동쪽으로 물이 들어오는 것이 오래되어 찌꺼기가 쌓이고 백성들이 이곳에 경작까지 하는 상황이었다. 서유구는 이곳을 개척하여 석축 20간(間)을 개건(改建)하게 했다. 석축의 높이는 4척(尺), 넓이 10척이었다.

세 번째는 화성 내의 개천(開川)을 준설하는 작업이었다. 화홍문(華虹門)에서 남수문(南水門)에 이르는 개천에는 모래와 진흙이 쌓여 도로의 높이와 같아졌으므로, 장마가 지면 동쪽과 서쪽이 물에 잠겨 인근의 민호(民戶)가 침수되는 것을 걱정할 정도였다. 공사는 5월에 시작하여 하천에 쌓인 모래와 자갈을 파내고 방죽과 언덕을 보축(補築)하는 작업이었다.[106] 이때 하천의 좌우 제방을 보축한 길이가 630파, 넓이는 20파였다.

네 번째는 축만제(祝萬堤)의 수문과 제방을 복구하는 일이었다. 수원부에는 1837년 7월 말에 나흘 동안 1척(尺)에 가까운 비가 내려 축만제의 서쪽 수문이 무너져 버렸다. 이곳은 북둔에 비해 저장된 물이 많아 관개의 이로움이 가장 많은 곳인데, 수문이 무너지면 저장된 물이 일시에 유실되어 방죽 아래에 있는 수십 리의 전답(田畓)에 물을 댈 수가 없게 되었다. 이때 물길에는 전석(磚石)만 사용하여 가로세로로 배열하고, 수갑(水閘)을 완성하여 흙을 쌓고 모래를 덮는 것으로 제방의 형태를 완전히 복원했다. 그 결과 복원된 석문(石門)의 석주(石柱) 높이는 15척 5촌이었고, 좌우 석축의 길이는 28척, 높이는 5척이었으며, 전석(磚石)으로 개포(改鋪)한 길이는 28척, 넓이는 3척이었다. 또한 체동(體垌)을 개

---

106 『華營日錄』, 1837년 5월 9일; 5월 18일.

축한 길이는 35파, 넓이는 20파, 높이는 7파에 이르렀다.

다섯 번째는 두주방천(斗周防川)을 보축(補築)하는 일로서 총 50간(間)을 보축했다.[107]

이를 보면 서유구는 재임 후반기에 해당하는 1837년에 수원부의 제방 시설을 전반적으로 복원하고 정비하는 데 진력한 것으로 이해된다.

3) 기민(饑民) 구제와 재판

서유구의 민생 업무에는 기민을 구제하는 일이 포함되었다. 수원부에서는 서유구가 부임하기 전인 1835년 서해안 지역에 해일(海溢) 피해를 입은 기민(飢民)들이 발생했다. 서유구는 부임하자마자 이들을 구급(救急)하기 위해 2월 27일부터 4월 27일까지 총 7차례에 걸쳐 미(米)와 태(太)를 나눠 주었다. 당시 해일 피해를 입은 기민의 숫자는 736구(口)에서 771구(口)에 이르렀고 열흘마다 한 사람당 미(米) 2승(升), 태(太) 2승씩 정기적으로 식량을 제공했다. 기민을 구제하는 식량은 수원부에 설치된 1창(倉)과 6창・7창・9창의 비축분을 사용하였고, 1창의 감독은 예비(禮裨), 6창과 7창의 감독은 좌수(座首)가 맡았다. 9창의 감독은 영화찰방(迎華察訪)・공비(工裨)・좌열장(左列將)・우열장(右列將)・중사파총(中司把摠) 등이 돌아가면서 담당했다.

다음의 〈표 12〉는 1836년에 해일 피해를 입은 기민들을 구제한 상황을 정리한 것이다.

107 『華營日錄』, 1837년 10월 24일.

〈표 12〉 1836년 수원부의 기민 구제[108]

일	1倉	6倉 7倉	9倉	合
2. 27	禮裨 監分	座首 監分	迎華察訪 監分	747口 米 9石 14斗 4升 太 9석 14두 4승
	松洞 44口	土津 63구 五朶 31구 宿城 64구 浦內 58구 佳士 30구 玄巖 40구	長安 74구 鴨汀 109구 草長 49구 雨井 185구	
3. 7	禮裨 監分	座首 監分	工裨 監分	736口 米 9石 12斗 2升 太 9석 12두 2승
	松洞 44口	土津 63구 五朶 31구 宿城 64구 浦內 58구 佳士 30구 玄巖 40구	長安 74구 鴨汀 **94구** 草長 **45구** 雨井 **188구**	
3. 17	禮裨 監分	座首 監分	左列將 監分	771口 米 10石 4斗 2升 太 10석 4두 2승
	松洞 44口	土津 **70구** 五朶 **32구** 宿城 **70구** 浦內 **66구** 佳士 **35구** 玄巖 **46구**	長安 74구 鴨汀 **99구** 草長 45구 雨井 188구	
3. 27	禮裨 監分	座首 監分	左列將 監分	770口 米 10石 4斗 太 10석 4두
	松洞 44口	土津 70구 五朶 32구 宿城 **74구** 浦內 66구 佳士 35구 玄巖 46구	長安 **73구** 鴨汀 99구 草長 45구 雨井 188구	

108 〈표 12〉에서 기민의 숫자에 변화가 있는 경우에는 글자를 진하게 표시하였다.

일	1倉	6倉 7倉	9倉	合
4. 7	禮裨 監分	座首 監分	右列將 監分	770口 米 10石 4斗 太 10석 4두
	松洞 42口	土津 70구 五朶 32구 宿城 74구 浦內 66구 佳士 35구 玄巖 46구	長安 73구 鴨汀 99구 草長 45구 雨井 188구	
4. 17	禮裨 監分	座首 監分	右列將 監分	769口 米 10石 3斗 8升 太 10석 3두 8승
	松洞 41口	土津 70구 五朶 32구 宿城 74구 浦內 66구 佳士 35구 玄巖 46구	長安 73구 鴨汀 99구 草長 45구 雨井 188구	
4. 27	禮裨 監分	座首 監分	中司把摠 監分	769口 米 10石 3斗 8升 太 10석 3두 8승
	松洞 41口	土津 70구 五朶 32구 宿城 74구 浦內 66구 佳士 35구 玄巖 46구	長安 73구 鴨汀 99구 草長 45구 雨井 188구	

해일의 피해는 1837년에도 발생했다. 8월 17일에 서해안에 있던 15개 면이 해일 피해를 입었고, 서유구는 즉시 장리(將吏)를 파견하여 피해 상황을 확인하게 했다. 당시의 피해는 1835년 정도에는 미치지 못했지만 논 90결(結)이 곡식을 수확할 시기에 흉작을 만나는 피해를 보았다. 서유구는 해일 피해를 입은 토지를 재결(災結)로 처리하고, 언답(堰畓)이 무너진 곳은 해당 리(里)에서 힘을 합쳐 수축하도록 판관에게 명령하는 것으로 대처했다.[109]

109 『華營日錄』, 1836년 8월 2일; 1837년 2월 13일; 12월 9일.

서유구의 업무에는 수원부의 노인을 우대하는 조치도 있었다. 1836년 12월 말에 그는 수원부 경내에 있는 90세 이상의 노인과 효행인(孝行人)에게 술 1병과 고기 2근(斤)씩을 주어 문안하라고 면임(面任)에게 명령했다.[110] 연말에는 80세가 되어 노인직(老人職)을 받을 사람과 30년간 용주사(龍珠寺)에 거주하여 첩가(帖加)의 혜택을 받을 승려들의 명단을 작성하여 보고했다. 노인직을 받을 사람은 전임정언(前任正言) 김약수(金若水) 한 사람이었고, 1806년부터 30년 동안 용주사에 거주한 승려는 의감(義坎)·치기(致琦)·선찬(善贊)·도균(道均)·최열(最悅) 등 5명이었다.[111]

서유구가 수원부에 근무하는 동안 사망 사건의 제사(題辭)를 작성한 것은 세 경우가 있었다. 살인 사건이 2건이고 자살 사건이 1건이었다.[112] 이는 서유구가 2년 동안 전라관찰사로 근무하면서 96건의 살인 사건을 처리한 것과 비교하면 큰 차이가 있었다.[113] 전라관찰사는 전라도 전역에서 발생한 사건을 모두 다루지만, 수원유수는 수원부 내에서 발생한 사건만 다뤘기 때문이다. 1837년 5월에 형조에서는 미처 녹계(錄啓)하지 못한 죄인을 심리(審理)하라고 했지만, 수원부에서는 해당자가 없다고 보고하는 상황이었다.[114] 이를 보면 수원부는 상대적으로 사건 사고가 적은 지역에 해당하는 것으로 이해된다.

110 『華營日錄』, 1836년 12월 24일.

111 『華營日錄』, 1836년 12월 26일.

112 『華營日錄』, 1836년 12월 24일.

113 전라관찰사 서유구의 살인 사건 처리에 대해서는 김선경(2012)을 참조.

114 『華營日錄』, 1837년 5월 14일, "因秋曹關, 本府無未錄啓罪人, 可以審理事, 封啓."

6. 맺음말

지금까지 서유구가 2년 동안 수원유수로 있으면서 활동한 양상을 규장각 제학으로서의 활동과 수원유수로서의 활동으로 구분하여 살펴보았다.

서유구는 수원유수로 근무한 시간의 절반 정도를 서울에 있으면서 규장각 제학으로서 활동했다. 이보다 앞서 그는 전라관찰사로 근무할 때에도 규장각 제학을 겸했지만 그때에는 서울 출입이 매우 드물었다. 서유구의 서울 활동이 빈번했던 이유는 서울과 수원이 가까운 거리에 있었고, 순조가 사망하고 헌종이 즉위한 초기라 왕실 행사가 많았던 때문으로 보인다. 규장각과의 친밀한 인연은 서유구 가계의 특징이기도 했다. 그의 조부인 서명응은 정조가 처음 규장각을 설립할 때 제학을 맡았고, 부친인 서호수와 중부인 서형수를 거쳐 서유구 자신에 이르기까지 그의 가계에는 정조 대의 규장각에서 활동한 사람이 많았다. 19세기에 들어와서도 이런 전통이 계속되어 서유구는 『열성어제』에 순조와 익종의 어제를 추가하거나 『순조실록』과 『열성지장』을 편찬하는 작업, 순조의 국장, 순조와 익종의 부묘례, 헌종의 가례와 같이 왕실의 중요한 의례에 대부분 참석했다. 또한 서유구는 어린 나이에 즉위한 헌종의 경연에 참석하여 학문에 전념할 것을 신신당부하였다. 서유구가 생애의 만년까지 국왕을 직접 대면하는 고위 관리로 활동한 것은 『임원경제지』의 편찬에도 일정한 영향을 끼쳤을 것으로 보인다.

수원유수로서의 활동은 화령전과 현륭원의 관리, 인사 관리, 민생 관리로 구분하여 검토하였다. 수원에 위치한 화령전과 현륭원은 19세기 국왕들의 직계 선조인 사도세자와 정조를 대변하는 국가적 상징물에 해당했다. 정조가 1793년(정조 17)에 수원부를 유수부(留守府)로 격상시킨 이유가 현륭원을 수호하는 막중한 임무가 이것에 있었기 때문이고,[115] 정조가 사망한 후에는 정조의 어진을 모신 화령전이 수원부 관아 인근에 건립되었다. 따라서 수원유수에게는 화령전과 현륭원을 정기적으로 살피고 제향을 거행하는 일이 매우 중요한 임무에 해당했다. 수원유수 서유구는 임지에 부임한 이후 화령전과 현륭원을 방문하는 것으로 업무를 시작했고, 이곳의 봉심과 제향을 규정대로 진행했다. 평상시 화령전의 제향은 서유구가 주관했지만 정조 등극 60주년을 기념하는 1836년 3월 10일의 제향은 좌의정 홍석주가 파견되었고, 현륭원 인근에 있던 건릉의 제향은 국가에서 주관했지만 건릉의 관리는 서유구의 업무에 해당했다. 수원유수가 현륭원과 화령전의 관리와 제향을 주관하는 것은 매우 특별한 임무에 해당했다.

수원유수의 인사 관리에는 소속 관리를 포폄하고, 현지의 문사(文士)와 무사(武士)를 선발하며, 군사 훈련을 주관하는 활동이 있었다. 또한 수원유수의 민생 관리에는 농형(農形)과 우택(雨澤)을 보고하고, 농사를 권장하고 제언을 관리하며, 기민을 구제하고 재판을 주관하는 활동이 있었다. 그런데 이러한 활동의 대부분은 농업을 장려하여 민생을 안정시키는 데에 집중되어 있었다.

서유구는 총리사(摠理使)로서 수원부와 여기에 소속된 주변 5읍의 속오군을 봄과 가을에 소집하여 정기적으로 훈련시킬 임무를 가지고 있었다. 그러나 조선 정부에서는 흉년이 연속되어 민력(民力)을 아낀다는 명분으로 군사훈련을 실시하지 않았고, 관진문(官鎭門) 취점(聚點)이나

115 『正祖實錄』 권37, 正祖 17년 5월 丙辰(25일), "矧玆華城居留, 須看制置之意, 爲守護仙寢也, 爲整蹕行宮也."

이점(移點) 같은 인원 점검만으로 훈련을 대신했다. 지방군의 대부분은 농수(農水) 관리를 위해 제언을 수축하는 공사에 동원되었기 때문에 서유구가 수원유수로 있는 동안 군사훈련은 한 번도 시행되지 못했다. 서유구는 또한 농사가 진행되는 동안에는 10일마다 작물별 농사 형편을 파악하여 보고했고, 비가 내리면 강수량을 수시로 보고했다. 새해가 되면 사전에 농사를 지을 준비를 갖출 것을 당부했고, 기다리던 비가 내리면 때에 놓치지 말고 농사에 전념하라고 독촉했다. 서유구는 1837년 한 해를 수원부 일대의 제방 시설들을 복원하고 정비하는 데 진력했다고 할 정도로 수리 시설의 관리에도 관심을 보였다.

마지막으로 서유구의 수원유수로서의 활동과 『임원경제지』의 상관 관계를 생각해 보자. 『임원경제지』는 그의 현달기였던 1827년경 편찬이 일단락되고 계속적인 수정 작업을 거쳐 은퇴기인 1842년경에 편찬이 마무리된 것으로 이해된다.[116] 따라서 서유구가 수원유수로 활동한 시기에는 『임원경제지』를 수정・보완하는 작업이 진행되고 있었고, 여기에는 수원유수로서의 경험이 반영될 여지가 있었다.

서유구가 2년 동안 근무한 수원부는 정조 대의 집중적인 육성 정책으로 수리 시설이 정비되어 농사짓기에 편리한 지역이었다. 그러나 『화영일록』의 기록을 보면, 19세기 전반 수원부의 농사는 계절별 강수량에 따라 결정적인 영향을 받았고, 정조 대에 축조된 수리 시설은 손상된 곳이 많았으며, 매년 흉년이 들 것을 걱정하고 해일 피해를 입은 기민을 구제하는 조치를 취해야만 했다. 이런 상황에서 서유구는 농업을 장려하여 민생을 안정시키는 데 최선을 다했다.

서유구는 『임원경제지』의 예언(例言)에서 사람의 처세를 두 가지로

---

116 曺蒼錄(2003), 74~85면.

구분하여, 관리가 되면 세상을 구제하고 백성들에게 혜택을 주어야 하며, 벼슬을 하지 않으면 힘써 일하여 먹으면서 뜻을 길러야 한다고 했다. 그리고 『임원경제지』는 후자에 해당하는 책이라 했다.[117] 『임원경제지』에서 농업을 다룬 「본리지(本利志)」를 보면 토지 제도, 수리 시설과 기구, 농작물의 월령, 농사 지식과 기술, 곡식의 품종과 명칭 등 농사에 관한 방대한 지식들이 망라되어 있다. 서유구의 발언을 따르자면 이런 지식은 힘써 일하여 먹으면서 자신의 뜻을 기르기 위한 지식에 해당할 것이다. 그러나 서유구가 수원유수로서 보여 준 활동상을 고려하면 『임원경제지』의 지식은 개인적 차원의 가정(家政) 경영으로 끝날 일이 아니었다.

필자는 서유구가 오랜 시간을 두고 『임원경제지』를 편찬했던 것은 개인 차원의 가정(家政) 경영과 함께 세상을 구제하고 백성에게 혜택을 주려는 국가 경영자로서의 의지가 반영되어 있다고 생각한다.

117 『林園經濟志』 卷首, 「林園十六志例言」, "凡人之處世, 有出處二道. 出則濟世澤民, 其務也. 處則食力養志, 亦其務也. …… 以林園標之者, 所以明非仕宦濟歲之術也."

參考文獻

『華營日錄』

『完營日錄』

『林園經濟志』

『楓石全集』

『承政院日記』

『日省錄』

『朝鮮王朝實錄』

『大典會通』

『列聖御製』

『實錄廳題名記』

『列聖朝繼講冊子次第』

『水原府邑誌』

김문식(2009), 「楓石 徐有榘의 학문적 배경」, 『震檀學報』 108.

_____(2009), 「「擬上經界策」에 나타난 서유구의 지역인식」, 『한국실학연구』 18.

김선경(2012), 「1833~34년 전라도 지역의 살옥 사건과 심리: 『완영일록』의 분석」, 『역사교육』 122.

김준혁(2013), 「번암 채제공의 화성신도시 기반조성과 화성축성」, 『번암 채제공의 생애와 활동』, 수원화성박물관.

심승구(1998), 「19세기 전반 군영의 변동과 수도방위체제의 변화」, 『조선후기의 수도방위체제』, 서울학연구소.

유봉학(1995), 『燕巖一派 北學思想 研究』, 一志社.

장필기(1998), 「정조대의 화성건설과 수도방위체제의 재편」, 『조선후기의 수도방위체제』, 서울학연구소.

정명현 외(2012), 『임원경제지－조선 최대의 실용백과사전』, 씨앗을 뿌리는사람.

鄭昌烈(2004), 「『華營日錄』에 대하여」, 『華營日錄』, 경기도박물관.

정해득(2011), 「華寧殿의 건립과 제향」, 『朝鮮時代史學報』 59.

曺蒼錄(2003), 「楓石 徐有榘에 대한 한 硏究－'林園經濟'와 『樊溪詩稿』와의 관련을 中心으로」, 성균관대학교 박사학위논문.

楓石의 農法 변통론과 農政 개혁론

염정섭 | 한림대학교 사학과 교수

1. 머리말

2. 농법(農法) 현실 진단과 변통론(變通論)
   1) 수전(水田) 이앙법 실시와 시비(施肥) 강조
   2) 대전법(代田法)의 재해석과 보급
   3) 수리기술(水利技術)의 정리와 보급
   4) 품종(品種) 정리와 종자(種子) 수입

3. 농정(農政) 현황 파악과 개혁론(改革論)
   1) 결부법(結負法)의 폐단과 경무법(頃畝法) 실시
   2) 방전법(方田法) 시행과 양전(量田) 개혁
   3) 번답(反畓, 反田)의 금지
   4) 둔전(屯田) 설치와 북방(北方) 지역 개발

4. 맺음말

1. 머리말

풍석(楓石) 서유구(徐有榘, 1764~1845)가 편찬한 농업 관련 저작 가운데 『행포지(杏蒲志)』와 「의상경계책(擬上經界策)」은 각각 농법(農法)·농정(農政)에 관련된 서유구의 생각을 핵심적으로 담고 있는 책이다. 서유구의 농법에 대한 정리는 위의 2책 이외에 다른 여러 저작에서도 찾아볼 수 있다. 서유구가 순창군수 시절에 정조에게 올린 「응지농서(應旨農書)」, 그리고 말년의 저작인 『임원경제지』의 「본리지(本利志)」 등에서 농법에 대한 서유구의 주장과 논리를 찾아볼 수 있다.

또한 서유구가 관직에 있을 때 올린 몇 가지 글, 1790년에 작성한 「농대(農對)」, 1830년대 후반 관직에 다시 복귀한 이후에 올린 상소 등에서 그의 농정(農政)에 대한 의견과 입장을 찾아볼 수 있다. 그런데 『행포지』와 「의상경계책」이야말로 서유구의 농법 변통론과 농정 개혁론을 풍성하게 살필 수 있는 저작이라고 생각된다. 여기에서는 이 2책과 『임원경제지』 「본리지」에 수록된 서유구의 안설(按說) 등을 검토하여 서유구의 농법 변통론과 농정 개혁론을 정리하고자 한다.

서유구의 농법 변통론과 농정 개혁론을 살필 주요한 참고자료는 『행포지(杏蒲志)』와 「의상경계책(擬上經界策)」이다. 두 자료에 대해서 간략하게 살펴보면 다음과 같다. 『행포지』는 하나의 독자적인 농서(農書)로 보기에 충분하다. 뒤에 살피는 바와 같이 서유구는 자신의 경험담과 견문을 중심으로 여러 농서에서 인용한 부분으로 『행포지』를 구성하였다. 물론 정연한 체계를 갖춘 농서의 모습과는 약간 거리가 있다. 이러한 이유 때문에 그동안 『행포지』를 농서로서 다룬 연구성과가 거의 나오지 않았다. 하지만 『행포지』의 내용과 『임원경제지』의 「본리지」, 그리고 그 밖의 다른 농서들과 내용을 비교하면서 분석한다면 『행포지』의 고유한 특색도 지적할 수 있을 것으로 생각된다.

서유구는 '행포지'라는 제목으로 명명(命名)한 배경에 대해서 자신이 지은 「행포지서」에서 설명을 해 주고 있다. 그에 따르면 서릉(徐陵)이 지은 '살구꽃을 바라보고 기경을 돈독히 하고〔望杏敦耕〕, 창포(菖蒲)를 멀리서 바라보고 농사짓는 것을 권장한다〔瞻蒲勸穡〕.'라는 말을 취하여 행포지(杏蒲志)라고 이름 지었다는 것이다.[1] 서유구가 거론한 구절은 중국 남조(南朝) 진(陳)의 서릉(徐陵)이 지은 「서주자사후안도덕정비(徐州刺史侯安都德政碑)」에 들어 있는 구절이다. 경(耕)과 색(穡)을 제때 해야 한다는 점, 시령(時令)에 맞추어 농작업을 권면(勸勉)해야 하는 것이 지방 수령의 임무임을 강조하는 의미를 찾아볼 수 있다. 물론 서유구의 관심도 지방 수령과 권농의 관계에 놓여 있었을 것으로 보인다. 또한 농법의 보급방법에 대한 고민이 결국 지방 수령에게 귀결될 수밖에 없다는 점을 분명하게 지적한 것으로 생각된다.

서유구는 『행포지』를 지은 배경을 「행포지서」에서 설명하고 있다. 그는 자신이 전가(田家)의 어려운 일에 대해 경험을 쌓아 왔고, 또한 동속(東俗)이 잘못되고 게으른데〔窳惰〕 이를 바로잡을 수 있는 법으로 삼을 만한 것이 없음을 지적하였다. 그리하여 경파운자(耕耙耘耔)에서 어음개장(淤蔭蓋藏)에 이르기까지 이미 시험해 보고 효과를 거둔 것을 저술하여 쌓아 두었고 이를 '행포지'라는 이름을 붙인 것이었다.[2]

---

1 徐有榘, 『楓石全集』, 『金華知非集』 卷第三, 序, 「杏蒲志序」, "取徐陵侯望杏敦耕瞻蒲勸穡之語, 命之曰杏蒲志."

2 徐有榘, 『楓石全集』, 『金華知非集』 卷第三, 序, 「杏蒲志序」, "余也跡蟄畎畮, 固治於人而食人之類耳. 田家作苦, 積有經驗, 竊有慨乎東俗之窳惰, 而無法以牖之. 自夫耕耙耘耔,

「의상경계책(擬上經界策)」은 1820년 당시 순조가 양전(量田)을 계획하고 이를 추진하도록 왕명을 내린 것에 관련된 저작이다. 서유구는 양전을 지시하는 왕명이 내려졌다는 소식을 듣고, 지금 말하지 않으면 나중에는 말할 수 있는 기회가 사라질 것 같다면서 전제(田制)·양법(量法)·농정(農政) 3가지 항목을 설정하고 각각 몇 개 조목으로 나누어 자신의 경계책(經界策)[3]을 작성하였다.[4] 당시 서유구는 1806년(순조 6)에 중부(仲父) 서형수(徐瀅修)가 김달순(金達淳) 옥사(獄事)에 연루되어 해도(海島)에 유배(流配)된 이후 은거생활을 계속하던 중이었다. 따라서 경계책을 작성하기는 하였지만 실제 올리지는 못한 것으로 생각된다. 하지만 애초에 서유구가 당시까지 농서 연구와 농사 경험을 통해 쌓아왔던 전제·양전·농정에 관한 나름대로의 주장을 펼쳐 내놓으려고 계획하였다는 점을 주목해야 할 것이다. 이러한 맥락에서 서유구의 「의상경계책」은 당시 조선의 농업현실의 세밀한 파악과 진단을 바탕으로 자신의 농정 개혁론을 체계적으로 정리한 논설이라고 규정할 수 있다. 「의상경계책」의 내용은 서유구 자신이 몇 개 부분으로 나누어 놓고 있

以至游蔭蓋藏, 凡其已試而見効者, 輒著之于篇, 積久成袠. 取徐陵侯望杏敦耕瞻蒲勸穡之語, 命之曰杏蒲志."

3 서유구는 經界에 대해서 특별한 설명을 덧붙이지 않고 있지만 『孟子』에 나오는 '經界'의 의미를 참고할 수 있다. 『孟子』, 「滕文公章句上」 三章, "孟子曰 (子之君將行仁政, 選擇而使子, 子必勉之) 夫仁政, 必自經界始. 經界不正, 井地不均, 穀祿不平. 是故暴君汚吏必慢其經界. 經界旣正, 分田制祿可坐而定也." 결국 經界는 토지를 나누고〔分田〕, 녹봉을 다스리는〔制祿〕 데 기초가 되는 토지의 파악과 장부 정리 작업을 가리키는 것이고 구체적으로는 井田 시행의 기초작업에 해당된다고 보인다. 朱熹가 붙인 해당 구절에 대한 주석의 내용도 동일한 의미로 해석된다. "井地, 卽井田也. 經界, 謂治地分田, 經劃其溝塗封植之界也. 此法不修, 則田無定分, 而豪强得以兼幷, 故井地有不鈞. 賦無定法, 而貪暴得以多取, 故穀祿有不平. 此欲行仁政者之所以必從此始, 而暴君汚吏則必欲慢而廢之也. 有以正之, 則分田制祿, 可不勞而定矣."

4 徐有榘, 『楓石全集』, 『金華知非集』 卷第十二, 「擬上經界策」, "近者伏聞, 臣僚上言, 量田有命. 今而不言, 言亦無及. 輒敢條其說, 爲經界策一道, 齋沐繕寫, 干瀆崇嚴."

다. 서유구 자신이 강목(綱目)으로 나누어 서술한 것은 아니지만, 내용 분석의 편의성과 구성체계의 용이함을 제대로 살피기 위해 크게 삼강(三綱)과 십일목(十一目)으로 나누어 볼 수 있다.[5]

한국사학계에서 서유구의 농법 변통론과 농정 개혁론에 대한 연구는 그동안 활발하게 전개되지는 않았다. 서유구가 『임원경제지』, 「의상경계책」 등에서 펼쳐 놓은 농법 변통에 대한 주장들은 김용섭·민성기·문중양·정명현·염정섭 등의 논고에서 검토된 바 있다.[6] 김용섭은 『임원경제지』의 농업론(農業論)을 검토하면서, 농업기술에 관련된 부분으로 농법개량(農法改良)·농시조절(農時調節)·품종개량(品種改良)·기술개량(技術改良) 등을 정리하였다. 그리고 농업경제론과 관련해서 토지론(土地論)·농업경영론(農業經營論)을 정리하고 있다. 토지론에 대해서 정전제(井田制)를 시행하기 위해 한전제(限田制)와 둔전론(屯田論)을 제기하고 있다고 파악하였다.

한편 서유구의 「의상경계책」은 앞서 여러 연구자들이 나름대로 독특한 연구성과를 제출하였다. 「의상경계책」에 관련된 연구성과를 살펴보면 김용섭은 서유구가 제시한 둔전론 분석에 집중하였다. 자본가적 농업경영에 치중한 것이며 또한 흡사한 것으로 평가하고, 조선의 농업경영을 질적으로 전환시키려는 의도를 찾아내고 있다. 그러면서도 서유구의 생각은 봉건지주층의 전면적인 타도가 아니라 이의 이용과 전환을 통한 새로운 생산양식의 수립이라고 평가하였다. 이러한 김용섭의 해석은 조선 후기 농업 발달 상황에 대한 인식을 바탕에 깔고 있는 것이었다. 하지만 서유구의 둔전론이 새로운 생산양식을 제시한 것인

5 徐有榘, 『楓石全集』, 『金華知非集』 卷第十一, 策, 「擬上經界策」.

6 김용섭(1970; 1988); 閔成基(1976; 1988); 문중양(2000); 정명현(2012); 염정섭(2009).

지 새롭게 따져야 할 문제로 보인다.

또한 김용섭은 서유구가 「의상경계책」에 제시한 둔전 설치론을 국영농장적(國營農場的)인 농업경영론으로 규정하였다. 그리고 서유구가 둔전론을 구상한 것이 국가의 재원을 넓혀 그 부력(富力)을 증대시키는 것과 농지 없는 농민들에게 농지를 줄 수 있는 방안을 모색한 것이었다고 설명하였다.[7] 그런데 이러한 해석은 서유구가 둔전론을 제기하면서 앞부분에 밝혀 놓은 '진지력(盡地力)'에 대한 분석이 빠져 있다는 점에서 근본적인 문제가 있다. 즉 서유구가 '진지력'에 대한 상세한 설명을 '육왈광둔전이부저축(六曰廣屯田以富儲蓄)'의 앞부분에 제시하고 있는 것은 둔전 설치의 목적을 공표한 것으로 보아야 하는데도 이에 대한 관심이 정당하게 부여되지 못했다고 보인다. 이런 관점에서 둔전 설치를 '진지력'을 이루기 위한 방편이라고 보아야 할 것이다.

유봉학도 서유구의 둔전론이라는 점에 주안점을 두어 「의상경계책」을 검토하였다. 그는 서유구의 둔전론에 대해 온건한 농업정책론, 토지소유자들과 마찰 회피, 토지 경영방식의 개선 촉구, 한정된 지역에 대한 둔전 설치론, 생산력 향상 추구, 병작반수 관행 유지 등으로 특징을 뽑아 설명하였다. 그리고 경화사족(京華士族)의 구상으로 평가하면서 박지원의 법전(法田), 박제가의 둔전론, 족숙(族叔) 서미수의 둔전론과 연결시키고 있다.[8]

한편 김문식은 「의상경계책」에 보이는 서유구의 지역인식에 주목하였는데, 서울을 중심으로 하는 수도권 지역을 자신이 구상한 농정 개혁안을 실천해 나갈 중심지로 파악하였다고 정리하였다.[9] 그리고 조창록

---

7 金容燮(1992), 147・148면.

8 유봉학(1995).

은 「의상경계책」에 보이는 문예론(文藝論)과 치재관(治財觀)을 검토하여 시문(詩文)과 경학(經學)에 대한 비판, 농학(農學)과 수리(數理)와 같은 실용학의 추구, 치재에 대한 적극적인 태도로 요약 설명하였다.[10]

본 논문에서는 서유구의 농법 변통론과 농정 개혁론을 『행포지(杏蒲志)』와 「의상경계책(擬上經界策)」, 그 외의 다른 저작인 『임원경제지』 「본리지(本利志)」 등을 중심으로 살펴보려고 한다. 이를 위해 농법의 변통논의가 농정을 개혁하자는 제안에서 현실화 · 구체화되고 있으며, 농정을 개혁하는 방안을 실행하기 위해 농법 변통이 선행조건이 되어야 하는 구조를 갖추고 있다는 점에 주목하려고 한다.

그리하여 본 논문에서는 먼저 서유구가 조선의 농법 현실 진단에 의거하여 제시하는 농법 변통론을 살핀다. 구체적으로 수전(水田) 이앙법 실시와 시비(施肥) 강조, 수리기술(水利技術)의 정리와 보급, 품종(品種) 정리와 종자(種子) 수입, 대전법(代田法)의 재해석과 보급 등을 검토할 것이다. 서유구는 중국 조과(趙過)가 고안한 대전법을 나름대로 재해석하고 그 내용을 충실하게 만들었다. 그리고 자신이 재해석한 대전법을 보급하는 데 커다란 중점을 두고 있었다. 대전법이라는 이름으로 서유구가 설명하고 있지만, 실은 조과대전법(趙過代田法)의 원형과 크게 달라진 것이기 때문에 서유구가 정형화시킨 대전법을 '풍석대전법(楓石代田法)'이라고 이름 붙일 수도 있을 것이다. 서유구는 자신의 대전법에 '견전(畎田) · 견종(畎種)' 등의 용어도 사용하고 있지만 대전법이라는 명칭으로 자신이 새롭게 이해한 한전농법을 제시하고 있었다.

다음으로 서유구가 조선의 농정(農政) 현황 파악에 따라 제시한 농정

---

9 김문식(2009).

10 조창록(2006).

개혁론을 살핀다. 이 부분에서는 결부법(結負法) 폐단과 경무법(頃畝法) 보급, 방전법(方田法) 시행과 양전(量田) 개혁, 번답(反畓, 反田) 금지론, 둔전(屯田) 설치와 북방지역 개발 등을 정리한다. 특히 둔전 설치론을 지역개발론과 연결시키면서 농법 변통론과 하나의 체계를 형성하고 있다는 점에 주목할 것이다. 본문에 들어 있는 부정확한 사료 해석에서 유래하는 잘못된 점과 불충분한 사료 검토로 발생한 미흡한 점 등에 대해서 역사적인 관점에서 많은 질정을 내려주실 것으로 기대하고 있다.

2. 농법(農法) 현실 진단과 변통론(變通論)

1) 수전(水田) 이앙법 실시와 시비(施肥) 강조

서유구가 『행포지』를 편찬하면서 스스로 설정한 편찬 방침, 편찬 경위 등에 대한 해명을 「행포지서(杏蒲志序)」에서 분명하게 찾아볼 수 있다. 『행포지』 편찬 배경에 대한 서유구의 설명을 통해서, 『행포지』가 농서로서의 체계가 분명하게 잡혀 있지 않은 것으로 보이지만 그 내적인 서술구조에 명확한 맥락이 갖추어져 있음을 알 수 있다.

서유구는 "천하의 만물〔物〕 가운데 우주(宇宙)와 고금(古今)을 다 들쑤시고 헤집어 하루라도 없어서는 안 되는 것을 찾을 때 가장 요긴한 것이 바로 곡(穀)이고, 천하의 만사〔事〕 가운데 우주와 고금을 다 들쑤시고 헤집어 귀천(貴賤)과 지우(智愚)를 가리지 않고 하루라도 어두워서는 안 되는 일 가운데 가장 중요한 것이 바로 농(農)이다."[11]라고 설명

---

11 徐有榘, 『楓石全集』, 『金華知非集』 卷第三, 序, 「杏蒲志序」, "今夫天下之物, 而求其通宇宙亘古今, 不可一日缺者, 孰爲最乎, 曰穀. 今夫天下之事, 而求其通宇宙亘古今, 無貴賤智

한다. 이는 만물 가운데 곡이 가장 중요하고, 만사 가운데 농(農)이 가장 필요하다는 주장을 펼친 것으로 볼 수 있다. 만물과 만사에 관통하는 법(法), 즉 농곡(農穀)의 획득을 위한 실용적인 경세지학(經世之學)의 추구가 필요하다고 지적한 것이었다.

농곡(農穀)의 중요성을 강조한 서유구는 맹자의 '치인치어인(治人治於人)'에 대해 세상 사람들이 오독(誤讀)하고 있다고 지적하였다. 서유구는 용천(用天) 분지(分地)의 사(事)[12]를 어리석은 농민에게 모조리 맡겨 놓고 어떤 일도 하지 않고 노망멸렬(鹵莽滅裂)되었다는 보고만 받으면서 아무런 반성도 하지 않는 치인(治人)을 크게 야단치고 있다.[13] 그리고 맹자가 말한 치인(治人)이란 바로 농리(農理)를 밝히고 근본에 힘쓰는 도(道)로써 다스리는 자라고 확언한다. 서유구는 왕도(王道)를 논할 때 먼저 전리(田里)를 다스리고 수축(樹畜)을 감독하는 것을 앞세워야 한다고 지적한다. 이상의 언급에서 서유구는 치인(治人)의 의무와 해야 할 일을 농곡(農穀)에서 찾고 있다는 점을 알 수 있다.

서유구는 자신이 견무(畎畮)에 칩거(蟄居)하고 있는, 말 그대로 치어인(治於人)이면서 식인(食人)이고 이와 더불어 전가(田家)의 어려운 일에 대해 경험을 쌓아 왔다고 강조하고 있다. 또한 동속(東俗)이 잘못되고 게으른데〔窳惰〕 이를 바로잡을 수 있는 법으로 삼을 만한 것이 없음을 지적하고 있다. 그리하여 경파운자(耕耙耘耔)에서 어음개장(淤蔭蓋藏)에

愚, 不可一日昧然者, 孰爲最乎, 曰農."

12 用天은 時令의 변화에 따른 농사의 안배를 의미하는 것으로 보이고, 分地는 토질・지세・기후 등에 따른 各地의 土宜를 파악하는 것을 의미하는 것으로 생각된다. 결국 用天分地之事는 각 지역에서 時令의 변화에 따라 農事를 土宜에 맞게 실행하는 일로 규정할 수 있다.

13 徐有榘, 『楓石全集』, 『金華知非集』 卷第三, 序, 「杏蒲志序」, "吾一怪夫世之人誤讀孟子治人治於人之文, 遂以用天分地之事, 一付諸蚩蚩之甿, 坐受其鹵莽滅裂之報而莫之省焉."

이르기까지 이미 시험해 보고 효과를 거둔 것을 저술하여 쌓아 두었는데, 이것을 묶어서 '행포지(杏蒲志)'라 이름 붙였다고 설명한다.[14] 서유구는 『행포지』를 자신이 경험한 농사일을 중심으로, 그 근원적인 농리(農理)를 밝히고 이를 다른 사람들에게 알려 주기 위한 책으로 자부하고 있었다.

서유구는 자신이 농가(農家)에 부지런히 심신이 피곤할 정도로 애쓰고, 늙어 기운이 빠질 때까지 그치지 않은 이유에 대해서 장황하게 설명하고 있다. 서유구는 자신이 경예지학(經藝之學, 儒家 經書를 연구하는 學)을 일찍이 공부하였는데, 말할 만한 것을 옛사람이 모두 말하여 내가 두 번 세 번 말하는 것이 아무런 이득이 없을 것이라고 토로한다. 그리고 자신이 경세지학(經世之學)을 공부하였는데, 처사(處士)로서 헤아리고 다듬어 온〔揣摩〕 말들이 토갱(土羹)일 따름이고 지병(紙餠)일 따름이어서 아무리 잘한들 아무런 도움이 되지 않는 것이었다고 자탄한다. 그리하여 그는 스스로 금일(今日) 자신이 앉아서 말할 수 있고 일어나서 실행할 수 있는 실용(實用)이 곧 범승지(氾勝之)와 가사협(賈思勰)이 정리해놓은 수예지술(樹藝之術)일 따름이라고 확신하고 있다. 조금이라도 천지(天地)의 은혜에 보답하는 길은 바로 여기에 있다고 하였다.[15] 이러한 상세한 설명 속에서 서유구가 임하(林下)의 역식(力食)하는 선비를 위해

---

14 徐有榘, 『楓石全集』, 『金華知非集』 卷第三, 序, 「杏蒲志序」, "余也跡蟄畎畮, 固治於人而食人之類耳. 田家作苦, 積有經驗, 竊有慨乎東俗之窳惰, 而無法以牖之. 自夫耕耙耘耔, 以至游蔭蓋藏, 凡其已試而見効者, 輒著之于篇, 積久成袠. 取徐陵侯望杏敦耕瞻蒲勸穡之語, 命之曰杏蒲志."

15 안대회(2006), 50~51면. 徐有榘, 『楓石全集』, 『金華知非集』 卷第三, 序, 「杏蒲志序」, "余獨弊弊乎農家者流, 竆老盡氣而不之止者, 是誠何爲也. 吾嘗治經藝之學矣, 可言者昔之人言之已盡, 吾又再言之三言之何益也. 吾嘗爲經世之學矣, 處士揣摩之言, 土羹焉已矣, 紙餠焉已矣, 工亦何益也. 於是乎廢然匍匐于氾勝之賈思勰樹蓺之術, 妄謂在今日坐可言起可措之實用者, 惟此爲然, 而其少酬天地祿養之恩, 亦在此而不在彼."

이 책을 지었다고 언급한 이유를 찾아볼 수 있다.[16] 즉 치인(治人)으로 나아가고자 힘써 온 사(士)로서 그러한 지위에 가지 못하고 역식하고 있을 때 그러한 사정에 맞춰 실용에 맞는 수예(樹藝)하는 방법을 다듬어 내야 한다는 것이 그의 생각이었던 것이다.

『행포지』가 애초에 체계적인 농서(農書)의 서술 방식을 따르지 않고 있다는 점을 좀 더 살펴보자. 이는 『임원경제지』 「본리지(本利志)」와 다른 점이다. 이에 대해서 「행포지서」에서 서유구 자신이 언급한 바처럼 '경파운자(耕耙耘耔)에서 어음개장(淤蔭蓋藏)에 이르기까지 이미 시험해 보고 효과를 거둔 것'을 수록하고 있다는 점에서 이해할 수 있을 것으로 생각된다. 실제 『행포지』 서술 내용을 살펴보면, 각 작물별 재배법의 기본적인 사항을 이미 알고 있는 것으로 전제하여 기술 내용을 기술하고 있다.

서유구는 수전(水田)과 한전(旱田)의 경종법(耕種法)에 대해서는 당시 농업기술의 특징을 평가하고, 이에 의거하여 자신의 변통론을 제시하였다. 벼농사 기술에 대해서는 경사둔전(京師屯田)의 설치를 설명하는 부분에서 경상좌도(慶尙左道)[17]에서 통용하는 것을 기준으로 삼으면 좋을 것으로 제시하였다. 그리고 영남(嶺南)에서 경우(耕牛)를 구해 와서 활용할 것을 제안하였다.[18] 이와 더불어 도전(稻田)에서 벼를 재배하는 농부도 경상좌도인(慶尙左道人)을 모집할 것을 제시하였다. 영남 지역의

---

16 徐有榘, 『楓石全集』, 『金華知非集』 卷第三, 序, 「杏蒲志序」, "夫以一日不可緩之務, 而當擧世鄙不屑之餘, 一耕百食, 十年九荒, 彼轉輾溝壑者何辜也. 然則是書之述, 又豈徒爲林下食力之士而作也, 世之大人先生, 其勿哂之也夫."

17 慶尙左道에 慶州·安東·大邱鎭 등이 속해 있다.

18 徐有榘, 『楓石全集』, 『金華知非集』 卷第十一, 策, 「擬上經界策」, "農政之亟宜施措者六, 六曰 廣屯田以富儲蓄 …… 其耕牛當徵於嶺南, 嶺南産者耐暑善耕也. 佃夫之治稻田者, 當募嶺南左道人, 是善治稻田也."

종도법(種稻法)을 참용(參用)하고 여기에 고인(古人)이 세 번 기경하고 네 번 써레질하며, 김매고(搨稻), 논말리는 방법(熇稻)[19] 가운데 뺄 것을 빼고 넣을 것을 넣으면 좋을 것이라고 강조하였다.[20] 경상좌도 지역의 종도법을 바탕으로 삼고 여기에 제초(除草)・관배수(灌排水) 기술 등을 보완하는 방식을 가장 적절한 것으로 파악하고 있었다.

또한 서유구는 기본적으로 수전(水田)에서 이앙법의 실행에 적극 동의하고 있다.[21] 수전 이앙법의 경우 16세기 초반에 경상도의 상당 지역과 영동 지역을 비롯한 강원도 지역에서는 이앙법을 채택하고 있었다.[22] 또한 1529년 장순손(張順孫)은 경상좌도 지역이 가뭄으로 말미암아 묘종(苗種)을 하지 못하고 있다고 보고하였다.[23] 이와 같이 경상좌도 지역은 일찍부터 이앙법이 시행된 지역이었다. 이러한 점에서 서유구가 경상좌도 지역의 수전농법이 이앙법 등의 측면에서 요긴하다고 평가한 것으로 생각된다.

서유구는 영남 지역에서 실행하는 가을논에서 실행할 수 있는 일종의 경법(耕法)을 『행포지』에서 소개하였다. 그에 따르면 가을 수확이 끝난 다음에 삽과 괭이로 2척 깊이로 땅을 팠다가 파낸 흙덩이를 다시

---

19 徐有榘, 『林園經濟志』「本利志」 권5, 種藝上 稻類 耘稻田法, “耘稻法. 搨稻後, 將灰糞或麻豆餠屑撒田內, 用手耘去草盡淨. 近秋放水, 將田泥塗光, 謂之熇稻. 待土裂, 車水浸灌之, 謂之還水. 穀成熟, 方可去水, 或遇天小雨, 急鋤一遍, 勿令開裂. 俟天興雲, 則澆肥糞. 待雨勿致缺水, 則稻發不遏(群芳譜).”

20 徐有榘, 『楓石全集』, 『金華知非集』 卷第十一, 策, 「擬上經界策」, “農政之亟宜施措者六, 六曰 廣屯田以富儲蓄 …… 凡治稻田, 宜參用嶺南種稻法. 而以古人三犁四耰搨稻熇稻等法, 消息之. 至於陸田, 則宜一切改今法, 用趙過代田法. 此爲陸耕之規矩準繩, 斷斷不可易者也.”

21 김용섭(1988), 371~373면.

22 『成宗實錄』 권6, 성종 원년 6월 임술(8-510), “道內(경상도)水田, 多未播種, 又未得移秧.”

23 『中宗實錄』 권65, 중종 24년 5월 己未(17-123), “順孫(領事 張順孫: 인용자)曰 …… 慶尙左道則, 苗種之地, 因旱不移苗云.”

살짝 제자리에 덮어 둔 채로 겨울을 보내게 하고, 다음해 봄에 경파(耕耙)하고 하종(下種)하면 벼 뿌리가 깊이 들어가고 분얼이 무성해진다고 한다.[24] 이러한 『행포지』의 영남 지역의 특유한 경법에 대한 소개는 다른 농서(農書)에 보이지 않는 것으로 벼농사 기술의 지역적 특색을 찾아보는 데 도움을 주고 있다.

서유구는 조선의 이앙법이 만력(萬曆)연간 영남에 주둔하던 명군(明軍) 병사로부터 전래되었다는 설명이 잘못된 것이라고 지적한다. 또한 삽앙(揷秧)을 하게 되면 호미질하는 공력을 줄여 주고, 두 곳의 흙의 기운으로 한 모를 키울 수 있으며, 옛 것을 버리고 새로운 것에 나아가며 골수를 씻으면서 더러운 것을 없앨 수 있다는 것을 이앙의 효용으로 제시한다. 이와 더불어 커다란 가뭄을 만나게 되면 전공(全功)을 상실하는 것 때문에 위도(危道)라고 부르는 것에 대해서 서유구는 전혀 그렇지 않다고 반박하고 있다.

계속해서 서유구는 도전(稻田)의 성립 요건에 관한 중요한 언급을 하고 있다. 종도(種稻)하는 전(田), 즉 도전(稻田)・수전(水田)에 대한 전제 요건을 제시하고 있다. 서유구는 "무릇 벼를 심는 전(田, 水田)이라면 반드시 천(川)에서 인수(引水)할 수 있거나 저수지에서 관개(灌漑)할 수 있어야 한다. 이것이 없으면 도전(稻田)이라고 할 수 없다. 도전이 아니면서 가뭄을 걱정하는 것이 어찌 삽앙(揷秧)하는 것일 뿐이겠는가."라고 주장한다.[25] 서유구가 논에 대한 현실적인 부분을 잘 설명하고 있다고

---

24 『杏蒲志』 卷2, 種植 種稻(『農書』 36, 121면), "嶺南人治稻田, 每收穫畢, 卽幷衆力用奄鑊掘畦中土, 深二尺許, 還以所掘之土塡掩, 勿築實. 令經冬凍沍, 開春耕耙, 如法下種, 則稻根深入, 分外滋茂."

25 『杏蒲志』 卷2, 種植 種稻(『農書』 36, 122면), "郊居瑣篇云, 我東舊無移秧法, 萬曆征東明兵住嶺南者, 始傳其法, 閱數十年, 遂遍兩南. 然農事直說, 成於世宗朝, 而已載其法, 則謂始傳於萬曆間者, 妄也. 大抵所貴於揷秧者, 有三. 省鋤功, 一也. 二土之氣, 交養一苗, 二

생각되며, 나아가 봉천답(奉天畓)이라는 명칭 속에 큰 가뭄이 아니라면 천수(天水)를 모아 받들어 벼농사를 지을 수 있는 그러한 조건의 논으로 볼 수 있다는 시사를 얻을 수 있다.

서유구가 『행포지』에서 각 작물의 재배법을 정리하는 데 가장 강조하는 것이 바로 분전(糞田)·시비(施肥)였다. 그 가운데 도작(稻作)의 경우 볏모〔稻秧〕가 자라서 2, 3촌 되었을 때 위에 더해 주는 분(糞)을 중요분(中腰糞)이라고 부르고, 이때 참깨 깻묵〔油麻査〕이 상(上)이고, 구들 밑에 오래도록 쌓인 재가 그 다음이며, 혹은 닭똥을 갈아서 재와 섞어 뿌리거나〔撒〕, 혹은 인뇨(人尿)와 우마뇨(牛馬尿)를 뿌려〔澆〕[26] 주는 방식을 제시하고 있다.[27] 이와 같이 가분(加糞)하는 방법은 추비(追肥)에 해당하는 것으로, 앙묘(秧苗)를 튼튼하게 만들기 위한 시비작업이었다.

서유구는 『농사직설(農事直說)』에 수록되어 있는 건경법(乾耕法)을 소개하면서 건부종(乾付種) 또는 건파(乾播)로 불리기도 한다는 점을 지적하였다. 이어서 건파를 하려면 세 가지 요건이 갖추어져야 하는데, 봄 가뭄이 들어야 하고, 흙을 매우 곱게 만들어야 하며, 호미질하는 것을 주도면밀하게 해야 한다고 제시하였다. 이 세 가지 가운데 하나라도 빠

也. 去故就新, 洗髓鐲濁, 三也. 或以其遇大旱, 棄全功, 謂之危道. 然此有不然者. 凡種稻之田, 必須有川可引, 有瀦可漑, 無此則非稻田也. 非稻田而慮旱, 何獨揷秧爲然哉."

26 澆는 『氾勝之書』에 많이 사용된 글자인데, 액체 상태의 물건을 뿌려 주거나 넣어 주는 것을 가리키는 것으로 보인다. 특히 『범승지서』의 區田에서 물을 대주는 방식이다. 『齊民要術』 卷2, 「大小麥」 第十, 瞿麥附, "氾勝之區種麥. 區大小如上農夫區, 禾收, 區種. 凡種一畝, 用子二升, 覆土厚二寸, 以足踐之, 令種土相親. 麥生根成, 鋤區間秋草, 緣以棘柴律土壅麥根. 秋旱, 則以桑落時澆之. 秋雨澤適, 勿澆之. 春凍解, 棘柴律之, 突絶去其枯葉, 區間草生, 鋤之. 大男大女治十畝, 至五月收, 區一畝, 得百石以上, 十畝得千石以上."

27 『杏蒲志』 卷2, 種植 種稻(『農書』 36, 123면), "稻秧長二三寸, 加糞其上, 農家謂之中腰糞. 中腰糞, 油麻査爲上, 坑底舊灰次之, 或用雞糞碾細和灰撒之, 或用人尿牛馬尿澆之, 然過用則傷苗."

지면 볏모와 잡초가 같은 구멍에서 나와 더 이상 다스리기 어렵다고 하였다. 그리하여 건파는 농사짓는 일 가운데 가장 어려운 일이라고 정리하였다. 하지만 봄·여름 사이에 가뭄이 드는 경우가 많으니 역농(力農)하는 집에서는 3~5무(畝) 정도를 다스려 예측할 수 없는 가뭄재해에 대비하라고 하였다.[28]

서유구가 지적한 바대로 건파는 매우 노동력이 많이 들어가는 경종법이었다고 생각된다. 그런데 『임원경제지』 「본리지」에는 위 기사가 '건앙법(乾秧法)'이라는 항목에 서술되어 있다. 그리고 『행포지』가 아니라 『금화경독기(金華耕讀記)』에서 인용한 것으로 인용서명이 기재되어 있다. 이는 『임원경제지』를 편찬하는 과정에서 여러 책을 참고하여 인용할 부분을 선택하고 발췌한 부분의 위치를 선정하는 과정에서, 동일한 내용이 『행포지』와 『금화경독기』에 실려 있는 것을 인용하는 과정에서 발생한 현상일 것이다.

『행포지』와 『임원경제지』 「본리지」를 같이 검토하는 작업에서 「본리지」 편찬과정의 일부를 찾아볼 수 있다. 「본리지」를 편찬할 때 『행포지』에 인용된 부분이라고 하더라도 다시 원전(原典)을 재확인하는 작업을 거쳤을 것으로 보인다. 그 사례를 종도(種稻) 항목 서술에서 찾아볼 수 있는데, 『금양잡록(衿陽雜錄)』에서 밀파(密播)에 대한 내용을 인용한 부분이 그것이다. 서유구는 『행포지』에서 『금양잡록』을 본래의 내용을 크게 축약하고 서유구 나름대로 문장을 재구성하여 수록하였다.[29] 그런

---

28 『杏蒲志』 卷2, 種植 種稻(『農書』 36, 126면), "農事直說, 有乾耕種稻法, 卽今俗所謂之乾付種是也, 亦稱乾播. 乾播, 第一要春旱, 第二要土極細, 第三要鋤工周到. 三者闕一, 則苗薉同孔而出, 不可復治, 農功之最艱囏者也. 然每歲春夏之交, 例多惜乾, 力農之家, 不妨另治三五畝, 用備不測災旱也."

29 『杏蒲志』 卷2, 種植 種稻(『農書』 36, 125면), "衿陽雜錄, 謂種稻當密播. 且曰, 疎播則一粒所滋, 多至三十餘莖, 傍莖餘孼, 受氣不全, 每患多秕而少實."

데 『본리지』에서는 『금양잡록』 내용을 거의 그대로 옮겨 놓고 있었다.[30] 이러한 양상이 나타난 것은 『본리지』를 편찬할 때 『금양잡록』 내용을 다시 참고하였기 때문일 것으로 보인다. 『행포지』는 『금양잡록』의 대의(大義), 즉 밀파를 해야 한다는 주장에 집중하여 이를 서유구가 자신의 문장으로 바꾸어 기록하고 있었다.

2) 대전법(代田法)의 재해석과 보급

서유구가 농법의 변통론 가운데 가장 요긴하게 강조한 것은 바로 한전농법(旱田農法)이었다. 그리고 한전농법 가운데에서도 특히 종속법(種粟法)이었다. 둔전설치론을 펼치면서 해서와 관서 지역에서 속전(粟田)을 다스리는 데 능숙한 농민을 모집하여 경사둔전(京師屯田)에 배치할 것을 제안하였다.[31] 그리고 해서관서인이 경사둔전 4곳에서 기전(畿甸) 지역의 농민들에게 종속법을 전수해 줄 것으로 기대하였다.

서유구는 한전농법의 변통론으로 구전법(區田法)과 대전법(代田法)을 제시하였다.[32] 구전법은 중국에서 오래전부터 전해지는 경종법이었다. 구전(區田)을 만들어 경작하는 방식인데, 구전은 토지지목이면서 또한 구전법이라는 이름에 걸맞은 농법(農法)의 하나였다. 서유구는 『과농소

30 『林園經濟志』「本利志」卷5, 稻類 下種養苗法, "貧民惜穀, 播之甚疏. 苟其土腴, 則一粒所滋, 多至三十餘莖, 豈不少費而多取. 然如此者, 每患多秕而米不完. 蓋傍莖餘孼, 受氣不全, 亦理之常也. 終當以密播爲是, 故深耕而密播, 早種而數耘, 農家大法, 盡于此矣."

31 徐有榘, 『楓石全集』, 「金華知非集」 卷第十一, 策, 「擬上經界策」, "農政之亟宜施措者六, 六曰 廣屯田以富儲蓄 …… 治粟田者, 當募海西關西人, 是善治粟田也, 皆使與畿人錯居而敎習之."

32 徐有榘, 『楓石全集』, 「金華知非集」 卷第十一, 策, 「擬上經界策」, "農政之亟宜施措者六, 二曰敎樹藝以盡地方 …… 臣謂人居側近, 隈狹傾阪宜用區田法, 平陂衍野宜用代田法."

초(課農小抄)』에 나오는 이상진(李尙眞)의 구전 관련 일화를 소개하면서 구전을 통해 많이 수확할 수 있다는 점을 설명하였다.[33] 구전법은 『제민요술(齊民要術)』을 비롯한 여러 중국 농서(農書), 『증보산림경제(增補山林經濟)』, 『북학의』를 비롯한 여러 조선 농서에도 소개되어 있는 농법이었다. 그 가운데 유중림(柳重臨)은 『증보산림경제』에 18세기 초반의 구전법 적용 사례를 소개하고 있었다. 이때 유중림이 강조한 것은 작은 농토에서 많은 수확을 할 수 있어 기근을 모면하게 해주는 농법이라는 점이었다.[34]

서유구는 구전(區田)이 가뭄이 들었을 때에도 쉽게 물을 댈 수 있다는 점, 거름 성분을 뿌리에 온전히 전해 줄 수 있다는 점 등을 강조하였다. 서유구는 1811년(辛未年) 극심한 가뭄이 들었을 때 구전으로 재배한 작물을 거둘 수 있었다는 경험담도 곁들이고 있었다.[35] 또한 「의상경계책」에는 1814년 서유구가 사력지(沙礫地)에서 구전을 만들어 종맥(種麥)하여 가뭄에도 상년(常年)에 비해서 3배의 수확을 거둔 경험을 소개하였다. 구전이야말로 재황(災荒)을 구제하는 요도(要道)라고 지적하였다.[36]

---

33 『林園經濟志』「本利志」卷1, 田制, 區田, “區田之法 不獨墝瘠之地宜行也, 凡於膏沃之土尤善, 不獨旱田爲宜, 雖水田亦好 …… 此其區種之別法, 最爲窮儒力不能躬耕負薪者, 效而空傳美談, 竟無行之者, 良可慨惜(課農小抄).”

34 柳重臨, 『增補山林經濟』, 治農, 耕播, “竊考, 區田法. 大槩, 與今之種瓜相類 …… 壬辰戊戌之際, 但能區種三五畝者, 皆免飢殍云. 蓋此法, 不耕傍地, 庶盡地力.”

35 『林園經濟志』「本利志」卷1, 田制, 區田, “救旱, 莫如區田. 區田之美, 爲其糞專於根也. 辛未春夏之交, 亢旱七十日. 凡黍粟木綿荳麻之漫種者, 一切不曾吐苗, 幾乎野無青草, 而惟菰瓞木綿之穴種者, 往往出苗, 蓋穴種近於區田之制也…… (『杏蒲志』).”

36 徐有榘, 『楓石全集』, 『金華知非集』 卷第十一, 策, 「擬上經界策」, “農政之亟宜施措者六, 二曰敎樹藝以盡地方 …… 臣曾於甲戌之春, 用數晦沙礫地作爲區田. 種春麥一斗, 是歲亢旱百餘日, 凡黍稷荳麻之漫種者, 一切不曾吐苗, 幾乎野無青草, 而獨區種之麥, 比常年能得三倍之收. 誠能善用其法, 町溝尺寸, 不差毫釐, 則其收當不止此. 且荒地便爲不須良田, 畚鍤便爲不須牛耕. 今狹鄕之民, 無地可佃, 窶儉之家, 無牛趨澤, 因循窳惰, 一畊百食者何限. 苟使此輩家治四五晦, 亦可爲醫貧之上術, 救災荒之要道矣.”

이와 같이 서유구는 가뭄을 극복하는 방법, 작은 토지에서 많은 수확을 올릴 수 있는 방법으로 구전법을 제시하고 있었다.

한전농법과 관련해서 서유구는 금법(今法)을 마땅히 모두 개정하여 조과(趙過)의 대전법(代田法)을 쓸 것을 더불어 지적하고 있었다. 서유구가 경사둔전에 당시 해서관서(海西關西)의 종속(種粟)에 능숙한 사람을 모아야 한다는 제안을 하면서도 조과의 둔전법을 사용해야 한다고 주장한 데에는 나름의 이유가 있었다. 그것은 서유구가 관서(關西)·해서(海西)의 종속법(種粟法)을 견종법(畎種法), 즉 대전법으로 파악하였기 때문이다.[37]

조선 전기의 종속법은 『농사직설(農事直說)』에 보이는 바와 같이 농종법(壟種法)이었다. 『농사직설』에는 농견(壟畎)이라는 두둑과 고랑을 가리키는 한자어를 쓰는 대신 무(畝)·무간(畝間)·양무간(兩畝間) 등으로 표기하고 있었다. 『농사직설』은 분명하게 작무(作畝) 작업을 통하여 두둑과 고랑을 구별하여 경작지를 정지(整地)하면서도 무(畝)와 무간(畝間)이라는 용어를 사용하고 있었다.

속(粟)의 경우 "먼저 소두(小豆)를 성글게 뿌려준 다음 갈아 주고, 무(畝)를 따라서 양쪽 발뒤꿈치로 번갈아 가며 밟아 준다. 수임자(水荏子, 들깨)와 서(黍)·속(粟)을 섞어서(수임자 1분, 서·속 3분의 비율로) 하종(下種)한다(양쪽 발을 번갈아 움직여 覆土한다)."[38]라고 경작법을 소개하고 있는데, 이는 세 가지 곡물을 섞어서 파종하는 잡종법에 해당하며, 또

---

37 徐有榘, 『楓石全集』, 『金華知非集』 卷第十一, 策, 「擬上經界策」, "農政之亟宜施措者六, 二曰教樹藝以盡地方 …… 今關西海西之種粟, 往往有棄隴種畎者, 其收輒倍蓰於種隴. 平壤外城之田, 亦用畎種法. 一日耕得粟五十斛, 其畎伐尺寸, 未必盡如古法, 而得穀之多, 乃如是矣. 耳聞之目見之, 而猶且迷不知改舊從善者又何也."

38 『農事直說』, 「種黍粟」, "先用小豆, 稀疏播撒後, 耕之. 逐畝, 左右足踵, 交踏. 以水荏子, 與黍或粟相和(水荏子 一分 黍或粟 三分), 下種(左右足交運 已成覆土矣)."

한 기경한 다음에 무(畝)를 만들어 그 위에 파종하는 것이었다.

조선 전기 서속(黍粟) 경작법이 농종법(壟種法)이라는 점은 1655년에 공주목사 신속(申洬)이 편찬한 『농가집성(農家集成)』에서 좀 더 분명하게 확인된다. 신속은 『농사직설(農事直說)』, 세종의 「권농교문(勸農敎文)」, 주자(朱子) 「권농문(勸農文)」, 강희맹(姜希孟)의 『금양잡록(衿陽雜錄)』, 『사시찬요초(四時撰要抄)』 등을 하나로 묶어서 『농가집성』을 편찬하였다. 신속은 이때 『농사직설』의 여러 곳에 증보, 보충을 더하였다. 신속이 보충·증보한 것 가운데 종서속(種黍粟) 부분의 경우 "서속(黍粟)의 성질은 고조(高燥)한 곳에 마땅하고 하습(下濕)한 곳에 마땅하지 않다."[39]라고 한 부분에서 서속(黍粟)이 견(畎)이 아닌 농(壟)에 적당하다는 점을 시사받을 수 있다. 또한 "양무간(兩畝間)에 잡초(雜草)가 무성하면 일우(一牛)를 써서 그 입을 망(網)으로 씌우고 서서히 몰아서 가는데 작물에 손상이 가지 않게 한다."[40]는 대목은 양무간 사이에 잡초가 무성하게 되면 이를 우(牛)를 이용하는 중경(中耕)으로 제거해야 한다는 설명인데, 이러한 방식에서 양무(兩畝), 즉 양쪽 두둑에 서속(黍粟)이 자라고 있는 상황과 양무간(兩畝間), 즉 고랑이 비어 있는 상황을 알 수 있다. 이와 같이 볼 때 조선 전기 서속을 경작하는 방식은 농종법(壟種法)이었다.

16세기 중후반 이후 조선의 한전농법은 근경법(根耕法)과 간종법(間種法)을 중심으로 1년 2작 방식이 근간이 되었다. 한전농법에서 근경(根耕)과 간종(間種)은 맥작(麥作)을 매개고리로 삼아 전개되는 것[41]이기 때

39 申洬, 『農家集成』, 「農事直說」, 種黍粟, "擇良田(細沙黑土相半者, 爲良. 黍粟性, 宜高燥, 不宜下濕)."

40 申洬, 『農家集成』, 「農事直說」, 種黍粟, "兩畝間, 雜草茂盛. 用一牛, 網其口, 徐驅耕之, 勿致損禾."

41 『農事直說』, 種大豆 小豆 菉豆, "大豆小豆種, 皆有早有晩(早種, 鄕名春耕. 晩種, 鄕名根

문에 종맥법(種麥法)이 견종법(甽種法)으로 이루어지는 상황에서 근경으로 경작하는 서속(黍粟)·두태(豆太)·수임자(水荏子)·목맥(木麥) 등은 농종(壟種)에 해당되지 않을 수 없었다. 간종의 경우도 양맥(兩麥)이 자라는 곳 중간 부분을 이용하는 것이기 때문에 근경과 마찬가지로 농종에 해당하는 것으로 볼 수 있다.

서유구도 당시의 종속법(種粟法)이 농종이라는 점을 분명하게 파악하고 있었다. 또한 종속(種粟)이 전추(前秋)의 종맥(種麥)과 연결되어 있다는 점을 분명하게 파악하고 있었다. 서유구는 『행포지』에서 종속이 견종(甽種)하는 것이 올바르다고 주장하면서 동인(東人)의 잘못〔失〕을 7가지로 제시하고 있는데 그 첫 번째로 농종(壟種)을 지적하고 있었다.[42]

그런데 우리가 주목해야 할 부분은 가을이나 봄에 종맥(種麥)하고 시간이 어느 정도 지나 양맥(兩麥)이 상당히 성장한 뒤에 간종(間種)이 이루어진다는 점이다. 즉 양맥의 파종처였던 견(甽)에서 양맥이 성장하면서 견(甽)과 농(壟)이라는 파종 당시의 구분이 희미해지고, 맥전(麥田)은 결국 양맥이 성장하는 곳과 양맥이 자라지 않는 비어 있는 곳으로 나누어진다는 점이다. 그렇기 때문에 양맥전(兩麥田)에 속(粟)을 간종할 경우 농종(壟種)의 기본적인 방식을 그대로 따를 수 없게 되고, 결과적으로 파종을 위한 기경 작업을 거치면서 파종처가 견(甽)의 형태를 띠게 된다는 점이다.

전소자(田少者)가 대두(大豆)를 맥전에 간종할 때에 양맥이 자라고 있는 사이를 천경(淺耕)하여 대두를 파종[43]하는 것이 가능했던 것도 양맥

耕. 根耕者, 耕兩麥根也).”

42 『杏蒲志』 卷2, 種植, 種粟(『農書』 36, 129면), “東人之種粟也, 除峽鄕山顚火耕外, 野衍之地, 率皆九月耕田種麥于甽, 明年三月種粟于壟. 四五月之間, 麥已茂茁, 而粟方萌芽, 幽翳陰鬱, 不見風日, 遇旱則枯, 遇潦則敗, 其失一也.”

의 성장과정에서 맥전의 상태가 양맥이 뿌리를 내려 자라고 있는 곳과 비어 있는 곳이 나누어졌기 때문이다. 이러한 점에서 서유구가 영남 지역에서 맥전에 종속(種粟)하는 방식에 대하여 설명하는 다음 내용이 크게 참고된다.

서유구는 영남인의 간종법에 대하여 "작은 쟁기를 써서 두 마리 소를 매어 농(壟)을 기경(起耕)하여 견(甽)을 만들어 파종한다."[44]라고 소개하였다. 서유구는 곧 맥(麥)이 현재 자라고 있는 곳이 견(甽)인데, 농(壟)을 기경(起耕)하여 만든 파종처도 견(甽)으로 파악하고 있었다. 이는 간종이 이루어질 당시 맥전의 사정이 앞서 언급한 대로 맥이 자라는 곳인 견(甽)과 비어 있는 곳인 농(壟) 사이에 크게 높낮이의 차이가 없어졌기 때문에 생겨난 상황 판단일 것이다.

서유구는 육전(陸田), 즉 한전(旱田)에서 두 번 수확하는 경작법인 근경법과 간종법이 잘못된 방식이라고 강조하였다. 근경을 하게 되면 속(粟)을 거둔 이후에 보리를 파종하는 것이 너무 급하게 이루어지게 된다는 점을 지적한다. 즉 속두(粟豆)를 거두고 곧바로 종맥(種麥)하기 때문에 맥전(麥田)을 다스리는 과정인 삼경(三耕)·육파(六耀)·연돈(碾砘)·예로지법(曳耮之法)을 사용할 수 없고, 보리싹이 추토(麤土) 사이에서 나오게 되며, 이런 이유로 보리싹 가운데 10에 7, 8이 말라죽게 된다고 설명한다.[45] 이와 같이 근경을 수행하는 것이 도리어 종자를 허비하고

---

43 『農事直說』, 種大豆 小豆 菉豆, "又一法. 田少者, 兩麥未收時, 淺耕兩畝間, 種以大豆, 收兩麥訖, 又耕麥根, 以覆豆根. 大豆田, 間種秋麥, 麥田, 間種粟, 皆同此法."

44 『杏蒲志』 卷2, 種植, 種粟(『農書』 36, 133면), "嶺南人, 種粟于麥田, 用小鑱駕隻牛, 耕壟作甽而種之."

45 徐有榘, 『楓石全集』, 『金華知非集』 卷第十一, 策, 「擬上經界策」, "農政之亟宜施措者六, 五曰禁反田以覈名實 …… 今五月刈麥, 始種粟豆, 則是粟豆之晩熟者也. 收穫必在於九十月之間, 故刈粟種麥, 不勝其晩蒔薄收之懼, 更安問三耕六耀碾砘曳耮之法也. 忙迫忽猝,

밭을 상하게 하는 것이라고 정리하였다. 또한 서유구는 간종도 법을 제정하여 금지해야 할 것이라고 주장하였다.

마지막으로 1년에 두 번 수확한다는 것이 민(民)을 속이는 것이라고 지적하면서 육전(陸田)에서의 급재(給災)를 수전(水田)과 동일하게 할 것, 그리하여 1년에 재종(再種)하는 것을 금지하는 것이 마땅하다고 주장하였다.[46] 이와 같이 서유구는 근경법과 간종법에 의거하여 1년 2작을 수행하고 있는 당대의 일반적인 한전농법을 오히려 생산성이 떨어지는 것으로 평가하고 1년 1작을 수행해야 한다고 주장하였다. 이러한 서유구의 1년 1작 주장이 어디에 근거를 두고 있는지 살펴볼 필요가 있다.

서유구가 대전법의 효용성을 절실하게 변호하는 문답식 해설을 『행포지』에 수록하고 있는데, 여기에서 그가 1년 1작 방식의 한전농법을 권장하는 속사정을 찾아볼 수 있다. 그는 『제민요술』에 보이는 구절인 "고어(古語)에 이르기를 차라리 적지만 좋은 것을 농사짓는 것이 옳고, 많지만 나쁜 것을 농사짓는 것이 옳지 않다."[47]는 것을 인용하면서, 투입하는 노동력·자본 등을 고려하여 정농(精農)할 것을 권장한다. 또한 서유구는 자신이 인용한 고어(古語)의 문장 의미를 좀더 명확하게 전달하기 위하여 "광종(廣種)하여 조금 수확하는 것보다는 협종(狹種)하여 많이 수확하는 것이 낫다."[48]라고 강조한다. 이와 더불어 그는 경영 규

才耕卽種, 立苗在麤土之中, 一遇春旱, 十枯七八."

46 徐有榘, 『楓石全集』, 『金華知非集』 卷第十一, 策, 「擬上經界策」, "農政之亟宜施措者六, 五曰禁反田以覈名實 …… 今號於民曰, 是一年再穫者也. 雖失於粟, 尙得於麥, 可無稅乎, 不其幾於敎猱升木也乎. 臣謂陸田撿放之法, 一依水田之例, 然後嚴立峻令, 禁其一年再種之謬習乃可也."

47 賈思勰, 『齊民要術』 권1, 雜說一, "凡人家營田, 須量己力, 寧可少好, 不可多惡."

48 『杏蒲志』 卷2, 種植, 種粟(『農書』 36, 136면), "古語曰, 寧可少好, 不可多惡, 與其廣種而

모를 줄이면서 많은 수확을 거둘 수 있는 방법인 대전법을 널리 보급해야 한다고 강조하고 있다.[49] 이와 같이 그는 정농(精農)을 강조하였고, 1년 1작 방식의 한전농법으로 대전법을 제시하였다.

풍석이 제안하는 대전법에 대해서 본격적으로 살펴본다. 서유구는 중국 사서(史書)·농서(農書)에 보이는 조과(趙過)의 대전법과 요동(遼東) 종속법, 그리고 동인(東人)의 종속법 등에 의거하여 대전법을 재해석하여 제시하였다. 물론 서유구 자신은 그가 보급시키기 위해 갖은 애를 쓰면서 이점(利點)을 다방면으로 제시한 대전법을 조과의 대전법이라고 간주하고 있었지만 몇 가지 점에서 조과의 대전법과 서유구가 제시한 대전법 사이에 차이가 있다고 생각된다.

조과의 대전법은 『제민요술』 등에 따르면 중국 한(漢)의 관리인 조과(趙過)가 고안한 농법이다. 조과는 후직(后稷)이 만들었다는 견전법(甽田法)을 다듬어 대전법을 만들어 낸 것이었다. 대전법은 1무(畝, 이랑)에 3견(甽, 고랑)을 만드는 방식인데, 고랑과 고랑 사이에 벌(伐)이라는 두둑이 자연히 조성되게 되었다. 대전법은 두둑이 아닌 고랑을 파종처로 삼는데, 해마다 1무 위에서 고랑과 두둑을 바꾸어 만들어 작물을 경작하는 방식이었다. 그리고 우리(耦犁)에 소 두 마리를 매어 삼인(三人)이 기경 작업에 동원되었다. 이러한 기경 작업으로 너비와 깊이를 1척으로 만들어 나가는 것이었다. 그리고 파종처로 삼는 고랑을 '세대(歲代)' 즉 매년 바꾸어 가면서 경작하는 것이었다. 따라서 경작지 자체를 놀리는 세역(歲易)과 다른 방식이었다. 대전법에서는 작물의 싹이 나서 자라게

狹收, 曷若狹種而廣收."

49 『杏蒲志』 卷2, 種植, 種粟(『農書』 36, 136면), "今年甽田, 明年甽田, 數年之後, 地與人慣, 法與手熟, 器械便利, 巧生于勤, 則安知不今日治十畝而不足者也, 他日治二十畝吏有餘也."

되면 두둑에 발생한 잡초를 제거하는데, 이때 두둑을 무너뜨려 작물의 줄기를 북돋아 주었다. 이렇게 하면 줄기가 튼튼해지고 뿌리가 깊어져서 바람과 가뭄을 모두 이겨낼 수 있다고 한다.[50]

서유구는 대전(代田)이 만전(縵田)보다 훨씬 뛰어나다고 지적하면서, 조선 한전(旱田)의 경종(耕種) 방식을 만전이라고 간주하였다. 그와 더불어 만전만큼 좋지 않은 것은 없다고 지적하면서 육경(陸耕), 즉 육전(陸田)의 경종은 대전(代田)을 따라야 한다고 강조하였다.[51] 그런데 서유구가 대전에 대비시키고 있는 만전의 의미를 따져 볼 필요가 있다. 만(縵)은 무늬 없는 비단을 뜻하는 글자이다. 만전은 가사협(賈思勰)이 지은 『제민요술』에 나온다. 조과(趙過)의 대전법을 소개하면서 "1년의 수확이 매양 만전(縵田)보다 1무(畝)에서 1곡(斛) 이상 많이 나온다."고 대전법의 커다란 장점을 소개하였다. 『제민요술』은 만전에 대한 안사고(顔師古)의 풀이를 주석으로 넣었는데[52] "만전(縵田)은 견(甽, 畎)을 만들지 않은 것"[53]이라고 풀이되어 있다. 대전이 '일무삼견(一畝三甽)'인 것에

50 徐有榘, 『楓石全集』, 『金華知非集』 卷第十一, 策, 「擬上經界策」, "農政之亟宜施措者六, 二曰敎樹藝以盡地方 …… 代田之法, 遠自后稷之畎田. 至漢武帝時, 搜粟都尉趙過, 益修潤之. 謹按漢食貨志云, 過能爲代田, 一畮三甽, 歲代處, 故曰代田, 古法也. 苗生葉以上, 稍耨隴草, 因隤其土以附苗根, 故其詩曰或芸或耔, 黍稷儗儗, 芸除草也, 耔附根也. 言苗稍壯, 每耨輒附根, 比盛暑隴盡而根深, 能風與旱, 故儗儗而盛也. 一歲之收, 常過縵田畮一斛以上, 善者倍之. 臣嘗因是說而試之家田, 積有年所."

51 徐有榘, 『楓石全集』, 『金華知非集』 卷第十一, 策, 「擬上經界策」, "農政之亟宜施措者六, 二曰敎樹藝以盡地方 …… 竊以爲陸耕之法, 莫善於代田, 莫不善於縵田."

52 顔師古(581~645)가 당대 초기 인물이라는 점에서 『제민요술』의 細字夾註는 後人이 追挿한 것이라고 한다(後魏 賈思勰 撰, 西山武一 熊代幸雄 譯(1957), 66면, 각주 66).

53 賈思勰, 『齊民要術』, 種穀第三稗附出, "一歲之收, 常過縵田畝一斛以上(師古曰 縵田, 謂不爲甽者也. 縵, 音莫幹反). 善者倍之(師古曰, 善爲甽者, 又過縵田二斛已上也)." 『제민요술』의 이 구절은 「의상경계책」에도 그대로 전재되어 있다. 徐有榘, 『楓石全集』, 『金華知非集』 卷第十一, 策, 「擬上經界策」, "農政之亟宜施措者六, 二曰敎樹藝以盡地方 …… 一歲之收, 常過縵田畮一斛以上, 善者倍之."

대비되고 있다는 점에서 만전은 두둑과 고랑이 제대로 만들어지지 않은 상태를 가리킨다고 할 수 있다.

조선 후기에 실행하고 있던 한전(旱田) 작무법(作畝法)은 농(壟)과 견(畎)을 분명하게 나누어 조성하는 것이었다. 조선 전기의 맥작(麥作)에서도 농과 견을 세밀하게 만들어 견종(畎種) 방식을 실행하고 있었다.[54] 조선의 한전농법이 농견(壟畎)을 작성하는 것이었는데도 서유구는 만전에 가까운 것으로 파악한 이유가 무엇인지 아직 분명하지 않다. 일단 자신이 제안하고 있는 대전법에 비해서 상대적으로 농견이 뚜렷하게 보이지 않는다는 점을 강조한 것으로 추정할 수 있다. 서유구는 대전이 만전보다 좋은 점으로 다섯 가지를 거론하였는데, 간략하게 정리하자면 발아(發芽)의 용이함, 제초(除草)의 편리함, 파종(播種)의 통일성, 시비(施肥)의 적절함, 풍한(風旱) 내구력(耐久力) 등이었다.[55]

서유구를 포함하여 조선 후기에 대전법을 살핀 유형원(柳馨遠)·박세당(朴世堂)·박제가(朴齊家)·박지원(朴趾源) 등은 파종처인 견(畎)을 만들기 전에 쟁기에 의한 '일경삼파(一耕三耙)'를 전제하고 있었다.[56] 대전법에서도 당시의 기경 방식과 마찬가지로 기경(起耕)과 파로(耙勞) 작업을 수행하였을 것으로 간주한 것이었다. 그러나 기경과 파로 작업과 같은 전토(田土)의 전면(全面) 반전경(反轉耕)과 숙치(熟治) 작업을 하게 되면, 대전법의 특징인 파종처를 '매년 바꾸는 곳〔歲代處〕'을 실시하는 것이 불가능할 뿐만 아니라 아예 그럴 필요가 없어지는 것이었다.

---

54 閔成基(1980).

55 「의상경계책」에 실려 있는 대전이 만전보다 나은 점 5가지는 『杏蒲志』에도 실려 있다. 徐有榘, 『楓石全集』, 『金華知非集』 卷第十一, 策, 「擬上經界策」, "農政之亟宜施措者六, 二曰敎樹藝以盡地方."; 『杏蒲志』 卷1, 「田制」(『農書』 36, 46~47면).

56 민성기(1988), 72면.

서유구는 대전법과 '일경삼파(一耕三耙)'라는 치전(治田) 작업이 서로 명백하게 모순된다는 점을 명확하게 파악하고 있었다. 서유구는 지난해의 벌(伐)이 올해에는 견(甽)이 되고, 반대로 지난해의 견(甽)이 올해는 벌(伐)이 되는 방식이 바로 대전법의 '세대처(歲代處)'를 가리키는 것인데, '일경삼파'를 하게 되면 어떻게 지난해의 견벌(甽伐)을 올해 치전(治田) 과정에서 분별할 수 있는가에 의문을 제기하였다.[57]

그는 고인(古人)의 경법(耕法)을 당연히 1경(耕)·3파(耙)·3로(耮)를 수행하는 것으로 어떠한 의심도 없이 받아들이고 있었다. 따라서 위와 같은 자신의 의문점을 제기하면서 그에 대한 합당한 설명 방식을 찾으려고 노력했을 것으로 보인다. 하지만 서유구가 어떤 해결책을 나름대로 마련했는지 알기 어렵다. 서유구는 대전(代田)이라는 이름이 어떻게 정해진 것인지 궁금해하고 있는데, 여기에 의거하여 추정해 본다면 '세대처(歲代處)'라는 구절에 무엇인가 착오가 있는 것이 아닌가 의심하고 있었던 것으로 보인다. 왜냐하면 견(甽)과 벌(伐)을 해마다 바꾼다는 의미의 '세대처(歲代處)'에서 대전(代田)이라는 이름이 나왔는데, 대전이라는 이름을 미심쩍어하는 것은 '세대처'가 대전법의 핵심이라는 점도 의심스러워하는 것으로 이어진다고 생각되기 때문이다. 현재로서는 아직 서유구 나름의 해결방안이 무엇이었는지 알기 어렵다.

서유구가 새롭게 재해석하여 제시하는 대전법은 『행포지』에 분명하게 제시되어 있다. 여기에서 그는 자신이 파악하고 있는 기경 숙치법이 조과가 고안한 대전법에서도 당연히 실행되었을 것으로 생각하였다. 즉 조과의 대전법의 기술 내용으로 전해지는 구절 속에 경법(耕法)이 분명하게 나와 있지는 않지만 대전법의 설시(設施)하는 뜻을 보건대

---

57 『杏蒲志』 卷1, 田制(『農書』 36, 44면).

자신이 생각하는 기경 숙치법과 같지 않으면 안 되는 것으로 확신하였다. 따라서 우리는 서유구가 조과의 대전법에서 당연히 실행되었을 것으로 간주하던 기경 숙치법을 서유구가 새롭게 대전법에 포함시킨 내용으로 파악해야 할 것이다. 서유구가 제시한 대전법의 요체는 다음과 같다.

> 대전(代田)을 만들려면 반드시 먼저 커다란 쟁기로 심경(深耕)한다. 일경삼파(一耕三耙)하여 지극히 (토양) 입자가 자잘하게 만들고 윤기가 흐르게 해야 한다. 쇠날이 달린 가래로 6척(尺)마다 1구(溝)를 만들고 다시 작은 쟁기를 두 마리 소나 혹은 당나귀에 매어 무상(畝上)은 천경(淺耕)하여 3견(甽)과 3벌(伐)을 만든다. …… 만약 커다란 쟁기를 써서 심경하지 않으면 견(甽) 바닥은 생토(生土)와 다름 없을 것이니 어찌 뿌리가 나올 것인가. 그리고 만약 6척을 띄워 1구를 만들지 않으면 천견(淺甽)만 가득 차 있어서 어찌 물을 빼낼 수 있을 것인가.[58]

위 번역문에 보이는 바와 같이 서유구는 일경삼파(一耕三耙)의 기경(起耕) 숙치(熟治) 방식, 무상(畝上)의 삼견삼벌(三甽三伐) 작성, 6척(尺)마다 1구(溝)의 배수구 수축 등을 대전법의 필수불가결한 조건으로 파악하고 있었다. 그가 생각한 위와 같은 내용의 대전법은 실로 조과의 대전법으로 간주하기 어려운 것이었다. 앞서 조과 대전법에서 살펴본 바와 서유구가 설명한 대전법이 전혀 다른 것이었다. 위와 같은 점에서

58 『杏蒲志』 卷1, 田制(『農書』 36, 44~45면), "作代田, 必先用大鑱深耕之. 一耕三耙, 令極細膩, 用鐵刃枚. 隔六尺作一溝, 復以小鑱, 駕隻牛或驢馬, 淺耕于畝上, 作三甽三伐. 漢志趙過法, 雖不明言耕法, 然觀其設施之意, 要當如此. 苟不先用大鑱深耕, 則甽底無異生土, 何以行根, 苟不隔六尺作一溝, 則瀰望都是淺甽, 何以洩水也."

서유구가 제시하는 '대전법'은 중국 조과(趙過)의 그것이 아니라 서유구가 개정한 대전법으로 보아야 할 것이다. 따라서 여기에서는 '풍석대전법'으로 명명하는 것도 고려해 볼 수 있을 것으로 생각된다.

19세기 조선의 농법 현실에서 서유구가 제시한 대전법이 어느 정도의 효용성을 지니고 있었는지는 당대의 농업 실정을 바탕으로 평가할 수 있다. 그런데 서유구 자신은 대전법의 실현 가능성에 대해서 약간의 불안감을 가지고 있었다. 그리하여 대전법이 효율적인 방식이라는 점을 가능한 최대한의 열정을 가지고 설파하고 있었다. 특히 조선에서 견종(甽種)하는 것을 농(壟)을 버리는 것으로 간주하는 것은 잘못이고, 오히려 견롱(甽壟)의 기운을 합쳐서 싹을 키우는 것이라고 설명하였다.[59]

계속해서 서유구는 『행포지』에 종속(種粟)을 견(甽)에 실행하는 것에 대해서 문제를 제기하는 가상의 농민을 내세워 만든 문답(問答)을 수록하고 있다. 이 문답에서 서유구는 동인(東人)들이 견종(甽種)하는 것을 농(壟)을 버리는 것으로 간주하고 있는 편견을 깨뜨리기 위해서 분투하는 사람으로 나온다. 서유구가 질문하는 것에 대해서 가상의 농부가 답변하면, 그 답변에 대해서 서유구가 다시 질문하고 반박하고 반론을 제기하면서 가상의 농부를 궁지로 몰아넣고 있었다. 결론적으로 서유구는 동인이 땅을 아까워하여 견종을 하지 않으려 한다고 내세우지만, 실은 노력(勞力)하는 것을 싫어하기 때문에 견종을 하지 않는 것이라고 파악하였다. 이러한 결론을 내리기 위해 서유구는 견종이 당시의 경법(耕法)에 비해서 훨씬 토지를 아낄 수 있는 방식이라는 점을 제시

59 『杏蒲志』 卷2, 種植, 種粟(『農書』 36, 134면), "東人之難於甽種, 何也, 豈非棄壟之爲可惜也. 甽田之法, 非果棄壟也. 政爲隤壟附根, 而比及深夏甽反爲壟, 壟反爲甽, 則是不過此基於甽, 資培於壟, 合一壟一甽之地, 交養一苗耳. 視諸東人之種麥甽中, 彼盛此衰, 不能兩全者, 孰爲惜地, 孰爲抛地, 必有能辨之者矣."

하였다.[60]

서유구는 자신이 고친 대전법을 직접 농사에 적용해 본 경험을 『행포지』에 소개하기도 하였다. 자신이 난호(蘭湖)에 있을 때 조를 매년 심었는데 대전법을 사용하여 수확을 많이 거두었던 경험을 전해 주고 있다.[61] 서유구는 자신이 정리한 대전법을 조선 전역에 보급하기 위해 둔전을 활용하여 제대로 그 기술을 알려 주고, 엄하게 출척(黜陟)하여 권징(勸懲)해야 한다고 강조하였다.[62] 대전법을 단지 언어(言語)와 부서(簿書)로 보급하는 것이 불가능하다고 보았기 때문에 둔전을 통한 보급을 강조한 것이었다.

다음으로 종맥(種麥)에 대한 『행포지』의 서술 내용을 보면 처음에 맥(麥)을 견중(甽中)에 파종하는 것의 잘못된 점으로 3가지를 들고 있다. 견중에 맥을 파종하는 이유로 눈을 담아 두고 뇨류(尿留)를 뿌리는데 견(甽)이 농(壟)보다 좋고, 또한 농에는 봄에 속숙(粟菽)을 파종하기 위함이라는 점을 지적하고 있다.[63] 3가지 잘못된 점으로 먼저 경지(耕地)하면서 쟁기가 흙덩이를 떠내어 파낸 자리는 곧 생지(生地)인데 여기에 파종하여 뿌리가 깊게 들어가지 않고 풍한(風旱)을 견디기 어렵다는 점, 다음으로 맥(麥)이 마른 것을 좋아하고 습한 것을 싫어하는데 견(甽)에 파종하면 봄에 장마가 졌을 때 잠겨 버려 잘못된다는 점, 3·4

---

60 『杏蒲志』 卷2, 種植 種粟(『農書』 36, 136면), "曰然則, 所惡者, 非曠地之謂也. 惡夫勞力耳, 農而慳力, 吾亦且奈何哉."

61 『杏蒲志』 卷1, 田制(『農書』 36, 47면), "余在蘭湖, 每歲種粟, 輒以四五畝之地, 依代田法蒔蓺之. 與縵田較, 漢志, 所謂, 一歲之收, 常過縵田, 畮一斛以上者, 儘非過語矣."

62 徐有榘, 『楓石全集』, 『金華知非集』 卷第十一, 策, 「擬上經界策」, "農政之亟宜施措者六, 二曰教樹藝以盡地方 …… 今欲盡一國之田而畎之, 此不可以言語簿書爲也. 必須設屯田以標式之, 嚴黜陟以勸懲之, 然後始可有實效."

63 『杏蒲志』 卷2, 種植 種稻(『農書』 36, 140~141면), "今人種麥, 皆種于兩壟之間甽中, 蓋爲留雪澆尿, 甽勝於壟也, 且留壟以擬春種粟菽也, 然其失有三."

월에 맥이 자라날 때 속숙을 파종하면 그늘에 가려 무성하게 자라기 어렵다는 점 등을 들었다.[64] 이러한 서유구의 지적은 당시 밭농사가 가을에 맥을 파종하고, 이 맥전(麥田)에 봄이 되면 속숙을 간종(間種)하며, 다시 맥을 수확한 다음에 녹두(綠豆)·교맥(蕎麥)을 근경(根耕)으로 재배하는 1년 3작을 수행하거나, 속과 맥을 근경으로 이어짓거나, 맥과 속숙을 간종하는 1년 2작의 농사 관행을 고려하지 않은 것이었다. 서유구의 강조점은 후직(后稷)의 일무삼견지제(一畝三甽之制)를 좇아 실행하는 것이었다.

종맥법에서 서유구가 진정으로 가장 앞세우고 있는 것은 바로 분전(糞田)의 중요성이었다. 서유구는 강원도 철원·평강 지역의 종맥법을 소개하고 있는데, 이는 인시(人屎)를 모아 맥종(麥種)에 묻혀 주는 분종(糞種)을 하는 방식이었다.[65] 계속해서 서유구는 대소맥(大小麥)을 막론하고 그리고 땅의 요척조습(饒瘠燥濕)을 논하지 않고 '요뇨(澆尿)'가 가장 좋은 시비법이라고 강조하였다. 이는 서유구 자신이 금화산장(金華山莊)에서 직접 경험으로 획득한 방식이었다. 『행포지』에 보이는 금화산장 경험담은 「본리지」에는 수록되지 않았다.

서유구의 보고에 따르면 맥(麥) 9두(斗)를 파종하고, 낙종(落種)한 다음부터 다음해 봄여름이 바뀌는 시기까지 계속 요뇨(澆尿)하였다고 한다. 뇨(尿)가 부족하면 계분(鷄糞)을 물과 섞어서 만든 즙(汁)을 뿌려 주

64 『杏蒲志』 卷2, 種植 種稻(『農書』 36, 140~141면), "凡耕地, 犁鑱所過爲甽, 兩邊起墢爲壟, 種之犁鑱所過之地, 與種之生地, 何異, 根不深入, 不耐風旱, 一也. 好燥惡濕, 麥之性也, 種之甽溝, 一遇春霖, 浸淹敗損, 二也. 三四月之間, 麥苗已長出壟上, 而始種粟菽, 翳在麥蔭, 鮮能滋茂, 三也."

65 『杏蒲志』 卷2, 種植 種稻(『農書』 36, 142면), "埋甕廁中, 受人屎, 種麥前數日, 取出拌麥, 旣乾復拌, 令如榛子大, 復厚拌火灰種之, 則能(音耐)風旱易滋茂, 此鐵原平康之間種麥法也."

었고, 그래도 부족하면 분회(糞灰)를 뿌렸다. 그런데 두 차례에 걸쳐 요뇨한 경우 1두 파종에 20두를 수확하였고, 계분수(鷄糞水)를 요(澆)한 경우 1두에 15~16두를 수확하였으며, 분회(糞灰)를 살(撒)한 경우 겨우 4~5두를 수확하였다. 이러한 보고와 더불어 예로부터 분약(糞藥)이라고 칭한 것은 그 나름대로의 이유가 있다고 감탄하고 있다.[66]

이러한 서유구의 경험담은 액체 상태의 비료가 고체 상태의 비료에 비해서 훨씬 효과가 좋다는 점을 강조하는 것임과 동시에 양맥(兩麥)의 경작에 시비(施肥)를 많이 하면 많이 할수록 더욱 좋다는 점을 다시 한 번 확인시켜 주는 것이라고 풀이할 수 있다. 서유구는 요뇨법(澆尿法)에 대한 강한 확신을 가지고 있었다고 생각된다. 요뇨를 제작하여 취득하는 것이 용이하다는 점, 농지에 활용하는 것이 간편하다는 점, 시비재료 획득에 커다란 비용이 들어가지 않는다는 점 등 때문에 중요한 시비재료로 활용된 것으로 보인다.

서유구는 새로운 경작법을 보급하는 방법에 대한 부분을 「의상경계책」에서 서술해 놓았다. 바로 '교수예이진지방(敎樹藝以盡地方)'이라는 조목이다. 현재 전해지는 글자대로 해석하면 농사짓는 방법을 가르쳐서 지방(地方)을 다 활용해야 한다는 것이다. 그런데 이 조목의 내용 속에 '지방을 다 활용한다〔盡地方〕'는 구절로 연결시킬 만한 내용이 보이지 않는다.[67]

서유구는 이 조목의 앞 부분은 위문후(魏文侯) 때 이리(李悝)라는 자

---

66 『杏蒲志』 卷2, 種植 種稻(『農書』 36, 144~145면), "種大小麥, 不論土之饒瘠燥濕, 惟以澆尿爲主. 余金華山莊北麓下, 種麥九斗, 自落種初, 至翌年春夏之交, 連爲澆尿. 不足則用鷄糞和水取汁澆之. 又不足, 則只撒糞灰. 及夫收刈 再澆尿者, 一斗, 得二十斗, 一澆尿者, 得十五六斗, 澆鷄糞水者, 得七八斗, 撒灰者, 堇收, 四五斗. 古所稱糞藥, 有以哉."

67 「擬上經界策」, '敎樹藝以盡地方' 조목의 내용 서술에서 볼 때 地方이라는 단어는 地力을 후에 필사하는 과정에서 잘못 적혀 들어간 것이 아닌가 생각된다.

가 지은 '진지력지교(盡地力之敎)'의 내용을 소개하는 것으로 시작한다. 이어서 조선은 일마다 중국에 미치지 못하지만 경가(耕稼), 즉 농사짓는 것에서 법이 없는 것이 가장 심한 것이라고 지적한다. 그런 다음 중국의 경법(耕法)과 종법(種法)을 소개하고 이어서 이 조목의 핵심적인 부분인 구전법(區田法)과 대전법에 대한 설명으로 이어진다. 마지막으로 둔전을 통해 농사짓는 법을 보급시켜야 한다는 방법론을 소개한다.

3) 수리기술(水利技術)의 정리와 보급

서유구는 「의상경계책」, 『임원경제지』의 「본리지」 수리편 등에서 조선의 수리 현실에 대한 냉철한 파악을 바탕으로 수리진흥방안을 정리하여 제시하였다. 서유구의 수리기술 정리에 대해서 조선 후기 수리학(水利學)의 전개과정을 살핀 문중양은 서유구를 수리학을 종합한 인물로 평가하였다. 그리고 『임원경제지』 「본리지」 수리편을 검토하기에 앞서 「의상경계책」의 농정지극의시조자육(農政之亟宜施措者六) 가운데 네 번째 항목인 '흥수리이우한로(興水利以虞旱澇)' 내용을 깊이 검토한 바 있다.[68] 문중양은 서유구가 고찰하려는 수리 영역이 인수(引水) 시설뿐 아니라 배수(排水)와 방수(防水)를 포함하고 있다는 점을 정확하게 포착하여 지적하였다. 문중양은 「농대(農對)」[69]에서 서유구가 조선의 수리현실에 대하여 "아동(我東)의 농술(農術)의 로망(鹵莽)한 것 가운데 수리(水利)보다 심한 것은 없다."고 지적한 것을 바탕으로 '흥수리이우한로(興水利以虞旱澇)' 내용을 살펴보고 있다.

---

68 문중양(2000), 215~226면.

69 徐有榘, 『楓石全集』, 『金華知非集』 卷第十, 策對, 「農對」(抄啓應製).

서유구가 '흥수리이우한로(興水利以虞旱澇)'에서 제시하는 수리진흥 방안을 제대로 살펴보기 위해서는 조선의 수리 현실에 대한 파악에 의거하여 서유구의 방안을 검토해야 할 것이다. 또한 서유구의 수리에 대한 인식태도와 수리진흥방안을 제시하는 여러 논설을 같이 검토하는 것이 필요하다.

서유구는 수리의 중요성에 대해서 1790년에 초계문신으로 응제하여 올린 「농대」에서 이미 상세하게 언급한 바 있었다. 당시 정조는 책문(策問)에서 정전(井田)이 폐지되고 천맥(阡陌)이 열리면서 겸병(兼幷)이 일어났고, 구혁(溝洫)이 폐지되면서 관개(灌漑)하는 방도가 마땅함을 잃어버렸다고 지적하였다.[70] 서유구는 수리를 마땅히 진흥시켜야 한다고 전제하면서, 서광계(徐光啓)가 하천을 잘 측량하여 준설하는 데 참고해야 한다는 방책을 활용하고, 또한 서광계가 수지원(水之源), 즉 천(泉)을 이용하는 방법과 수지위(水之委), 즉 해(海)를 이용하는 방법을 대략 좇아 따라한다면 수리의 마땅함을 얻어 파종과 수확하는 데 어려움이 없을 것이라고 주장하였다. 『농정전서』에 실려 있는 서광계의 「한전용수소(旱田用水疏)」에 수지원(水之源, 泉)과 수지위(水之委, 海)를 이용하는 방법이 실려 있고,[71] 서광계의 「한전용수소」 내용은 『임원경제지』 「본리지」에 수록되어 있다.[72] 서유구가 1790년에 지은 「농대(農對)」에서 서광계의 「용수소(用水疏)」 내용의 주요한 부분을 언급하고 있는 것은 『농정전서』를 잘 파악하고 있기 때문이었다.

1798년에 서유구는 순창군수로 재직하면서 정조에게 응지농서(應旨

---

70 徐有榘, 『楓石全集』, 『金華知非集』 卷第十, 策對, 「農對」(抄啓應製), "粤自阡陌開而兼幷之徒始起, 溝洫廢而灌漑之方失宜, 淫巧之技多而農末相傾."

71 徐光啓, 『農政全書』 卷十六, 「水利」.

72 徐有榘, 『林園經濟志』 「本利志」 권2, 水利, 論用水五法.

農書)를 올렸는데 여기에서도 수리의 중요성에 대해서는 깊이 공감하고 있었다. 그는 노한(澇旱, 홍수와 가뭄)은 천(天)의 일한 것이고, 옥척(沃瘠)은 지(地)이며, 노일(勞逸)은 인(人)이라고 하였다. 그리고 가물면 물을 모아 두고 홍수가 나면 물을 빼내는 것과 땅이 척박한 것을 비옥하게 만들고 사람이 편안하게 일하면서도 수고하는 자와 대등하게 만드는 것은 오직 수리(水利)가 그렇게 만들 수 있다고 파악하고 있었다.[73] 서유구가 주목한 수리법은 주관(周官)의 수인(遂人)이 수행하는 '구혁(溝洫)'을 조성하는 것이었다.

「의상경계책」의 농정지극의시조자육(農政之亟宜施措者六)은 농정(農政) 가운데 시행해야 할 조처 6가지를 제시하는 부분인데, 그중의 네 번째가 바로 홍수리이우한로(興水利以虞旱澇)이다. 수리(水利)를 크게 진흥시켜 가뭄과 홍수를 대비하자는 것이다. 서유구는 그동안 자신이 축적한 수리 지식 가운데 조선의 수리 현실에 비추어 볼 때 가장 요긴한 것을 정리하여 제시하고 있다.[74]

먼저 그는 땅에 대한 물의 관계가 사람에게 혈기(血氣)와 진액(津液)이 있는 것과 같다고 비유하면서, 막히거나 넘치거나 말라붙는 것 모두 병을 일으킨다고 설명한다.[75] 그리고 치수(治水)하는 법에는 4가지가 있다고 제시한다. 첫 번째는 물도랑이나 하천을 준설(浚渫)하여 물길을 통

73 徐有榘, 『楓石全集』, 『金華知非集』 卷第一, 上疏, 「淳昌郡守應旨疏」, "臣聞澇旱天也, 沃瘠地也, 勞逸人也. 而旱則瀦之, 澇則疏之, 地瘠而可使爲沃, 人逸而可以敵勞者, 惟水利爲然."

74 徐有榘의 '興水利以虞旱澇'에 대한 상세한 분석은 문중양의 책에 들어 있다. 문중양(2000), 215~226면.

75 徐有榘, 『楓石全集』, 『金華知非集』 卷第十一, 策, 「擬上經界策」, "農政之亟宜施措者六, 興水利以虞旱澇 …… 臣聞, 水之在地, 如人之有血氣津液也. 壅閼則病, 潰溢則病, 枯涸則病, 旣不可使一息不通, 又不可使一脉不滋."

하게 하고 이끌어 주는 것〔濬洫開河 所以疏導也〕, 두 번째는 작고 큰 제방(둑)을 쌓아 물이 넘쳐흐르는 것을 막아 주는 것〔小圩大埽 所以防衛也〕, 세 번째는 저수지·못을 크게 만들어 물을 모아 두는 것〔陂池湖蕩所以瀦蓄也〕, 마지막 네 번째는 수문(水門)과 수차(水車)를 활용하여 물을 제어하는 것〔壩牐車戽 所以節宣也〕이었다. 치수하는 데에 관련된 굉강대목(宏綱大目)들이 이 네 가지에서 벗어나는 것이 없을 것이라는 자신감을 내비치고 있었다. 서유구는 4가지 가운데 조선에 제대로 없는 것 3가지를 먼저 설명하고, 조선에 있는 것 한 가지를 뒤에 설명하고 있다. 세 번째의 크고 작은 저수지를 만들어 물을 모아 두는 것의 경우 조선의 수리 현실에서도 잘 찾아볼 수 있다고 설명하고 있다.

서유구가 「의상경계책」의 '흥수리이우한로(興水利以虞旱澇)'에서 강조한 것은 4가지 수리 방식이었다. 첫 번째는 도랑이나 하천을 준설하여 물길을 통하게 하고 이끌어 주는 것인데, 이를 설명하는 앞 부분에 조선에는 하환(河患), 즉 강하(江河)로 인해서 발생하는 수환(水患)이 없다는 일반적인 인식에 대하여 반박을 하고 있다. 이는 조선의 수리 현실이 하환을 제대로 대비하지 못하고 있음을 우선 확실하게 밝히려는 것이었다. 서유구는 조선에 하환이 없다고 일반적으로 받아들여지면서 나타나는 가장 큰 문제점이 치수에 소요되는 땅을 아까워하는 풍습이라고 지적한다.[76] 중국에 비해서 물과 더불어 지(地)를 다투는 관습이 10배는 된다고 설명한다. 그리하여 도전(稻田)과 육전(陸田) 모두 물을 끌어들이는 수로·도랑을 만드는 데 들어가는 땅을 아까워하고 있다. 그 결과 농부들이 밭의 사방에 물도랑을 만들면 땅을 가진 자들이 땅을

---

76 徐有榘, 『楓石全集』, 『金華知非集』 卷第十一, 策, 「擬上經界策」, "興水利以虞旱澇 …… 東人以其無河患也, 故忽於慮水, 狃於惜地, 其與水爭地之習, 十倍於中國."

허비하는 것으로 의심하는 지경이라고 설명한다.[77]

가뭄이 났을 때 고여 있는 물을 얻지 못하거나, 홍수가 발생했을 때 물이 곧바로 넘쳐흘러 주변이 모두 잠겨 버리는 것에 대해서는 바로 근간이 되는 흐름〔幹流〕을 우선 다스리고 그런 다음에 지류(支流)를 다스려야 한다고 설명한다. 지금 조선은 하천에 토사가 밀려 들어와 곳곳마다 하천이 높고 논밭이 낮은 지경에 놓여 있다고 지적한다. 서유구는 조선이 통하게 하고 뚫어 주고 치고 다스리는〔疏鑿挑撩〕 방법에 어둡다고 지적하면서, 경성(京城)에서 광통교 아래의 물을 준설하는 전사(專司)를 만들어 실행하는 것이 별반 소용 없었다는 점을 제시한다.[78] 서유구가 지적한 개천(開川) 준설을 맡은 전사(專司)는 준천사(濬川司)인데, 1760년(영조 36) 경진준천(庚辰濬川) 실시 이후에 새롭게 설치된 관청이었다. 영조 대 이후 정조·순조 재위 시기, 그리고 그 이후에도 때마다 준천(濬川), 즉 개천 준설이 이루어지고 있었다.

서유구는 물 가까운 곳에서는 매일 물에 잠길 것을 걱정하면서 차라리 이사하여 피하려고 하지만, 감히 이사할 비용으로 준천하는 공(功)을 만들려 하지 않는다는 것을 지적하였다. 그리고 하류에 모래·진흙이 쌓여 배가 드나드는 것을 가로막는 것을 걱정하면서도 공사(公私) 취재(臭載, 배가 침몰함)를 좌시(坐視)할 뿐 감히 취재에 들어가는 비용으로 얕은 곳을 다스리는 공(功)은 생각하지 않는다는 것도 동시에 지적하였다.[79] 이러한 상황인데도 도랑이나 하천을 준설하여 물길을 통하게 하

---

77 徐有榘, 『楓石全集』, 『金華知非集』 卷第十一, 策, 「擬上經界策」, "興水利以虞旱澇 …… 稻田灌漑之渠, 百里而一有者, 廣不滿數尺, 陸田則彌望疄隴, 都無尺寸之溝. 耕夫或以犁鑱環田之四界, 而浮疄爲畎, 則有田之家, 輒鰓鰓乎疑其費地也."

78 徐有榘, 『楓石全集』, 『金華知非集』 卷第十一, 策, 「擬上經界策」, "興水利以虞旱澇 …… 京城廣通橋之水, 首尾不滿六七里者, 設專司而濬之. 竭水衡之財, 疲三營之卒, 而猶且旋濬旋澱, 徒勞無功, 況於百里之川千里之江乎."

고 이끌어 주는 것을 하지 않고 있기 때문에 중국에는 하환(河患)이 100년에 한 번 있을 정도이지만 조선에서는 매양 일어나고, 또한 일어나지 않는 곳이 없는 지경에 빠져 있다고 진단한다. 이렇게 하환이 일상적으로 빈번하게 발생하는 것은 도랑이나 하천을 준설하여 물길을 통하게 하고 이끌어 주는 것을 조선에서 하지 않기 때문이라는 설명이다.

다음으로 서유구는 중국 황하, 강남 지역에서 모두 논밭의 외곽에 크고 작은 둑을 쌓아 물이 넘쳐흘러 들어오는 것을 방비하고 있는데, 조선에서는 그러한 형제(形制)를 쓰지 않고 있다는 점을 지적하였다.[80] 그는 10년에 한 번 풍년이 드는 것은 사람이 초래한 것이지 운수(運數) 때문에 그러한 것이 아니라고 지적하는 말을 덧붙이고 있었다.[81] 이러한 설명은 작고 큰 제방(둑)을 쌓아 물이 논밭으로 넘쳐흐르는 것을 막아 주는 것이 필요하다는 점을 부연한 것이었다.

계속해서 서유구는 수문과 수차를 활용하여 물을 잘 제어하는 것에 대해서 설명한다. 그는 수문이 있어야 가뭄이나 홍수가 일어났을 때 가뭄과 홍수의 강도에 따라 저수지의 물을 조절하는 것이 가능하다고 강조하였다. 또한 서유구는 수차를 잘 활용하여 가물면 하천의 물을 끌어올려 논에 넣어 주고, 큰물이 나면 논의 물을 덜어내 주는 것이 필요하다는 점을 지적하였다. 그런데 조선에서 사용하는 나무에 두레를 매단

---

79 徐有榘, 『楓石全集』, 『金華知非集』 卷第十一, 策, 「擬上經界策」, "興水利以虞旱澇 …… 臨水邑治, 日憂其淪沒, 則寧徙邑以避之, 不敢以移邑之費, 回作濬川之功. 下流沙淤, 日憂其梗漕, 則寧坐視其公私臭載, 不思以臭載之費, 回作撩淺之功."

80 徐有榘, 『楓石全集』, 『金華知非集』 卷第十一, 策, 「擬上經界策」, "農政之亟宜施措者六, 興水利以虞旱澇 …… 臣聞, 黃河之埽, 千里而緜亘, 江南之圩, 百里而聯屬, 皆所以外禦水而內護田也. …… 臣未知我東之田, 果有此形制乎."

81 徐有榘, 『楓石全集』, 『金華知非集』 卷第十一, 策, 「擬上經界策」, "農政之亟宜施措者六, 興水利以虞旱澇 …… 大率皆無也, 則任地之高下, 任天之水旱, 十年而一食者, 人也非數也."

용두레는 들이는 공력에 비해 효용이 크게 떨어지기 때문에 수차에 비교할 만한 것이 되지 못한다고 평가하였다.[82]

이와 같이 서유구는 물도랑이나 하천을 준설하여 물길을 통하게 하고 이끌어 주는 것, 작고 큰 제방(둑)을 쌓아 물이 넘쳐흐르는 것을 막아 주는 것, 수문과 수차를 활용하여 물을 제어하는 것, 이 세 가지를 조선에서 제대로 갖추지 못하고 있다는 점을 크게 아쉬워하였다. 그는 이 세 가지를 제대로 갖추어야 농사를 제대로 지을 수 있다고 생각하고 있었다. 뒤에 자세히 살필 부분이지만 서유구가 경사둔전(京師屯田)을 설정하면서 둔전 설치 지역에 자신이 언급한 4가지 치수 방법을 모두 설치하여 활용할 것을 제시한 것도 수리시설의 완비에 대한 강조에서 나온 것으로 볼 수 있다.

서유구는 자신이 지적한 4가지 치수법 가운데 조선에 저수지・못을 크게 만들어 물을 모아 두는 것은 찾아볼 수 있다고 보았다. 하지만 실제로는 있어도 없는 것과 동일한 상황이라고 냉정하게 판단하였다.[83] 그에 따르면 홍주(洪州) 합덕지(合德池), 제천(堤川) 의림지(義林池), 익산(益山) 황등제호(黃登隄湖), 김제(金堤) 벽골제호(碧骨隄湖), 고부(古阜) 눌제호(訥隄湖), 용궁(龍宮) 공검지(恭撿池), 연안(延安) 와룡지(臥龍池) 등 조선의 유명한 저수지들이 실제로는 수문・수차의 도움을 받지 못하고

---

82 徐有榘, 『楓石全集』, 『金華知非集』 卷第十一, 策, 「擬上經界策」, "農政之亟宜施措者六, 興水利以虞旱澇 …… 旱則挈川河之水而灌之, 潦則挈田畦之水而洩之. 其灌也, 萬斛之水可升至十仞之上. 其洩也, 千頃之波可一兩日而涸也. 此車戽之功用也. 東人之穿渠灌田也, 刳木爲筒, 揷在塍底, 沙泥窒塞, 涓滴不入, 潦水沒畦, 去之無術, 以是而方之壩牐則爽矣. 東人之戽水救涸也, 又木懸斗, 一酌一灌, 形如秋千, 鈍極可笑, 終日搰搰, 未沾一畦, 以是而擬之車戽則非矣."

83 徐有榘, 『楓石全集』, 『金華知非集』 卷第十一, 策, 「擬上經界策」, "農政之亟宜施措者六, 興水利以虞旱澇 …… 若夫陂池則誠有之矣, 雖然有之而與無同, 何謂有之而與無同也."

있고, 또한 세월이 오래되면서 궁장이나 영둔의 침범을 받아 제대로 수리시설의 기능을 발휘하지 못하고 있는 실정이었다.

서유구는 이러한 조선의 수리 현실에 대한 평가를 바탕으로 변통책을 제시하였다. 그는 묘당(廟堂)에 명령을 내려 수리의 이치를 통달하게 깨우친 사람 3~5인을 뽑아 위의 4가지 치수 기술을 강구(講究)하게 할 것을 제안하였다. 그리고 준삽(濬鍤)·용조(龍爪) 등의 기계(器械)와 용골통차(龍骨筒車)·용미(龍尾)·옥형(玉衡)·항승(恒升) 등의 수차도 제작하게 할 것을 제시하였다. 서유구는 준삽에 대하여 가래처럼 물도랑을 만드는 데 사용하는 도구라 설명하였고, 또한 용조는 강하(江河)에서 모래를 퍼내는 데 사용하는 도구라고 부연 설명하였다.[84]

서유구는 기계들이 갖추어지면 먼저 경사(京師) 부근 수십 리 내외 지역에서 시험적으로 사용하고 나중에 지방으로 보급시켜야 한다고 주장하였다. 서울 주변 지역의 경우 한강 상하류 가운데 급히 소준(疏濬)해야 할 곳이 세 곳 있다고 설명한다. 한 곳은 서빙고(西氷庫) 아래 노량(鷺梁) 위에 해당하는 지역이고, 다음은 노량 아래 용산(龍山) 위이고, 마지막은 양화도(楊花渡) 아래이자 행주(幸州) 아래에 해당하는 곳이라고 지목한다. 특히 양화도 아래 지역은 가장 시급히 소준해야 할 곳이라고 주장한다.[85]

---

84 徐有榘, 『楓石全集』, 『金華知非集』 卷第十一, 策, 「擬上經界策」, "農政之亟宜施措者六, 興水利以虞旱澇 …… 宜令廟堂不拘資格, 急選通曉水利者三五人, 開局於籌司, 而宰相領其事, 講究 開挑·圍築·閘竇之法. 仍令水衡監造器械, 如濬鍤龍爪等器, 龍骨筒車龍尾玉衡恒升等車. 濬鍤者, 所以套钂, 而間溝於田作者也. 龍爪者, 所以繫纜, 而爬沙於江河者也. 龍骨龍尾, 用之於江河而挈水者也. 玉衡恒升, 用之於井泉而吸水者也."

85 徐有榘, 『楓石全集』, 『金華知非集』 卷第十一, 策, 「擬上經界策」, "農政之亟宜施措者六, 興水利以虞旱澇 …… 器械既備, 先試之京師數十里內外之地. 漢江上下流之急宜疏濬者三, 西氷庫之下鷺梁之上, 鷺梁之下龍山之上, 楊花渡之下幸州之下, 俱有淺灘. 其楊花渡之下, 地名鹽倉項, 尤患梗漕, 當用宋人搔乘撈剪盤弔開挑之法而濬治之. 其最深處, 宜用

그리고 서유구는 갑두(閘竇), 즉 수문(水門)을 천거(川渠)가 강으로 들어가는 곳에 설치하는 것이 적당하다고 주장하면서 몇 곳을 구체적으로 지목하였다. 왕산천(王山川)에서 미음도(渼陰渡)로 들어가는 곳, 양재천(良才川)이 삼전도(三田渡)로 들어가는 곳, 중령포(中泠浦)에서 두모포(豆毛浦)로 들어가는 곳, 만천(蔓川)에서 마포(麻浦)로 들어가는 곳, 사천(沙川)에서 서강(西江)으로 들어가는 곳 등이 바로 갑두를 설치하여 수량을 조절해야 하는 곳이라고 보았다. 또한 서유구는 제방을 높게 쌓아 경작지를 보호해야 하는 곳으로 양주(楊州) 미음(渼陰) 들판, 고양(高陽) 회천(廻川) 들판 등을 지목하였다. 이 지역은 강 가까운 곳으로 10년에 7회는 늘상 물에 잠기는 곳이라고 보았기 때문이다.[86]

서유구는 수리시설을 변통하는 방식으로 정전제(井田制)의 구혁제(溝洫制)와 유사한 방식을 제안하였다. 서유구는 세구(細溝) → 소구(小溝) → 대구(大溝) → 천(川)으로 이어지는 크고 작은 구(溝)를 개착(開鑿)하고 이를 관인(官人)이 공동으로 관리하는 방식을 고안하였다. 그에 따르면 세구(細溝)는 토지 주인들이 각자 관리하고, 소구(小溝)는 사방의 토지 주인들이 같이 관리하며, 대구(大溝)는 관(官)에서 관리하게 하자는 것이었다.

서유구는 경사 주변에서 가뭄과 홍수를 쉽게 이겨내는 치수법을 고안하고 실행한 다음 그 혁혁한 효과를 거둔다면 팔방(八方)에서 반드시 본받을 것이라고 보았다. 당연히 민들이 본받을 터이지만, 묘당에서 방

龍爪爬去沙泥."

86 徐有榘, 『楓石全集』, 『金華知非集』 卷第十一, 策, 「擬上經界策」, "農政之亟宜施措者六, 興水利以虞旱澇 …… 川渠入江之處, 如王山川之入渼陰渡者, 良才川之入三田渡者, 中泠浦之入豆毛浦者, 蔓川之入麻浦者, 沙川之入西江者, 皆設閘竇以節宣之. 楊州渼陰之野, 高陽廻川之坪, 近江而地低, 十年七渰, 此皆宜圍築長堤, 以護田段."

백에게 권면하고, 방백이 수령을 이끌어 수리(水利)를 일으키고 수해(水害)를 방비해야 마땅하다고 주장하였다. 그리고 역정(役丁)을 부리고 재원을 마련할 때, 크게는 관청의 재물을 방출하고 작게는 부호(富戶)에게 권장해야 할 것이라는 방안도 제시하였다.[87] 그리하여 마을에서 수리의 혜택을 보는 것을 목표로 삼아야 한다고 주장하였다.

서유구는 수리를 일으키고 수해를 없애는 방책의 하나로 진제(賑濟)와 병행할 것을 주장하였다. 그는 기사년(己巳年, 1809년)과 갑술년(甲戌年, 1814년)에 진제(賑濟)로 소모한 곡식이 50만 석에 육박하는데, 이는 40만 명이 5개월 동안 먹을 수 있는 양이라고 분석하였다. 서유구는 50만 석에 가까운 곡식을 활용하여 진정(賑政)과 수리를 한꺼번에 해결하는 일거양득을 거둘 수 있다고 보았다. 노약자와 장건자(壯健者)를 각각 나누고, 노약자에게는 설죽(設粥)하고 장건(壯健)한 사람은 제대로 하루에 3승씩 내어주어, 구거(溝渠)를 개준(開濬)하거나 우안(圩岸)을 증축하게 하는 방안이었다. 이와 같이 하면 일시적인 구황(救荒)에 그치는 것이 아니라 만세토록 의지할 수 있는 구황이라고 자찬하였다.[88]

---

87 徐有榘,『楓石全集』,『金華知非集』卷第十一, 策,「擬上經界策」, "農政之亟宜施措者六, 興水利以虞旱澇 …… 如此則環京師數十里之地, 可以不病於澇旱, 而歲歲豊熟矣. 京師歲歲豊熟, 則八方必將轉相傚則, 乃以已試之器與法, 頒之八路. 廟堂飭勵方伯, 方伯董率守令, 詢究某處水利當興, 某處水害當除, 合用役丁幾何, 合用錢糧幾何. 大者發官帑, 少者勸富戶."

88 徐有榘,『楓石全集』,『金華知非集』卷第十一, 策,「擬上經界策」, "農政之亟宜施措者六, 興水利以虞旱澇 …… 臣料, 己巳甲戌兩年, 朝家蠲放賑濟之數, 少不下五十萬石. 以范仲淹所謂人食三升者率之, 而以我東斗斛法計之, 當爲四十萬人五月之食矣. 臣謂今後如有賑濟地方, 先令地方官査審飢民老弱彊壯之數. 籍其老弱爲一等, 壯健爲一等, 老弱者設粥以賑之, 壯健者日給米三升. 或開濬溝渠, 或增築圩岸, 則賑政水利, 一擧兩得. 糜財而財不虛糜, 勞民而民不徒勞, 不菫止於一時之救荒, 而可永賴於萬世之救荒, 策無良於此者矣."

4) 품종(品種) 정리와 종자(種子) 수입

서유구는 조선 농법의 고유한 측면을 지속적으로 유지, 강화해 나가려는 생각을 갖고 있었다. 이러한 서유구의 생각을 도종(稻種)을 정리한 부분에서 구체적으로 찾아볼 수 있다.[89] 도종(稻種)을 설명한 부분에서 서유구의 농업기술에 대한 정리방식과 농법 체계화의 방향에 대한 그의 생각을 찾아볼 수 있다.

서유구는 당대까지 이어진 농서 편찬의 흐름을 종합적으로 정리하는 작업을 수행하면서 당시까지 농업생산에 채택하고 있던 도종을 정리하였다.[90] 바로 「본리지」 권7, '곡명고(穀名攷)'는 여러 작물의 품종에 대한 설명 부분인데 『행포지』에서 인용한 것이다. 서유구가 『행포지』에서 정리한 도종은 총 69(70)종에 달하여 양적으로 상당한 것이었다.[91] 서유구가 벼 품종을 정리하는 작업을 수행한 것은 전래되는 수십여 가지 품종의 이름이 당대에 이르기까지 여러 가지 명칭으로 불리고, 또한 지역에 따라 달리 일컬어지는 상황을 해소하기 위한 것이었다.[92]

또한 그는 조선의 도종 품종이 수십, 수백 가지에 달한다는 점과 이러한 품종이 방언(方言)으로 전해져서 지역에 따라 시대에 따라 다른 이름으로 불리고 있다고 지적하였다. 그리하여 강희맹(姜希孟)의 『금양잡록(衿陽雜錄)』에 실린 품종과 유중림(柳重臨)의 『증보산림경제(增補山林

89 이하 설명은 염정섭(2009) 글에서 대부분 전재하였다.

90 徐有榘, 『杏蒲志』 卷4, 「穀名攷」(『農書』 36, 218~235면).

91 『杏蒲志』에 소개된 품종은 그대로 『林園經濟志』 「本利志」 第七, '穀名攷'에도 수록되어 있다(『林園經濟志』 一, 155~159면). 표제어로 올라 있는 것은 69종이지만 晩稻·雀稻의 서술 내용 속에 또 하나의 품종이 있음을 명시하고 있어 총 70종이다.

92 徐有榘, 『杏蒲志』 卷4, 「穀名攷」(『農書』 36, 219면), "吾東稻品, 無慮屢十百種, 皆以方言相傳, 一物也而古今殊號, 一類也而南北異稱. 哇俚凌雜, 轉不可訓. 今以姜希孟衿陽雜錄, 柳重臨增補山林經濟, 所列稻品, 參攷證正, 錄之如左, 而間附以余之所訪得於老農者焉."

經濟)』에 나열한 품종을 묶어서 기록하고, 여기에 자신이 노농(老農)으로부터 획득한 품종을 덧붙여 기록한 것이었다.

벼 품종을 소개하는 첫머리에 '개종류(漑種類)'라는 항목이름을 붙여 놓았다. 그리고 "도(稻)는 개종(漑種)의 총명(總名)이다."라는 설명을 앞머리에 올리고, 이어서 도자(稻字)의 자획(字劃) 구성부분을 풀이하면서 상형자(象形字)임을 설명하고 있다.[93] 벼를 개종(漑種)의 총명이라고 풀이하는 것은 『제민요술』에 인용된 양천(楊泉)의 『물리론(物理論)』에 등장한다.[94] 개종의 뜻은 관개(灌漑)하여 경작하는 화곡(禾穀)이라고 풀이하거나, 망종(芒種)이라고도 불리는 도(稻)와 맥(麥)을 가리키는 것으로 풀이하기도 한다.[95] 그런데 『행포지』의 서술을 보면 '육종류(陸種類)'라는 항목을 따로 설정하고 서속(黍粟)·맥(麥)·두(豆) 등의 품종을 정리하고 있기 때문에 개종의 뜻은 아무래도 '관개하여 경작하는 화곡'이라고 풀이하는 것이 정확할 것이다. 이러한 서술 내용은 중국 농서에서 인용한 것인데, 도종의 보편적·일반적 접근방식을 서유구가 용인하고 있음을 잘 보여 준다. 서유구는 조선 고유의 도종을 확인하고, 게다가 지역적으로 방언이 따로 설정되어 있음을 바탕으로 삼고, 여기에 중국의 도종을 자세히 소개하는 방식을 취하고 있었다.

조선 후기 벼 품종 분화 발전의 양상에서 서유구의 정리가 갖고 있는 특징을 몇 가지 찾아볼 수 있다. 첫 번째로 양적인 측면에서 앞선 시기의 정리에 비해 훨씬 많은 품종을 수록하고 있다는 점이다. 본래 『금양잡록』에는 조도 3종, 차조도 4종, 만도 14종, 산도 3종, 찰벼 3종이 수록

---

93 徐有榘, 『杏蒲志』 卷4, 「穀名攷」(『農書』 36, 218면), "稻者, 漑種之總名也. 其文, 禾在臼傍, 鑿成米粒, 揚于上象形也."

94 賈思勰, 『齊民要術』, 「收種」 第二, "楊泉 物理論曰, 粱者, 黍稷之總名. 稻者, 漑種之總名."

95 賈思勰 撰, 西山武一, 熊代幸雄 譯(1957), 41면.

되어 총 27종을 소개하고 있었다. 이 가운데 서유구는 19종만 수록하고 있을 뿐이었다. 그리고 『산림경제』는 『금양잡록』에서 2종을 누락하고 새로 10개 품종을 증보한 정도였고, 『증보산림경제』도 『산림경제』에 소개한 품종을 그대로 수록하고 『금양잡록』에 들어 있는데 『산림경제』에서 누락시켰던 2종을 추가하였을 뿐이다. 이에 비하여 서유구의 정리 작업은 새로 추가한 것이 34종이나 된다는 점에서 비록 시기적인 차이는 있지만 양적으로 많은 품종을 추가 수록하였다고 설명할 수 있다. 19세기 초반까지 이루어진 벼 품종의 분화 발전의 성과를 제대로 수용한 것이라고 의미를 부여할 수 있다.

두 번째로 지역적인 벼 품종의 정착을 확연하게 반영하여 정리하고 있다는 점이다. 조도(早稻)와 만도(晩稻)의 품종으로 서유구가 새로 추가한 품종들이 지역적인 벼 품종의 특화 현상을 두드러지게 드러내고 있다. 한북(漢北) 주군(州郡)에서 많이 선호하는 조도인 옥조도(玉糟稻, 옥자강벼)부터 호남(湖南) 주군에서 많이 심는 만도인 배탈도(裵脫稻, 비탈벼)에 이르기까지 총 8품종을 설명하는 부분에 지역적인 선호도를 주요 특징으로 기록하고 있다.[96] 이들 품종은 모두 서유구가 신증(新增)한 것이었다. 서유구가 신증한 품종이 총 34종인데 대부분 품종의 특성에 대한 설명이 『금양잡록』이나 『증보산림경제』에서 옮겨 놓은 것보다 간략한 편이다. 간략한 설명문에 품종을 선호하는 지역을 명기하고 있다는 점은 실제의 농업생산에서 지역적인 품종의 선호도가 확실하게 자리

---

96 徐有榘, 『杏蒲志』 권4, 「穀名攷」(『農書』 36, 219~225면), "玉糟稻(옥자강벼, 漢北州郡, 多種之), 禿稻(몽골벼, 今湖南, 早稻, 皆此也), 天上稻(텬샹벼, 湖南, 多種之), (早稻, 新增). 海南稻(히남벼), 精根稻(정근벼, 今, 畿甸, 農家, 冣尙精根棗稻兩種(精根稻 棗稻), 泉橋稻(싀암다리벼, 抱川人, 喜種之, 呼爲紅稻), 茜紅稻(분홍벼, 又稱, 慶尙稻), 裵脫稻(비탈벼, 湖南, 州郡, 所種晩稻, 皆此). (晩稻, 新增)."

잡고 있음을 반영하는 것이라고 할 수 있다.

벼 품종의 정리작업에서 한 단계 나아가 서유구는 우량 벼 품종을 중국에서 수입해야 한다는 주장까지 제기하고 있었다. 서유구는 「의상경계책」의 농정지극의시조자육(農政之亟宜施措者六)의 세 번째로 구가종이비재상(購嘉種以備災傷)이라는 조목을 서술하였는데, 이는 좋은 종자를 구매하여 재상(災傷)에 대비해야 한다는 주장이었다. 가뭄이나 홍수 등의 자연재해에 대비할 수 있는 종자를 중국에서 구매할 것을 제안하고 있다. 이렇게 좋은 종자를 널리 구하는 것이 바로 재황에서 백성을 구제하는 제일의 급무(急務)라고 주장하고 있다.[97]

서유구는 1838년(헌종 4)에 구황책(救荒策)을 상소하면서 내한(耐旱)·내수(耐水)·내염성(內鹽性)을 지닌 품종으로 중국으로부터 수입할 것을 제안하였다. 그리고 서유구는 50일 내지 60일 정도의 짧은 성장기간을 갖고 있는 품종(六十日稻－通州, 深水紅稻－上海·青蒲, 香秄晩稻－德安府)을 수입하여 메밀이나 녹두 등을 대파(代播)하는 것과 같이 활용하면 좋을 것이라는 주장도 제기하였다.[98] 서유구는 송나라 진종(眞宗)이 점성도(占城稻)를 도입한 고사(故事)를 인용하면서 이를 본받아 중국의 종자를 수입하여 파종하게 하고 성과를 올리는 것이 중요하다고 강조하였다. 이러한 태도는 중국의 선진적인 농법을 적극적으로 수용하려는 것이라고 할 수 있다.

서유구의 구황책 상소에 따라 중국 절강(浙江) 지역의 볍씨를 구하여

---

97 徐有榘, 『楓石全集』, 『金華知非集』 卷第十一, 策, 「擬上經界策」, "農政之亟宜施措者六, 興水利以虞旱澇 …… 始知廣購嘉種, 爲救災荒之第一急務."

98 『憲宗實錄』 卷5, 憲宗 4年 6月 己卯(48-458), "大司憲徐有榘疏略曰 …… 臣聞, 中原通州等地, 有六十日稻, 初秋下種, 初冬收穫. 上海青蒲等地, 有深水紅稻, 六月播種, 九月成熟. 德安府有香秄晩稻, 耕田下子, 五六十日可以食實. 此皆晩莳而可食者也. 臣謂每歲節使之行, 多方訪求購來, 頒之八方傳殖, 則不過一二年, 人享其利."

시험재배를 시행하라는 왕명이 내렸다. 1년 반 정도 지난 1840년 초에 역자관(曆咨官)이 돌아오는 길에 강남 지역의 볍씨 12가지를 가지고 돌아왔다. 당시 묘당(廟堂)에서 서유구에게 볍씨를 보내고 법에 따라 재배하는 일을 맡겼다. 이에 따라 번계를 떠났던 서유구는 다시 번계로 들어와 중국 강남 지역 볍씨 시험재배에 나서게 되었다.[99]

3. 농정(農政) 현황 파악과 개혁론(改革論)

1) 결부법(結負法)의 폐단과 경무법(頃畝法) 실시

서유구의 농정 개혁론은 농정(農政)의 여러 측면을 대상으로 삼고 있다. 결부법(結負法)·양전(量田)·농법(農法)·품종(品種)·수리(水利)·둔전(屯田)·번답(反畓) 등의 부문에 대해서 자신의 개혁론을 제시하고 있다. 서유구의 농정 개혁론을 구체적으로 세밀하게 검토하기에 앞서 「의상경계책」의 구성 내용을 살펴볼 필요가 있다. 서유구의 농정 개혁론을 살피기 위한 주요한 검토, 분석 대상 자료가 「의상경계책」이기 때문이다.

「의상경계책」은 1820년 당시 양전을 계획하고 추진하던 순조에게 올리기 위해 작성된 것이었다. 「의상경계책」에서 서유구는 조선의 전제(田制)·양법(量法)·농정(農政)에서 시급하게 교정하고 변통하지 않으면 안 될 것으로 총 11개의 조목을 제시하였다. 조선의 전제·양법·농정 관련 문제점을 지적하고 그에 대한 해결책을 드러낸 것이었다.

---

99 조창록(2004), 133면.

서유구의 농정 개혁론은 「의상경계책」 이외에 『임원경제지』 「본리지」의 내용 속에서도 찾아볼 수 있지만 「의상경계책」이 가장 주요한 분석 대상이라고 할 수 있다. 앞서 설명한 바와 같이 「의상경계책」은 1820년 무렵 서유구가 오랜 구상을 정리한 논설로서 그의 농정에 대한 개혁론을 체계적으로 수록한 자료이다. 또한 서유구의 농업 개혁론의 핵심적인 내용이 구조적으로 제시되어 있다. 따라서 그의 농정 개혁론을 살피는 작업은 「의상경계책」의 각 조목이 어떻게 구성되어 있는지, 각 조목이 갖춘 의미가 무엇인지 이러한 문제를 해명하는 과정이 되어야 할 것이다.

서유구의 농정 개혁론을 본격적으로 분석하기 전에 먼저 「의상경계책」의 강목(綱目) 제목을 살펴보자. 각 세목의 제목을 제시하면 다음과 같다.

田制之亟宜更張者二 : 一曰改結負爲頃畝法, 二曰正尺步以遵古制
量法之亟宜講磨者三 : 一曰用方田以括隱漏, 二曰頒數法以豫肄習,
三曰設專司以考勤慢
農政之亟宜施措者六 : 一曰測極高以授人時, 二曰敎樹藝以盡地方,
三曰購嘉種以備災傷, 四曰興水利以虞旱澇,
五曰禁反田以覈名實, 六曰廣屯田以富儲蓄

먼저 전제지극의경장자이(田制之亟宜更張者二)는 전제(田制) 가운데 시급히 갱장(更張)해야 할 것 2가지를 제시한 부분이다. 첫 번째가 개결부위경무법(改結負爲頃畝法)인데, 결부(結負)를 고쳐서 경무법(頃畝法)으로 삼아야 한다는 내용이다. 서유구는 결부제를 경무제로 변통해야 한다는 주장을 체계적으로 제시하고 있었다. 그는 먼저 조선의 결법(結法)

이 8가지 폐단을 갖고 있다면서 그 구체적인 부분을 소상하게 설명하고 있다.[100] 첫 번째는 중국의 경법(頃法)과 조선의 결법(結法)의 차이를 비교하면서 결법의 문제점을 지적한 것이다. 그에 따르면 중국의 경법은 경계(經界)의 방면(方面)을 먼저 가지런하게 하고 토지의 비척을 살펴 조세(租稅)를 오르고 내리니 이는 전지(田地)를 주(主)로 삼는 것이라고 평가하였다. 이어서 아국(我國, 조선)의 결법은 조세의 크기를 먼저 정하고 토지의 비옥도를 살펴 경계를 늘리거나 줄이니 이는 조세를 주(主)로 삼은 것이라고 규정하였다.[101]

서유구에 따르면 결부에서 조세를 주로 삼은 것은 성왕(聖王)이 토지를 경계하고 분전(分田)하여 제산(制産)하는 이유와 크게 어긋나는 것이었다. 서유구는 성왕이 하늘의 일을 대신하여 백성들이 크게 늘어나게 해 주는 것, 즉 재생산이 원활하게 이루어지도록 해야 한다고 보았다. 이를 위해서 곡식을 생산하는 것이 순조롭도록 토지의 분배와 생산의 조절이 잘 이루어지게 하는 것이 성왕의 뜻이라고 파악하였다. 그런데 공부(貢賦)의 수입을 이익으로 생각하는 것은 천하를 들어 한 사람을 받는 것, 즉 군주 1인의 사사로운 이익을 도모하는 것이기 때문에 잘못이라고 간주하였다.[102]

---

100 徐有榘, 『楓石全集』, 『金華知非集』 卷第十一, 策, 「擬上經界策」, "田制之亟宜更張者二 一曰 改結負爲頃畝法 …… 臣嘗以我東之結法, 較絜乎中國之頃法, 而究觀其得失, 則結法之弊, 槩擧之有八."

101 徐有榘, 『楓石全集』, 『金華知非集』 卷第十一, 策, 「擬上經界策」, "田制之亟宜更張者二 一曰 改結負爲頃畝法 …… 中國之頃法, 先齊經界之方面, 而視土沃瘠, 上下其租稅, 是以田地爲主者也. 我國之結法, 先定租稅之劑量, 而視土肥磽, 展縮其經界, 是以租稅爲主者也."

102 徐有榘, 『楓石全集』, 『金華知非集』 卷第十一, 策, 「擬上經界策」, "田制之亟宜更張者二 一曰 改結負爲頃畝法 …… 臣未知古昔聖王所以經理土地, 分田制産者, 將以代天工而粒蒸民耶, 抑將利其貢賦之入, 而以天下奉一人耶."

서유구는 이러한 맥락에서 조선의 결부(結負)가 조세를 주로 하여 설정한 것이어서 이름이 바르지 않다는 점을 지적한다. 공자의 언급 가운데 이름이 바르지 않으면 말이 순하지 않고, 말이 순하지 않으면 일이 이루어지지 않는다는 것을 인용하면서, 조선의 결부라는 이름이 이웃나라에 전해지지 않았으면 좋겠다고까지 언급하고 있다. 그리하여 결부라는 이름 자체가 첫 번째 폐단이라고 지적한다.[103]

다음으로 전지(田地)는 체(體)와 본(本)에 해당하고 조세는 용(用)과 말(末)에 해당하는데 조선의 결법은 양자의 자리가 뒤바뀐 것이라고 지적한다. 중국은 지면(地面)이 바르게 정리되어 있어 전(田) 가운데 탈루된 것이 없고 조세 부과에 잘못이 있으면 곧바로 살펴 찾아낼 수 있는데, 조선의 결법은 지면이 가지런하지 않아 전(田)에는 탈루되는 폐단이 있고 조세 부과에 불명확한 부분이 있어도 찾아낼 수 없다는 점을 강조한다. 그리하여 이해득실이 너무나 차이가 난다는 점이 조선의 결법이 갖고 있는 두 번째 폐단이라고 설명한다.[104]

다음으로 서유구는 조선의 결법이 척도(尺度)가 없는 것은 아닌데 6등의 양척(量尺)이 가지런하지 않아 같은 들판에서도 동쪽 필지의 1결 실적이 서쪽 들판의 그것에 비해 2배・4배나 된다고 지적한다. 그리고 삼남(三南)의 전결(田結)은 서북에 비해서 4배나 되지만 실제 폭원(幅員)

103 徐有榘, 『楓石全集』, 『金華知非集』 卷第十一, 策, 「擬上經界策」, “田制之亟宜更張者二 一曰 改結負爲頃畝法 …… 我國結負之名, 誠不可使聞於鄰國, 其弊一也.”

104 徐有榘, 『楓石全集』, 『金華知非集』 卷第十一, 策, 「擬上經界策」, “田制之亟宜更張者二 一曰 改結負爲頃畝法 …… 體立而后用行, 本正而后末擧, 宇宙之通義, 不易之常經也. 田地體也本也, 租稅用也末也. 正其體而制其用, 則綱擧目張而用在其中. 徇其末而遺其本, 則本領已紊而考稽無方. 是以中國之頃畝, 地面旣正, 田無漏脫之弊, 而稅課之不齊者, 亦可以照察. 我國之結法, 地面不齊, 田有漏脫之弊, 而稅課之易明者, 往往作皮不存之毛. 其利害得失之相懸, 奚啻千里之遠哉, 其弊二也.”

이 그렇게 큰 것은 아니고, 양서(兩西)의 전결이 동북의 배나 되지만 실제로 길이가 그렇게 긴 것은 아니라는 점도 언급한다. 이와 같이 척도가 가지런하지 않고 오차가 심해서 기은(欺隱) 현모(眩冒)의 습속이 생겨난다는 점을 세 번째 폐단으로 지적한다.[105]

다음으로 조선의 양척이 가지런하지 않고 계산법이 복잡하다는 점을 지적한다. 그리하여 결국 서리(胥吏)에게 맡길 수밖에 없는데, 이에 따라 간사함 · 잘못 · 뇌물 · 은모(隱謀)가 낭자하다고 파악한다. 그리고 양전(量田)에서 은모하면 이에 대한 처벌 규정이 있지만, 실제는 양전이 끝난 다음에 곧바로 예전처럼 돌아가게 된다고 하였다. 따라서 조선의 양전이 눈금이 없는 막대저울로 농단하는 것이고, 귀먹고 눈먼 이들이 살피고 감독하게 하는 것이라고 평가하면서 양전의 문제를 네 번째 폐단으로 지적한다.[106]

서유구가 주장하는 다섯 번째 폐단은 바로 양척 실적(實積)을 결부(結負)로 환산하는 해부법(解負法)에 대한 것이었다. 해부(解負)하는 방법

---

105 徐有榘,『楓石全集』,『金華知非集』卷第十一, 策,「擬上經界策」, "田制之亟宜更張者二一曰 改結負爲頃畝法 …… 我國結法, 非無尺度, 而六等量尺之不齊, 殆若莛之與楹. 隨等異量, 漫無統紀. 同在一坪之內, 而東阡一結之實積, 或倍蓰於西阡, 北陌一結之實積, 或强半於南陌. 故三南之田結, 四倍於西北, 非幅員之大於西北也. 兩西之田結, 一倍於東北, 非延袤之廣於東北也, 如此則安用量地爲哉. 昔宋臣蘇洵以東家西鄰之異尺, 深致嘅于當時法禁之不明. 況以堂堂國家均地制田之尺, 而爲此參差不齊之數, 以啓其欺隱眩冒之習, 使蘇洵見此, 以爲如何也, 其弊三也."

106 徐有榘,『楓石全集』,『金華知非集』卷第十一, 策,「擬上經界策」, "田制之亟宜更張者二一曰 改結負爲頃畝法 …… 故各等量尺之長, 必曰周尺幾尺幾寸幾釐, 此卽俗所謂不齊頭之數也. 其乘除加減之法, 雖老吏之嫺於文數者, 必待握籌布筭而後知之, 況於一時官司乎, 又況於蚩蚩之佃氓乎. 其勢不得不一付諸胥吏之手, 夫執不齊之器, 叩難明之數, 寄其權于舞文弄法之吏, 而官莫能察其奸, 民莫能訟其誤, 無怪乎賄賂滋章. 隱冒狼藉, 而國家之坐失墾田, 不知其紀極也. 大典之法, 量田隱冒者, 一結以上杖一百流三千里, 守令罷其職, 五年不原. 法可謂嚴矣, 律可謂重矣. 人皆愛身, 寧欲干憲, 而一經量田, 弊復如前, 其故可知矣. 今有百寶於此, 操無星之秤, 付龍斷之手, 而使聾且瞽者坐肆而監之, 雖日撻而求其不析閱, 不可得矣. 我國量田, 何以異此, 其弊四也."

을 체득하고 있는 사람이 수십 읍의 이서(吏胥) 중에서도 겨우 몇 명에 불과하다고 파악한다. 그리하여 결국 수십 읍의 양전이 이들 몇 명의 이서의 손에 놀아나게 된다는 점에서 결법의 잘못이 이 지경에 이르게 된 것을 다섯 번째 폐단으로 지적한다.[107]

다음으로 서유구는 변양법(辨壤法), 즉 전토(田土)의 성질을 분별하는 것이 매우 어려운 일이라는 점을 전제한다. 토의(土宜)를 파악하는 것이 매우 어려운 일인데, 조선에서는 평생 뢰사(耒耜)를 알지 못하는 유수(游手)로 하여금 논밭을 돌아다니면서 비척(肥瘠)을 분별하고 품제(品第)하게 하니 이는 바랄 수 없는 일을 바라는 것이라고 지적한다. 게다가 조선의 결법(結法)은 지면이 가지런하지 않아 한 번 잘못된 것을 찾아내기 어렵다고 설명한다. 그리하여 결부(結負)에 기강이 없어 부세(賦稅)가 균평하지 않게 되는 것이 여섯 번째 폐단이라고 지적한다.[108]

서유구는 계속해서 토지의 비척(肥瘠)이 변해 나가는 것이라는 점도 지적한다. 울창한 숲 아래가 작물을 경작하는 곳이 되어 수확물로 창고를 채우기도 하고, 물고기와 자라가 노닐던 소굴이 농사짓는 땅이 되기도 한다는 점을 지적한다. 따라서 군장(君長)은 마음을 다하여 갈아먹지 못하는 땅을 갈아먹을 수 있는 땅으로 바꿀 수 있도록 권장해

---

107 徐有榘, 『楓石全集』, 『金華知非集』 卷第十一, 策, 「擬上經界策」, "田制之亟宜更張者二 一曰 改結負爲頃畝法 …… 其遞減結負之法, 必用四率, 比例推之. 於是乎筭術家別有鮮結負之目, 而胥吏之粗解其法者, 數十邑幸得一二焉, 則此數十邑之量田, 必藉此一二人乎手, 而紐計加減, 紛若蠶絲, 一籌之錯, 地差千尺. 其勢不得不曠日費月, 供億追呼, 煩費百端, 吏卒所過, 雞犬一空, 一聞量田之令, 民且狼顧以爲厲己也. 原其由, 秖坐結法之悠謬, 轉輾紛繳, 遂至于此耳, 其弊五也."

108 徐有榘, 『楓石全集』, 『金華知非集』 卷第十一, 策, 「擬上經界策」, "田制之亟宜更張者二 一曰 改結負爲頃畝法 …… 中國頃法, 地面齊正, 故一覺差謬, 隨卽改正. 我國結法, 地面不齊, 故雖使官司覺察其誤, 一結改易, 千結推退, 苟非道邑改量, 更不可措手. 彼爲胥吏者, 亦知官司之莫如我何也. 低仰展縮, 恣意所欲, 而結負之無紀, 賦稅之不均, 勢所固然, 理所必至, 其弊六也."

야 하고, 또한 이미 개간된 땅이 실제 효험을 보지 못하는 땅이 되어 버리는 것을 안타까워해야 한다고 주장한다. 그리하여 지금 나라 전체의 3분의 2 이상을 차지하고 있는 하등전(下等田) 가운데 비옥한 땅으로 변한 곳이 없는지 자세히 살펴보는 것이 마땅한데, 지금 굳게 하등전 전품을 지켜 고치지 못하고 있으니 이것이 일곱 번째 폐단이라고 설명한다.[109]

마지막 여덟 번째 폐단은 공문서와 사문서를 만드는 데 그 방식이 달라서 생겨나는 것이라고 지적한다. 결법(結法)이 분규를 일으키는 원인이 되고, 분명하게 이해하기 어려운 부분을 만들어 내어 결국 사기와 위조가 백 가지로 생겨나 소송이 날로 빈번하게 일어나고 있다고 파악한다. 따라서 결부법과 경무법 사이에는 번거로움과 간편함, 어려움과 쉬움이라는 측면에서 크게 차이가 나고 있다고 결론을 내린다.[110]

서유구는 위에서 살핀 여덟 가지의 폐단을 갖고 있는 결부법을 경무법으로 바꿀 것을 주장하였다. 그는 치병(治病)을 잘 하는 자가 병근(病根)을 고치는 것과 마찬가지로 폐단을 구제하기 위해서는 폐단의 근원을 살펴서 고쳐야 하는데, 그것이 바로 결부법을 경무법으로 바꾸는 것이라고 단언하였다. 그리고 서유구는 결부제를 경무제를 바꾸어야 한

---

109 徐有榘, 『楓石全集』, 『金華知非集』 卷第十一, 策, 「擬上經界策」, "田制之亟宜更張者二 一曰 改結負爲頃畝法 …… 君長之所用心也, 縱有歷落不食之地, 猶當多般勸相, 思所以變無用爲有用, 尙可以抛旣墾之地, 冒非實之名而莫之惜乎. 今下等之田, 幾占通國三分之二矣, 昇平百年, 土無遺利, 瘠變爲腴, 何可勝計, 而一載圖籍, 終古不改, 是將三分二之地, 錮之于下等也. 錮人且不可, 况可以錮地也乎, 其弊七也."

110 徐有榘, 『楓石全集』, 『金華知非集』 卷第十一, 策, 「擬上經界策」, "田制之亟宜更張者二 一曰 改結負爲頃畝法 …… 古人制法, 必貴明白簡易, 使婦孺之愚, 曉然知設施之條例. 况治田供稅, 皆藉佃戶, 而先爲此紛糾繳晦之法, 使佃戶莫測其端倪, 此何爲者也. 故民俗之記認田段, 不得不自創一法, 或以耕犁之時日, 或以播種之斗斛, 公籍私契, 判作兩様, 而欺僞百出, 訟獄日繁. 其視頃畝法之公私通用, 繁簡難易, 果何如也, 其弊八也."

다고 주장하면서 양척(量尺)에 대한 대안을 제시하였다. 그에 따르면 주척(周尺) 6척을 양척 1척으로 삼고, 양척 4방(方) 1척 되는 땅을 1보로 하고, 100보를 1무, 100무를 1경으로 삼는 방식이었다. 따라서 1보=양척 1척=주척 36척으로 하고, 무=100보=양척 100척=주척 3,600척, 경=100묘=양척 10,000척=주척 360,000척으로 계산하는 것이었다.[111]

서유구는 이러한 경법(頃法, 步畝頃)으로 팔도의 토지를 개량(改量)하자고 주장하였다. 그리고 논밭의 지형이나 형태를 따지지 않고 양척 1만 척을 1경(頃)으로 삼을 것을 제안한다. 1경을 꾸릴 때 이웃하고 있는 논밭과 연결시켜서 만드는 방식을 제시한다. 그리고 1경을 단위로 어린도책(魚鱗圖冊)을 만들고, 10경마다 천자문(千字文)의 1자(字)로 표시할 것을 주장한다.[112] 이러한 방식으로 조선의 동서남북을 양전한다면 논밭 300만 경을 얻을 수 있을 것이고, 그런 다음에 전분(田分)을 9등으로 하고 연분(年分)을 3등으로 하여 공부(貢賦)를 정하면 될 것이라고 결론을 내린다.

그는 결법(結法)이 가지고 있는 폐단이 너무나 분명한데도 고쳐지지 않는 것은 오의(五議), 즉 다섯 가지의 반론이 있기 때문이라고 지적한다. 첫 번째는 결법이 주(周)나라에서 불역지(不易地) 100무, 일역지(一易地) 200무, 재역지(再易地) 300무를 동일하게 파악한 것처럼, 토지 비옥

---

111 徐有榘,『楓石全集』,『金華知非集』卷第十一, 策,「擬上經界策」, "田制之亟宜更張者二 一曰 改結負爲頃畝法 …… 臣聞善治病者, 必醫其受病之根. 善救弊者, 必尋其起弊之原. 八弊之起, 其原安在, 豈非以經界展縮之故歟. 欲矯經界展縮之弊, 惟有改結負爲頃畝而已. 臣請以周尺六尺, 爲量尺之長, 改量八域之田. 其法量尺方一尺爲步, 積周尺三十六尺, 步百爲畝, 積周尺三千六百尺, 畝百爲頃, 積周尺三十六萬尺."

112 徐有榘,『楓石全集』,『金華知非集』卷第十一, 策,「擬上經界策」, "田制之亟宜更張者二 一曰 改結負爲頃畝法 …… 不論地之坂隰鹵墧, 不論田之方圭句直, 皆以量尺萬尺爲一頃. 不足者以畝計之, 與鄰田合湊爲一頃. 有餘者亦以畝計之, 與鄰田合湊爲一頃. 作爲魚鱗圖冊, 每十頃以千字文一字標之."

도에 따라 생산량에 차이가 생기는 것을 감안하여 만든 것이기 때문에 고칠 수 없다는 주장이라고 한다. 이에 대해 서유구는 주제(周制)는 동일하게 100무를 나누어 준다는 점에 주목해야 할 것이고 100무의 경계는 분명하게 드러나 있다는 점에서 경계 자체를 크고 작게 만드는 조선의 결법과 동일한 원리로 운영되던 것은 아니라고 반론한다.[113] 즉 토지의 비옥도가 존재하는 것을 무시하는 것이 아니라 경무법을 운영하여 토지 경계를 바르고 고르게 만드는 것이 우선되어야 한다는 설명이다.

두 번째 반론은 결부법이 삼국(三國)에서 비롯하여 몇천 년을 내려온 전범이어서 고칠 수 없다는 것이다. 이에 대해 서유구는 결부법이 고려 이후에 나온 것이라는 점을 밝히면서 반박하고 있다. 『고려사(高麗史)』에 보이는 사전(賜田)·조세(租稅) 기사에서 경(頃)이 사용된 것과 문종 때 양전보수(量田步數)를 정하면서 논밭 면적을 늘리고 줄이는 법이 시작되었을 것으로 설명하고 있다. 즉 문종 때에 결부방식이 나왔을 것으로 추정하고 있다.[114]

---

113 徐有榘, 『楓石全集』, 『金華知非集』 卷第十一, 策, 「擬上經界策」, "田制之亟宜更張者二 一曰 改結負爲頃畝法 …… 其一曰, 周制不易之地, 家百畝, 一易之地, 家二百畝, 再易之地, 家三百畝, 蓋以此之肥瘠不同, 而生穀之數, 或相倍蓰也. 我東結法之六等異量, 實師其意, 不可改也. 臣以爲不然, 一易云者, 一年陳棄之謂也, 再易云者, 二年陳棄之謂也. 我國之制, 何嘗責稅於陳地, 而成周之法, 亦何嘗以旣墾之田, 倍授於一夫乎. 且曰二百畝三百畝云爾, 則不論肥瘠, 其爲百畝之經界則自如矣, 曷嘗展縮經界, 如我國結法之爲乎."

114 徐有榘, 『楓石全集』, 『金華知非集』 卷第十一, 策, 「擬上經界策」, "田制之亟宜更張者二 一曰 改結負爲頃畝法 …… 其二曰, 結負法, 遠自三國, 已成累千年不刊之典, 今不可變易. 臣以爲, 此又不考之論也. 稽之高麗史, 太祖諭有司曰, 泰封主以民從欲, 一頃之田, 租稅六碩. 又朴英規傳云, 太祖旣平神劒, 賜英規田千頃, 則結負之名, 起於太祖以後, 可推而知矣. 高麗, 文宗, 二十三年, 定量田步數諸等, 地廣皆同, 而賦稅隨地品有輕重之差, 則地有展縮之法, 刱於文宗以後, 又可推而知矣."

세 번째 반론은 결법(結法)이 고려 말에 시작되었다고 하더라도 우리 조선에서 조종(祖宗) 이래 400여 년 동안 고치지 않고 사용하면서 본조(本朝)의 성헌(成憲)이 되었으니 고쳐서는 안 된다는 주장이다. 서유구는 세종(世宗)이 경무법을 활용하려고 하였는데, 당시 관리들이 일처리를 제대로 하지 못하여 실행되지 않은 것이라고 설명한다. 그는 세종이 하려고 한 것을 전하(殿下, 순조)가 결단하여 시행하고 잘 계술(繼述)한다면 더 바랄 것이 없다고 마무리한다.[115]

네 번째 반론은 결부를 경무로 바꾸려면 비용이 많이 들어가고 백성들을 어지럽게 만든다는 점을 지적하는 주장이다. 서유구는 현재의 양전법으로 양전하면 비용이 많이 들어가고, 백성들을 소란스럽게 만드는 것이 맞다는 점에 대해서는 동의하고 있다. 하지만 경무법으로 양전하게 되면 양전에 들어가는 시간과 인력을 크게 줄일 수 있다는 점을 강조한다. 그리하여 경계(經界)를 한 번 바로잡아 천 년 동안 고치지 않고 다만 때에 따라 토품(土品)을 올리거나 내리고, 진전(陳田)과 간전(墾田)을 구별하면 될 것이라고 지적한다. 이것이야말로 한 번 수고하고 영구히 편안하게 되는 술법이라고 정리한다.[116]

---

115 徐有榘,『楓石全集』,『金華知非集』卷第十一, 策,「擬上經界策」, “田制之亟宜更張者二 一曰 改結負爲頃畝法 …… 其三曰, 結法雖起於麗季, 而我祖宗以來四百餘年, 因而不改, 已作本朝成憲, 今欲一朝變易之, 此汲黯所以歎息於紛更也. 臣以爲, 此亦不思之甚者也. 謹按世宗二十五年教曰, 計指田尺結負把束, 不依古法, 宜尺用周尺, 改結負作頃畝法. 二十七年量田事目曰, 尺用周尺, 積二十五尺爲一步, 二百四十步爲一畝, 百畝爲一頃, 五頃爲一字. 於休盛哉, 聖主所以洞見治地制田之要領, 惓惓乎頃畝尺法, 若是其鄭重. 此誠萬世一時之機會, 而俗狃於故常, 議格於更張, 徒使煌煌聖謨, 虛載史冊. 此考古尙論之士, 所以咨嗟永歎, 不能無嘅於當日承佐之地者也. 今我殿下, 斷而行之, 善繼善述, 無以加此, 堂構云爾, 何名紛更.”

116 徐有榘,『楓石全集』,『金華知非集』卷第十一, 策,「擬上經界策」, “田制之亟宜更張者二 一曰 改結負爲頃畝法 …… 其四曰, 今欲變結負爲頃畝, 必將擧一國之田而改量之, 費財擾民, 不可爲也. …… 蓋惟曰, 結負遞減之法, 句稽未易, 不得不費日也, 費日故費財, 費

마지막 다섯 번째 반론은 은루결(隱漏結)이 서리(胥吏)의 주머니에 들어가는 것이 아니라 주현(州縣) 재정에 활용되고 있어 이를 모조리 조사하여 남겨 두지 않으면 주현의 사체가 초췌하게 될 것이라는 지적이다. 서유구는 위의 주장을 소인(小人)의 고식론(姑息論)이라고 비판하면서, 주현(州縣)에 필요한 것을 넉넉하게 내려주면 되는데, 이를 몰래 어두운 곳에서 처리하려고 하는 것은 잘못이라고 언급한다. 즉 시여하는 것으로 은혜를 내려줄 수 있는 것을 몰래 훔치는 것으로 해서는 안 될 것이라고 정리한다. 그리고 소인의 고식론은 나라를 다스리는 계책이 될 수 없다는 점을 분명히 강조한다.[117] 이상에서 검토한 바와 같이 서유구는 결부법을 경무법으로 바꾸려는 논의에 대해서 제기된 다섯 가지 반론을 하나하나 반박하면서 경무법을 실행에 옮기는 것이 마땅하다는 점을 강조하였다.

서유구는 척보(尺步)를 바로잡아 고제(古制)를 준수해야 한다는 점도 강조하였다. 전제(田制)에서 시급히 경장(更張)해야 할 것의 두 번째로 제시한 '정척보이준고제(正尺步以遵古制)'의 내용이 바로 그것이었다. 그에 따르면 현재 활용되고 있는 주척(周尺)이 짧고, 양전척도 짧은 것을 사용하고 있어 이를 바로잡아야 한다고 주장한다. 그런데 서유구는

財故擾民. 由今之法, 量今之田, 除非籌司募鏡心計者數十百人, 地部出封椿錢數十萬緡, 不可爲矣. …… 誠用頃畝法量之, 則前以一年二年而未了者, 今可一月二月而有餘, 前用百人二百人而不足者, 今可十人二十人而優爲, 事半功倍, 此之謂矣. 經界一正, 千年不易, 嗣後改籍, 不過土品升降陳墾區別而已, 固不必擧一邑一道之籍而盡改之, 此又一勞永逸之術也."

117 徐有榘, 『楓石全集』, 『金華知非集』 卷第十一, 策, 「擬上經界策」, "田制之亟宜更張者二 一曰 改結負爲頃畝法 …… 其五曰, 田之隱漏者, 非爲胥吏囊橐, 則多歸州縣私占, 今若査發無餘, 不但察淵魚不祥, 州縣事體, 憔悴可知, 非朝家優恤養廉之義也. 臣以爲此又小人姑息之論, 非可以語經邦之謨者也. 誠欲優恤州縣, 只當量增廩祿, 何可爲此黯昧難明之法, 以啓眩弄攘竊之門, 獨不見夫田舍翁之掙産者乎."

보(步)를 길이의 한 단위로 보는 것이 아니라 양족(兩足)을 평이(平移)할 때의 거리를 가리키는 고금(古今)에 걸쳐 바뀌지 않는 단위로 파악하고 있다. 그리하여 예전에는 6척을 1보로, 지금은 5척을 1보로 하는데, 이는 6척으로 할 때의 척은 작은 척이고, 5척으로 할 때의 척은 긴 척이라는 것으로 설명하고 있다. 즉 1보의 길이는 자연(自然)의 법상(法象)이어서 지교(智巧)로 어찌할 수 없는 것이라고 파악하고 있다.[118]

2) 방전법(方田法) 시행과 양전(量田) 개혁

서유구의 양전론(量田論)은 방전법(方田法)의 시행을 굵은 뼈대로 삼고 있다. 애초에 「의상경계책」 자체가 1820년 양전(量田) 계획에 호응하여 서유구가 저술한 것이었다. 당시 조정에서 양전을 추진하고 있다는 점에서 서유구가 제시하는 방전법을 중심으로 한 양전론과 조정에서 시행하려고 했던 양전책을 대비시켜 살펴볼 수 있는 좋은 기회로 생각된다. 1820년 조정의 양전 추진은 1819년 8월 이지연(李止淵)이 전정(田政)이 문란(紊亂)하고 이로 인해 민인(民人)이 여러 가지 폐단을 받고 있다고 지적하면서 양전이 필요하다고 주장한 것에서 비롯하였다.[119] 이

---

118 徐有榘, 『楓石全集』, 『金華知非集』 卷第十一, 策, 「擬上經界策」, "田制之亟宜更張者二。二曰正尺步以遵古制 …… 古以六尺爲步, 今以五尺爲步, 夫步之爲言, 兩足平移之謂也, 安有古今大小之異哉. 特以秦漢以前, 尺度差短, 故六尺爲步. 降及六朝, 尺度差長, 故五尺爲步. 蓋畸於尺之數, 而嬴於尺之長, 則其爲兩足平移之一步, 六尺五尺一也. 是以尺用古尺則當以六尺爲步, 尺用今尺則當以五尺爲步, 此卽自然之法象, 不可以智巧低仰者也."

119 『純祖實錄』 卷22, 純祖 19年 8月 17日 丙午(48-152), "丙午, 護軍李止淵疏略曰 …… 故臣則曰, 量田一事, 最爲目下急務, 而命吏憚於張大, 豪右苦其摘發, 則任事之地, 易爲撓奪. 然事或有百年未遑, 而一朝能行, 一時難便, 而百世蒙利者, 不其能斷, 曷有遠功, 條例具在, 修則斯擧. 今若另揀才能之臣, 任以便宜之權, 先自兩湖而亟行改量, 不計久速, 惟

지연은 1809년과 1814년 등 몇 차례 흉년을 치른 후로 전정(田政)이 문란해졌기 때문에 이를 해소하기 위해 양전이 필요하다고 주장하였다. 이지연의 양전 주장을 필두로 본격적으로 양전에 관련된 논의가 일어났다. 이러한 논의가 진행되는 시기에 서유구도 자신의 주장을 펼친 것이다.

먼저 순조 대 양전 추진과정과 양전사목(量田事目)의 내용을 살펴본다.[120] 1819년 9월 이지연이 전정문란(田政紊亂)과 그로 인해 민이 받고 있는 폐단을 지적하면서 양전이 필요하다는 것을 주장한 것이 본격적인 양전 논의의 시작이었다. 그런데 양전을 시행하는 것이 어렵다는 양전불가론(量田不可論)이 등장하면서 양전을 반드시 해야 한다는 양전시행론도 강화되었다.

조정의 논의는 양전시행론으로 기울어졌다. 순조는 양전을 각 도의 방백・수령으로 하여금 지휘 감독해서 도 단위의 점진적・전국적 양전으로 수행할 것을 지시하였다. 그리고 양남(兩南, 호남・영남)에서 먼저 시량(試量)하고, 그러기 위해서 각 지방에 지시해서 양전을 위한 방략을 강구하여 보고하도록 명령하였다. 양전을 실행하기 위한 작업이 진행되고 있었는데 1820년 8월에 전라감사 이서구(李書九)가 양전 시행의 중단 연기를 건의하였고 이를 정부에서 수용하면서 양전 추진이 중단되었다. 불과 몇 개월에 걸친 양전 시행 논의과 준비과정이 실행으로 옮겨지지 못한 원인은 바로 양전에 얽힌 사회적 갈등, 즉 이해관계의 대립 문제였다.

務精詳, 而他餘諸路, 次第倣行, 則其於安民擧廢之政, 庶乎其兩得之矣. 伏願下臣此章於大臣諸宰, 使之商確稟處. 批曰, 令廟堂稟處."

120 순조 대 양전 추진에 대해서 김용섭(1984)의 논저를 참고할 수 있다.

1820년 양전 추진이 중단되었지만 당시에 만들어서 시행하려고 했던 양전사목(量田事目)은 최종적으로 전국적인 양전을 목표로 안출된 양전방략(量田方略)에 해당되는 것이었다. 따라서 당시의 농정(農政)을 둘러싼 이해관계자들의 갈등관계가 양전사목에 반영되어 있다. 또한 이때 양전을 추진하면서 목표로 삼고 있었던 것이 무엇인지 구체적인 내용도 찾아볼 수 있다.

경상감사 김이재(金履載)가 마련한 양전사목[121]에서 이 시기 양전사업에서 추구하고 있는 목표가 무엇이었는지 파악할 수 있다. 그리고 또한 다른 측면에서 양전을 반대한 계층에서 어떠한 반응을 보였는지, 어떠한 점에서 반대 근거를 제시하고 있는지에 대해서도 짐작하는 것이 가능하다. 김이재가 만든 양전사목의 앞부분 서술 내용은 양전 시행이라는 문제를 제기하고 양전의 취지에 대해서 설명하는 부분이다. 서술 내용을 보면 이지연의 양전문제 제기가 국가의 존립과 민의 생존을 위해 전정(田政)문란을 제거하고 균부(均賦)·제산(制産)을 실현해야 한다는 점에 두고 있음을 지적하는 부분이다. 김이재는 이지연의 주장에 전적으로 동의하면서 특히 균부에 강조점을 두어야 한다는 점을 강조하여 양전사목을 구성하고 있다.

다음으로 김이재는 양전사목 작성과정을 설명하는 부분을 서술하고 있다. 김이재는 10개 고을을 선정하여 실제로 양전을 먼저 시험해 보고, 과거 양전사업에서 작성하였던 양전사목을 조사 검토함으로써 시량(試量)작업에 적용하는 과정을 거쳤다고 설명하고 있다. 그가 먼저 시험한 곳은 상주·대구·진주·성주·영천·합천·현풍·김해·기장·삼가 등 10개 지역이었다. 10개 지역에서 시량, 즉 양전 시험실시를 할

---

121 金履載, 『量田事目』(연세대 도서관 소장).

때 감영에서 양전에 관한 유의사항과 합행조건(合行條件)을 시달하였다. 그리고 김이재는 과거 양전사목 조례 가운데 준수책(遵守冊)·계하사목(啓下事目, 庚子量田) 등을 검토하였고, 또한 『대전통편(大典通編)』 등의 법전도 검토하였다. 이러한 과정을 거쳐 만든 양전사목을 중앙에 보고하였다. 경상감사 김이재가 올린 양전사목은 『순조실록』[122]에 보인다.

김이재가 제시한 양전사목에서 특별한 관심이 부여된 부분으로 몇 가지를 거론할 수 있다. 특히 전품(田品) 등수(等數) 승강(陞降)의 불공정, 즉 전품의 불공정 문제에 주의하고 있었다. 이 외에 김이재의 양전사목은 전단(田段)의 누락, 즉 은루결(隱漏結) 발생, 그리고 척량(尺量)의 영축(盈縮)을 사사롭게 하는 것(地多卜少·地少卜多), 진기(陳起)를 혼란시키는 것(白徵·隱結化 등의 요인) 등에도 주목하고 있었다.

먼저 전품(田品)에 대한 것을 살펴본다. 전품은 특정 필지의 장광척수(長廣尺數)와 더불어 결부를 산출하는 데 필수적인 수치이기 때문에 사실상 결부 산정(算定)의 관건이었다. 김이재가 만든 양전사목의 내용 속에 전품불공(田品不公)이 부세불균의 근본 원인이 되는 까닭이라고 주목하고 양안(量案) 상의 전품(田品)을 재조정하려는 것이 포함되어 있다. 전품을 재조정하는 것은 실제 양전을 수행할 때 가장 어려운 부분이라고 할 수 있다. 김이재는 양전사목에서 수령에게 전품 승강의 권한을 일임하고 있다. 그리고 궁방전·역토·관둔전 등은 전품을 승강(陞降)하지 못하게 규정한 것은 조정 수입, 왕실 수입, 관청 수입 등을 고려한 것이다. 그런데 민전(民田)의 전품 조정에서 향촌사회 유력자가 갖고 있던 토지들이 주된 변동 대상이었을 것으로 보이기 때문에 현실에

122 『純祖實錄』 卷23, 純祖 20年 3月 27日 癸未(48-160), “慶尙監司金履載, 以量田事目, 啓.”

서 전품 조정은 굉장히 어려운 일이었을 것으로 생각된다.

1720년 숙종 말년의 경자양전(庚子量田)을 시행할 때에도 전품을 가능한 한 변경하지 않는 방향으로 양전 규정이 귀결되었다. 이는 당시까지 농민들과 전주들이 확보하고 있던 가경전(加耕田)을 양안에 등재하는 것을 최우선으로 고려하였던 양전 실행의 주체들이 전품까지 현실 그대로 올리지 않는 것으로 전주와 농민들에게 양보하면서 귀결된 규정이었다.[123]

19세기 전답 상황 속에도 전품의 변화는 곧바로 결부 수의 증감으로 이어지면서 결국 전세(田稅)의 공정한 수취의 관건이 되는 것이다. 따라서 김이재의 양전사목에서 이에 대해 특별한 관심을 기울이고 있다는 점은 특정 필지의 결부 수를 현실과 일치시켜서 이를 통해 전세의 공정한 부과에 주목하고 있다는 점을 보여 주고 있다고 생각된다.

다음으로 김이재는 은루결(隱漏結)의 문제에 주목하였다. 그는 부세불균(賦稅不均), 백징(白徵), 국고 수입 감축의 주된 원인이 은루결이라고 파악하였다. 양전사목에서는 은루결 방지를 위해 철저한 양전 실시를 강조하였다. 선시(先試)하는 과정에서 양전을 철저하게 하는 방식을 찾아냈는데, 개인별로 시기전답(時起田畓)을 신고받아 군 전체의 실기실총(實起實摠)을 작성하는 방법이었다. 즉 실기성책(實起成冊)을 작성하여 양전의 기초장부를 작성하고 이후 양전 과정에서 거짓이 발각되면 국법으로 처벌하는 것을 강조하였다.

은루결이 군현 수령이나 서리들의 손아귀에 놓여 있는 것만이 아니라 전주(田主)들에 의해서도 자행되고 있다고 파악하는 것이었다. 이를 위해 특히 전주의 실명(實名)을 양안의 주명(主名) 기재란에 기재해야

123 庚子量田에 관련된 부분은 이세영 외(2008) 논저를 참고.

한다는 규정을 양전사목에 수록하였다. 그런데 이러한 은루결 방지대책에 대해서 기존의 기득권을 유지하려는 향촌 유력층은 은루(隱漏)한 결부가 발각되어 처벌받는 것에 대비하여 전부(佃夫, 田主)를 노명(奴名)으로 기록하는 방식으로 대응하기도 하였다.

김이재는 영남 지역의 선량(先量)과정에서 읍 전체의 진기성책(陳起成冊)만을 작성하고 본량전(本量田)에서 필지의 결부를 다시 측량하여 산정하려고 계획하고 있었다. 그리고 양전사목을 작성하면서 세정(稅政)을 불균하게 하는 요인을 제거함으로써 균부(均賦)를 실현하려고 하였다. 또한 토호(土豪) 부민(富民)들이 그동안 부당하게 누린 세정 운영상의 비리를 척결함으로써 거기에서 얻어지는 이익이 국가와 농민층에게 돌아가게 하려는 것이었다.

1820년의 양전 추진은 실제 양전을 준비해 나가는 과정에서 좌초하고 말았다.[124] 당시 표면적으로 볼 때 기민(饑民) 문제와 재원(財源) 부족 문제가 제기되면서 양전이 중지되었지만, 실제 양전을 둘러싼 사회적 갈등, 경제적 이해관계의 대립이 작용하였을 것으로 보인다.[125] 그렇지만 순조 대에 이르러 앞선 영조·정조 대에도 시행할 엄두를 내지 못하던 전국적인 양전을 구상하고 시행하려 한 점에 커다란 의의가 있다고 할 수 있다. 특히 경상감사 김이재가 전품(田品)의 공정한 등제(等第)와

124 전라감사 李書九의 건의를 받아 廟堂에서 양전 중단을 요청하였다. 『純祖實錄』 卷23, 純祖 20年 8月 2日 乙酉(48-164), “乙酉, 全羅監司李書九上疏論量田事曰 …… 必欲待三五年之間, 勸農力穡, 使田功完擧而後經界乃可論也 …… 廟堂啓言, 道臣所論, 躬莅其地, 目見其勢, 故其言如此. 此非以量田爲不可行也, 必欲待歲事之連登, 田功之克擧, 始可議於定界也. 請本道量田一款, 依所請許令姑徐, 從之.”

125 김용섭은 量田 시행을 반대하고, 양전을 시행하더라도 공정하게 量案이 작성되는 것을 두려워하여 막으려는 세력으로 豪右·富戶·强戶 등을 제시하고 있다. 김용섭(1984), 323면.

은루결의 색출에 중점을 둔 것은 당시 통용되던 양안(量案)의 문제, 전정(田政)의 문제를 잘 헤아린 것이었다.

서유구는 「본리지(本利志)」 권1, '전제(田制)' 부분에서 양전이 제대로 이루어지지 않아 전적(田籍)이 아예 없는 읍(邑)이 있고, 서리들의 손에 맡겨 놓아 마음대로 자유롭게 은모(隱冒)하고 있다고 당시의 양전실태를 지적하였다. 그리고 서유구는 아예 "아동(我東)의 전제(田制)는 지상(地上)의 전제가 아니라 지상(紙上)의 전제"라고 규정하기까지 하였다. 서유구는 결부(結負)로 산정하는 아국(我國)의 공법(公法)은 토지의 비척(肥瘠)을 반영하는 방식인데, 이는 지면(地面)의 활협(闊狹)이라는 눈으로 확인할 수 있는 유형자(有形者)를 기준으로 삼는 것이 아니기 때문에 잘못이 일어날 수밖에 없다고 본 것이다. 여기에다가 민간(民間)에서 사용하는 수전의 두락(斗落) 단위와 한전(旱田)의 일경(日耕) 단위도 또한 실상과 부합하지 않는다고 강력하게 주장하였다.[126]

조선의 결부법은 토지의 비척을 기준으로 등급을 매기기 때문에 같은 크기의 전답(田畓)이라도 1부(負)가 될 수도 있고 2부 또는 그 이상이 될 수 있는 상황이었다. 이 때문에 조선의 결부법은 중국의 경무법과 서로 비교할 수 없는 상황이었다.[127] 서유구는 결부법에 대한 비판과 더불어 척법(尺法)과 보법(步法)이 제대로 실상을 반영하지 못한다고 비판하였다.[128] 서유구는 조선의 양전법에 대하여 비판적인 검토를 하

---

126 『林園經濟志』「本利志」 권1, 田制, 論東國結負法, "國初以來, 不曾通國量田, 其或僅量數道數邑而止者, 又皆鹵莽無法. 低仰徒憑里甲之口, 贏縮一任皂胥之手. 豪猾隱冒, 則國失已墾之土. 賠補是急, 則民供不佃之稅. 執圖籍而考驗田面, 其牴牾違舛, 殆若莛之與楹. 是我東之田制, 卽紙上之田制, 而非地上之田制也. 若西北三道, 往往有邑無田籍, 硬定賦額, 均攤於租戶者, 則竝無紙上之田制, 而不可問矣(『杏蒲志』)."

127 『林園經濟志』「本利志」 권1, 田制, 論華東田畮相準, "故以我東之法, 準於中國, 不可得其要也. 磻溪謂古之百畝, 當我四十斗地者, 亦懸度之耳(『金華耕讀記』)."

면서 이를 바탕으로 결부법을 경무법으로 바꾸어 양전을 시행하자고 주장하였다.

서유구의 양전론은 「의상경계책」에서 자세히 찾아볼 수 있다. 서유구의 「의상경계책」에 양전과 관련된 부분이 많지만 특히 양전사목(量田事目)과 연관시킬 수 있는 부분은 양법지극의강마자(量法之亟宜講磨者)에 들어 있는 용방전이괄은루(用方田以括隱漏)·반수법이예이습(頒數法以豫肄習)·설전사이고근만(設專司以考勤慢) 등 3가지 조목이다.

첫 번째는 용방전이괄은루(用方田以括隱漏)이다. 은루(隱漏)를 수괄해야 하는데, 그 방법으로 방전(方田)을 해야 한다는 것이다. 방전법(方田法)은 1701년(숙종 27)에 해서(海西)에서 개량할 때 도신(道臣) 유집일(兪集一)이 채택하여 실제 양전에 활용되기도 하였다. 서유구는 유집일이 당시에 올린 계본(啓本) 등을 조사하여 상세한 방전법의 내용을 파악해야 마땅하다고 주장하고, 비변사에 당시 계본 등을 조사하라고 지시할 것을 요청하고 있다.

두 번째는 반수법이예이습(頒數法以豫肄習)인데, 수법(數法)을 반포하여 미리 잘 익혀 익숙하게 할 것을 제시한 부분이다. 이 조목에서 서유구는 여러 도형에서 면적 구하는 방법을 설명하고 있다. 서유구는 15가지 면적계산법을 제시하면서 이것만 제대로 익히면 실제 양전 과정에서 토지 면적 계산 때문에 발생하는 폐단이 없어질 것이라고 주장하였다. 그리고 수법을 여러 군현의 이서들에게 익히게 할 것도 강조하고 있다.

세 번째는 상대적으로 내용이 짤막한데, 설전사이고근만(設專司以考

---

128 『林園經濟志』「本利志」 권1, 田制, 論東國尺法, “旣不成尺法, 又不成步法, 蓋與勝國之農夫指尺所爭, 無幾何矣(『杏蒲志』).”

勤慢)이다. 이 조목은 양전 전담기관을 설치하고 담당 관리의 근만(勤慢)을 살펴야 한다는 것이다. 서유구는 묘당(廟堂)으로 하여금 비변사의 여러 재신(宰臣) 가운데 사무에 능통한 사람 8인을 선택하여 팔로(八路) 양전을 분장(分掌)하게 할 것을 주장하였다. 팔도구관당상의 사례와 같이 할 것을 요청하는 것이었다. 그리고 서울에 전사(專司)를 설치하여 부서(簿書)를 구검(句檢)하게 할 것도 제시하고 있다. 이 세 조목을 중심으로 김이재의 양전사목의 내용과 비교 검토할 수 있다.

먼저 용방전이괄은루(用方田以括隱漏) 조목은 은루(隱漏)를 수괄해야 하는데, 그 방법으로 방전(方田)을 해야 한다는 주장이었다. 앞서 김이재의 양전사목에서는 개인별 시기전답(時起田畓)을 신고받아 군 전체의 실기실총(實起實摠)을 작성하는 방법을 쓰고 있었다. 서유구는 유집일(兪集一)이 해서(海西)에서 개량할 때 방전법을 사용하였는데, 당시 전답을 수괄하는 좋은 방법으로 평가되었지만 훼방하는 논의가 일어나서 겨우 3, 4읍을 개량하는 것에 머무르고 말았다는 점을 지적하였다. 그리고 신완(申琓)이 방전법을 팔로(八路)에 널리 시행하자는 주장을 펴기에 이르렀다는 점도 찾아볼 수 있다고 하였다. 신완이 올린 상소(上疏)에 유집일이 만든 절목(節目)이 상세하고 치밀하다는 평가가 들어 있다는 점, 분세(分稅)가 지극히 균등하다는 점, 돈(墩)을 만들어 방(方)을 정한 다음에 타량하기 때문에 일은 적고 공은 배나 된다는 등의 평가 내용을 알 수 있다고 하였다. 여기에 해서 어사의 서계에서도 방전법의 내용을 짐작할 수 있다고 하였다.[129] 서유구는 영조 대에는 좌의정 서

---

129 徐有榘, 『楓石全集』, 『金華知非集』 卷第十二, 「擬上經界策」, "量法之亟宜講磨者三, 一曰用方田以括隱漏 …… 臣謹稽肅廟二十七年, 改量海西之田, 道臣兪集一諸用方田法量之. 論者頗稱其括田之良法, 未幾格於謗議, 董量三四邑而止. 是後平川君申琓陳疏請推行其法於八路, 其略曰臣見兪集一丘井量法圖帳, 節目詳密, 分稅極均, 設墩定方, 各自打

명균(徐命均)이 방전법을 좋게 평가한 것도 지적하였다.

실제로 방전법은 숙종 대 유집일(兪集一)이 제안하여 시행한 새로운 양전 방식이었다.[130] 황해도관찰사로 있던 유집일이 황해도의 강령·옹진·은율의 3읍에서 시험적으로 시행한 새로운 양전법이었다. 방전법은 정전법의 의의를 계승한 것으로, 토지를 측량할 때 기준이 되는 돈대(墩臺)를 쌓아 일정 지역을 정밀하게 측정해 내는 방법이었다. 이는 전토 측량을 마친 뒤에도 경계가 분명하고 전결(田結)이 기록에서 누락될 우려가 없다는 점에서 높은 평가를 받았는데,[131] 강력한 반대에 부딪혀 실행되지 못하였다. 방전법으로 양전을 마친 뒤에 3읍의 소민(小民)들은 모두 그 균평(均平)함을 칭송하였지만 호우(豪右)들은 불편함을 말하며 비난하고 반대하였던 것이다.[132]

서유구가 지적한 바와 같이 숙종 재위 후반인 1702년 무렵에 신완(申琓)도 방전법에 대한 논의에 참여하고 있었다. 신완은 경장(更張)과 변통(變通)의 8가지 방도 가운데 하나로 경계(經界)를 바로잡는 것〔正經界〕을 지적하고, 옥척(沃瘠)이 잘못 기록되어 있어 부세(賦稅)가 균등하지 못하므로 전품(田品) 등제(等第)를 매기는 것과 전토(田土)의 크기를

量, 畢役於旬朔之間. 比前量法, 事半功倍, 因其丘井, 推步道里, 則一邑之中, 東西南北之遠近, 山川田野之形勢, 有若列眉指掌. 一展圖帳, 而瞭然目中. 始信此法之簡便, 可行於八路. 又引海西御史書啓曰舊時量法, 只以五等田形, 隨其長短廣狹, 而尺量之法, 隨處變改. 旣量之後, 善與不善, 未易尋考. 故尺量分等之際, 盈縮高下, 一切委諸胥吏之手, 所以賄賂易行, 姦僞難防也."

130 최윤오(1992).

131 『肅宗實錄』 권35, 숙종 27년 7월 庚子(39-602), "時, 黃海監司兪集一狀言方田事, 領議政崔錫鼎白上曰, 方田與量田異制, 民皆創見, 惟在參酌出賦, 以鎭民情. 左議政李世白曰, 以集一狀觀之, 方田之法, 專無漏失, 法固美矣, 然民皆以爲不便, 姑待秋成, 相議未晩也."

132 최윤오(1992).

측량하는 것을 충실하게 해야 한다고 하여 유집일이 시행한 방전법을 널리 보급할 것을 주장하였다.[133] 이런 논의를 통해서 볼 때 유집일이 제안하여 시행하고 신완도 보급을 주장한 방전법을 양전변통론의 하나로 지적할 수 있다. 방전법은 소민(小民)들에게 부세의 균평을 가져다줄 수 있는 방안으로 평가할 수 있다.

서유구의 주장은 방전법이 이미 시험해 본 효과적인 방법인데 팔로(八路)에 널리 시행되지 않은 것이 아쉽다는 점에서 출발한다. 그는 방전법을 시행하는 구체적인 방략을 제시하는데, 바로 주사(籌司)에 보관되어 있는 당시의 계본(啓本)을 찾아내고, 해서(海西) 영읍(營邑)에 거행할 때의 부록(簿錄) 가운데 참고할 만한 것도 찾아서 묘당(廟堂)으로 하여금 엄밀하게 살피게 하라는 것이었다. 그리하여 남쪽 지역의 양전을 실행하기 전에 조례(條例)를 강정(講定)하여 이를 시행하면 균전(均田)으로 나아가는 길이 될 것이라고 자평하였다.[134] 또한 은루결을 남김 없이 찾아내는 방도가 될 것이라고 하였다.

서유구는 방전법에 반대하는 사람이 "송(宋) 희령(熙寧) 연간에 방전

---

133 申琓, 『絅菴草稿』 권4, 八條萬言封事(1702년), "正經界 …… 昨歲筵中, 兵曹判書金構請以俞集一方田之法, 使之先行於海西四邑, 而臣固不知利害之果如何, 不敢出意見論得失, 只自隨衆仰對於下詢之時矣. 四邑畢量之後, 小民則稱其均平, 豪右則言其不便. 中間毁譽, 各自不同. 而臣不但素所昧昧於此事, 亦非身親而目覩之, 故嘗自疑訝於心中矣. 及見其上送地部丘井量法啓本圖帳, 則節目詳密, 分負極均, 設墩定方. 各自打量, 畢役於旬朔之間. 比於量法, 事半功倍, 而因其丘井, 推步道里, 一邑之中, 東西南北之遠近, 山川田野之形勢, 有若列眉指掌, 一展圖帳, 則不待親自經歷, 而固已瞭然於目中矣. 誠以此法遍行於八路, 則數百年紊亂之經界, 一朝可正, 而八路之山川道里, 若在於軒墀之下矣. 始信此法之簡便, 可行於八路."

134 徐有榘, 『楓石全集』, 『金華知非集』 卷第十二, 「擬上經界策」, "量法之亟宜講磨者三, 一曰用方田以括隱漏 …… 臣謂籌司必有當時啓本, 海西營邑必有擧行簿錄之可考者, 願命廟堂取而看詳, 如果可用. 迨此南路量田之前, 講定條例, 頒之道臣, 使按而行之, 則亦戢姦均田之一道也."

법을 시행하였는데, 시행한 지 10년 만에 천하가 어지러워졌고, 숭녕(崇寧) 초기에 다시 방전법을 시행하였지만 마찬가지로 다시 번거로워져서 혁파되었다."[135]고 지적하는 것에 대한 반론을 마련해 놓고 있었다. 서유구는 송의 방전법이 동서남북을 각 1,000보(步)로 하고 41경 61무 160보를 일방(一方)으로 삼아서 사방 모서리에 흙을 쌓아 봉(埄)으로 만들고 나무를 심어 구별하는 데에 백성들을 크게 힘들게 하였다는 점을 지적하였다. 하지만 유집일의 방전법은 일방(一方)을 단지 1, 2경(頃)에 그쳤을 뿐이어서 송대의 제도와 차이가 있다고 설명하였다.[136] 이는 방전법을 시행할 때 백성들을 힘들게 한다거나 일방을 표시하는 작업에 많은 재력이 필요할 것이라는 문제제기를 한꺼번에 논박하는 것이었다.

다음으로 서유구가 제시하는 구체적인 양법(量法)의 하나는 반수법이예이습(頒數法以豫肄習)인데, 이는 각종 전형(田形)에 따라 면적을 계산하는 방법을 미리 익히게 하자는 것이었다. 실제 조선의 양전 과정에서도 장광척수(長廣尺數)와 전품(田品)으로 결부(結負)를 환산하는 해부(解負) 과정을 담당할 산학(算學)에 능한 서원배(書員輩)들을 미리 갖추어야 한다는 논의가 자주 일어나고 있었다. 서유구는 양전에 필요한 수법(數法)을 잘 익힌 이서(吏胥) 수십, 수백 인을 미리 확보해야 한다고 주

---

135 徐有榘, 『楓石全集』, 『金華知非集』 卷第十二, 「擬上經界策」, "量法之亟宜講磨者三, 一曰用方田以括隱漏 …… 或謂宋熙寧中, 定方田法, 行之十年, 天下騷擾. 崇寧初, 復行方田法, 亦以煩擾罷, 今何可效之."

136 徐有榘, 『楓石全集』, 『金華知非集』 卷第十二, 「擬上經界策」, "量法之亟宜講磨者三, 一曰用方田以括隱漏 …… 臣以爲不然. 宋制方田法, 以東西南北各千步, 當四十一頃六十一畝一百六十步爲一方, 而四角立土爲埄, 植所宜木以封表之, 其勞民動衆固也. 臣所言兪集一方田法, 不過因今行繩量之法, 而稍變其制. 每一方止一二頃而已, 則與熙寧崇寧之制, 名雖同而大小不侔矣."

장하였다. 이들을 차례로 전습(傳習)하는 데에는 3, 4개월 정도밖에 걸리지 않을 것이라고 보았다.

서유구는 스스로 '양전수법십오제(量田數法十五題)'를 만들어 반수법이예이습(頒數法以豫肄習) 조목 안에 연이어 수록하면서 구체적인 양전수법 익히는 방안을 제시하고 있다. 또한 호조(戶曹)의 산원(算員) 8인, 관상감(觀象監)의 역관(曆官) 8인을 뽑아 팔도에 각 2인씩 내려보내고 열읍(列邑)의 이서(吏胥) 가운데 승제(乘除)를 조금이라도 해독하는 사람을 영(營)으로 오게 하여 수법을 익히게 하고, 통달하기를 기다려 다시 각 읍(邑)으로 보내 차례대로 익히게 하는 방법을 제시하였다. 이리하면 일이 닥쳤을 때 시일을 크게 단축시킬 수 있다고 보는 것이었다.[137]

서유구가 제시한 15개의 문제는 먼저 정방전(正方田)과 장방전(長方田)의 경우 길이를 알 때 면적을 산출하는 방법, 면적을 알 때 길이를 산출하는 방법 등 다양하게 설정되어 있었다. 그리고 구고전(句股田)·삼각전(三角田)·양량등변무직각사방전(兩兩等邊無直角斜方田)·부등변량직각사방전(不等邊兩直角斜方田)·제전(梯田)·방환전(方環田)·부등변무직각사변전(不等邊無直角四邊田)·정환전(正圜田)·타환전(橢圜田)·환환전(圜環田)·호시전(弧矢田) 등의 면적 계산법을 제시하고 있었다. 전형(田形)이 비록 지세(地勢)에 따라 만 가지로 나뉘어 서로 같지 않지만, 이 15가지 논제만 제대로 풀이해 낼 수 있으면 실제의 토지 면적 계산에 어려움이 없을 것이라는 설명도 덧붙이고 있었다.

---

137 徐有榘,『楓石全集』,『金華知非集』卷第十二,「擬上經界策」, "量法之亟宜講磨者三, 二曰頒數法以豫肄習 …… 臣嘗用新法句股三角之法, 擬作量田數法十五題, 謹開錄如後. 乞下有司, 選戶曹筭員八人, 觀象監曆官八人, 證訂推衍. 仍分送其人于諸道, 每一道送二人, 選列邑吏胥中粗解乘除者于營下而敎習之. 俟其通透, 各歸其邑, 以次傳習, 則不出三四月, 可得通曉筭術之吏數十百人, 庶不至臨事扞格曠日費時矣."

세 번째인 설전사이고근만(設專司以考勤慢)은 양전을 담당하는 담당 관청을 설치하고 여기에 소속된 관원의 근만(勤慢)을 잘 살펴야 한다는 주장이었다. 이는 당시 양전 시행의 왕명(王命)이 내려진 상태에서 양전을 중앙에서 관장할 것인지, 아니면 관찰사가 주도할 것인지에 대한 서유구의 의견으로 볼 수 있다. 서유구는 국전(國典)에 양전할 때 균전사(均田使)나 경차관(敬差官)을 파견하게 되어 있는데, 이것은 양전을 중요하게 여기는 데에서 나온 것이지만 지방에 내려간 경차관 등의 횡포와 뇌물수수가 커다란 민폐가 되는 상황이기 때문에 그대로 실행해서는 안 된다고 보았다. 이번 남로(南路) 양전이 도신(道臣)과 수령(守令)에게 오로지 맡겨진 것은 백성의 어려움을 어루만져 주는 성의(聖意)에서 나온 것이라고 할 수 있다. 하지만 문제는 각 도마다 어떻게 시행하고 조처하는지 서로 알지 못하는 경우, 결국 조례(條例)가 각각 달라 편부(便否)가 크게 차이가 날 수 있다는 것을 지적하였다.[138]

서유구는 묘당(廟堂, 비변사)에서 사무(事務)에 정통한 사람 8인을 뽑아 팔로(八路)의 양전을 나누어 관장하게 하는데, 이를 제도구관당상(諸道句管堂上)의 예와 같이 시행하고 제도(諸道)에 파견할 필요는 없다고 보았다. 주사(籌司, 비변사)에서 시행할 사목(事目)을 강정(講定)하여 이를 팔로에 보내 각각 살펴서 실행하게 하고, 팔도(八道) 도신(道臣)에게 겸균전사(兼均田使)라는 직함을 붙여 주면 될 것이라고 하였다. 이렇게 경(京)에 전사(專司)를 세워 부서(簿書)를 관장하게 하는 것이 좋을 것이라는 제안이었다.[139]

---

138 徐有榘, 『楓石全集』, 『金華知非集』 卷第十二, 「擬上經界策」, "量法之亟宜講磨者三, 三曰設專司以考勤慢 …… 伏聞今此南路量田, 專委道臣飭勵守宰, 隨便爲之. 恤隱軫瘼之聖意 孰不攢手仰頌, 而第伏念道臣施措之所及, 止於一道而已. 他道之施措如何, 非其所知也. 萬一竣事之後, 條例各異, 便否懸殊, 則是豈我聖上一視同仁之意哉."

또한 서유구는 「의상경계책」의 농정지극의시조자육(農政之亟宜施措者六)에서도 양전에 관한 개혁란을 제시하였다. 「의상경계책」의 가장 핵심에 해당하는 내용을 담고 있는 부분이라고 할 수 있다. 그는 농정(農政) 가운데 시행해야 할 조처 6가지를 제시하면서 첫 번째로 측극고이수인시(測極高以授人時)를 들었다. 이 조목은 극고(極高)를 측량하여 인시(人時)를 제대로 내려보내야 한다는 것이다. 북극(北極) 위도(緯度)의 차이로 각 지역의 주야(晝夜) 각분(刻分)을 정하고, 적도(赤道) 경도(經度)의 차이로 각 지역의 절기 시각을 정한다고 설명하고 있다. 그는 당시 양전에 나선 양전관리(量田官吏)로 하여금 측량극고(測量極高)하게 하고, 그리하여 일력(日曆)에 수록할 것을 주장하고 있다. 결국 서유구는 각 지역의 절기를 파악하여 이를 농사짓는 시기를 놓치지 않는 데 활용해야 한다는 점을 강조하는데, 양전을 맡은 관리가 이러한 역할을 담당해야 한다고 파악하고 있었다.

이상에서 검토한 바를 정리하면 서유구는 구체적인 양전과 관련해서 먼저 방전(方田)을 해야 한다고 주장하였다. 유집일이 해서(海西)에서 개량할 때 시행하였던 방전법을 실행하기 위해 남쪽 지역의 양전을 실행하기 전에 조례(條例)를 강정(講定)하자고 하였다. 그리고 양전에 필요한 수법(數法)을 이서(吏胥)에게 미리 익히게 해야 한다는 것도 빼놓지 않았다. 또한 묘당(廟堂) 양전을 전담하는 당상을 둘 것도 제안하였다. 양전관리가 각 지역의 극고(極高)를 파악하게 하는 책무를 담당할 것을

---

139 徐有榘, 『楓石全集』, 『金華知非集』 卷第十二, 「擬上經界策」, "量法之亟宜講磨者三, 三曰設專司以考勤慢 …… 臣謂, 宜令廟堂, 擇備局諸宰中通鍊事務者八人, 分掌八路量田, 如今諸道句管堂上之例. 不必分遣諸道, 只令會議籌司, 講定應行事目, 頒之八路, 俾各按而行之. 八道道臣皆兼均田使之銜, 使之內外相維, 往復商確. 仍設專司於京, 以句撿簿書."

제안하였다.

앞서 살핀 김이재의 양전사목이 양전의 구체적인 시행방안으로서 전품(田品) 등수(等數) 승강(陞降)의 불공정, 즉 전품의 불공정 문제에 주의하고 있었다. 또한 김이재의 양전사목은 전단(田段)의 누락, 즉 은루결(隱漏結) 발생, 그리고 척량(尺量)의 영축(盈縮)을 사사롭게 하는 것(地多卜少·地少卜多), 진기(陳起)를 혼란시키는 것(白徵·隱結化 등의 요인) 등에 주목하고 있었다.

이러한 점을 종합하여 고려할 때 서유구의 양전론과 김이재의 양전사목은 좀 더 일반적인 양전의 원칙론과 좀 더 구체적인 양전의 시행방안의 성격을 각각 지닌 것으로 볼 수 있을 것이다.

3) 번답(反畓, 反田)의 금지

서유구는 조선 후기 한전(旱田)을 수전(水田)으로 바꾸는 번답(反畓, 번답으로 읽음) 현상에 대해서 심각하게 지적하면서 명실이 부합하도록 번답을 금지시켜야 한다고 주장하였다. 이는 「의상경계책」의 농정(農政) 관련 부분에 잘 정리되어 설명되어 있다. 바로 '금번전이핵명실(禁反田以覈名實)'이라는 구절인데, 번전(反田)을 금지하여 명실(名實)이 서로 들어맞도록 바로잡아야 한다는 것이다. 조선 후기 한전을 수전으로 만드는 번답이 확대되고 있던 상황은 대체로 이앙법(移秧法)의 보급을 연결시켜 설명할 수 있다. 그렇지만 번답의 확산은 결국 이전에 비해서 수리조건이 열악한 수전이 대량으로 확대된다는 점을 의미하였다. 따라서 번전이 확대되는 상황에 대한 대책, 또는 번전을 용인할 것인지 금지할 것인지에 대한 방안 마련이 필요하였다.

서유구는 1798년 무렵 정조에게 올린 응지농서인 「순창군수응지소」

에서 조선의 토지실태에 대한 사실상의 인정을 바탕으로 현실적으로 시행 가능한 방안을 제시하였다. 서유구는 한전(旱田)에서 수전(水田)으로 번작(翻作)한 것이 일도(一道)의 전결(田結) 가운데 거의 3분의 1을 차지할 것이라고 추정하고 있다. 그런데 수전이 되었지만 한전의 안(案)에 매어 있어서 아주 작은 파속(把束)도 표재(俵災)받는 예가 없다는 점도 지적하고 있다. 서유구는 한전에서 수전이 된 것을 면밀히 조사하고, 또한 구진(舊陳)을 환기(換起)하거나 관개(灌漑)를 적당히 할 수 있는 경우 번전(反田)을 허락하지만 그 외에는 허락하지 말아야 한다는 방안을 제시하였다.[140] 이러한 방안은 현재 수전으로 만들어져 있는 것을 원상대로 한전으로 환원시킬 수 없다고 파악하면서 농민의 수전 선호와 번전 확대를 어느 정도 용인하는 입장이 깔려 있다고 생각된다.

그런데 「의상경계책」에서 서유구는 순창군수일 때의 견해와 상당히 다른 입장을 피력하고 있다. '금번전이핵명실(禁反田以覈名實)'에서 서유구는 "일체 육전(陸田)으로 환작(換作)시켜야 한다."는 강력한 입장을 표명하고 있었다.[141] 이렇게 서유구는 1820년대 「의상경계책」에 이르면 현실보다는 이상적인 방안의 마련과 적극적인 실천이라는 방향을

140 徐有榘, 『楓石全集』, 『金華知非集』 卷第一, 「淳昌郡守應旨疏」, "大抵南俗, 水耨之功勝而火耕之務遜, 稉稻之種盛而麥菽之播罕. 遠水之乾坪, 依山之梯田, 無不翻作水田. 偶值潦澇, 幸得登穰, 一有旱暵, 輒致抛荒. 臣於檢田之行, 每到山脊高燥萎損最甚處, 考準帳案則什九皆此類也. 通計一道田結, 殆將三分居一 …… 除非舊陳還起, 灌漑有路處外, 勿許翻作水田. 犯者施以大典冒畊之律, 則未必不有助於裕民食備灾荒之道, 此聖敎中相土宜之一事也."

141 徐有榘, 『楓石全集』, 『金華知非集』 卷第十二, 「擬上經界策」, "五曰禁反田以覈名實 …… 然近自百年以來, 飯稻之風盛, 而從古粟麥之田, 無不翻作水田. 俗呼爲反田, 反者翻也, 謂翻, 耕旱田而作水田也. 遠水之乾坪稻秔彌望者, 未必皆穿渠之有路也, 高元之危坂畦塍錯互者, 未必皆泉源之可引也. 偶值潦澇, 幸得一食, 一有旱暵, 輒致全荒. 通計一國田總, 此類三分居一 …… 除非有川可引有陂可戽有井可漑者外, 其渠引不至車戽不及者, 一切還作陸田."

띠고 있음을 알 수 있다.

서유구는 먼저 번전에 대한 수리조건이 그렇게 좋지 않다고 지적하였다. 이와 관련해서 앞에서 수전 조성 조건에 대한 설명에서는 수리 여건이 있어야만 수전(水田)이 될 수 있다고 설명한 것을 참고할 필요가 있다. 즉 서유구는 수전에 적합한 조건을 갖추지 못한 번전을 다시 육전으로 되돌려야만 소기의 농업생산이 가능하다고 파악한 것이었다.

서유구는 물에서 멀리 떨어져 있는, 즉 원수(遠水) 상태의 건평(乾坪)이거나 높고 위태로운 경사지인 경우, 즉 고원(高元)의 위판(危坂)인 경우 수리 여건의 측면에서 수전(水田)으로 이용할 수 없다고 간주하였다. 2가지 경우 각각 천거(穿渠)하는 수로(水路)가 모두 갖추어진 것이 아니고, 또한 천원(泉源)에서 끌어들일 수 있는 것도 아니라는 것이었다.[142] 따라서 이러한 조건의 번전을 육전으로 바꾸는 것이 마땅할 것이었다.

그리고 번전이 일국(一國) 전총(田摠)의 3분의 1에 달하는데, 한전(旱田)으로 계속 전적(田籍)에 등재되어 있어 이와 관련된 문제가 발생한다는 점을 주목하였다. 특히 수세(收稅)·급재(給災) 과정에서 번전을 따로 구별하여 한전이 아닌 수전으로 이서들이 몰래 바꾸어 국가 수입으로 돌아가지 않는 점을 제기하였다. 또한 번전을 사목(事目)대로 수전이 아닌 한전으로 여겨 백성들이 내지 않아야 할 세(稅)를 내는 경우 등이 있을 것이라고 지적하였다.[143]

서유구는 육전(陸田) 즉 한전(旱田)에서 두 번 수확하는 경작법인 근

---

142 徐有榘, 『楓石全集』, 『金華知非集』 卷第十二, 「擬上經界策」, "五曰禁反田以覈名實 …… 遠水之乾坪稻秔彌望者, 未必皆穿渠之有路也. 高元之危坂畦塍錯互者, 未必皆泉源之可引也."

143 徐有榘, 『楓石全集』, 『金華知非集』 卷第十二, 「擬上經界策」, "五曰禁反田以覈名實 …… 通計一國田總, 此類三分居一, 而以其繫在旱田之籍, 原無把束並放之例. 區別一差則吏有幻勘之失, 事目是遵則民供不佃之稅, 此已有乖於綜名覈實之道."

경법과 간종법이 잘못된 방식이라고 강조하였다. 근경(根耕)을 수행하는 것이 도리어 종자를 허비하고 밭을 상하게 하는 것이라고 정리하였다.[144] 또한 간종(間種)도 법을 제정하여 금지해야 한다면서, 1년에 두 번 수확한다는 것은 민(民)을 속이는 것이라고 간주하였다. 그리고 육전에서의 급재(給災)를 수전(水田)과 동일하게 할 것, 그리하여 1년에 재종(再種)하는 것을 금지하는 것이 마땅하다고 주장하였다.[145]

서유구의 주장은 1년 재종의 금지를 요구하는 것이고, 나아가 급재(給災) 등을 수전(水田)과 동일하게 해야 한다는 내용이었다. 그리하여 번전을 원활하게 금지시킬 수 있을 것으로 파악하였다. 서유구는 한전의 경작법에 대한 나름대로의 개선방안을 제시하고 있었기 때문에 이러한 번전금지를 주장할 수 있었다.

한편 서유구는 「본리지」에서 『행포지』를 인용한 번전이라는 표제(標題) 기사를 싣고 있는데, 번전이 육전 가운데 샘이나 하천에 가까워 인수(引水)하여 관개(灌漑)할 수 있을 경우만 해당되는 것으로 서술하고 있다. 몽리혜택에서 멀찌감치 떨어져 있는 번전의 존재 자체를 부정하는 방법으로 번전을 둘러싼 논란에서 벗어난 것이다. 다만 벼는 한 번 경작하지만, 밭에서는 1년에 두 번 경작한다는 점을 들어 이해(利害)가 상반(相半)이라는 점을 지적하고 있었다.[146] 서유구는 번전에 대한 자신

---

144 徐有榘, 『楓石全集』, 『金華知非集』 卷第十一, 策, 「擬上經界策」, "農政之亟宜施措者六, 五曰禁反田以覈名實 …… 今五月刈麥, 始種粟豆, 則是粟豆之晩熟者也, 收穫必在於九十月之間. 故刈粟種麥, 不勝其晩蒔薄收之懼, 更安問三耕六耰碾砘曳耮之法也. 忙迫怱猝, 才耕卽種, 立苗在巃土之中, 一遇春旱, 十枯七八."

145 徐有榘, 『楓石全集』, 『金華知非集』 卷第十一, 策, 「擬上經界策」, "農政之亟宜施措者六, 五曰禁反田以覈名實 …… 今號於民曰, 是一年再穫者也, 雖失於粟, 尙得於麥, 可無稅乎, 不其幾於敎猱升木也乎. 臣謂陸田撿放之法, 一依水田之例. 然後嚴立峻令, 禁其一年再種之謬習乃可也."

146 『林園經濟志』 「本利志」 권1, 田制, 反田, "反(音翻)田者, 翻陸田爲水田也. 凡陸田之近

의 입장을 인수 여부라는 수리 조건의 구비 여부에 바탕을 두고 있었다. 그리하여 번전을 금지해야 한다는 결론을 내렸다.

4) 둔전(屯田) 설치와 북방(北方) 지역 개발

서유구의 둔전(屯田)설치론과 관련하여 주목해야 할 것이 바로 「의상경계책」의 마지막 조목인 '광둔전이부저축(廣屯田以富儲蓄)'이다. 둔전을 널리 설치하여 축적되는 바가 많게 해야 한다는 주장이다. 이 조목에서 서유구는 농법을 변통하는 것에 멈추지 않고 이를 널리 보급시키는 것에 대한 나름대로의 방안을 제시하였다. 서유구의 둔전설치론은 지역개발과 농법 보급의 방법으로 제시한 둔전경영론이었다. 다시 말해서 서유구는 당대 농업현실의 개혁론으로 둔전론[147]을 제시하였는데, 여기에 새로운 농법 보급의 통로를 개설하는 것도 제시되어 있었다. 또한 둔전 개설은 북방 지역의 경우 지역개발의 주요한 접근방식으로 활용해야 한다는 주장도 포함되어 있었다.

서유구가 「의상경계책」에서 제시한 둔전설치론에 대한 검토에서 빼놓아서는 안 되는 부분이 '육왈(六曰) 광둔전이부저축(廣屯田以富儲蓄)'의 앞부분 서술 내용이라고 생각된다. 이 부분에서 서유구가 둔전 개설 목적을 분명하게 밝히고 있다고 보이기 때문이다. 「의상경계책」은 조선의 농정(農政)을 개혁하기 위해 서유구가 최대한으로 체계화시킨 내용구성 속에서 작성된 글이다. 따라서 앞부분에 둔전 설치에 대한 논의

泉近河, 可引水灌漑者, 改作畦塍, 藝以稻粳. 今南北水田什三, 皆反田. 雖緣飯稻之風, 視昔爲盛, 亦由地省而利博也(畦種 則省地而收倍). 然陸田一年再種, 稻則一熟而已, 所謂利害相半者也(『杏蒲志』)."

147 金容燮(1992).

를 본격적으로 진행하기에 앞서 제시하고 있는 설명 부분을 주목하지 않을 수 없다고 생각된다. 이렇게 볼 때 결론적으로 둔전론의 기본 목표가 바로 새로운 부세를 만들어 내는 대신에 국가재원을 둔전을 통해서 확보하고, 나아가 나라를 부유하게 만들려는 데 있다는 점을 확인할 수 있다고 생각된다.

서유구는 '광둔전이부저축'의 첫 문장에서 "중국에서는 이재(理財)하기 위한 용법(用法)이 교묘하게 실행하는 것이 쉬운데, 조선에서는 재(財)와 이(利)를 말하는 것이 수단〔術〕으로 삼기가 어렵다."[148]고 설명한다. 다시 말해서 중국에서는 족산지가(足産之家)에서 장댁전주(莊宅田疇) 이외에 영생(營生)하는 길이 한 가지가 아니어서 잠적(蠶績)·축목(畜牧) 등에서 취하는 바가 있고, 화식(貨殖)의 이로움으로 어려운 일이 닥칠 때 해결할 수 있어 항상 여유롭다고 하였다. 한편 조선의 경우 애초에 취민(取民)하는 데 정당한 제도가 있어 '올바른 공부(貢賦, 正貢賦)' 외에는 가정(苛征)하거나 횡렴(橫斂)하는 것이 없다는 점에서 자부할 만하다고 평가하고 있었다.[149] 그런데 점차 수입으로 지출을 감당할 수 없는 지경에 빠져 버렸지만 정각(征榷)을 해야 한다고 나서서 말하는 사람이 없는 상황이라고 보았다. 서유구는 이를 문약(文弱)한 선비들이 모생(謀生)에 졸렬하고 화리(貨利)를 말하는 것을 부끄러워하여, 처음에는 세업(世業) 조과(租課)로 그런대로 버티지만, 식구가 늘어나고 먹는 것이 번거로워지면 빈핍해져 아침에 저녁을 도모하지 못하는 것과 같이 되는

---

148 徐有榘, 『楓石全集』, 『金華知非集』 卷第十一, 策, 「擬上經界策」, "農政之亟宜施措者六, 六曰廣屯田以富儲蓄 …… 臣竊以爲, 中國之理財用法, 易爲工. 我東之言財利者, 難爲術, 何以言之."

149 徐有榘, 『楓石全集』, 『金華知非集』 卷第十一, 策, 「擬上經界策」, "農政之亟宜施措者六, 六曰廣屯田以富儲蓄 …… 惟正貢賦之外, 而苛征橫斂, 未嘗一及於民, 此三代之所堇有, 而漢唐以後之所絶無也."

것과 같은 상황이라고 평가하였다.[150]

그는 근래에 군포(軍布)를 거두는 것과 환곡(還穀)의 모곡(耗穀)을 취하는 것에 대해서, 본래의 수취 이외에 점차 갖가지 명목이 생겨나는 것이고 각박함도 날로 심해지는 것으로 평가하였다. 그리고 군포는 군보에서 유래한 것이고 환곡은 조적에서 유래한 것이라고 파악하였다.[151] 여기에 구차한 정사가 나타나는 이유는 소금과 술에 세금을 매기지 않는 것 때문이 아니라 가렴주구가 횡행하기 때문이라는 소식(蘇軾)의 언급을 인용하고 있었다.[152] 게다가 호부(豪富)는 도면(圖免)하기를 백 가지 계책을 내어 수행하고, 농호(農戶)는 홀로 그 괴로움을 겪고 있어서 점차 나라의 가난함이 더욱 심해질 것이라고 보았다.[153] 그렇지만 이러한 상황에서 서유구는 자염(煮鹽)・주철(鑄鐵)・각주(榷酒)・산다(筭茶) 등에 세를 매겨 상고지리(商賈之利)를 빼앗는 방식, 즉 새로운 부세를 창출하는 것이 불가능하다고 보았다.[154] 이와 같이 서유구의 관심은

150 徐有榘, 『楓石全集』, 『金華知非集』 卷第十一, 策, 「擬上經界策」, "農政之亟宜施措者六, 六曰廣屯田以富儲蓄 …… 及未休養旣久, 物盈用廣, 經賦之入, 不能支出, 則司國計者煎愁逼迫, 不如所以處之, 而終不敢奮頭角以征榷爲言者. 誠恐言一發而嗤點四起, 如逃垢穢, 不欲自汚也. 譬如文弱自好之士, 拙於謀生, 恥言貨利, 其始也世業租課. 尙可持支, 及其口衆食繁, 歲計不給, 則貧窶漏底. 朝不謀夕, 凡干求假貸, 無所不爲, 而猶不肯顯作轉販營殖之事. 臣故曰我東之言財利者, 難爲術也."

151 徐有榘, 『楓石全集』, 『金華知非集』 卷第十一, 策, 「擬上經界策」, "農政之亟宜施措者六, 六曰廣屯田以富儲蓄 …… 是以近來所以生財者, 不過因舊有之軍保而放番徵布, 因舊有之糶糴而取其雀鼠之耗而已. 行之百餘年, 名額歲增一歲, 剝割日甚一日, 追莫捧枷, 轉相蔓延."

152 徐有榘, 『楓石全集』, 『金華知非集』 卷第十一, 策, 「擬上經界策」, "農政之亟宜施措者六, 六曰廣屯田以富儲蓄 …… 宋臣蘇軾所謂, 盡用衰世苟且之政者在此, 而不在鹽酒之征矣."

153 徐有榘, 『楓石全集』, 『金華知非集』 卷第十一, 策, 「擬上經界策」, "農政之亟宜施措者六, 六曰廣屯田以富儲蓄 …… 况豪富百計圖免, 農戶偏受其苦, 窮蹙無告, 轉而之四, 則客散田荒, 亦次第事, 而向所謂惟正之貢賦, 太半爲無麪之不托矣. 上不見有征伐巡狩之事, 下不見有繁華奢侈之俗, 而國之貧也滋甚者, 夫豈無所致而然哉."

154 徐有榘, 『楓石全集』, 『金華知非集』 卷第十一, 策, 「擬上經界策」, "農政之亟宜施措者六,

국가의 저축(儲蓄)을 풍성하고 부유하게 하려는 것에 놓여 있었다. 하지만 부세를 새로 만들고 징세를 급박하게 하는 방법을 채택하는 것은 불가능하다고 보았다. 그렇다면 서유구는 나라가 가난해지는 것을 막고 저축을 풍성하게 하는 방책으로 무엇을 제시하고 있는가 살펴볼 시점이다.

국가의 저축을 풍성하게 하는 방법은 먼저 '지력을 다 활용하는 것〔盡地力〕'을 힘껏 채택하는 것이었다. 그런 다음 농법 변통, 둔전 설치, 북방 지역 개발 등을 차례대로 실행해 나가는 것이었다. 구체적으로 보면 '지력을 다 활용하는 것'이란 이회(李悝)가 위문후(魏文侯)를 위해 작성한 '진지력지교(盡地力之敎)'를 채택하여 적용하자는 주장이었다. 이회는 방(方) 100리(里)의 땅 900만 경(頃)에서 산택읍거(山澤邑居)로 3분의 1을 제외하고 나머지 600만 경에서 치전(治田)을 근근(勤謹)하게 하면 회(畮)마다 삼승(三升)이 더해질 것이고, 불근(不勤)하면 손실을 입는 것이 같은 크기일 것이라고 설명하였다. 그리하여 이회는 국가에서 조적(糶糴)을 시행할 때 귀천(貴賤)을 잘 조절하고, 또한 5구(口)를 거느린 1부(夫)로 하여금 전(田) 100무(畮)를 맡게 하여 그 수확한 것으로 세(稅)・식(食) 등의 용도로 사용하도록 계획적인 농업생산을 꾀하였다.

서유구는 이회가 제기한 계획적인 농업생산을 수행하기 위한 방책을 단계적으로 제시하였다. 먼저 지력(地力)을 다 활용하기 위해서는 전야(田野)에 남겨지는 이익이 있으면 안 되기 때문에 경종(耕種)을 제대로 된 법(法)에 따라 수행해야 한다고 하였다. 따라서 경파수예지법(耕耙樹藝之法)을 가르치지 않으면 안 된다고 정리하였다.[155] 지력을 온전

六曰廣屯田以富儲蓄 …… 今欲創爲四百年來未始有之法, 煮鹽鑄鐵榷酒筭茶, 以奪商賈之利, 則臣知其必不能也."

히 활용하기 위해서는 농법을 변통하지 않으면 안 된다는 주장이다.

다음으로 서유구는 수예(樹藝)하는 법을 어떻게 가르칠 것인가에 대해서 논의를 계속해 나간다. 그는 고상(故常), 즉 이전의 일상에 익숙해 있으면 색사(色辭), 즉 안색과 말투로만 타이르는 것이 불가능하다고 보았다. 그리고 방우(方隅, 한쪽으로 치우친 모서리)에 적체되어 있으면 정령(政令)으로 가지런하게 만드는 것도 불가능하다고 보았다. 결국 반드시 식(式)을 제시하고 보여 주고, 효(效)를 거두어 따르게 해야 한다는 것으로 결론을 맺었다.[156] 다시 말해서 새롭게 변통한 농법(農法)을 보여 주고 그 농법으로 실효(實效)를 거둘 수 있다는 것도 알려 주어야 농민들이 스스로 따라올 것이라는 주장이다.

이러한 논의를 거쳐 서유구는 둔전을 설치해야 한다는 주장으로 나아간다. 서유구는 이 대목에서 둔전이란 무엇이어야 하는지, 즉 둔전의 성격에 대해서 분명한 언급을 하고 있다. 서유구는 둔전이 곧 보여 주는 것, 그리하여 다투어 일어나도록 권장하는 것을 목적으로 삼고 있으며, 이를 위해 농법을 개발하는 일도 담당해야 한다고 보았다. 농민에게 교묘함과 졸렬함의 차이가 수고로움과 편안함으로 판이하게 나뉜다는 것, 그리고 선부(善否)가 크게 차이가 나는 것에 따라 이해(利害)도 현저하게 달라진다는 것을 보여 주는 것, 이것이 바로 서유구가 바라본 둔전의 성격이었다.[157]

---

155 徐有榘, 『楓石全集』, 『金華知非集』 卷第十一, 策, 「擬上經界策」, "農政之亟宜施措者六, 六曰廣屯田以富儲蓄 …… 盡地力柰何, 邦內久安, 田野日闢, 而臣以爲地有遺利者, 淤食者衆而爲之不疾, 耕種無法而生穀不多, 故耕糶樹藝之法, 不可不敎也."

156 徐有榘, 『楓石全集』, 『金華知非集』 卷第十一, 策, 「擬上經界策」, "農政之亟宜施措者六, 六曰廣屯田以富儲蓄 …… 敎樹藝柰何. 習狃於故常者, 不可以色辭喩也. 見滯於方隅者, 不可以政令齊也. 必須程式以示之, 功效以歆之."

157 徐有榘, 『楓石全集』, 『金華知非集』 卷第十一, 策, 「擬上經界策」, "農政之亟宜施措者六,

서유구가 제안한 둔전은 달리 말해서 조선적인 농사시험장(시범농장)[158]에 해당하는 것으로 보아야 할 것이다. 치전(治田)·종곡(種穀)의 원리를 찾아내어 농민들에게 교묘함과 졸렬함의 차이, 선부(善否)의 크게 차이 나는 양상 등을 살펴볼 수 있게 해 준다는 것은 바로 농사를 시험하여 그 결과를 널리 보급하고자 하는 농사시험장의 성격에 걸맞는 것으로 생각된다. 「의상경계책」을 지역인식의 측면에서 검토한 김문식도 “경사는 새로운 농업기술을 미리 시험하는 장소이기도 했다.”고 파악하였다.[159] 결론적으로 경사둔전(京師屯田)은 농법(農法)·수리법(水利法) 등을 시험하여 새로운 기술을 개발하고 이를 사도팔도로 보급하기 위해 설치된 ‘조선농사시험장’으로 볼 수 있을 것이다.

서유구가 제시하는 둔전설치론은 가장 전형적인 ‘조선농사시험장’에 해당하는 경사둔전 4곳으로부터 시작한다. 동둔(東屯)은 경성(京城) 동쪽 10여 리의 중령포(中泠浦) 서쪽과 약간 동쪽으로 4~5리 떨어진 배봉(拜峰)의 아래쪽에 설치하는데, 용조(龍爪) 등을 이용하여 사니(沙泥)가 퇴적된 하류(下流)를 소준(疏濬)하고 우안(圩岸)을 위축(圍築)하는 등 여러 가지 수리법을 적용한다. 여기에는 배봉(拜峰)의 목해(牧廨)를 활용하여 둔전소(屯田所)도 설치한다. 다음으로 서둔(西屯)은 경성(京城) 서쪽 10여 리의 양철평(楊鐵坪)과 서남쪽으로 몇 리 떨어진 연의궁(衍義宮) 구기(舊基)에 설치하는데, 민전(民田)인 곳은 매입하는 방식으로 둔전을 만든다. 산곡(山谷)에 의지하여 축제(築堤)하여 저수지를 만들어 관개(灌漑)

六曰廣屯田以富儲蓄 …… 使世之執耒耟而服田疇者, 曉然知. 治田, 如此則理, 不如此則荒. 種穀, 如此則食, 不如此則饑. 巧拙之相形而勞逸判焉, 善否之相違而利害懸焉. 然後競相興勸, 不令而趨, 故屯田不可緩也.”

158 시범농장이라는 용어는 유봉학이 제시한 것이다. 유봉학(1995), 211면.

159 김문식(2009), 583면.

에 이용하고, 도성(都城)에서 나오는 분양(糞壤)을 수레로 운반하여 시비에 이용한다.

다음으로 남둔(南屯)은 시흥(始興) 안양(安陽)의 평야지에 설치하는데, 안양교(安陽橋) 아래에 패갑(壩閘)을 설치하여 물을 잘 조절〔節宣〕한다. 마지막으로 북둔(北屯)은 양주(楊州) 의정평(議政坪)에 설치하는데, 도봉(道峰) 수락(水落)의 사이에 위치하여 홍수의 우려가 있으므로, 장인(匠人)의 구혁(溝洫)의 제도를 따라 4척(尺)짜리 구(溝)와 8척(尺)짜리 혁(洫)을 종횡(縱橫)으로 조성하여 그 끝이 하천에 이어지게 한다. 이상에서 동서남북에 설치하는 경사사둔(京師四屯)은 경파수예(耕耙樹藝)의 기술만 제시하여 보여 주는 것이 아니라 수리법도 같이 제시하는 곳이었다.

경사둔전 4곳을 합하여 총 1,000경(頃)을 조성하는데, 10경마다 우리사우(耦犁四牛)・역차이승(役車二乘)・전부오인(佃夫五人)을 두어 전체적으로 500명의 전부(佃夫)가 동원되는 규모였다. 그리고 경우(耕牛)는 영남(嶺南)에서 동원하고, 도전(稻田) 전부(佃夫)는 영남좌도인(嶺南左道人)으로, 속전(粟田) 치전자(治田者)는 해서관서인(海西關西人)으로 모집하게 하였다. 또한 매 1둔(屯)에 농무(農務)에 밝은 사람 1인을 전농관(典農官)으로 삼아 그 일을 영락(領略)하게 하였다. 그리고 여러 가지 수리기계와 농기를 제작하는 것도 경사둔전에서 담당하게 하였다. 둔전의 도전(稻田)에서는 영남의 종도법(種稻法), 육전(陸田)에서는 지금 방법을 모두 바꾸어 조과의 대전법을 사용하게 하였다. 앞서 자세히 설명한 바와 같이 서유구가 강조한 조과의 대전법은 실은 '풍석대전법(楓石代田法)'으로 이름 붙일 수 있는 새로운 대전법이었다.

경사둔전에서 수확을 거두게 되면 그것을 창고에 축적하고, 시행한지 몇 년이 지나 성과를 거두게 되면 비로소 사도팔도(四都八道)로 확장해 나가는 방안을 상정하고 있었다. 즉 경사둔전과 사도팔도에 설치되는 영하둔전(營下屯田)은 병렬적으로 설치되는 것이 아니라 순차적으로 설치되는 것이었다.[160] 그리고 사도팔도의 둔전에 뒤이어 수륙절도영(水陸節度營) 및 열읍도호부(列邑都護府)에도 편의에 따라 차례로 둔전을 설치할 수 있게 해 주는 것이었다.

서유구는 경사둔전 설치를 반대하는 사람들이 비용 문제를 제기할 것이라고 예상하면서 이에 대한 자신의 대안을 제시하였다. 동둔(東屯)의 경우 감목(監牧)하던 해우(廨宇)를 그대로 이용하고 조적미(糶糴米)를 둘로 나누어 하나는 축우(築圩)・준포(濬浦)・기계제조(器械製造) 등에 쓰고, 하나는 염산(斂散) 취식(取殖)하여 엽전(饁田)과 사우(飼牛)의 비용으로 쓰면 비용 염출이 가능할 것이라고 보았다. 따라서 재원이 필요한 둔전은 서・남・북 3곳인데, 여기에 들어가는 비용은 경사(京師)의 전곡(錢穀)을 관장하는 아문(衙門)들이 불우(不虞)에 대비하기 위해 갖추고 있는 재물을 활용하면 좋을 것이라고 하였다. 그리하여 호조(戶曹)・선혜청(宣惠廳)・균역청(均役廳)・사복시(司僕寺)・훈국(訓局)・금위영(禁衛營)・어영청(御營廳)・양계청(揚戒廳) 등에 전(錢) 1만 민(緡)이나 혹은 5, 6천 민(緡)을 내게 하고, 삼둔(三屯)에 각각 2만 민씩 내려주어 매전(買田)・영실(營室)・조기(造器)・초년름식(初年廩食) 비용 등에 사용하도록 하였다.[161] 물론 가을에 수확을 거두면 상환하는 조건이었다. 여기에 경

---

160 徐有榘,『楓石全集』,『金華知非集』卷第十一, 策,「擬上經界策」, "農政之亟宜施措者六, 六曰廣屯田以富儲蓄 …… 行之數年, 灼見成效. 然後分遣其徒于四都八道, 以一傳十, 以十傳百, 教導其耕播芸耨之法. 各就營下近處, 設置屯田, 多或七八百頃, 少或四五百頃, 其設施規制, 一倣京屯."

161 徐有榘,『楓石全集』,『金華知非集』卷第十一, 策,「擬上經界策」, "農政之亟宜施措者六, 六曰廣屯田以富儲蓄 …… 宜令戶曹, 宣惠廳, 均役廳, 司僕寺, 訓局, 禁衛營, 御營廳, 揚戒廳. 各出錢萬緡, 或五六千緡, 分與三屯各二萬緡, 以買田・營室・造器及初年廩食之費."

외 둔전에서 소를 번식시키는 것도 담당하게 하였다. 경사둔전에서 일할 전부(佃夫)는 영남 지역과 해서관서(海西關西) 지역에서 모집하는데, 기전(畿甸) 100리 내외의 백성들 중에서도 일부 선발하여 영남양서(嶺南兩西) 지역 주민과 같이 생활하게 하여 본받게 하는 것도 고려하였다.

영하둔전(營下屯田)의 설치에 들어가는 비용은 관찰영의 별비전(別備錢)의 일부를 활용하는 방식으로 마련하게 하였다. 그리고 열읍둔전(列邑屯田)의 경우는 열읍의 공사고(公使庫)를 재원으로 활용하게 하였다. 공사고의 전곡(錢穀)과 전결(田結)을 활용하는 것이었다. 열읍의 둔전은 대읍에는 수백 경, 소읍은 7, 8십 경으로 하는데, 전체적으로 80경을 기준으로 삼았다. 이상에서 서유구의 농사시험장(시범농장)으로서의 둔전론은 일단락되는 것으로 보인다. 서유구가 경사둔전·영하둔전·열읍둔전을 설명한 이후에 다시 북방 지역의 둔전을 설명하고 있어, 유봉학은 4가지의 둔전[162]이라고 표현하기도 하였다. 하지만 북방 지역의 둔전은 경사둔전·영하둔전·열읍둔전과 성격이 전혀 다른 것이었다.

북방둔전은 두만강·압록강을 경계로 삼아 두 강까지의 북방 지역을 개척, 개발하기 위한 방책으로 제시된 것이었다. 즉 토지를 개간해서 강역을 넓히고, 곡식을 쌓아 두어 변방을 근실하게 하는 것 두 가지 모두 우리 아동(我東)에서 하지 않고 있는데 이를 실행에 옮겨야 한다는 주장이었다. 이러한 북방 지역 개발을 추진하는 과정에서 둔전을 방편으로 삼는 것이었다. 북방 지역이 개발된 이후에는 군읍(郡邑) 또는 진보(鎭堡)를 설치하는 과정을 설정하고 있었다.

서유구는 부민(富民) 가운데 관직을 얻고자 하는 자를 활용하여 백부장(百夫長)·천부장(千夫長)으로 삼는 방안을 제시하였다. 그리고 이들에

162 유봉학(1995), 212면.

게 주는 작(爵)은 백성들을 다스리거나 일을 관장하지 못하는 공명(空名)일 뿐이라는 설명이었다. 그리고 이들에게 무과 출신으로 발탁될 기회도 부여하였다. 간전(墾田)을 확보하게 되면 강에서 10리 이내의 땅을 획정(畫井)하여 분전(分田)하기를 내지(內地)의 둔전지제(屯田之制)와 같이 하고, 둔전을 경영한 지 3년 후에 전(田)의 품등(品等)의 고하(高下)를 살펴 십일세(什一稅)를 정하였다. 세(稅)로 거둔 것의 반은 본둔장(本屯長)의 봉록(俸祿)으로 주고, 나머지 절반을 저축하여 완급(緩急)에 대비하게 하였다. 다시 10년 후에 계속 개척을 하여 점차적으로 강(江)을 경계로 삼을 때까지 진행하고 요해지지(要害之地)를 선책하여 군읍(郡邑)을 건설하고 진보(鎭堡)를 설치한다는 것이었다.

이와 같은 북방둔전 설치는 군읍·진보 설치로 이어지는 것으로 앞서 경사둔전이 농사시험장(시범농장)의 성격을 띠고 있던 것과 완연히 다른 것이었다. 따라서 북방둔전의 설치론은 점진적인 북방 지역 개척의 방법론이라고 규정해야 할 것이다. 그리고 둔전은 지역개발의 거점에 해당하는 것이었다. 부민(富民)을 동원하여 이들을 백부지장(百夫之長)·천부지장(千夫之長)으로 삼다가, 개척을 진전시킨 다음에 둔전을 개설하여 둔장(屯長)으로 삼고, 그런 다음에 다시 군읍·진보를 설치하는 지역 개발의 점진적인 시스템을 제안한 것으로 볼 수 있을 것이다. 이상과 같이 서유구는 북방의 관둔·민둔을 점진적으로 개척하고 개설하는 방안을 체계적으로 제시하였다.

서유구는 북방 지역 둔전의 조례(條例) 대략을 제시한 다음 북방둔전을 경영하는 데 따르는 방략과 이점 등을 서술하였다. 북방 개발을 둔전을 통해서 수행하는 것이 10가지의 이로움이 있고 하나의 해로움도 없다고 자세하게 설명하면서 스스로 자신의 방안을 '서북의 변방을 굳건하게 만드는 방책〔西北實邊之策〕'이라고 규정하였다. 또한 해로의 요해처에 진보(鎭堡)를 설치하여 우병어농(寓兵於農)으로 서북의 진보처럼 운영하여, 어염의 이득으로 내지의 미곡을 가져오게 하는 것은 동남(東南)을 굳건하게 지키는 방책〔東南固圉之策〕이라고 규정하였다. 서유구는 이러한 입장에서 북방둔전 설치론을 전개하고 있기 때문에 북방둔전을 설명하는 초입에 "신이 말하는 바의 둔전은 조지(棗祗)와 한호(韓浩)가 내지(內地)를 저적(貯積)하는 계(計)를 세운 것을 본받아 실변고어지책(實邊固圉之策)으로 이어서 설명하려고 한다."라고 언급하였다. 즉 자신의 북방둔전 설치론이 '변방을 굳건하고 건실하게 하는 방책〔實邊固圉之策〕'이라고 규정한 것이다.

서유구가 제안한 둔전설치론은 동인(東人)들이 사(士)를 귀(貴)하게 여기고 농(農)을 천(賤)하게 여기는 것을 뒤집어엎으려는 의지도 담고 있었다. 그는 예전에는 사(士)가 곧 농(農)이고 농(農)이 곧 사(士)여서 뇌사(耒耜)가 곧 시서(詩書)이고 방책(方冊)이 곧 전박(錢鎛)이었지만, 지금은 성명(性命)을 고담(高談)하면서 오곡(五穀)의 이름도 분별하지 못하고 있다는 점을 지적하였다. 그리고 당시 조선에서 일국의 사람들 절반이 사(士)인데, 나머지 절반 가운데 많은 이들이 공상(工商)으로 옮겨가서 농(農)으로 남아 있는 것이 10에 겨우 1, 2에 불과한 형편이라고 보았다. 이렇게 농사를 짓는 사람이 적고 밥먹는 사람이 많아 치전(治田)이 제대로 이루어지지 않는다고 평가한다. 그렇기 때문에 먼저 중농(重農)을 수행해야 한다고 주장한다.[163]

---

163 徐有榘, 『楓石全集』, 『金華知非集』 卷第十一, 策, 「擬上經界策」, "農政之亟宜施措者六, 二曰敎樹藝以盡地方. 屯田之法, 另具蕘說在後, 黜陟勸懲之政, 非臣之所宜言. 欲默而息乎, 又非人臣有懷無隱之義, 敢不避猥越之誅而一陳之, 東人之貴士而賤農也久矣. 古者四民, 士居其一, 今則通國之半矣. 古者士卽農農卽士, 故曰耕莘而樂道則耒耜卽詩書也, 帶經而鋤田則方冊卽錢鎛也, 今則有高談性命而不辨五穀之名者矣. 擧一國之人而去士則存者堇什之五矣, 什五之中去商去工則存者堇什之一二矣, 一二之中又去游食之徒, 則

그는 중농(重農)을 실질적으로 수행하기 위해 농(農)에 따르는 해로움을 제거하고 이로움으로 이끌어야 한다고 보았다. 유식(遊食)하면서 농을 해치는 자들을 파악하여 호포(戶布)를 부과하는 것이 농에 따르는 해로움을 제거하는 것이라고 하였다. 그리고 농무(農務)에 밝은 자를 도신(道臣)이 추천하고 또한 경외(京外) 둔전의 전농관(典農官) 가운데 실적(實蹟)이 탁이(卓異)한 자를 목민관으로 삼으면 크게 권장하는 방법이 될 것이라고 하였다.[164]

결론적으로 서유구가 제시한 둔전론은 지력(地力)을 다 활용해야 한다는 전제에서 출발하는 농정 개혁론이었다. 즉 농본(農本)의 강조, 중농(重農)의 실행, 그리고 농법(農法)의 변통을 바탕으로 국가재정의 보충을 겨냥한 개혁론이었다. 이를 위한 구체적인 방편이 한성부 지역에 경사둔전(京師屯田)이라는 농사시험장(시범농장)을 설치하고 이를 모범으로 삼아 영하와 열읍에 둔전을 만드는 것이었다. 또한 북방둔전 설치는 군읍(郡邑)・진보(鎭堡) 설치로 이어지는 것으로 점진적인 북방 지역 개발의 방법론이며, 그리고 북방둔전은 지역개발의 거점(전초기지)이었다.

其服勤田疇者, 果幾何哉. 爲之者寡, 食之者衆, 其勢不得不廣占田晦, 廣占故力不贍, 力不贍故治田鹵莽, 治田鹵莽故收不償勞. 人見其收不償勞也, 桀黠者轉而之商, 巧慧者去而爲工, 其俛首終老於畎晦者, 人役耳下愚耳, 是徒知種落地則穀可食而已. 更安問古法今法之因革, 華法東法之優劣也. 讀書窮理之士, 又嘐然自托於治人食人之義, 而鄙不屑留心, 一朝居司牧之任, 雖欲勸相而督敎之, 殆無異瞽者之於丹青聾者之於律呂, 其不爲佃夫之所竊笑者幾希矣. 田今之道不變今之俗, 則雖使廟堂日發十關, 縣官日飭萬言, 民終不信, 田終不治, 故將欲治田, 必先重農, 將欲重農, 必先去其害而聳以利."

164 徐有榘, 『楓石全集』, 『金華知非集』 卷第十一, 策, 「擬上經界策」, "農政之亟宜施措者六, 二曰敎樹藝以盡地方 …… 先試京外屯田典農官, 如有實蹟卓異者, 畀以字牧之任, 則擧一勸萬, 比屋上農矣."

4. 맺음말

서유구는 자신이 편찬한 여러 저작에서 농법 변통론, 농정 개혁론을 설파하였지만 가장 중심이 되는 논설은 바로 「의상경계책」이라고 할 수 있다. 그리고 조선의 농법(農法) 현실 진단에 의거하여 제시하는 농법 변통론(變通論)의 경우는 「의상경계책」 이외에 『행포지』, 『임원경제지』의 「본리지」 등을 같이 살필 수 있다. 그런데 조선의 농정(農政) 현황 파악에 따라 정리한 농정 개혁론(改革論)은 큰 체계가 「의상경계책」에 담겨 있다고 할 수 있다.

본문에서 서유구의 농법 변통론을 수전(水田) 이앙법 실시와 시비(施肥) 강조, 대전법(代田法)의 재해석과 보급, 수리기술(水利技術)의 정리와 보급, 품종(品種) 정리와 종자(種子) 수입 등을 중심으로 정리하였다. 그리고 농정 개혁론을 결부법(結負法)의 폐단과 경무법(頃畝法) 실시, 방전법(方田法) 시행과 양전(量田) 개혁, 번답(反畓)의 금지, 둔전(屯田) 설치와 북방 지역 개발 등으로 정리하였다. 아래에 본문에서 밝힌 주요한 논점을 소개하고자 한다.

서유구는 수전(水田)과 한전(旱田)의 경종법(耕種法)에 대해서 영남 지역의 종도법(種稻法)을 참용(參用)하고 여기에 고인(古人)이 세 번 기경하고 네 번 써레질하며, 김매고(揚稻) 논말리는 방법(熇稻) 가운데 뺄 것을 빼고 넣을 것을 넣으면 좋을 것이라고 강조하였다. 또한 기본적으로 수전에서 이앙법의 실행에 적극 동의하고 있었다. 또한 영남 지역에서 실행하는 가을논에서 실행할 수 있는 경법(耕法)을 소개하기도 하였다. 도작(稻作)에서 볏모〔稻秧〕가 자라서 2, 3촌 되었을 때 위에 더해 주는 중요분(中腰糞)을 강조하였다.

한전농법(旱田農法)의 경우 종속법(種粟法)을 강조하였는데, 변통론으로 구전법(區田法)과 대전법(代田法)을 제시하였다. 구전(區田)이 가뭄이 들었을 때에도 쉽게 물을 댈 수 있다는 점, 거름 성분을 뿌리에 온전히 전해 줄 수 있다는 점 등을 강조하였다. 서유구는 구전으로 작물을 재배한 경험담도 곁들이고 있었다. 서유구는 조과(趙過)의 둔전법(屯田法)을 활용해야 한다고 주장하면서, 관서(關西)·해서(海西)의 종속법을 견종법(畎種法), 즉 대전법으로 파악하고 있었다. 서유구는 당시의 종속법이 농종(壟種)이라는 점을 분명하게 파악하고 있었는데, 종속(種粟)이 견종(畎種)하는 것이 올바르다고 주장하면서 동인(東人)의 잘못(失)을 7가지로 제시하고 있었다. 그리고 당대에 통용되고 있던 육전(陸田), 즉 한전(旱田)에서 두 번 수확하는 경작법인 근경법과 간종법이 잘못된 방식이라고 강조하였다. 그는 1년 1작 방식의 한전농법을 권장하면서 "광종(廣種)하여 조금 수확하는 것보다는 협종(狹種)하여 많이 수확하는 것이 낫다."라고 설명하였다.

서유구는 중국 사서(史書)·농서(農書)에 보이는 조과(趙過)의 대전법과 요동(遼東) 종속법, 동인(東人)의 종속법 등에 의거하여 대전법을 재해석하고 새롭게 정리한 내용을 제시하였다. 서유구 자신은 그가 보급시키기 위해 갖은 애를 쓰면서 이점(利點)을 다방면으로 제시한 대전법을 조과의 대전법이라고 간주하고 있었지만 몇 가지 점에서 조과의 대전법과 서유구가 제시한 대전법 사이에 차이가 있었다. 서유구는 일경삼파(一耕三耙)의 기경(起耕) 숙치(熟治) 방식, 무상(畝上)의 삼견삼벌(三甽三伐) 작성, 육척(六尺)마다 일구(一溝)의 배수구 수축 등을 대전법의 필수불가결한 조건으로 파악하고 있었다. 그가 생각한 위와 같은 내용의 대전법은 실로 조과의 대전법으로 간주하기 어려운 것이었다. 이러한 방식의 대전법은 '풍석대전법'으로 부르는 것도 생각해 볼 수 있을 것이다. 서유구는 대전법을 단지 언어(言語)와 부서(簿書)로 보급하는 것이 불가능하다고 보았기 때문에 둔전을 통한 보급을 강조하였다. 한편 서유구는 종맥법(種麥法)에서 분전(糞田)의 중요성을 크게 강조하였다. 대소맥(大小麥)을 막론하고 그리고 땅의 요척조습(饒瘠燥濕)을 논하지 않고 '요뇨(澆尿)'가 가장 좋은 시비법이라고 강조하였다.

서유구는 땅에 대한 물의 관계가 사람에게 혈기(血氣)와 진액(津液)이 있는 것과 같다고 비유하면서 치수(治水)하는 법 4가지를 소개하였다. 첫 번째는 물도랑이나 하천을 준설(浚渫)하여 물길을 통하게 하고 이끌어 주는 것, 두 번째는 작고 큰 제방(둑)을 쌓아 물이 넘쳐흐르는 것을 막아 주는 것, 세 번째는 저수지·못을 크게 만들어 물을 모아 두는 것, 마지막 네 번째는 수문(水門)과 수차(水車)를 활용하여 물을 제어하는 것이었다. 치수하는 데에 관련된 굉강대목(宏綱大目)들이 이 네 가지에서 벗어나는 것이 없을 것이라는 자신감을 내비치고 있었다.

서유구는 조선의 수리(水利) 현실에 대한 평가를 바탕으로 변통책을 제시하였는데, 먼저 수리의 이치를 통달하게 깨우친 사람 3~5인을 뽑아 위의 4가지 치수 기술을 강구(講究)하게 할 것을 제안하였다. 그리고 치수에 사용할 기계(器械)들이 갖추어지면 먼저 경사(經師) 부근 수십 리 내외 지역에서 시험적으로 사용하고 나중에 지방으로 보급시켜야 한다고 주장하였다. 이는 자신의 둔전설치론에서 설정한 경사둔전과 연결되는 것이었다.

또한 서유구는 수리시설을 변통하는 방식으로 정전제(井田制)의 구혁제(溝洫制)와 유사한 방식으로 세구(細溝)→소구(小溝)→대구(大溝)→천(川)으로 이어지는 크고 작은 구(溝)를 개착(開鑿)하고 이를 관인(官人)이 공동으로 관리하는 방식을 제안하였다. 경사 주변에서 가뭄과 홍수를 쉽게 이겨내는 치수법을 고안하고 실행한 다음 그 혁혁한 효과를 거둔다면 팔방(八方)에서 반드시 본받을 것이라고 보았다. 그리고 수리(水利)를 일으키고 수해(水害)를 없애는 방책의 하나로 진제(賑濟)와 병행할 것을 주장하면서, 이러한 방안이 일시적인 구황(救荒)에 그치는 것이 아니라 만세(萬歲)토록 의지할 수 있는 구황이라고 확신하였다.

서유구의 농정 개혁론은 먼저 전제(田制) 가운데 결부법(結負法)이 갖고 있는 여러 가지 폐단을 지적하면서 경무법(頃畝法)을 실시하는 것을 앞세운 것이었다. 결부법은 전지(田地)의 파악을 주(主)로 삼는 것이 아니라 조세(租稅)를 주로 삼는 것이어서 성왕(聖王)이 토지를 파악하여 분전(分田)하고 제록(制祿)하는 것과 어긋난 것이라 지적한다. 그리고 전지와 조세가 맺고 있는 체용(體用)과 본말(本末)의 관계를 뒤집은 점, 척도(尺度)가 가지런하지 않고 오차가 심하여 속임수가 늘어난다는 점, 양전(量田)과 해부(解負)가 복잡하여 결국 이서(吏胥)들의 농간에 놀아난다는 점, 토의(土宜)를 파악하기 어려워 결부에 기강이 없고 부세가 균평하지 않다는 점, 토지의 비척이 계속 변하는 것을 반영하지 못한다는 점, 공문서와 사문서 사이에 차이가 많아 분규를 일으키는 원인이 되고 있다는 점 등을 폐단으로 지적한다. 그리하여 주척(周尺) 6척을 양척(量尺) 1척으로 삼는 방식으로 경무법을 시행해야 한다고 단언한다.

서유구의 농정 개혁론 가운데 양전론은 방전법(方田法)의 시행을 뼈대로 삼고 있다. 1820년 조정의 양전추진의 특징은 경상감사 김이재(金履載)가 마련한 양전사목(量田事目)에서 알 수 있다. 전품(田品) 등수(等數) 승강(陞降)의 불공정, 즉 전품의 불공정 문제, 전단(田段)의 누락, 즉 은루결(隱漏結) 발생, 그리고 척량(尺量)의 영축(盈縮)을 사사롭게 하는 것(地多卜少・地少卜多), 진기(陳起)를 혼란시키는 것(白徵・隱結化 등의 요인) 등에도 주목하고 있었다. 특히 부세불균의 근본 원인이 되는 까닭이라고 주목하고 양안(量案) 상의 전품을 재조정하려고 하였다. 그리고 은루결 방지를 위해 개인별로 시기전답(時起田畓)을 신고받아 군 전체의 실기실총(實起實摠)을 작성하는 방법을 채택하였다.

서유구도 은루결의 수괄에 관심을 기울였는데, 방법은 바로 유집일(兪集一)이 해서(海西)에서 개량할 때 활용했던 방전법을 실행하는 것이었다. 유집일의 방전법은 일방(一方)을 단지 1, 2경(頃)에 그쳤을 뿐이어서 백성들을 힘들게 하지 않을 것이고, 많은 비용이 들지도 않을 것이라고 하였다. 그리고 각종 전형(田形)에 따라 면적을 계산하는 방법을 미리 익히게 하자고 하였다. 또한 묘당(廟堂)에서 사무(事務)에 정통한 사람 8인을 뽑아 팔로(八路)의 양전(量田)을 나누어 관장하게 하는 방안을 제시하였다.

서유구가 「의상경계책」에서 제시한 둔전설치론은 국가의 저축(儲蓄)을 풍성하고 부유하게 하려는 것에 그 목적이 있었다. 지력(地力)을 다 활용하기 위해서 경파수예지법(耕耰樹藝之法)을 가르치지 않으면 안 된다고 정리하였다. 그리고 새롭게 변통한 농법(農法)을 보여 주고 그 농법으로 실효(實效)를 거둘 수 있다는 것도 알려 주어야 농민들이 따라올 것이라고 보았다. 서유구가 제안한 경사둔전(京師屯田)은 농법(農法)·수리법(水利法) 등을 시험하여 새로운 기술을 개발하고 이를 사도팔도(四都八道)로 보급하기 위해 설치된 '조선농사시험장'에 해당하는 곳이었다. 경사둔전에서 몇 년 사이에 성과를 거두게 되면 비로소 사도팔도로 확장하여 영하둔전(營下屯田)을 설치하고 나아가 수륙절도영(水陸節度營) 및 열읍도호부(列邑都護府)에 열읍둔전(列邑屯田)을 순차적으로 설치하는 방안이었다.

한편 북방둔전은 두만강·압록강을 경계로 삼아 두 강까지의 북방 지역을 개척, 개발하기 위한 방책으로 제시된 것이었다. 둔전은 지역개발의 거점에 해당하는 것이었다. 부민(富民)을 동원하여 이들을 백부지장(百夫之長)·천부지장(千夫之長)으로 삼다가, 개척을 진전시킨 다음에 둔전을 개설하여 둔장(屯長)으로 삼고, 그런 다음에 다시 군읍(郡邑)·진보(鎭堡)를 설치하는 지역개발의 점진적인 시스템을 제안한 것이었다. 이런 연유로 서유구는 자신의 방안을 '서북의 변방을 굳건하게 만드는 방책〔西北實邊之策〕'이라고 규정하였다. 즉 북방둔전 설치론이 '변방을 굳건하고 건실하게 하는 방책〔實邊固圉之策〕'이었다.

결론적으로 서유구가 제시한 둔전론은 지력(地力)을 다 활용해야 한다는 전제에서 출발하는 농정 개혁론이었다. 즉 농본(農本)의 강조, 중농(重農)의 실행, 그리고 농법(農法)의 변통을 바탕으로 국가재정의 보충을 겨냥한 개혁론이었다. 이를 위한 구체적인 방편이 한성부 지역에 경사둔전이라는 농사시험장(시범농장)을 설치하고 이를 모범으로 삼아 영하와 열읍에 둔전을 만드는 것이었다. 또한 북방둔전 설치는 군읍·진보 설치로 이어지는 것으로 점진적인 북방 지역 개발의 방법론이며, 그리고 북방둔전은 지역개발의 거점(전초기지)이었다.

參考文獻

『農事直說』

申洬, 『農家集成』

柳重臨, 『增補山林經濟』

徐有榘, 『楓石全集』

徐有榘, 『林園經濟志』

徐有榘, 『杏蒲志』

賈思勰, 『齊民要術』

김용섭(1970), 『朝鮮 後期 農學의 發達』, 韓國文化硏究叢書 2, 서울대 韓國文化硏究所.

_____(1984), 「18, 19世紀의 農業實情과 새로운 農業經營論」, 『增補版 韓國近代農業史硏究』 上, 一潮閣.

_____(1988), 「1. 『林園經濟志』의 農業論」, 『朝鮮後期農學史硏究』, 一潮閣.

문중양(2000), 『조선후기 水利學과 水利담론』, 集文堂.

閔成基(1976), 「朝鮮後期 實學派의 代田論」, 『釜山大學校 文理科大學 論文集』 第15輯.

_____(1988), 『朝鮮農業史硏究』, 一朝閣.

유봉학(1995), 「徐有榘의 學問과 農業政策論」, 『燕巖一派 北學思想 硏究』, 一志社.

賈思勰 撰, 西山武一, 熊代幸雄 譯(1957), 『校訂譯註 齊民要術』 上, 東京大學出版會.

김문식(2009), 「「擬上經界策」에 나타난 서유구의 지역인식」, 『한국실학연구』 18, 한국실학학회.

閔成基(1980), 「朝鮮前期 麥作技術考－『農事直說』의 種麥法 分析」, 『釜大史學』 4 (1988, 『朝鮮農業史研究』, 一潮閣 재수록).

안대회(2006), 「임원경제지(林園經濟志)를 통해 본 서유구의 이용후생학(利用厚生學)」, 『한국실학연구』 11권, 한국실학학회.

염정섭(2009), 「『林園經濟志』 「本利志」의 農政改善論」, 『震檀學報』 108, 진단학회.

_____(2009), 「19세기 초반 서유구의 『임원경제지』 편찬과 「본리지」의 농법(農法) 변통론」, 『쌀·삶·문명 연구』2, 전북대 인문한국 쌀·삶·문명연구원.

정명현(2012), 「조선시대 견종법(畎種法) 보급론의 확대」, 『농업사연구』 11권 2호, 한국농업사학회.

조창록(2004), 「楓石 徐有榘에 대한 한 研究－'林園經濟'와 『樊溪詩稿』와의 관련을 中心으로」, 성균관대학교 대학원 박사학위논문.

_____(2006), 「풍석 서유구의 「의상경계책」에 대한 일 고찰－그의 문예론과 치재관의 한 면모－」, 『한국실학연구』 11, 한국실학학회.

최윤오(1992), 「肅宗朝 方田法 시행의 역사적 성격」, 『國史館論叢』 38, 국사편찬위원회.

楓石의 자연과학 저술의 특징

박권수 | 충북대학교 기초교육원 교수

1. 머리말

『임원경제지』를 비롯한 서유구(徐有榘, 1764~1845)의 저술들에는 자연과학 관련 내용들이 상당한 분량으로 수록되어 있다. 뿐만 아니라 이들 자연과학 관련 기사들이 포괄하고 있는 분야들은 천문학과 지리학에서부터 수학과 풍수 · 농학 · 원예 · 건축 · 의학 · 기술 등에 이르기까지 광범위하고 다양하다. 자연과학 관련 저술 분량의 방대함과 분야의 광범위함으로 본다면, 서유구는 조부인 서명응(徐命膺, 1716~1787)과 친부인 서호수(徐浩修, 1736~1799)와 마찬가지로 엄청난 저술 능력을 보여 주었던 유학자였다. 서명응으로부터 서호수를 거쳐 서유구에까지 이어진 이런 식의 모습은 달성(達成) 서씨(徐氏) 가문의 가학적 전통 속에서 이해될 수도 있을 것이다.

사실 '임원에서의 삶'과 관련된 지식 전반을 아우르고자 하였던 서유구의 저술 목적을 생각하건대, 『임원경제지』의 내용 중에서 자연과학 혹은 과학기술과 연관되지 않는 기사는 어쩌면 하나도 없다고까지 말할 수 있다. 우선 『임원경제지』는 임원(林園)에서 농업과 원예로써 삶을 영위하며 살아가는 데에 필요한 지식들, 즉 농학과 원예, 의학 분야의 지식들을 주된 내용으로 수록하고 있는데, 이들 분야의 지식들은 자연과학 혹은 과학기술 분야에 포함시킬 수가 있기 때문이다. (논자에 따라서는 『임원경제지』의 주된 내용을 차지하는 농학과 원예, 의학 분야의 지식들을 모두 과학기술 지식으로 취급하는 것에 동의하지 않을 수도 있을 것이다.) 게다가 이 책에는 이들 분야 외에도 천문학과 기상학 · 수학 · 지리학과 같이 더 직접적으로 과학과 기술 분야에 해당되는 지식들도 상당 분량으로 수록되어 있다.

하지만 이 짧은 글에서 그 모든 내용을 분석하고 설명하기란 불가능하며 그럴 필요도 없을 것이다. 따라서 여기서는 의학과 농학・원예・건축 등의 분야와 관련되는 지식들은 다루지 않을 것이다.

현재 『임원경제지』를 구성하는 16개의 지(志)들의 내용에 대한 번역과 주해 작업들이 진행되고 있는 상태고, 나아가 각각의 지들에 대한 상세한 해제가 제출되어 있는 상황이다. 그리고 그 과정에서 『임원경제지』에 수록된 자연과학 관련 지식들에 대해서도 하나씩 이해되고 분석되고 있는 상황이다. 하지만 서유구의 자연과학 관련 저술들을 전반적으로 분석하여 그 전체적인 특징을 논의하는 연구는 아직 제출되지 않았다. 이러한 문제의식에서 필자는 최근의 번역과 연구의 성과물들을 참고하고 정리하면서 서유구의 자연과학 관련 저술들의 전체적인 특징들에 대해 논의해 보고자 한다.

필자는 이 글에서 특히 『임원경제지』의 「본리지(本利志)」와 「위선지(魏鮮志)」, 「유예지(遊藝志)」, 「상택지(相宅志)」에 수록되어 있는 천문학・기상학・수학・풍수지리 등에 관한 내용들을 정리하고 분석해 보고자 한다. 이를 위해 본문에서는 우선 『임원경제지』를 비롯한 서유구의 저술들에 흩어져서 등장하는 자연과학 관련 기사들을 천문학과 기상학・수학・풍수지리 등의 분야별로 정리해서 그 특징을 논해 볼 것이다. 이 과정에서 필자는 분야사적인 평가도 시도해 보고자 한다. 이어서 서유구의 자연과학 저술들의 서술방식 등에 대해 전반적인 평가를 시도해 보고자 한다.

2. 천문(天文)과 기상(氣象), 점후(占候)의 지식들: 「위선지(魏鮮志)」

1) 동아시아 전통사회에서 '천문(天文)'의 의미

조선을 포함한 동아시아 전통사회에서 '천문(天文)'이라는 단어는 오늘날 한국에서 사용하는 '천문학'이라는 단어와 그 의미가 정확히 일치하지 않는다. 오늘날 우리가 사용하는 '천문학'이라는 용어는 영어의 'astronomy'와 같은 의미를 지니면서 천체와 우주에 관한 학문 분야 전반을 지칭하는 용어로 사용된다. 물론 동아시아 전통사회에서도 '천문'이라는 용어를 오늘날의 '천문학'에 해당하는 의미로 '일반적으로' 사용하기도 하였다.

하지만 좀 더 엄밀하게 말한다면, 전통시대에 '천문'이라는 단어는 하늘의 형상, 혹은 천체와 별자리의 모양과 변화를 관측하여 그 의미를 해석하는 학문을 '협소하게' 지칭하는 용어였다. 사실 '천문'이라는 단어를 글자 그대로 해석하면 '하늘(天)의 무늬〔文〕' 혹은 '하늘의 상(象)'을 뜻하는데, 전통시대 동아시아 사회에서 '천문'이라는 용어는 글자 자체의 의미에 충실한 방식으로 사용된 셈이다. '천문'이라는 분야는 오늘날의 '관측천문학' 분야에 해당한다고 말할 수 있을 것이다.

이에 비해 오늘날의 '계산천문학'에 해당하는 지식분야는 '역법(曆法)' 혹은 '역산(曆算)'이라는 용어로 지칭되었다. 동아시아 전통사회에서 '역법'은 태양과 달, 오행성의 궤도를 계산하고 예측하여 시각을 정하고 역서(曆書) 혹은 달력을 제작하는 지식분야를 의미하였다. 그 외에 하늘과 땅을 포함한 우주의 전체적 구조를 논의하는 지식분야도 별도로 존재하였는데, 이러한 지식들은 자연철학 혹은 우주론의 지식들과 결합되어 논의되기도 하였다. 그러므로 전통시대에 '천문'과 '역법'이라는 용어로 지칭했던 분야와 우주구조론(宇宙構造論)의 지식들을 포괄해야 오늘날의 '천문학'이라는 용어로 지칭하는 학문 분야에 대응이 될 수가 있는 것이다.[1]

동아시아 전통시대에 '천문'이라는 분야는 단순히 하늘의 형상, 즉 천체와 별자리들에 대한 '객관적인' 관측과 기록만을 수행하는 학문이 아니었다. 즉 '천문'은 천상(天象)에서 일어나는 변화를 관측함과 더불어 그 변화의 의미를 해석하고, 더 나아가서 앞으로의 일을 예측하는 일을 포괄하는 학문이었다. 여기서 말하는 '앞으로의 일'이란 기상(氣象)의 유불리(有不利)와 그에 따른 농사의 풍흉(豊凶)에서부터 정치를 포함하는 인간사(人間事)의 크고 작은 변화를 모두 의미하는 것이었다. 이런 점에서 동아시아 전통시대에 '천문'의 분야는 오늘날 '점성술(占星術)'이라고 지칭하는 분야의 지식을 함께 포괄하는 것이다. 사실 정확하게 말하자면, 애초 동아시아 전근대 사회에서 천문학은 원래 점성(占星)의 지식과 결합되어 있었고 나아가 점성, 즉 예측을 주된 목적으로 하는 학문이었다. 이런 점은 서양의 전근대 시대에도 마

1 한대(漢代) 이래로 동아시아 전통사회에서 오늘날의 천문학에 해당하는 학문은 크게 천문(天文)과 역법(曆法), 천체구조(天體構造) 혹은 우주구조론의 지식분야들로 나누어서 지칭되었다. 이 중에서 '천문'은 앞서 말한 대로 하늘의 별자리들에 대한 지식을, '역법'은 태양과 달, 오행성의 궤도를 계산하고 예측하는 지식을, '천체구조'는 하늘과 땅을 포함한 우주의 전체적 구조를 논의하는 지식을 의미하였다. 이들 세 분야 중에서 천문과 역법의 구분은 좀 더 뚜렷하게 존재하였다고 할 수 있다. 사실 이런 식의 구분은 『진서(晉書)』, 「천문지(天文志)」에서 처음 등장하는 분류 방식인데, 이후 중국의 정사(正史) 편찬자들은 천문과 역법의 분야를 '천문지(天文志)'와 '율력지(律曆志)'의 이름으로 아예 별도의 지(志)로서 구분하여 편찬하기도 하였다. 천문과 역법이라는 용어를 이용한 이런 식의 구분은 오늘날 동아시아 천문학사를 연구하는 현대의 학자들에 의해서도 전통 천문학의 지식들에 대한 분류의 틀로써 이용되고 있다. 이 점에 대해서는 이문규(2000), 19~25면을 참고할 것.

찬가지였다.

동아시아 전통사회에서 '천문'이라는 학문분야가 지닌 이와 같은 특성을 이해한다면, 「위선지(魏鮮志)」의 권3에 수록된 점성(占星) 부분은 『임원경제지』 중에서 동아시아의 전통적인 '천문' 분야의 지식들을 그대로 수록하고 있으며 또한 그 학문적 특성을 그대로 보여 주고 있는 부분임을 알 수 있을 것이다. 천상(天象), 즉 하늘의 상에 해당하는 천체와 별자리들에 대해 설명하고 천상의 변화를 토대로 미래를 예측하는 지식이다.

2) 「위선지」 권3, 점성(占星) : 천체와 별자리들에 관한 지식들[2]

천상(天象), 즉 하늘의 상을 토대로 기상의 변화와 인사(人事)의 유불리 등을 예측하고자 한다면 우선 천상 자체에 대한 지식들이 필요할 것이다. 이러한 이유로 「위선지(魏鮮志)」의 권3 점성(占星) 부분에는 우선 천문, 즉 별자리에 대한 지식들이 정리되어 있다.

점성 부분에는 총론(總論) 이후에 먼저 자미원(紫微垣)·태미원(太微垣)·천시원(天市垣) 등의 중천(中天)의 하늘에 있는 별자리들을 그림과 함께 설명하고 있고, 이들 별자리에 이상이 생겼을 경우 어떤 일들이 일어나는지에 대해 기술하고 있다.

---

2 「위선지」는 현재 규장각본과 고려대본, 오사카본 3종이 필사본으로 남아 있다. 그중에서 규장각본은 권1-2 부분이 빠진 채로 권3-4만 남아 있으며, 오사카본은 반대로 권1-2만 남아 있고 권3-4는 일실되어 있다. 이에 비해 고려대본은 4권 2책 모두가 온전히 남아 있다. 규장각본에서 「위선지」는 제15책에 수록되어 있다. 이 글에 실린 그림들은 규장각본에 남아 있는 그림들을 스캔한 것이다.

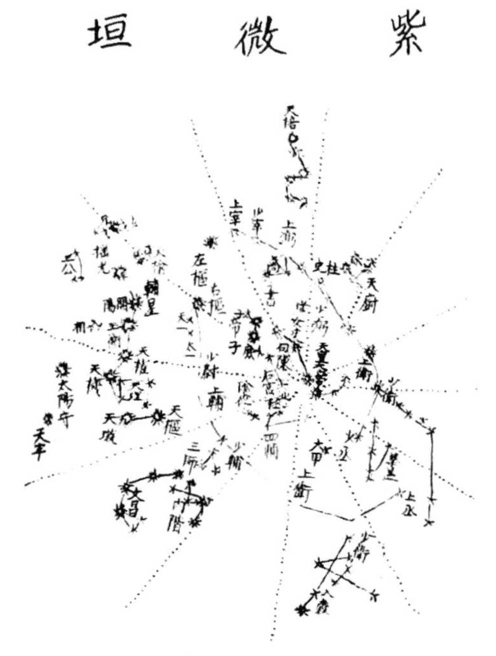

〈그림 1〉「위선지」에 수록된 자미원 그림

〈그림 2〉「위선지」에 수록된 태미원 그림

「위선지」에 수록되어 있는 자미원의 별자리는 천일성(天一星)과 태일성(太一星)·육갑육성(六甲六星)·팔곡팔성(八穀八星)·북두칠성(北斗七星)이며, 태미원의 별자리는 서번오성(西藩五星)과 동번오성(東藩五星)·영대삼성(靈臺三星)·삼태육성(三台六星)이다. 천시원은 백도이성(帛度二星)·열사이성(列肆二星)·두오성(斗五星)·곡오성(斛五星)의 별자리들로 구성되어 있다.

삼원(三垣), 곧 자미원·태미원·천시원에 이어서 서유구는 동방 7수(宿)의 별자리와 서방의 7수, 북방의 7수, 남방의 7수들을 나열하고, 역시 별자리들에 어떤 변화가 생겼을 때에 어떤 식으로 재변이나 풍흉이 드는지를 서술하고 있다.

그런데 이때 28수의 별자리들을 서술하는 방식은 먼저 해당 성도(星圖)를 싣고 난 뒤에 그 성도에 수록된 별자리들을 설명하는 방식으로 되어 있다. 다시 말해 동방의 7개 별자리들을 한꺼번에 그림에 넣어서 설명하는 것이 아니라 각수(角宿)·항수(亢宿)·저수(氐宿)의 세 별자리에 속하는 별들을 우선 설명하고, 다음으로 방수(方宿)·심수(心宿)·미수(尾宿)·기수(箕宿)의 네 별자리에 속하는 별들을 이어서 설명하고 있는 것이다. 즉 각 방위의 별자리들을 각각 세 별자리와 네 별자리의 그림 두 개로 나누어서 제시하고 설명을 하고 있다. 이런 식으로 동방·북방·서방·남방의 각 7개의 별자리를 3개와 4개로 각각 나누어서 그림을 제시하고 별도로 설명을 하는 방식은 『보천가』의 서술방식에서 비롯된 것으로 보인다. 「위선지」에 수록된 28수의 별자리 그림들의 순서를 정리해 보면 다음과 같다.

동방칠수 : 동방각항저삼수(東方角亢氐三宿), 동방방심미기사수(東方房心尾箕四宿)

東方房心尾箕四宿

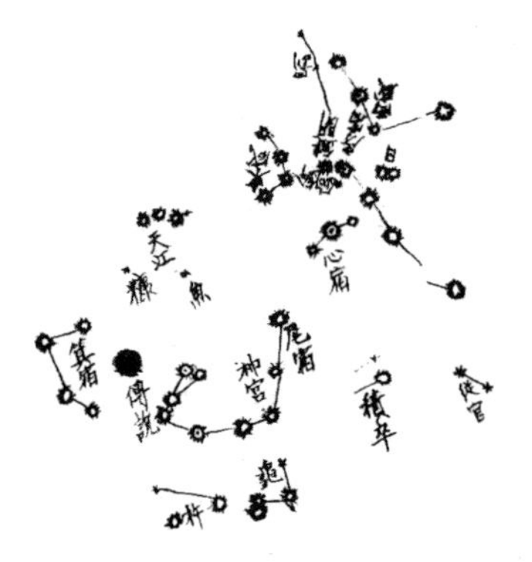

〈그림 3〉 「위선지」의 동방방심미기사수 그림

북방칠수 : 북방두우여삼수(北方斗牛女三宿), 북방허위실벽사수(北方虛危室壁四宿)

서방칠수 : 서방규누위삼수(西方奎婁胃三宿), 서방묘필자삼사수(西方昴畢觜參四宿)

남방칠수 : 남방정귀유삼수(南方井鬼柳三宿), 남방성장익진사수(南方星張翼軫四宿)

한편, 서유구는 자미원 · 태미원 · 천시원에 포함되는 별자리들과 그 바깥 28수의 별자리들에 대한 내용을 아래 인용문과 같이 단원자(丹元子)의 『보천가(步天歌)』와 대진현(戴進賢)의 『황도총성도(黃道總星圖)』에서 가져왔다고 적고 있다.

> 장차 별자리로 예점을 하려면 반드시 먼저 하늘의 별자리를 살펴야 한다. 이를 위해 지금 삼원(三垣) 이십팔수(二十八宿)의 전도(全圖)를 싣되, 그 별자리의 분야(分野)와 위치는 하나같이 단구자의 『보천가』에 의지하고, 별들을 대중소(大中小)로 구분한 것은 대진현의 『황도총성도』를 참고하여 이용하였다.[3]

위의 인용문에서 언급된 '단구자'는 『보천가』를 지은 당나라 학자 단

3 「魏鮮志」 권3, 「占星」, 紫微垣, "按將欲占星, 必先步天, 今載三垣二十八宿全圖, 而分野位置, 一依丹邱子步天歌, 星分大中小, 參用戴進賢黃道總星圖云."

원자(丹元子)의 오기이며, 대진현(戴進賢)은 마테오 리치 이래로 중국에 와서 자리를 잡았던 예수회 선교사의 일원이었던 쾨글러(Ignatius Kögler, 1680~1748)를 지칭한다. 그는 서양인으로서는 최초로 흠천감(欽天監)의 책임자인 흠천감정(欽天監正)의 지위에까지 올랐던 인물이며, 『황도총성도』(1723)와 『의상고성(儀象考成)』(1756) 등의 천문학 서적을 편찬하였다. 서유구는 「위선지」를 만들면서 특히 쾨글러가 만든 『황도총성도』를 참고하여 별의 크고 작은 크기까지 구분하여 성도(星圖)를 그린 것으로 보인다. 동아시아의 성도인 『보천가』의 전통에서는 별자리를 구성하는 각각의 별들의 크기까지 구분하고 있지는 않았는데, 서유구는 쾨글러의 『황도총성도』를 참고하여 『보천가』의 성도들을 보완하여 성도를 그린 것이다. 이처럼 「위선지」에 수록된 별자리들에 대한 지식은 동아시아의 전통적인 '보천가'의 전통과 당시 서양에서 전래된 천문학 지식들이 융합되어 있다고 말할 수 있는 것이다.

한편, 서유구가 말한 『황도총성도』는 『황도남북총성도(黃道南北總星圖)』, 『황도남북양총성도(黃道南北兩總星圖)』 혹은 신법천문도(新法天文圖)라고 말하는 천문도이다. 이 『황도남북총성도』는 전체 천구(天球)의 별자리들을 황도를 기준으로 북반구와 남반구로 나누어서 두 개의 원으로 그린 천문도로서, 동아시아의 전통적인 천문도인 『천상열차분야지도(天象列次分野地圖)』와는 그 성격을 달리하는 것이다.

전통적인 천문도인 『천상열차분야지도』와 신법천문도인 『황도남북총성도』의 차이는 다음과 같다. 『천상열차분야지도』에서는 하늘의 별자리를 적도(赤道)를 중심으로 그리면서 천구의 남쪽과 북쪽의 별자리를 하나의 원 속에 모두 그려 놓고 있다. 이에 반해 서양식의 신법천문도에서는 하늘의 별자리를 황도(黃道)를 중심으로 남반구와 북반구로 나누고 북반구의 별자리 그림인 '황도북성도'와 남반구의 별자리 그림

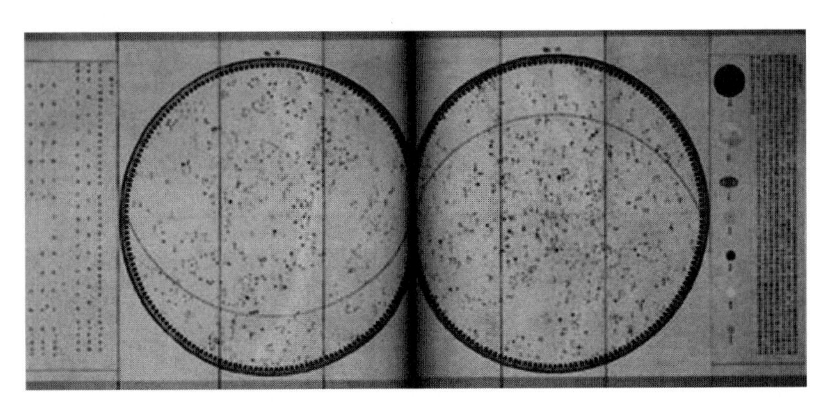

〈그림 4〉 세종대왕기념관에 소장되어 이는 『황도남북총성도』 모사본

인 '황도남성도'를 별도의 원으로 그려 놓았다는 점이다. 이와 같은 형식의 신법천문도는 17세기 이후 중국에 들어온 서양인 예수회 선교사 아담 샬(Adam Schall von Bell, 중국 이름 湯若望, 1591~1668)과 괴글러가 제작한 천문도의 영향을 받은 것이다.

서유구가 참고한 『황도남북총성도』는 영조 18년(1743)에 관상감의 관리인 김태서(金兌瑞)와 안국빈(安國賓) 등이 청에 사신으로 가서 괴글러가 만든 『황도총성도』를 직접 보고 그 제작법을 배우고 돌아와서 조선에서 다시 만든 천문도일 것이다.[4]

한편, 「위선지」 권3의 점성 부분에는 28수의 별자리들에 대한 그림과 설명에 이어서 오행성(五行星)들에 대한 그림과 설명이 수록되어 있다. 〈그림 5〉에서 보는 바와 같이 오행성들은 위에서부터 토성·목성·수성·화성·금성의 순으로 그려져 있으며, 이어서 설명들이 붙여

4 1743년에 만든 『황도남북총성도』는 현재 속리산 법주사에 원본이 소장되어 있다. 『황도남북총성도』는 이후 김정호(金正浩) 등에 의해 모사되어 목판 인쇄되었고, 사본들도 몇 개 알려져 있다.

져 있다. 참고로 말하자면, 태양계의 행성들 중에서 천왕성 · 해왕성 · 명왕성은 당시까지는 과학자들에 의해 발견되지 않았으므로 여기서도 수록되어 있지 않다.[5]

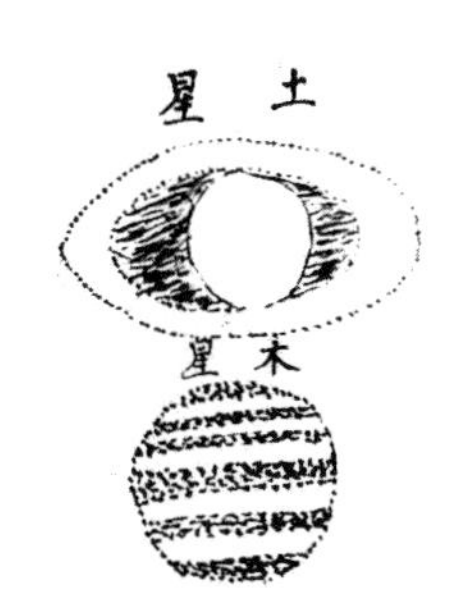

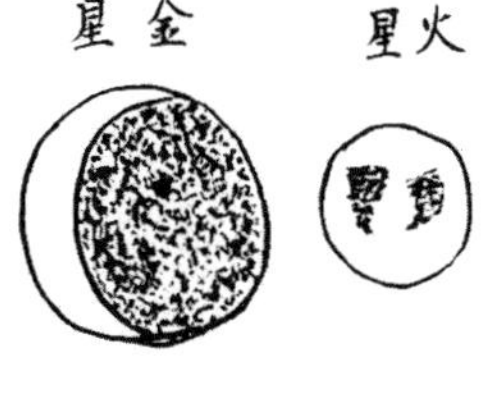

〈그림 5〉 「위선지」에 수록된 오행성 그림

흥미로운 점은 「위선지」에 수록된 이 그림에서는 오행성의 이름을 전통적인 방식인 세성(歲星, 목성) · 형혹(熒惑, 화성) · 전성(塡星, 토성) · 태백(太白, 금성) · 진성(辰星, 수성)으로 적지 않고 목성 · 화성 · 토성 · 금성 · 수성으로 적고 있다는 사실이다.

이러한 명칭과 더불어 「위선지」, 점성 부분에 수록된 오행성의 그림들을 보면, 토성의 고리와 목성의 대기 줄무늬, 금성의 위상 변화 모습이 자세하게 그려져 있다는 사실도 주목할 만하다.

이 중에서 금성이 달과 같이 위상이 변화한다는 사실과 토성의 고리는 갈릴레오(Galileo Galilei, 1564~1642)가 1609년에 처음 망원경으로 발견한 것이다. 이러한 지식들은 갈릴레오의 망원경 관측 이후에 알려진 것들로서 『황도남북총성도』가 만들어지고 조선에 전해지기 이전에 이미 중국에서 편찬된 여러 한역서학서(漢譯西學書)들 속에서 소개되어 조선의 지식인들에게도 전해졌던 지식

---

5 토성보다 멀리 있는 천왕성 · 해왕성 · 명왕성 등의 행성들은 18세기 후반 이후 망원경을 이용하여 비로소 관측되기 시작한다. 따라서 당시까지는 행성들은 동서양을 막론하고 다섯 개밖에 없는 것으로 여겨졌다. 토성이 처음 발견된 것은 1781년 허셸(William Herschel)에 의해서였다.

들이다.[6]

이에 비해 〈그림 5〉에서 보는 바와 같이 「위선지」에 수록된 목성의 대기 줄무늬 그림은 갈릴레오 이후 더 발달된 망원경을 이용하여 발견된 사실을 반영하고 있으며, 이러한 지식은 『황도남북총성도』에도 실려 있지 않은 내용이다. 다시 말해 「위선지」에 수록된 오행성의 그림은 괴글러의 『황도총성도』와 그것을 복제한 조선의 『황도남북총성도』에 수록된 오행성의 그림들과 비교해서 보아도 더 후대의 정보를 담고 있다고 생각된다. 서유구가 이러한 정보를 어디에서 얻었는지는 지금으로서는 정확히 알 수가 없다.

한편, 「위선지」의 권3 점성(占星)에서 하늘의 별자리들에 덧붙인 설명문들을 살펴보면, 서유구가 이 '점성' 부분을 서술하면서 지녔던 주된 관념과 저술의 목적 등이 무엇이었는지를 확인할 수 있다. 즉 그것은 기본적으로 하늘의 특정 구역에서 일어나는 변화가 땅에서 해당 지역에 일어날 길흉을 미리 예고한다는 관념, 다시 말해 전통적인 분야설(分野說)과 점성(占星)의 관념이다. 물론 이러한 관념들은 하늘에서의 변화가 땅에서의 변화로 나타난다는 전통적인 천인상감(天人相感)의 관념과도 무관하지가 않다.

이런 사실은 우선 「위선지」의 서문에 실린 다음과 같은 구절들로서 확인할 수 있다.

---

6 현존하는 『황도남북총성도』는 8폭 병풍으로 구성되어 있는데, 그 첫째 폭에는 망원경을 써서 알아낸 그 당시의 천문학 지식이 설명되어 있다. 또한 해·달·오행성의 크기와 빛깔을 다르게 그려 넣었다. 토성과 목성의 위성들의 회전속도도 적혀 있다. 둘째에서 넷째 폭에는 황도 북반구가 그려져 있고, 다섯째에서 일곱째 폭에는 황도 남반구 하늘의 별자리가 그려져 있다. 천문도에 그린 별의 수는 북반구에 1066개, 남반구에 789로 총 1855개이다. 마지막 폭에는 이 천문도의 제작에 참여한 여섯 관원들이 소개되어 있다.

백 가지의 창성한 정기(精氣)가 위로는 여러 별이 되었으니, 하늘에서는 상(象)을 이루고 땅에서는 형(形)을 이루었다. 정기를 보존하고 신명(神明)을 간직하여, 직분을 빛내고 밝음을 펴고, 합하고 흩어지면서 능범하고 침범하면서 길상(吉祥)과 재침(災祲)을 역력히 보인다. 밝음과 어두움, 머무름과 숨음으로 화복(禍福)을 알려 주는데, 나는 홀로 괴이히 여길 뿐이다. 무릇 홍수와 가뭄, 풍작과 흉작은 더욱 칠정(七政)에 매여 있는데, 누원례(婁元禮)와 육영(陸泳)[7]의 점후(占候)가 성상(星象)에까지 미치지 못하는 것은 왜인가? 지금 위로는 감석(甘石)에까지 거슬러 올라가고, 아래로는 사마천과 장형, 이순풍 등에까지 미치어서 1년의 점후에 관계 있는 것들을 모아서 한 편으로 저술하였다.[8]

하늘은 상을 드리워 천체들의 '밝음과 어두움, 머무름과 숨음으로 화복을 알려 준다.'는 생각은 바로 천문(天文)을 점성의 관점으로 이해하고 있음을 의미한다. 이러한 생각은 '홍수와 가뭄, 풍작과 흉작은 더욱 칠정(七政)에 매여 있다.'는 구절에서 좀 더 명확하게 드러난다. 결국 서유구가 「위선지」의 점성 부분을 지은 목적은 기본적으로 '성상(星象)'을 살핌으로써 점후(占候)를 하고자 하는 데에 있는 것이다.

자미원의 첫 번째 별인 천일성(天一星)에 대한 기사를 살펴보면 이러한 관념과 목적은 좀 더 명확하게 드러난다.

---

7 원문에는 '婁陸'으로 적혀 있다. 원말명초의 학자 누원례(婁元禮)와 명대의 학자인 육영(陸泳)을 함께 지칭한 말이다. 농업기상에 관한 점후서인 『전가오행(田家五行)』을 지은 작가에 대해 혹자는 누원래라고 하고 혹자는 육영이라고 전하기 때문에 서유구는 이 둘을 함께 묶어서 '누육'으로 지칭하고 있는 것이다.

8 「魏鮮志」 권3, 占星, "百昌之精, 上爲列星, 在天成象, 在地成形. 精存神守, 麗職宣明, 合散凌侵, 歷示祥祲, 明暗留伏, 用告禍福, 余獨怪. 夫水旱豐荒尤繫七政, 而婁陸占候, 不槪及於星象者何也. 今上溯甘石, 下逮司馬遷張衡李淳風諸家, 撮其有關於候歲者, 著之于篇."

『송양조천문지(宋兩朝天文志)』: 천일성(天一星)은 거극도(去極度)가 20도 반이고, 입수도(入宿度)는 항수(亢宿) 1도 반이다. 객성(客星)이 천일성을 범하면 오곡(五穀)이 크게 귀해진다. 유성(流星)이 천일성을 부딪히면 겨울에 물난리가 나고 여름에는 가물어 곡물이 성숙하지 못한다. 『황제점(黃帝占)』.[9]

여기서 말하는 거극도란 해당 별이 북극에서 떨어진 거리를 각도로 표현한 값으로 천구(天球)의 적도좌표계에서 일종의 적도위도(赤道緯度)에 해당하는 값이다.[10] 이에 대해 입수도란 해당 별에서 가장 가까운 28수의 중심별인 거성(距星)으로부터 동쪽으로 떨어진 각도를 의미하는데 적도경도(赤道經度)를 얻기 위한 값이라고 할 수 있다. 서유구는 『송양조천문지』를 인용하여 천일성의 적도좌표를 적어 놓은 셈이다. 이와 같은 천문학적인 지식들에 이어서 그는 객성(客星), 곧 새롭게 생겨난 손님별[11]이 이 천일성 자리에 나타나면 농사가 흉년이 되어 오곡이 귀해진다는 점성적인 구절 등을 덧붙이고 있다.

자미원의 다른 별자리인 태을성에 대해서도 적도좌표 등의 천문학적인 지식을 서술한 이후에 『관규집요(管窺輯要)』를 인용하여,

유성(流星)이 태을성의 별자리에 들어오면 천을성(天乙星)과 마찬가지로 점을 친다. 혜성이나 패성(悖星)이 태을성을 범하면, 전란으로 인한 죽

9 「魏鮮志」 권3, 占星, 紫微垣, 天一星, "宋兩朝天文志, 天一去極二十度半, 入亢宿一度半, 客星犯天一, 五穀大貴, 流星抵天一, 冬澇夏旱物不成. 黃帝占."

10 정확하게 말하면 90도 − 거극도 = 적도위도이다.

11 객성(客星)은 말 그대로 평소에는 보이지 않다가 갑자기 나타났다 사라지는 '손님별'을 의미하는데, 오늘날의 초신성(supernova)에 해당한다.

> 음과 가뭄이 함께 일어난다. 붉은 기운이 태을성을 드나들면 큰 가뭄이 있다. 검은 기운일 경우에는 큰 물난리가 난다. 푸르거나 흰 기운일 경우에는 큰 역병이 돌아서 죽는 사람이 많다. 『관규집요(管窺輯要)』.[12]

라고 적고 있다. 여기서 말하는 천을성은 앞에서 나온 천일성의 다른 이름이다. 그것에 따르면, 유성이 태을성에 들어갈 경우 앞서 언급한 바와 같이 '겨울에 물난리가 나고 여름에는 가물어 곡물이 성숙하지 못한다.'는 것이다. 물론 이들 재변은 단지 기상의 호불호에 따른 농사의 풍흉에만 관계되는 것이 아니다. 전쟁의 발발과 전염병의 유행 등과 같은 지상의 재변에 대한 것들도 주요하게 포함되어 있다. 예를 들어 혜성이 태을성을 범하면 전란이 발생하고 가뭄이 든다는 식이다.

하늘의 중앙 부분 별자리뿐 아니라 28수에 속한 별자리에 이상한 변이가 생기거나 이상한 기운이 뻗치면 또한 재변이 비슷한 방식으로 닥친다. 북방 7수 중에서 우수(牛宿)에 대한 설명을 예로 살펴보자.

> 창백한 구름 기운이 우수(牛宿)에 들면 소가 많이 죽는다. 붉은 기운이 우수를 관통하면 소와 말이 많이 죽는다. 『군방보(群芳譜)』.[13]

천상(天象)에 생기는 변화나 변고에 의해 지상에 재변이 발생하는 것은 오행성의 경우에도 마찬가지이다.

---

12 「魏鮮志」 권3, 占星, 紫微垣, 太乙星, "流星入太乙, 占同天乙. 彗字干犯太乙, 兵喪氶旱俱起. 赤氣出入太乙大旱. 黑氣大氶. 蒼白氣大疫死喪. 管窺輯要."

13 「魏鮮志」 권3, 占星, 牛宿六星, "蒼白雲氣入牛, 牛多死. 赤氣貫牛, 牛馬多死. 群芳譜."

오성(五星)이 양도(陽道)에 출현하면 가물고 음도(陰道)에 나타나면 수해가 난다. 중도(中道)에 나타나면 천하가 태평하다. 중도란 서각(西角)의 사이, 방수(房宿)의 중간, 필수(畢宿)의 천가(天街)성, 남북하의 술(戌) 사이가 모두 이것이다. 『관규집요(管窺輯要)』. 오성이 행도를 잃지 않으면 그 해 풍년이 들고 번창한다. 『한서천문지(漢書天文志)』.[14]

이상에서 살펴본 바와 같이 「위선지」의 권3 점성(占星) 부분에서는 별과 운기(運氣)로 점을 치는 내용을 주로 정리하고 있는데, 이와 같은 천문에 대한 지식들과 그림들은 이와 같은 점후를 하기 위한 기초적인 지식에 해당한다. 그러므로 「위선지」에서 천문에 대한 지식들은 점성과 점후의 지식들을 전개하려는 목적에서 정리되어 있는 것이다.

3) 「위선지」의 전체 내용 : 기상과 점후의 지식들

사실 『임원경제지』를 구성하는 16개의 '지(志)' 중 하나를 차지하는 「위선지」의 전체 내용은 바로 점을 치는 지식들을 모아서 정리한 것이다. 물론 이때 점을 치는 목적은 기본적으로 농사에 도움을 얻기 위한 것으로서, 천문과 자연의 현상들을 보고 기상의 변화와 풍흉의 가능성을 미리 예측하고자 하는 것이다.

그런데 동아시아 전통사회에서 농사의 풍흉과 기상을 점치는 방법에 관한 지식은 단지 천문, 즉 하늘의 상을 읽는 지식들에 한정되지 않

---

14 「魏鮮志」 권3, 占星, 星變, "五星出陽道則旱, 出陰道則水, 出中道天下太平. 中道者, 西角之間, 房之中間, 畢之天街, 南北河戌之間, 皆是也. 管窺輯要. 五星不失行, 則年穀豊昌. 漢天文志."

으며, 천문을 포함한 여러 자연현상에 대한 해석들과 함께 점후의 지식들이 풍부하게 존재한다. 이러한 이유로 서유구는 「위선지」에서 이와 같은 다양한 자연현상과 방법을 이용하여 기상과 풍흉을 점치는 방법들을 상당한 분량으로 정리해 놓고 있다. 실제로 「위선지」는 권3의 점성 부분을 제외하면 그 대부분의 내용이 기상(氣象)과 풍우(風雨), 운기(運氣)와 관련된 내용이며, 이러한 지식들은 「위선지」의 풍우점(風雨占)과 관련된 여러 부분에 정리되어 있다. 그리고 이들 기상학의 내용들은 주로 농사에 필요한 기후와 풍흉을 점치는 내용과 결합되어서 서술되고 있다.

「위선지」는 총 656개의 소항목으로 구성되어 있는데, 그 전체 내용은 점후에 관련된 것이다. 이런 사실은 「위선지」의 목차와 그 하위 제목들을 통해서 확인된다. 「위선지」는 모두 4권으로 구성되어 있는데, 권1에서 권3까지의 내용은 '후세(候歲)', 즉 '1년의 길흉을 예측함'이라는 표제어 아래에 하나로 묶여 있으며, 권4의 앞에는 '후풍우(候風雨)', 즉 '비바람을 예측함'이라는 표제어가 붙어 있다. 앞의 소절에서 살펴본 점성(占星)의 부분은 점운기(占雲氣)의 항목과 더불어 권3을 구성하고 있다.

이 중에서 우선 권1에서는 월별로 점 치는 방법을 정월점(正月占)에서 십이월점(十二月占)으로 나누어서 정리하고, 권2에서는 하늘과 땅, 해와 달, 바람, 구름, 비, 안개, 무지개, 번개와 우레, 서리와 이슬, 눈, 우박, 얼음, 은하수, 초목, 곡식, 금수, 곤충 등 자연현상을 보고서 점을 치는 방법을 정리하고 있다. 이 권2의 부록에는 임원에서 행하는 각종 작업과 관련해서 마땅한 날〔宜日〕과 피해야 할 날〔忌日〕을 정리해 놓고 있다. 예를 들어 '밭 갈고 씨 뿌리기에 좋은 날과 피할 날〔耕播宜忌日〕'이나 '채소 농사 하기에 좋은 날과 피할 날〔治圃宜忌日〕', '나무 심기 좋은 날과 피할 날〔種植宜忌日〕', '누에치기 좋은 날과 피할 날〔養蠶宜忌日〕' 등이 그것이다.

권3에서는 앞의 절에서 살펴본 바와 같이 점성(占星) 부분이 수록되어 주로 하늘의 별자리에 생긴 이상 징후, 즉 천변(天變)이 농사의 풍흉과 재변의 발생에 어떠한 연관을 갖고서 일어나는가에 관한 지식들을 정리해 놓고 있다. 또한 점운기(占雲氣)의 부분은 60갑자에 대항하는 간지에 따라서 나타나는 농사의 풍흉과 재변에 대해서 서술해 놓고 있다.

「위선지」의 권4에서는 각종 자연현상을 토대로 점을 치는 방법을 다시 한 번 정리하고 있다. 이 부분에서는 우선 하늘로 점을 치는 내용이 등장하고, 이어서 땅의 변화, 해와 달, 별, 바람과 비, 구름, 안개, 노을, 무지개, 우레와 번개, 서리, 산과 물, 초목, 금수, 곤충과 물고기 등의 광범위한 자연현상의 변화에 따라 일어날 수 있는 기상의 변화와 재변의 발생을 서술하고 있다. 물론 그 내용 중에서는 오늘날 우리가 과학적으로 생각해도 그럴 법한 예측들도 포함되어 있다. 예를 들어 "개미들이 굴 입구를 흙으로 둘러싸면 큰 비가 닥칠 것이다."와 같은 기사가 그것이다.[15] 이에 비해 "어린아이가 입에 거품을 물고서 소리를 내면 주로 비가 내린다."와 같이 그럴 법하지 않은 예측의 기사들도 포함되어 있다.[16]

사실 「위선지」의 대부분을 차지하고 있는 점성과 점후적인 내용들의 아래에는 천문학과 기상학의 기본적인 지식들과 체계들이 토대를 이루고 있다. 예를 들어 앞의 절에서 소개한 바와 같이 『보천가』를 인용한 자미원의 그림이나 오행성의 모양 등은 전통적인 천문학과 서양

15 「魏鮮志」 권4, 占蟲魚, 蟻, "蟻封穴戶, 大雨將至, 易占."
16 「魏鮮志」 권4, 雜占, 人聲, "孩兒噴沫作聲, 主雨. 杏蒲志."

으로부터 전래된 새로운 천문학의 지식들로부터 얻은 것들이다. 하지만 이들 지식들을 제외하면 「위선지」의 대부분의 내용은 점을 치는 것에 관한 것이다.

앞서 말한 바와 같이 동아시아의 천문학은 애초 점성과 점후적인 목적에서 시작되었으며 또한 지속되었는데, 「위선지」에 수록된 천문학과 기상학적인 내용도 이와 같은 동아시아 전통의 점성적이고 점후적인 성격을 그대로 드러내고 있는 것이다. 그리고 서유구는 이들 점성과 점후에 관한 수많은 지식들이 임원의 경영에 절실히 필요하다고 생각하여 『임원경제지』에다 나름대로의 기준으로 분류하고 일목요연하게 참고할 수 있도록 정리해 놓고 있을 뿐이다. 그가 보기에 농사의 풍흉과 재변의 유무에 관련되는 점성적 지식들과 점후적 지식들은 임원의 유자에게 절실하고 요긴한 지식이라고 생각되었던 것이다.

3. 역법(曆法)과 농시(農時)의 지식들: 「본리지(本利志)」, 심시(審時)

1) 「본리지」 권3, 심시(審時): 시각의 측정

『임원경제지』를 앞에서부터 일람하다 보면 그 첫 번째 부분인 「본리지(本利志)」에서부터 천문학과 관련된 기사들이 상당량 수록되어 있음을 발견할 수 있다. 바로 「본리지」 권3의 심시(審時) 부분과 권9의 전가역표(田家曆表) 부분이 그것이다.[17] 이들 부분은 앞서 언급한 동아시아

17 「본리지」, 심시 부분은 규장각본의 경우 제3책에 수록되어 있다. 「본리지」는 현재 규장각본과 고려대본 등이 완본으로 존재하고, 오사카본의 경우 「본리지」 전체가 빠져 있다.

의 천문학 분야들 중에서도 역법(曆法) 분야와 관련된 지식들, 좀 더 정확하게 말한다면 정확한 시각을 측정하고 절기를 파악하는 지식들을 포함하고 있다. 물론 이러한 시각과 절후에 관련된 지식들은 동아시아의 역법 분야에서 일부분을 차지하는 지식이라고 할 수 있다.

이와 관련해서 우선 짚고 넘어갈 필요가 있는 것은 「본리지」에는 역법 혹은 역산(曆算)의 주된 지식들인 태양과 달, 오행성의 궤도 계산과 관련되는 전문적인 지식들은 전혀 수록이 되어 있지 않다는 점이다. 일반적으로 시각과 절후를 정확히 파악하기 위해서는 태양과 달의 운동과 그 궤도에 대해 계산을 하는 작업이 필요하다. 그리고 이러한 계산을 위해서는 전문적인 천문수학과 관련된 지식이 필요한 것이다. 서유구는 임원에서 생활하는 유자에게 그와 같은 전문적인 천문계산과 수학의 지식들이 필요하다고 생각하지 않았던 듯하다. 그래서인지 「본리지」에는 역법에 대한 지식들이 거의 서술되어 있지 않다.

이에 비해 「본리지」 권3의 심시 부분에는 시각과 절후의 측정과 관련된 논의들과 지식들이 담겨 있다. 이러한 내용들은 일반적으로 역서에 수록되는 기초적인 내용에 해당한다고 할 수 있다. 그는 이와 같은 시각의 측정과 절후의 파악에 관한 내용들은 임원에서 농업을 중심으로 생활을 영위하는 유자에게는 필요한 지식이라고 생각되었던 것이다.

그런데 실제로 권3 심시 부분에 포함되는 하위 기사들의 제목을 자세히 살펴보면 서유구가 심시 부분에서 주장하고 있는 바가 단순히 '임원에서 농사에 필요한 지식'을 얻는 차원을 넘어서고 있음을 알 수 있다. 아래 표는 심시 부분의 하위 항목들을 정리한 것이다.

정명현 외(2012) 참조.

〈표 1〉 「본리지」 권3, 심시(審時) 부분의 항목들

대항목	소항목	제목 해석
總緖	통론천시지의(統論天時之宜)	천시의 마땅함에 대한 총론
	논화가득시실시지의(論禾稼得時失時之宜)	곡식농사에서 때를 얻고 잃음의 차이
	논농시의급조(論農時宜及早)	농시는 마땅히 빠른 편이 좋음
節侯	논이십사기칠십이후(論二十四氣七十二候)	24절기와 72후를 논함
	수시지장활법도(授時指掌活法圖)	손쉽게 사용할 수 있는 수시도
經緯度	논농후의찰경위도(論農候宜察經緯度)	농사의 기후는 경위도를 살펴야 함
	논남북절후지차(論南北節侯之差)	남북 절후의 차이를 논함
	논동국경위도(論東國經緯度)	우리나라의 경도와 위도를 논함
	논편양역찰경위도(論褊壤亦察經緯度)	좁은 땅도 경위도를 살펴야 함
物候	후초위농시(候草爲農時)	풀을 살펴서 농시를 정함
	초력(草曆)	풀달력

'심시(審時)'를 글자 그대로 해석하면 '때를 살핌'을 의미한다. 여기서 때를 살핌은 농사의 때, 즉 시각과 절후를 정확히 살피는 일이다. 임원(林園)에 살면서 농사를 업으로 삼는 이라면 누구나 때에 맞춰서 농사를 짓는 방법을 알아야 할 것이다. 즉 밭을 갈고 씨를 뿌리며 모내기를 하고 추수를 하는 모든 농사의 과정이 적절한 때, 곧 시각에 맞추어서 진행이 되어야 하는 것이다. 따라서 농사를 때에 맞추기 위해서는 우선 절기와 시각을 제대로 파악해야 함은 당연한 일일 것이다.

서유구는 임원의 유자로서 지녀야 할 이러한 상식을 "농사에서는 천지(天地)의 알맞은 때를 반드시 알아야 한다."는 말로써 표현하고 있다. 이렇게 알맞은 때를 알다 보면 작물과 동물이 "새끼를 낳고 기르고 자라게 하고 키워서 완성하고 익게 하는 것이 마침내 이루어지지 않음이

없다."는 것이다.[18] 서유구는 이와 같은 차원에서 "요임금이 희씨(羲氏)와 화씨(和氏)에게 명하여 달과 별들의 운행을 관찰하여 백성들에게 공경히 때를 알리는 일", 곧 천문학적인 작업을 수행하였다고 생각한다.[19]

여기서 '천지의 알맞은 때'를 안다는 말은 곧 1년 중 기후의 변화를 정확히 파악하는 것을 의미한다. 그리고 이러한 기후의 변화를 1년 동안 일정한 시간 간격으로 분절하여 정한 것이 바로 절기(節氣)이다. 천문학적인 관점에서 1년 중의 기후의 변화는 태양의 운행고도와 관련이 있다. 즉 태양의 운행고도가 높아지면 여름이 되고 운행고도가 낮아지면 겨울이 된다. 그러므로 기후의 변화에 맞추기 위해서는 달력에서 태양의 운행을 중심으로 운영하는 태양력적인 요소가 중요해진다.

당시 조선에서 사용하던 역서 속에서 이와 같은 순태양력적인 요소가 바로 24절기이다. 24절기는 12개의 절기와 12개의 중기로 구성되는데 절기와 절기, 중기와 중기 사이는 31일 정도의 간격을 가지며, 절기와 중기 사이는 대략 15~16일의 간격을 갖게 된다. 72후란 이 24절기를 다시 매 절기마다 3등분하여 놓음으로써 기후의 변화와 시각의 진행을 보다 세밀하게 파악하고자 설정한 것이다. 그러므로 매 후는 대략 5일의 간격을 갖게 된다. 흔히 말하는 '절후'란 바로 이 24절기와 72후를 함께 통칭하는 말이다. 심시의 논이십사기칠십이후(論二十四氣七十二候) 항목은 이러한 절후(節侯), 곧 24절기와 72후를 파악하고 각각의 절후에 따라서 농가에서 행해야 할 작업들을 정리해 놓은 것이다.

흥미로운 것은 서유구가 여기서 그치지 않고서 농시(農時) 혹은 시각

---

18 「本利志」 권3, 審時, 統論天時之宜, "故農事必知天地時宜, 則生之畜之, 長之育之, 成之熟之, 無不遂矣."

19 「本利志」 권3, 審時, 統論天時之宜, "故堯命羲和, 歷象日月星辰, 以欽授民時."

과 절후에 대해 더 세분화되고 엄밀한 지식들을 주장하고 있다는 사실이다. 그것은 바로 「본리지」의 심시 부분에서 북극고도의 측정 혹은 경도와 위도의 산정에 대해 상세하게 실어 놓고 주장하고 있는 내용들이다. 심시 부분 하위 항목의 표제들을 정리한 위의 표에서 경위도(經緯度)의 항목에 있는 논농후의찰경위도(論農候宜察經緯度, 농사의 기후는 마땅히 경위도를 살펴야 함)과 논남북절후지차(論南北節侯之差, 남북 절후의 차이를 논함), 논동국경위도(論東國經緯度, 우리나라의 경도와 위도를 논함), 논편양역찰경위도(論編壤亦察經緯度, 좁은 땅도 경위도를 살펴야 함) 등에서 전개되어 있는 주장들을 살펴보자.

우선 이들 항목에서 서유구가 주장하는 바를 이해하기 위해서는 지방시와 표준시의 개념을 이해할 필요가 있다. 일반적으로 시각은 지역에 따라서 조금씩 차이가 나타나게 마련이다. 왜냐하면 같은 시각에 태양의 고도는 지역에 따라 조금씩 차이가 나기 때문이다. 다시 말해 같은 시각에 중국의 북경에서 보는 태양의 위치와 부산에서 보는 태양의 위치는 다르기 마련이다. 이러한 이유로 중국의 북경 부근의 기후가 한반도 남쪽에 있는 경상도의 기후와 같을 수는 없는 것이고, 나아가 북경 부근의 토지에서 파종하고 수확하는 시각이 조선의 경상도에서 파종하고 수확하는 시각과 같을 수는 없는 법이다. 논남북절후지차(論南北節侯之差) 항목에서 서유구는 이와 같이 지역에 따른 시각의 차이와 그에 따른 기후의 차이를 다음과 같이 표현하고 있다.

천지의 기후는 남과 북이 같지가 않다. 광동과 복건은 겨울에도 나뭇잎이 떨어지지 않고 기후가 항상 따뜻하다. 북쪽의 선부와 대동 지역은 9월에도 솜옷을 입고 눈이 온다. 초목과 채소와 곡식은 복건에서 절강까지, 절강에서 회수까지 세 지역의 기후는 10일씩 차이가 난다. 서(徐)와

노(魯)의 지역에서는 5월이 되어야 싹이 난다.[20]

물론 이와 같은 기후와 시각의 차이는 같은 한반도 내에서도 마찬가지로 나타나는 현상이다. 즉 서울에서의 시각과 부산에서의 시각은 차이가 나는 것이다. 그런데 당시 조선에서는 한양, 곧 서울의 지방시를 일종의 '표준시'로 정해서 사용하고 있었고, 각 지역의 실제 '지방시'를 사용하지는 않았다. 그 결과 당시 조선에서 간행해 온 역서(曆書), 즉 달력에는 한양 지역에 해당하는 태양의 출입 시각과 24절기의 시각을 기재하였고, 각 지방의 일출입 시각과 절기 시각은 기재하지 않았던 것이다. 하지만 이러한 역서에 게재되어 있는 시각은 사실은 한양의 '지방시'를 적어 놓은 것에 불과한 것이고, 이를 표준시로 채택하는 것은 일종의 임의적인 혹은 정치적인 선택인 셈이다.

서유구는 이러한 지점에서 문제를 제기한다. 즉 그가 보기에 당시 조선에서 간행하는 역서는 한양 지역의 '지방시'만을 수록하고 있을 뿐이고, 이는 각 지역에서 농사의 시각을 천시(天時), 곧 실제 그 지방의 시각에 정확히 일치시키지 못하는 결과를 낳는다는 것이다.

우리나라의 이 역서(曆書)는 곧 경기의 2백 리 이내에서 사용할 수 있는 역서이지, 2백 리 밖의 여러 도에서도 사용할 수 있는 역서가 아니다. 그러므로 경기 이외의 여러 도에는 비록 역서가 없다고 말해도 가할 것이다. 역서가 없는데 심고 가꾸는 것을 어떻게 하겠는가?[21]

---

20 「本利志」 권3, 審時, 論南北節侯之差, "天地氣候, 南北不同. 廣東福建, 冬木不凋, 而其氣常燠. 北之宣大, 九月服纊而天雪矣. 乃草木蔬穀, 自閩而浙, 自浙而淮, 三候每差一旬, 至于徐魯之間, 則五月萌芽方出矣."

21 「本利志」 권3, 審時, 論東國經緯度, "蓋之是我東之曆, 卽畿甸二百里以內之曆, 而非二百

당시 조선 정부에서 간행하는 역서에는 한양의 시각만을 게재하고 팔도(八道)의 지방시를 수록하지 않았다. 이러한 이유로 서유구는 당시 조선 정부에서 간행하는 역서는 '경기도에서만 사용할 수 있는 역서'일 뿐이며 여타의 지방에서는 역서가 없는 것과 마찬가지라고 이야기한다. 그 결과 각 지방에서는 그 지방의 시각을 반영한 제대로 된 역서가 없으므로 천시(天時), 곧 정확한 실제 시각에 맞춰서 농사를 지을 수가 없다는 것이다.

2) 북극고도의 산정(算定)

그렇다면 각각의 지역에 맞는 농사의 적절한 시각, 즉 천시(天時)를 정확히 파악하는 방법은 무엇인가? 서유구는 바로 각 지역의 지구상 경도(經度)와 위도(緯度)를 파악하면 기후의 차이를 정확히 파악하고 시각을 정확히 내려줄 수 있다고 주장한다. 실제로 각 지역의 태양이 뜨고 지는 일출입 시각과 절기 시각은 그 지역의 경도와 위도에 맞춰서 결정된다.

서유구에 따르면 우리나라는 남북의 길이가 길어서 경도와 위도에 따라서 밭을 갈고 씨를 뿌리는 등의 농사의 시기는 조금씩 차이가 나타나게 마련이다. 서유구는 각 지역의 시각의 차이를 면밀하게 파악하여 농사의 시기를 놓치지 않도록 해야 하는데, 이를 위해 조선 팔도 각 지역의 북극고도(北極高度)와 한양 기점의 동서편도(東西偏度)를 측정하여 정해야 한다고 주장한다.

里以外之曆也. 然則畿甸以外諸道, 雖謂之無曆可也. 無曆則, 其於樹蓺何哉."

> 우리나라는 비록 국토가 작으나 동서의 길이는 1천여 리가 되고 남북의 길이는 3천여 리가 된다. 직선거리로 계산하면 경도의 차이는 2~3도가 넘고, 위도의 차이는 6~7도가 넘는다. 그런데도 서운관에서 추보(推步)하는 것은 다만 한양의 북극고도와 편동도(偏東度)를 근거하여, 북극고도로 한양의 밤낮 길이를 계산하고 편동도로 북경의 절기 시각에 더할 뿐이다. 8도의 경도와 위도의 거리 차이는 아직 측량하여 확인한 적이 없고 다만 한양의 경도와 위도로 개략적으로 추산하였을 뿐이다.[22]

실제로 당시 조선에서는 한양의 북극고도와 편동도만을 측정하여 북경을 기준으로 한양의 일출입 시각과 절기 시각을 계산할 뿐이었다. 다시 말해 팔도의 경위도를 측정하지도 않고서 다만 지도를 이용하여 대략적인 수치를 추산하였을 뿐이라는 것이다. 물론 이와 같은 대략적인 팔도의 북극고도와 편동도를 가지고서 각 지역의 지방시를 계산하여 역서에 수록하는 일도 행하지 않고 있었다.

이 점과 관련해서 「본리지」에 실려 있는 '논편양역찰경위도(論徧壤亦察經緯度)'는 특히 흥미롭다. 그는 조선과 같은 좁은 땅을 영역으로 가진 나라에서도 반드시 경도와 위도를 살펴서 지방시(地方時)를 계산하여 역서에 수록해야 하는지의 여부에 대해서 논의를 하고 있는 것이다. 이 글에서 그는 우선 우리나라와 같은 좁은 강역을 가진 나라에서는 시각의 차이가 크지 않으니 지방시를 측정하여 사용할 필요가 없다는 타인의 주장을 싣고서 이를 강하게 반박하고 있다.

---

22 「本利志」 권3, 審時, 論東國經緯度, "我東雖壤地褊小, 東西一千餘里, 南北三千餘里, 以鳥道計之, 經差當過數三度, 緯差當過六七度. 而雲觀推步, 但據漢陽北極高度與偏東之度, 以極度推漢陽晝夜刻分, 以偏度加燕京節氣時刻而已. 至於諸道經緯里差, 則未曾測驗, 直以漢陽經緯度而蓋之."

손님 중에 이를 어렵게 여기는 자가 있어서 말하였다. "그대는 참으로 일을 벌이기 좋아하십니다. 중국의 지리지에 기록된 것을 보면, 먼 곳은 혹 1만여 리가 되므로 역법을 다스려서 시각을 내려줄 때 거리의 차이를 반드시 상세히 하는 것은 당연한 일입니다. 그러나 우리나라의 땅은 탄환만한 크기로 겨우 중국의 한 성과 맞먹을 정도인데, 어찌 이처럼 자질구레하게 경도와 위도를 살핀다는 말입니까?"

내가 대답하였다. "그렇지 않습니다. 우리나라의 지세는 동서가 좁고 남북이 길어서 북쪽의 경원부과 경흥부는 중국의 선부(宣府)와 대동(大同) 지역과 위도가 상응하고, 남쪽의 해남과 강진은 중국의 등주와 내주와 서로 상응합니다. 장백산의 아래에서는 4월에도 서리가 내리지만, 제주에서는 귤과 유자가 나며 겨울에도 가죽옷을 입지 않습니다. 이러한 우리나라 남북의 온도 차이가 중국과 무엇이 다르겠습니까?"[23]

서유구는 조선의 땅도 남북으로 충분히 길어서 남쪽과 북쪽 지역의 기후의 차이가 상당히 나는데, 오히려 협소한 땅이라고 하면서 남북의 기후 차이를 고려하지 않음을 비판하고 있다. 즉 조선의 땅도 남북의 차이는 중국에 못지않다는 것이다. 여기에 이어서 서유구는 다시 기후의 차이와 시각의 차이는 다른 문제라는 손님의 비판을 적고서 재반박을 하고 있다.

---

23 「本利志」 권3, 審時, 論褊壤亦察經緯度, "客有難之者曰, 子誠好事耳, 中國之職方所紀, 遠者或萬餘里, 其治曆授時之必詳於里差固也. 如我東彈九之大, 堇敵中國之一省, 烏用是瑣瑣爲也. 余曰不然, 我東地勢東西狹而南北長, 北之慶源慶興, 與宣府大同相直, 南之海南康津,, 與登州萊州相直, 長白之下, 四月隕霜, 而耽羅橘柚冬不著裘. 此其南北寒暑之差, 與中國何異哉."

손님이 말했다. “남북의 온도 차이가 위도 차이 때문인 것은 맞습니다. 그러나 경도 차이는 한양에서 동으로 영남까지, 서로 관서까지 각각 1도 남짓에 지나지 않습니다. 시각의 차이가 있다고 한들 그 차이가 얼마나 되겠습니까?”

내가 대답하였다. “만약 한양의 입춘이 자정 바로 전에 있다면 동쪽으로 1도 치우친 곳은 1일 뒤에 입춘이 됩니다. 그러나 자정 바로 후에 있다면 서쪽으로 1도 치우친 곳은 1일 앞서 입춘이 됩니다. 무릇 올해와 다음해가 교차하는 때에 앞뒤로 갈라져서 2일이 되니, 이것이 어찌 작은 일이겠습니까? 어떻게 짧은 시각이라고 하여 소홀히 하겠습니까?”[24]

손님의 말에 따르면, 온도의 차이는 남북의 거리에 의해 결정되지만 시각의 차이는 동서의 거리에 의해 결정되는데 조선은 동서로 협소하여 편동서의 각도가 각각 1도 정도에 불과하니 무시할 수 있다는 것이다. 여기에 대해 서유구는 이러한 자그마한 차이로 인해서 시각의 차이는 단지 몇 분의 차이가 날 뿐이지만 이와 같은 몇 분의 차이가 분기점에 걸리게 되면 날짜의 차이와 달의 차이, 해의 차이로 나타나니 결코 작은 차이가 아니라는 주장을 펼치고 있다.

이와 같은 북극고도의 측정과 이를 이용한 팔도 시각의 계산은 이미 「의상경계책(擬上經界策)」에서부터 강하게 등장한 주장이다. 「의상경계책 하(下)」에서 서유구는 농정(農政)의 급선무가 여섯 가지인데 그 첫 번

24 「本利志」 권3, 審時, 論褊壤亦察經緯度, “客曰, 南北寒暑之緯差, 則然矣. 若乃經差由漢陽, 東至于嶺南, 西至于關西, 各不過一度强耳. 縱有刻分之差, 所爭幾何哉. 余曰, 假使漢陽立春在子初三刻之末, 則偏東過一度之地, 乃後一日立春矣, 在子正初刻之初, 則偏西過一度之地, 乃先一日立春矣. 夫以兩年交界之際, 而先後判爲兩日, 是豈細故也哉, 烏得以刻分之微而忽之.”

째가 북극고도를 측정해서 시각을 내려주는 것이라고 말하고 있는 것이다. 그는 "팔도 감영(監營)과 국토의 사방 끝자락에 해당하는 읍들에서 양전(良田)하는 관리들로 하여금 북극고도를 실측하게 해서 보고하도록" 하자고 주장하였던 것이다.

흥미로운 사실은 서유구가 전개한 북극고도의 측정과 지방시의 산정(算定)은 그의 조부인 서명응에게서부터 시작된 주장이라는 점이다. 서명응은 1760년(영조 36) 경연에서 팔도의 북극고도를 측정하고 지방시를 계산해서 역서에 게재해야 한다고 주장하기 시작하였다. 서명응의 이러한 주장은 '왕도정치'의 이념과 관상수시(觀象授時)의 이상을 확장한 데에서 나왔다. 즉, 그는 하늘의 명(命)을 받는 제왕이 왕천하자(王天下者)로서의 자격을 갖추기 위해서는 백성들에게 제대로 된 시각을 파악하고 이를 알려줘야 한다고 생각하였다. 이런 생각들에서 그는 도성 이외의 지역에서도 역서(曆書)에 기재된 시각이 그 지역의 천상(天象)의 변화와 일치하도록 만들어야 한다고 주장하였다. 이는 결국 도성 이외의 몇몇 지역의 시각, 즉 지방시들을 구하여 역서에 기재하자는 주장으로 이어진다.

임금이 말하기를, 이른바 주야절기시각(晝夜節氣之差)에 대해 한번 상세히 말해 보라. 서명응이 말하기를 …… 북극출지(北極出地)는 매 2백50리마다 1도씩 차이나는 것이니, 주야의 차는 이로부터 말미암아 생기는 것입니다. 만약 우리나라 서울의 북극출지를 38도라고 한다면 매 2백50리마다 1도씩 더해서 삼수(三水)와 갑산(甲山)의 땅에 이르러서는 꼭 40도가 됩니다. 여기서는 하지(夏至)의 낮길이가 가장 길어 60각에 이릅니다. 서울에서 남쪽으로 매 2백50리마다 1도씩 감해서 강진(康津)과 해남(海南)의 땅에 이르게 되면 북극출지가 30도에 이릅니다. 이 지방에서는 하지의 낮길이가 가장 짧아 40각 이상에 이릅니다.[25] 신이 일찍이 어사의 직책으로서 삼수와 갑산에 이르러 그 동짓날의 낮길이를 보니 아주 짧았습니다. 동서 절기의 빠르고 느림 역시 4분으로써 번갈아 서로 더하고 감해집니다. 따라서 우리나라의 역서는 도성으로부터 3백 리 내에서만 사용할 수 있을 뿐 그 바깥의 지방에서는 사용할 수 없습니다.[26]

인용문을 통해서 알 수 있듯이 서유구의 주장은 서명응의 주장을 거의 그대로 반복하고 있는 것임을 알 수 있다. 게다가 서명응은 자신이 갑산부에 유배되어 있던 영조 42년에 갑산부사・삼수부사와 함께 백두산 유람을 하게 되는데, 등산 도중에 목수로 하여금 상한의(象限儀)[27]라는 관측기구를 제작하도록 하였다. 서명응은 이렇게 만든 상한의를 이용하여 백두산의 등반과정에서 임어수(林魚水)와 연지봉(臙脂峯) 아래, 그리고 천수(泉水)라는 지역의 북극고도를 측정하였는데, 각 지역의 북

---

25 일반적으로 동일 절기에서 관측지의 위도가 높아질수록 낮길이는 길어지고 위도가 낮아질수록 낮길이는 짧아진다. 그런데 위도가 낮아질수록 낮길이가 짧아진다고 하더라도 위도 30도 지역에서 하지의 낮길이가 40각까지 짧아질 수는 없다(당시에는 하루를 96각으로 나누고 있었다). 따라서 강진과 해남의 낮길이를 40각이라고 언급한 것은 잘못된 것이다. 그러므로 이 수치는 관측에 의해 얻어진 수치가 아니라 잘못된 계산에 의해 얻어진 수치임이 분명하다. 따라서 이 부분은 서명응이 아직 일출입 시각의 차이와 주야장단의 차이에 대해 정확히 파악하지 못하고 있었음을 보여 준다. 일출입 시각과 주야시각의 차이에 대해서는 이은성(1985)을 참고할 것.

26 『承政院日記』 卷1188, 英祖 36년 12월 7~8일(66책, 440면), “上曰 所謂晝夜節氣之差 試詳陳之. 〔徐〕命膺曰 …… 北極出地 每二百五十里差一度 而晝夜之差 由是而生焉. 且如我國京城北極出地三十八度 則自京城以北 每二百五十里加一度 以至於三甲之地 則北極出地恰爲四十度. 此地夏至之晝極長而六十刻. 則自京城以南 每二百五十里減一度 以至於康津海南之地 則北極出地爲三十度 此地夏至之晝極短而四十刻强弱. 臣嘗以御使 至于三甲 見其冬日之晝甚短. 東西節氣之早晚 亦以四分 遞相加減. 故我國曆書 可用於京城三百里內 而其外則不可用矣.”

27 상한(象限)이란 주천도(周天度)인 360도의 1/4인 90도를 지칭하는 용어다. 따라서 상한의(象限儀)는 90도의 눈금이 새겨져 있는 부채꼴의 천체고도 측정기를 말한다.

극고도를 42도 소약(小弱), 42도 3분, 42도 소강(小强)으로 적고 있다.[28] 서명응의 이러한 주장은 그의 아들이자 서유구의 생부인 서호수에 의해서도 비슷한 방식으로 반복되었다.

그러나 이와 같은 서명응과 서호수의 북극고도 측정과 지방시의 수록에 대한 주장이 있었음에도 불구하고, 영조와 정조 시대에도 국가에 의해 정식으로 팔도의 북극고도를 실측하는 사업은 결국 진행되지 않았다. 그 대신 당시에는 팔도의 북극고도를 실측이 아닌 정확한 지도를 이용한 계산을 통해 얻으려는 시도가 이루어졌다.

이는 당시로서는 나름대로 정확하다고 여겨지는 지도를 가지고 '북극고도 1도당 지면에서 남북의 거리차가 몇 리'라는 정확하지 않은 수치와 지도상에서 나타나는 두 지점 사이의 거리 차이를 이용하여 팔도 감영의 북극고도를 계산하려는 시도이다. 그런데 원칙대로라면 동일자오선상의 두 지점의 북극고도를 측정하여 북극고도 1도의 차이가 지면에서 얼마의 거리 차이로 나타나는지를 확정하고 이후 정밀한 지도를 제작하는 것이 올바른 순서라고 할 때, 이런 시도는 이를 역으로 이용한 것이라고 할 수 있다.

하지만 이런 방식은 기본적으로 정확하지 않은 방식이다. 왜냐하면 이와 같이 지도를 이용하여 북극고도를 추산하기 위해서는 '북극고도 1도의 차이를 가져오는 지면에서의 거리 차이'를 우선 정확하게 결정해야 하는데, 이 또한 쉽게 얻어질 수 있는 일이 아니었기 때문이다. 게다가 '북극고도 1도의 차이를 가져오는 지면에서의 거리 차이'를 결정하는 것은 거꾸로 북극고도를 지도의 제작에 실제로 활용하기 위해

28 徐命膺, 『保晩齋集』 권8, 「遊白頭山記」.

서라도 확정되어야 할 문제였다.

결국 조선에서는 팔도의 북극고도에 대한 실측이 이루어지지 않은 상태에서 '팔도여도(八道輿圖)'를 이용한 계산을 통해서 팔도 감영의 북극고도와 동서편도를 얻는 작업이 이루어졌고, 이들 수치들은 1770년에 서호수가 편집한 『동국문헌비고(東國文獻備考)』, 「상위고(象緯考)」에 실리게 되었다. 서호수는 이러한 내용과 더불어 팔도의 북극고도에 대한 실측이 필요하다는 주장과 지도를 이용하여 팔도 감영의 북극고도와 동서편도를 정하는 것은 단지 임시적인 방편일 뿐이라는 지적을 『동국문헌비고』, 「상위고」에 남겨 놓고 있다.

서유구는 「본리지」, 심시의 '논동국경위도(論東國經緯度)'에서 이와 같은 과정을 자세히 정리하여 적고 있으며, 이어서 '양곡지에서 정한 각 도의 북극고도〔暘谷志考定各道北極高度〕'와 '양곡지에서 정한 각 도의 동서편도〔暘谷志考定各道東西偏度〕'라는 제목으로 팔도 각 지역의 북극고도와 동서편도의 수치를 정리해서 수록해 놓고 있다. 이들 수치들을 표로 정리해 보면 다음의 〈표 2〉, 〈표 3〉에서 보는 바와 같이 북극고도는 42도에 해당하는 관북(關北)의 경흥과 경원 등의 지역에서부터 30도에 해당하는 제주도의 지역에까지 걸쳐 있음을 알 수 있다. 한편, 동서편도란 한양을 0도로 설정하여 해당 지역의 경도가 동쪽에 있으면 편동, 서쪽에 있으면 편서가 된다. 팔도의 동서편도는 한양을 기준으로 편동3도에 해당하는 관북의 회령에서부터 편서3도에 해당하는 관서와 호남의 지역들이 걸쳐 있음을 알 수가 있다.

〈표 2〉 暘谷志考定各道北極高度

북극고도	팔도	군현
42도	關北	慶興, 慶源, 穩城, 鍾城, 會寧, 富寧, 茂山
41도	關北	鏡城, 明川, 吉州, 端川, 利原, 甲山, 三水
	關西	江界, 渭原, 楚山, 碧潼, 昌城, 朔州
40도	關北	北青, 洪原, 咸興, 定平
	關西	寧遠, 熙川, 雲山, 德川, 泰川, 龜城, 義州
39도	關北	永興, 高原, 文川, 德源, 安邊
	關東	歙谷, 通川, 高城, 杆城, 襄陽, 麟蹄, 淮陽, 金城, 金化, 鐵原, 楊口, 狼川, 平原, 伊川, 安峽
	海西	谷山, 兎山, 新溪, 遂安, 瑞興, 鳳山, 黃州
	關西	祥原, 中和, 平壤, 順安, 永柔, 江西, 甑山, 咸從, 龍岡, 三和, 肅川, 慈山, 三登, 江東, 成川, 殷山, 順川, 陽德, 孟山, 价川, 寧邊, 安州, 博川, 嘉山, 定川, 郭山, 宣川, 鐵山, 龍川
38도	嶺南	寧海
	關東	江陵, 三陟, 蔚珍, 平海, 旌善, 平昌, 寧越, 原州, 橫城, 洪川, 春川
	京畿	砥平, 楊根, 加平, 永平, 抱川, 漣川, 朔寧, 麻田, 積城, 廣州, 楊州, 漢城府, 陽川, 果川, 衿川, 安山, 利川, 水原, 南陽, 陽智, 驪州, 金浦, 富平, 仁川, 通津, 江華, 喬桐, 高陽, 交河, 坡州, 長端, 開城府
	海西	金川, 平山, 延安, 白川, 海州, 康翎, 甕津, 載寧, 佔川, 安岳, 文化, 長連, 殷栗, 松禾, 長淵, 豐川
37도	嶺南	盈德, 英陽, 眞寶, 青松, 奉化, 禮安, 安東, 順興, 榮川, 豐基, 醴泉
	京畿	陰竹, 竹山, 安城, 龍仁, 陽城, 振威
	湖西	永春, 堤川, 丹陽, 清風, 忠州, 延豐, 槐山, 陰城, 鎭川, 清安, 清州, 全義, 稷山, 木川, 平澤, 天安, 燕岐, 溫陽, 新昌, 牙山, 禮山, 大興, 洪州, 結城, 沔川, 唐津, 海美, 瑞山, 泰安
36도	嶺南	延日, 長鬐, 興海, 清河, 慶山, 蔚山, 永川, 新寧, 義興, 義城, 比安, 軍威, 龍宮, 善山, 開寧, 仁同, 尙州, 金山, 聞慶, 咸昌
	湖西	報其, 青山, 永同, 懷仁, 沃川, 文義, 懷德, 公州, 鎭岑, 連山, 魯城, 定山, 青陽, 扶餘, 石城, 恩津, 林川, 韓山, 鴻山, 保寧, 藍浦, 舒川, 庇仁
	湖南	茂朱, 錦山, 珍山, 龍潭, 長水, 鎭安, 全州, 金溝, 高山, 礪山, 益山, 龍安, 咸悅, 臨陂, 沃溝, 金堤, 萬頃, 扶安

북극고도	팔도	군현
35도	嶺南	彦陽, 密陽, 清道, 河陽, 慈仁, 慶山, 靈山, 昌寧, 大邱, 漆谷, 星州, 玄風, 高靈, 草溪, 陜川, 居昌, 三嘉, 知禮, 安陰, 咸陽
	湖南	雲峯, 南原, 淳昌, 任實, 泰仁, 谷城, 玉果, 潭陽, 昌平, 光州, 長城, 井邑, 古阜, 興德, 高敞, 茂長, 靈光
34도	嶺南	機張, 東萊, 梁山, 金海, 熊川, 昌原, 漆原, 咸安, 鎭海, 巨濟, 固城, 泗川, 宜寧, 晉州, 丹城, 山陰, 昆陽, 南海, 河東
	湖南	求禮, 順天, 光陽, 樂安, 興陽, 寶城, 同福, 和順, 綾州, 長興, 南平, 羅州, 靈巖, 咸平, 康津, 海南, 務安, 珍島
30도	湖南	濟州, 大靜, 旌義

〈표 3〉 暘谷志考定各道東西偏度

동서편도	팔도	군현
偏東3도	關北	會寧, 鍾城, 慶源, 慶興, 富寧, 鏡城, 明川
	嶺南	盈德, 清河, 興海, 延日, 長鬐, 蔚山, 梁山, 機張, 東萊
偏東2도	關北	茂山, 吉州, 端川, 北青, 利原, 高原, 安邊, 洪原, 德原
	關東	歙谷, 通川, 金城, 高城, 杆城, 淮陽, 楊口, 襄陽, 江陵, 三陟, 蔚珍, 平海
	嶺南	奉化, 禮安, 安東, 寧海, 眞寶, 青松, 義城, 永川, 新寧, 河陽, 義興, 比安, 仁同, 漆谷, 軍威, 大邱, 慶州, 彦陽, 密陽, 靈山, 昌寧, 清道, 玄風, 草溪, 宜寧, 昌原, 熊川, 金海
偏東1도	關北	甲山, 定平, 咸興, 永興, 文川
	關西	孟山, 陽德
	海西	谷山, 信川
	京畿	朔寧, 連川, 砥平, 楊根, 永平, 驪州, 利川, 廣州
	關東	平康, 安峽, 鐵原, 金化, 麟蹄, 平昌, 洪川, 春川, 橫城, 原州, 寧越
	湖西	清風, 忠州, 永春, 丹陽, 陰城, 清安, 槐山, 清州, 報恩, 青山, 黃澗, 延豐
	湖南	茂朱, 錦山
	嶺南	豐基, 聞慶, 榮川, 醴泉, 龍宮, 尙州, 善山, 開寧, 金山, 星州, 高靈, 陜川, 晉州, 三嘉, 漆原, 咸安, 泗川, 鎭海, 固城, 巨濟

동서편도	팔도	군현
偏西1도	關北	三水
	關西	江界, 熙川, 寧遠, 德川, 价川, 殷山, 成川, 三登, 江東
	海西	延安, 金川, 遂安, 新溪, 兎山
	京畿	麻田, 積城, 開城府, 長湍, 坡州, 高陽, 楊州, 果川, 龍仁, 衿川, 陽, 川, 竹山, 振威, 安城, 陽城
	湖西	平澤, 新昌, 溫陽, 稷山, 木川, 天安, 全義, 公州, 文義, 扶餘, 懷德, 鎭岑, 魯城, 永同, 沃川, 連山, 恩津
	湖南	礪山, 高山, 益山, 全州, 珍島, 鎭安, 任實, 長水, 潭陽, 淳昌, 龍潭, 玉果, 南原
	嶺南	咸陽, 求禮, 陜陰, 南海, 河東, 昆陽
偏西2도	關西	楚山, 碧潼, 雲山, 博川, 泰川, 龜城, 嘉山, 寧邊, 安州, 肅川, 順川, 順安, 永柔, 甑山, 平壤, 咸從, 江西, 龍岡, 三和, 中和, 祥原
	海西	黃州, 鳳山, 安岳, 載寧, 瑞興, 白川, 海州, 延安, 金川
	京畿	豐德, 喬桐, 交河, 江華, 通津, 金浦, 安山, 富平, 仁川, 水原
	湖西	牙山, 沔川, 唐津, 海美, 德山, 禮山, 洪州, 定山, 大興, 鴻山, 石城, 林川, 靑陽, 韓山, 保寧
	湖南	咸悅, 龍安, 臨陂, 萬頃, 金堤, 金溝, 古阜, 興德, 長城, 井邑, 靈光, 泰仁, 昌平, 光州, 谷城, 同福, 和順, 南平, 羅州, 靈巖, 綾州, 長興, 樂安, 寶城, 順天, 興陽, 康津
偏西3도	關西	昌城, 義州, 朔州, 龍川, 鐵山, 宣川, 郭山, 定州
	海西	長連, 殷栗, 文化, 松禾, 信川, 長淵, 甕津, 康翎
	湖西	瑞山, 泰安, 舒川, 藍浦, 庇仁, 結城
	湖南	扶安, 高敞, 茂長, 咸平, 務安, 海南, 濟州, 旌義, 大靜

이와 더불어 「본리지」에서 서유구는 서운관에서 팔도의 북극고도와 동서편도를 관찰사(觀察使)의 감영(監營)이 위치한 지역을 기준으로 계산한 결과들을 별도로 정리하여 수록해 놓고 있다. 이를 정리하면 다음의 〈표 4〉와 같다.

〈표 4〉 서운관에서 정한 각 도의 북극고도와 동서편도

	書雲觀考定各道北極高度	書雲觀考定各道東西偏度
關北	四十度五十七分	偏東 一度
關西	三十九度三十三分	偏西 一度一十五分
海西	三十八度一十八分	偏西 一度二十四分
關東	三十七度六分	偏東 一度三分
湖西	三十六度六分	偏西 九分
嶺南	北三十五度二十一分	偏東 一度三十九分
湖南	三十五度一十五分	偏西 九分

서유구가 「본리지」, 심시 부분에 수록한 팔도 감영의 북극고도와 동서편도는 서호수가 편찬한 『동국문헌비고』, 「상위고」(1760)에 수록된 수치와 일치한다. 그리고 이 수치는 『국조역상고(國朝曆象考)』와 성주덕(成周悳)이 편찬한 『서운관지(書雲觀志)』(1818)에도 그대로 동일하게 실려 있다. 또한 팔도의 여러 군현들에 대한 북극고도와 동서편도에 대한 수치들은 조부인 서명응이 편찬한 『보만재총서(保晩齋叢書)』의 「위사(緯史)」에 실려 있는 수치들과도 그대로 일치한다. 서유구가 1783년에 끝난 『보만재총서』의 편집작업에 참여하였음을 고려하건대, 「본리지」에 수록된 이들 수치는 「위사」의 편집과정을 통해 획득되고 산정된 것으로 보인다.

한편, 정조 연간인 1791년 무렵에는 서호수의 강력한 주장에 의해 팔도 감영의 북극고도와 그에 따른 일출입 시각과 절기 시각을 이듬해인 임자년(壬子年, 1792)의 역서에 게재하여 간행하라고 하는 조치가 취해지기도 하였다. 하지만 이 조치도 결국 실용적인 차원에서의 역서 간행 비용의 증가를 이유로 실현되지 못하였다. 당시 조선의 조정과 관리

들은 수 분의 차이에 불과한 팔도의 지방시들을 역서에 반영하기 위한 경제적인 비용에 비해 그에 따른 실제적인 효과는 그다지 크지 않다고 생각하였던 듯하다.

이상에서 살펴본 북극고도와 동서편도의 측정과 이를 통한 일출입 시각과 절기 시각의 결정에 관한 문제들은 기본적으로 17세기 이후 중국을 통해서 조선에 전래된 서양천문학 지식들의 영향을 보여 주는 것이다. 왜냐하면 북극고도의 측정과 그것에 따른 위도의 변화와 기후의 변화는 기본적으로 예수회 선교사들에 의해 전해진 지구설(地球說)을 토대로 하고 있기 때문이다. 할아버지인 서명응과 부친인 서호수로 이어지는 가학의 전통 속에서 서유구가 공부하고 저술활동을 펼쳤음을 생각한다면, 『임원경제지』에서 드러나는 이와 같은 서양천문학의 영향은 어쩌면 당연한 귀결이라고 할 수 있을 것이다.

마지막으로 천문학 지식과 관련해서 언급할 필요가 있는 점은 『임원경제지』에는 천문학의 주요한 하위 분야인 우주구조론과 관련된 내용이 포함되어 있지 않다는 사실이다. 다시 말해 서유구는 태양과 오행성의 운행과 이를 통한 시각의 측정을 이야기하면서도 개천설(蓋天說)과 혼천설(渾天說) 등과 같은 전통적인 우주구조론은 물론이고 당시 중국의 예수회 선교사들에 의해 전해진 구중천설(九重天說)이라든지 십이중천설(十二重天說)에 대한 내용도 전혀 서술해 놓지를 않았다. 나아가 그는 우주의 크기나 땅의 크기에 대한 전통적인 논의와 선유들의 주장들도 전혀 수록하지 않았던 것이다.

물론 임원에 앉아서 유자(儒者)가 우주를 상상하고 천체의 구조를 문제 삼고 따질 필요가 없을 것이고, 또한 그럴 여유도 없을지 모른다. 하지만 유자도 천지(天地)의 구조를 알고 칠정(七政)의 운행으로 일식(日食)과 월식(月食)이 생기는 이치를 알아야 한다고 하면, 이와 같은 천체구조론 혹은 우주구조론에 관한 내용들이 포함되지 못할 이유도 없다. 게다가 앞서 북극고도에 대한 논의에서 보여 주는 바와 같은 상당히 엄밀하고 복잡한 천문학적인 논의들도 정리하고 있는 것을 생각한다면, 그가 이와 같은 천체구조론 혹은 우주구조론적인 논의를 『임원경제지』에 수록하지 않은 이유는 무엇일까? 그것은 아마도 서유구가 『임원경제지』를 저술한 목적과 이 책에 실릴 여러 과학 분야의 지식들을 정한 기준이 '임원에 살며 삶을 영위하는 데에 절실한 것'에 두었기 때문일 것이다. 즉 서유구는 자신이 생각하기에 『임원경제지』에 임원의 경영에 보다 절실하다고 여겨지는 천문과 점후의 지식과 역서의 시각에 관한 지식들을 정리하여 수록하였던 것이다. 그리고 이러한 차원에서 「본리지」의 권9에는 전가역표(田家曆表)와 신정전가역표(新定田家曆表)를 수록하고 있는데, 이러한 내용들은 역서와 관련된 농시와 각각의 절후에 임원에서 농사와 관련해서 행해야 할 작업들을 간략하게 도식화하여 정리한 그야말로 '실용적인' 것이라고 할 수 있다. 이에 비해 '하늘과 땅의 구조와 크기' 혹은 '우주의 구조'와 같은 지식들은 임원의 유자에게는 절실하지 않은 '요원한' 지식으로 생각되었던 것이다.

4. 산법(算法)과 수학의 지식들: 「유예지(遊藝志)」, 산법

1) 전통수학과 서양수학의 영향

『임원경제지』의 「유예지(遊藝志)」 권2에는 '산법(算法) 구수개략(九數槪略)'이란 항목으로 산법의 기초 개념들과 여러 가지 계산법들을 설명하고 예제들을 제시한 내용들이 수록되어 있는데, 이러한 내용들은 오늘날의 입장에서 볼 때 수학에 해당하는 것들이다.[29] 사실 이 「유예지」의 권2에 수록된 수학과 관련된 내용은 그 전체가 조부인 서명응의 『보만재총서』(1783)의 일부분인 『고사십이집(攷事十二集)』 권7 오집(午集) 문예(文藝) 부분에 수록된 수학 관련 부분과 내용이 일치한다.[30] 따라서 「유예지」 권2의 '산법 구수개략' 부분은 『고사십이집』의 해당 부분을 전제한 것이라고 봐야 한다. 아마도 서유구는 서명응의 『고사십이집』 부분을 편집하는 작업에도 참여하였을 것이고 특히 수학 관련 내용을 정리하는 데에 주요한 역할을 하였을 가능성이 크다.[31]

「유예지」 권2의 산법 부분은 그 내용이 크게 기초과정에 해당하는 '승제총서(乘除總敍)'의 부분과 심화과정에 해당하는 부분들로 나누어진다. 기초과정에 해당하는 '승제총서' 부분은 산술 계산법의 기초와 원리를 설명하고 정리해 놓은 부분이고, 심화과정에 해당하는 부분들은 실용에서 사용되는 다양한 종류의 계산 기법들을 예제들을 통해서 학습하는 과정을 적어 놓은 부분이라고 할 수 있다. 「유예지」 권2의 산법 부분의 내용을 표로 정리하면 다음과 같다.

---

29 규장각한국학연구원 소장본 『임원십육지(林園十六志)』(도서번호 奎6565)에는 제43책에 「유예지」가 수록되어 있다(전체 52책).

30 『保晩齋叢書』 제29책 권35, 『고사십이집』 권7에 수록되어 있다.

31 『고사십이집』의 수학 부분의 내용은 서명응이 1771년 편찬한 『고사신서(攷事新書)』의 산법 관련 내용과는 그 체제와 예제 등에서 많이 차이가 난다. 이를 통해서 『고사십이집』의 산법 부분의 내용은 『고사신서』의 내용을 확장한 것이 아님을 확인할 수 있다. 『고사신서』의 내용이 어떠한 산학서를 참고로 편찬된 것인지는 앞으로 연구가 필요할 것이다.

〈표 5〉 「유예지」 산법 부분의 목차

대항목	중항목	소항목	예제번호	예제수	『수리정온』 해당 부분
乘除總叙	三才數位	曆			首部 度量權衡
		度量衡			
		田里			
	九九數目				
	加減乘除	加法	예제1~예제2	2	首部 加減乘除
		減法	예제3~예제4	2	
		因乘	예제5~예제7	3	
		歸除	예제8~예제12	5	
	平方立方	開平方	예제13~예제14	2	
		開立方	예제15	1	
	四率比例		예제16~예제21	6	線部一 正比例 合率比例
方田數法			예제22~예제26	5	
粟布數法			예제27~예제31	5	
衰分數法			예제32~예제34	3	
少廣數法			예제35~예제39	5	
商功數法			예제40~예제45	6	
均輸數法			예제46~예제49	4	
盈朒數法			예제50~예제54	5	
方程數法			예제55~예제57	3	
句股八線			예제58~예제64	7	

서유구는 '승제총서'의 표제 아래에 삼재수위(三才數位)·구구수목(九九數目)·가감승제(加減乘除)·평방입방(平方立方)·사율비례(四率比例)의 항목들을 두어서 산법의 기초를 설명하고 있다.

그중에서 우선 '삼재수위'란 삼재(三才)인 하늘과 땅 그리고 사람에게서 존재하는 수(數)를 의미한다. 그에 따르면, "삼재수위란 하늘에서는 역(曆)의 수이고, 사람에 있어서는 도량형(度量衡)의 수이며, 땅에서는 전리(田里)의 수이다."[32] 이러한 원리로 서유구는 삼재수위를 다시 역(曆)·도량형·전리(田里)의 소항목으로 나누어서 천문과 도량형, 길이와 넓이에 대한 수의 단위와 환산법을 설명하고 있다. 이와 같은 수의 단위들과 환산법은 산법과 수학의 기본이 되는 내용이므로 좀 더 자세히 소개할 필요가 있을 것이다.

'역(曆)'의 소항목에서는 하늘에서 사용되는 도수(度數)의 단위, 즉 궁도(宮度)의 단위들을 설명한다. 그것에 따르면, 1궁(宮)은 30도(度)이고, 1도는 60분(分), 1분은 60초(秒), 1초는 60미(微), 1미는 60섬(纖), 1섬은 60홀(忽), 1홀은 60망(芒), 1망은 60진(塵)이다. 하늘에서 사용되는 도수의 단위는 60진법을 기본으로 삼고 있음을 알 수 있다.

사람 사이에서 사용되는 수인 '도량형'의 경우에는 10진법을 기본으로 삼고 있다. 도량형은 크게 길이의 단위인 도법(度法)과 부피의 단위인 양법(量法), 무게의 단위인 형법(衡法)으로 나누어진다. 그중 도법의 단위는 장척촌분의 단위로 10진법의 형식으로 내려간다. 즉 1장(丈)은 10척(尺), 1척은 10촌(寸), 1촌은 10분(分), 1분은 10리(釐), 1리는 10호(毫), 1호는 10사(絲), 1사는 10홀(忽), 1홀은 10미(微), 1미는 10섬(纖), 1섬은 10사(沙), 1사는 10진(塵), 1진은 10애(埃) 등이다. 양법은 두(斗)·승(升)·홉(合)·작(勺)·촬(撮)까지는 10진법으로 내려간다. 이후 1촬은 다시 4규(圭), 1규는 60서(黍)가 된다. 무게의 단위인 형법의 경우에는 10진법이 적용되지 않는데, 1석(石)이 4균(勻), 1균이 30근(斤), 1근이 60양(兩), 1양이 10전(錢), 1전이 10분(分)이다. 1분 이하는 도법과 단위가 같

---

32 「遊藝志」 권2, 三才數位, "三才數位, 在天則曆之數位也, 在人則度量衡之數位也, 在地則田里之數位也."

다. 도량형의 단위에는 위로는 십(十)·백(百)·천(千)·만(萬)·억(億)·조(兆)·경(京)·해(垓) 등이 있다.[33]

'전리(田里)'의 소항목은 땅에서 사용되는 거리와 면적의 단위를 정리한 것이다. 우선 면적의 단위인 전법(田法)에 따르면, 1경(頃)은 100무(畝), 1무는 가로와 세로가 각각 240보에 해당하는 면적을 의미한다. 이어서 거리의 단위인 이법(里法)에서 1리는 360보(步)로서 장(丈)의 단위로 계산하면 180장이다. 장 이하의 단위는 위에서 설명한 도법의 단위들과 같게 된다.

땅에서의 거리 단위인 이법(里法)을 설명한 마지막에 할주(割註)로 다음과 같이 적어 놓은 부분이 흥미롭다. 그것에 따르면, "옛날에 하늘에서의 1도는 땅에서 250리라고 칭하였는데, 지금의 척으로 환산하면 하늘의 1도는 땅에서 200리이다. 대개 고척(古尺)은 지금 척의 10분의 8에 불과하기 때문이다." 이러한 내용은 앞에서 북극고도 1도당 지면에서의 거리를 이야기한 부분과 관련이 있다.

다음으로 '구구수목'에서는 구구법을 적어 놓고 있다. 또한 '가감승제'는 다시 그 아래에 가법(加法)·감법(減法)·인법(因法)·귀제(歸除) 항목을 두고서 각각 덧셈·뺄셈·곱셈·나눗셈을 설명하고 있다. '평방입방'은 제곱근과 세제곱근을 구하는 방법을 설명하는 부분이며, '사율비례'는 비례식을 이용하여 문제를 푸는 다양한 방법들을 정리해 놓은 부분이다.

'기초과정'에 해당하는 부분에 이어서 '심화과정'에 해당하는 부분이 수록되어 있는데, 이 부분은 방전수법(方田數法)·속포수법(粟布數法)·쇠분수법(衰分數法)·소광수법(少廣數法)·상공수법(商工數法)·균

---

33 이와 같은 도량형의 단위는 기본적으로 『산학계몽(算學啓蒙)』의 체계를 따른 것이다.

수수법(均輸數法)·영육수법(盈朒數法)·방정수법(方程數法)·구고팔선(句股八線)의 9개 항목으로 나누어져 있다. 이 9개 항목들이 정리하고 있는 내용은 다음과 같다.

방전수법(方田數法)－ 다양한 모양의 토지 넓이를 구하는 법
속포수법(粟布數法)－ 물건의 양과 교환비율을 구하는 법
쇠분수법(衰分數法)－ 세금을 차등에 맞게 조정하는 법
소광수법(少廣數法)－ 화살 묶음의 개수, 땅의 넓이 구하기
상공수법(商工數法)－ 토목공사에 필요한 거리의 원근과 부피 구하는 법
균수수법(均輸數法)－ 수송과 관련한 비용 계산법
영육수법(盈朒數法)－ 나머지와 모자라는 수를 이용하여 미지수 구하는 법
방정수법(方程數法)－ 방정식으로 미지수 구하기
구고팔선(句股八線)－ 구고법과 삼각함수의 숫자들을 이용한 문제풀이

이 심화과정의 부분에는 다양한 형태의 면적계산과 부피계산, 등차수열의 합을 구하는 법, 연립일차방정식 사용법 등의 예제들이 수록되어 있다. 또한 이들 예제들에는 다양한 형태의 도형들이 등장하고, 이들 도형을 이용하여 계산을 수행하는 모습이 수록되어 있다.

사실 이 심화과정의 9개 수법의 제목은 『구장산술(九章算術)』의 9개 장의 제목에서 유래되었다. 『구장산술』의 9개 장의 제목은 방전(方田)·속미(粟米)·쇠분(衰分)·소광(少廣)·상공(商功)·균수(均輸)·영부족(盈不足)·방정(方程)·구고(勾股)로서, 「유예지」의 심화과정을 구성하는 제목들과 거의 유사하다. 이를 「유예지」의 수학 심화과정 부분과 비교하면, 다만 '영부족(盈不足)'이 '영육수법(盈朒數法)'으로, '구고(勾股)'가

‘구고팔선(句股八線)’으로 바뀌어 있을 뿐이다.

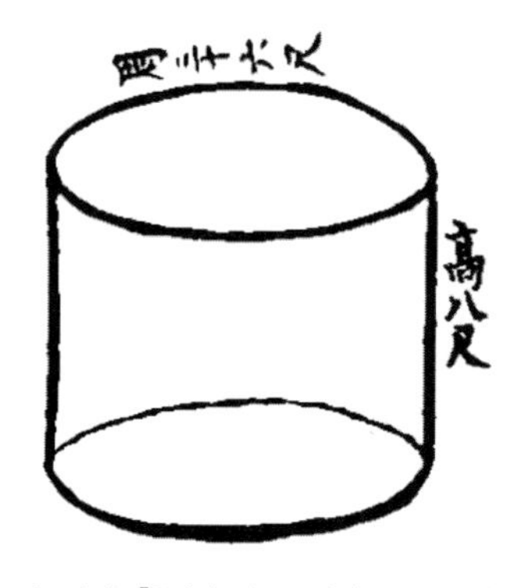

〈그림 6〉 「유예지」 속포수법에 수록된 그림

「유예지」 산법 부분의 내용은 대부분 예제들 위주의 실용적 문제풀이를 중심으로 서술되어 있다. 물론 그러면서도 상당히 복잡한 수학적 기법, 즉 수열과 연립일차방정식 등에 대해서도 설명하고 있다. 동아시아의 수학이 애초 『구장산술』에서부터 실용적 계산법을 위주로 발전하였다는 것을 생각하건대, 그가 이 산법 부분에서 예제들을 위주로 실용적 계산의 방법과 예제들을 정리한 것은 동아시아 산학의 전통을 그대로 따르고 있음을 보여 준다.

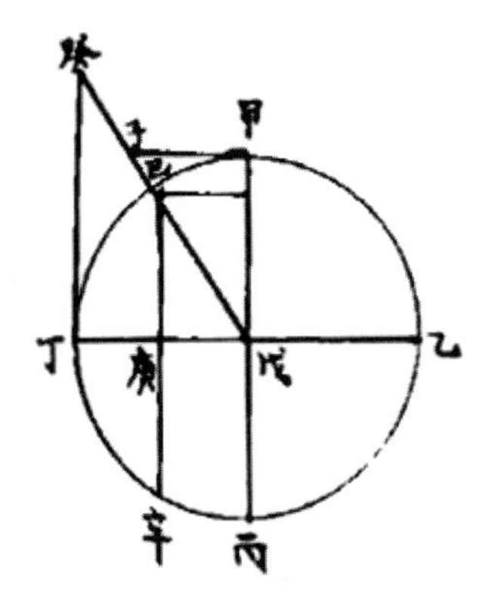

〈그림 7〉 「유예지」의 할원팔선의 도식

이에 비해 특히 ‘구고팔선’ 항목의 내용들에는 당시 동아시아에 전래된 서양수학의 영향을 받은 지식들이 포함되어 있다. 구고팔선은 구고, 즉 직각삼각형과 피타고라스의 정리 등을 이용하여 도형의 문제들을 해결하는 내용들로 채워져 있다. 여기서 ‘구고(句股)’란 피타고라스 정리를 전통 동아시아에서 지칭하던 용어이다. 이에 대해 ‘팔선(八線)’은 삼각함수에서 사용되는 여덟 가지의 함수를 말하는데, 이는 사인과 코사인, 탄젠트 함수 등을 이용한 함수들을 의미한다. 서유구는 이들 할원(割圜)의 함수, 즉 삼각함수들에 대해 다음과 같이 설명한다.

원주(圜周)를 4분하여 이름하기를 4상한(象限)이라고 하니, 매 1상한은 90도이다. 1상한의 가운데에 정현(正弦)·여현(餘弦)·정시(正矢)·여시(餘矢)·정절(正切)·여절(餘切)·정할(正割)·여할(餘割)을 설정하는데, 이들을 이름하기를 할원팔선(割圜八線)이라고 한다.[34]

「유예지」에 적힌 8개의 삼각함수 용어를 정리하면 다음과 같다.

sinA : 정현(正弦)

cosA : 여현(餘弦)

tanA : 정절(正切)

cotA : 여절(餘切)

secA = 1/cosA : 정할(正割)

cscA = 1/sinA : 여할(餘割)

verA = 1 - cosA : 정시(正矢)

cvsA = 1 - sinA : 여시(餘矢)

따라서 '구고팔선' 항목에 서술되어 있는 정절선(正切線)이란 삼각함수 탄젠트(tan) 값을 말한다. 예를 들어 '본지북극고호(本地北極高弧)의 정절선'이란 관측지〔本地〕의 북극고도 각도 값에 대한 탄젠트 값을 말한다. 한편 「유예지」의 권2 부분에는 삼각함수법과 더불어 세로로 셈하는 필산법(筆算法), 가감법을 이용한 연립방정식 등이 포함되어 있는데, 이 중에서 필산법 또한 서양수학의 영향을 받은 것이다.

---

34 「遊藝志」 卷3, 句股八線, "圜周爲四分, 名曰四象限, 每一象限九十度. 一象限之中, 設爲正弦, 餘弦, 正矢, 餘矢, 正切, 餘切, 正割, 餘割, 名之割圜八線."

「유예지」에 포함된 수학과 관련된 내용들과 예제들은 그 대부분이 1722년에 청나라에서 완성되어 조선에 전해진 『수리정온(數理精蘊)』으로부터 취해진 것으로 보인다. 『수리정온』은 1722년(청나라 강희 61)에 편찬된 수학서로서, 전체 53권 분량의 거질로 편찬되었다. 이 책은 강희제(康熙帝)의 명에 의해 역법·악률·수학의 세 분야에 걸친 총서인 『율력연원(律曆淵源)』의 일부분으로 기획된 책으로서, 나머지 두 분야의 책이 바로 『율려정의(律呂正義)』와 『역상고성(曆象考成)』이다. 『수리정온』의 맨 앞부분인 수부(首部)에는 수학의 연원을 하도(河圖)와 낙서(洛書)로 설정하는 '수리본원(數理本原)'과 서양수학의 기원을 고대 중국으로 설정하는 '주비경해(周髀經解)'의 부분이 나온다. 이어서 유클리드의 『기하학 원본』 한문 번역본이 수록되어 있으며, 맨 마지막 부분에는 삼각함수(三角函數) 표와 대수표(對數表, 로그표)가 수록되어 있다. 이러한 구조는 애초 『수리정온』이 예수회 선교사들이 강희제에게 서양의 수학을 강의하기 위해 만든 강의노트를 토대로 편찬이 된 결과를 반영하고 있으며, 나아가 강희 말년에 서학의 연원을 중국으로 삼고자 하는 경향을 반영하고 있다.

「유예지」의 승제총서(乘除總敍) 부분은 『수리정온』의 수부(首部)에 수록된 내용을 요약해서 정리한 것이나, 심화과정에 해당하는 나머지 부분의 내용들은 『수리정온』의 선부(線部)와 면부(面部), 체부(體部)의 내용들과 예제들을 발췌하여 정리한 것이다. 예를 들어 '방전수법'에는 토지의 모양이 직사각형과 원형, 일반 삼각형, 직각삼각형, 사다리꼴인 다섯 가지 경우에 대해 넓이와 그에 따른 세금을 구하는 과정을 예문으로 제시하고 있는데, 이들 내용은 『수리정온』의 면부에 수록된 내용을 발췌한 것이다.

그런데 여기서 흥미로운 점은 「유예지」의 심화과정에 해당하는 내용은 『수리정온』의 내용을 『구장산술』의 구성방식으로 재편집하였다는 점이다. 비록 그 예제들은 『수리정온』에서 발췌해 온 것들이지만 동아시아의 전통적인 산학 서적의 구성방식을 취한 것은 「유예지」의 공동 편찬자인 서명응과 서유구의 독특한 취향을 드러낸다고 생각된다.

한편, 「유예지」와 관련해서 서유구의 친부인 서호수가 『수리정온보해(數理精蘊補解)』라는 책을 지은 것을 언급할 필요가 있다. 이 책은 서호수가 『수리정온』에 수록된 수학 계산법들을 해설하고 좀 더 쉽게 이해할 수 있도록 설명한 책이다.[35] 이런 사실들을 통해 볼 때에 『임원경제지』, 「유예지」의 권2에 수록된 산법의 편집과정에는 서호수도 어느 정도 참여하였거나 기여를 하였을 것으로 짐작된다.

「유예지」 권2의 산법 부분의 구성방식에 대해서는 논란이 되는 바가 있는데, 이는 기초과정에 해당하는 부분에는 '승제총서'라고 하는 표제어가 붙어 있지만 고급 연습문제들을 포함하는 심화과정의 부분은 그 전체를 아우르는 표제어가 붙어 있지 않기 때문이다.

「유예지」 권2의 산법 부분을 기초과정과 심화과정으로 구분하는 명칭은 필자가 고안한 것이다. 장우석 또한 권2의 산법 부분을 크게 두 부분으로 구분하고 있는데, 그는 '기초단원'과 '본단원'이라는 용어를 사용한다.[36] 이에 반해, 「유예지」 권2의 산법 부분의 구성과 관련하여 정명현은 '승제총서'를 '삼재수위' 등과 함께 동일한 레벨로 생각하여 총 15개의 단위로 구분하고 있다.[37] 그런데 산법 부분의 내용을 생각해 봤을 때 필자는 장우석과 마찬가지로 이 산법 부분을 크게 두 부분으로

35 『數理精蘊補解』의 내용에 대해서는 오영숙(2012)을 참고할 것.

36 장우석(2012), 19면.

37 정명현 외(2012), 1300~1320면.

구분하는 것이 더 적절해 보인다. 이는 서명응의 『고사십이집』의 목차에서 드러난 의도와도 일치한다. 즉 서명응이 『고사십이집』의 목차에서 이 산법 부분의 표제어를 '승제총서'와 '방전수법' 이하 아홉 개의 표제어로 구분한 이유는 산법 부분 전체가 크게 기초과정과 심화과정 두 부분으로 나누어진다고 생각했기 때문일 것이다.

한편, 서유구는 「의상경계책」에서도 산법과 관련된 기사들을 수록하였는데, 그 내용은 주로 양전(良田) 사업을 수행할 것을 염두에 두고 다양한 형태의 전답의 면적을 구하는 15개의 예제들을 열거한 것이다. 「의상경계책」에 수록된 이들 15개 예제의 내용들은 「본리지」에도 '부양전법(附量田法)'이라는 이름하에 그대로 수록되어 있는데, 이를 소개하면 아래와 같다.

1. 정방전(正方田)의 매변의 길이를 주고 면적을 구하는 문제
   1-1. 정방전의 면적을 먼저 주고 한 변의 길이를 구하는 문제
2. 장방전(長方田)에서 두 변을 주고 면적을 구하는 문제
3. 장방전에서 면적과 두 변의 길이의 차이를 주고 각 변의 길이를 구하는 문제
4. 장방전에서 면적과 두 변의 길이의 합을 주고 각 변의 길이를 구하는 문제
5. 구고전(句股田, 직각삼각형 형태의 논)의 면적을 구하는 문제
6. 삼각전(三角田)의 면적을 구하는 문제
7. 양양등변무직각사방전(兩兩等邊無直角斜方田) : 마름모꼴 전답의 면적 구하는 문제
8. 부등변양직각사방전(不等邊兩直角斜方田) : 두 개의 직각을 가지지만 두 변이 길이가 다른 사각형 전답의 면적을 구하는 문제

9. 제전(梯田) : 사다리꼴 전답의 면적을 구하는 문제
10. 방환전(方環田) : 속이 빈 정사각형 모양의 전답의 면적을 구하는 문제
11. 부등변무직각사변전(不等邊無直角四邊田) : 직각이 없고 각 변의 길이가 모두 다른 사각형 전답의 면적
12. 정원전(正圓田)
13. 타원전(橢圓田)
14. 환환전(圜環田) : 둥근 가락지 모양의 전답
15. 호시전(弧矢田) : 둥글게 굽은 모양의 전답

「의상경계책」에서 서유구는 양전(量田)을 시행할 때에 호조(戶曹)의 산원(算員) 8인과 관상감의 역관(曆官) 8인을 함께 팔도로 파견하여(每道 2인) 여러 읍들의 이서(吏胥)들을 선발하여 양전에 필요한 산학을 가르치도록 해야 한다고 말한다. 그렇게 하면 3~4개월이 지나지 않아서 산술에 능한 이서들이 수백 명으로 늘어날 것이라고 말한다.

서유구는 「본리지」의 맨 앞에서 토지제도와 수리(水利)의 기술들을 자세히 정리하고 있다. 특히 토지제도를 논한 「본리지」의 권1 부분에서 그는 수확량과 비옥도에 따라서 토지를 구획하는 전통적인 결부법(結負法)을 철폐하고 대신 순수한 면적 단위로 토지를 구획하는 경무법(頃畝法)을 전국적으로 시행할 것을 주장하고 있다. 그리고 경무법을 제대로 시행하기 위해서는 전국의 토지를 새롭게 측량하는 양전 사업을 시행해야 하고, 이를 위해서는 토지를 측량하는 척(尺)을 새롭게 통일하여 시행할 것을 주장하고 있기도 하다.

2) 상수학적(象數學的) 수리(數理) 관념

「유예지」의 수학 부분에서 서유구는 당시 전래된 서양수학의 기법들을 소개하고 있지만, 한편으로는 수학의 기원에 대한 전통적 관념에서 크게 벗어나지 않는 모습을 보여 주고 있다. 예를 들어, “수는 복희(伏犧)가 구고(句股)를 창제하고 역도(曆道)를 세우고 황제씨가 이은 것에서 시작되었다.”고 말하는 언급이 그 대표적인 부분이다. 또한 다른 부분에서 그는 “곱하고 나누는 법은 하도(河圖)와 낙서(洛書)에서 일어난다. 예를 들어, 하도에서 승수(乘數)는 좌우에서 대대하고 있고, 제수(除數)는 아래위로 대대하고 있다.”고 말한다. 이는 그가 하도의 도상에서 곱셈과 나눗셈의 방법이 일어나는 과정을 설명하고 있음을 말해 준다. 또한 “낙서의 네 정위(正位)는 홀수의 승제(乘除)가 되고, 네 우위는 짝수의 승제가 된다.”면서 낙서로부터 곱셈과 나눗셈의 이치가 펼쳐지는 모습을 보여 주고 있다.

흥미로운 것은 이런 식의 상수학적 관념과 설명방식은 서유구의 조부인 서명응의 저술에서도 전형적으로 나타난다는 사실이다.[38] 아마도 「유예지」에 수록된 수학 부분의 내용이 그 조부인 서명응의 『고사십이집』의 내용을 전제하였기에, 상수학자로서의 서명응의 수학에 대한 태도와 취향이 그대로 전해졌다고 할 수도 있을 것이다. 이처럼 서유구는 조부인 서명응의 상수학적 면모를 비판적으로 바라보지 않고 그대로 수용하였던 것으로 보인다.

그런데 이와 같은 상수학적인 시각에서 문물제도를 바라보는 관점은 「유예지」에서만 드러나는 것이 아니다. 「본리지」의 ‘기자정전(箕子

---

38 서명응 저술의 상수학적인 성격에 대해서는 박권수(2008), 115~121면을 참고할 것.

井田)'의 항목에서 정전법(井田法)의 형태가 역학(易學)에서 나오는 선천방원도(先天方圓圖)의 모습에 근원하였다는 언급들이 나오는데 이것은 서유구가 상수학적 관점을 지니고 있었음을 보여 주는 또 다른 흥미로운 예이다.

> 평양성에 있는 기자(箕子) 정전(井田)의 옛 제도는 지금까지 논밭과 두둑길에 모두 그대로 남아 있다. 그러나 그 농지의 형태와 경무법에는 맹자가 논의한 정전의 제도와 다른 점이 있다. 그 가운데 평양성 남쪽의 함구문과 정양문 사이에서 구획이 가장 분명하게 드러난다. 그 제도는 모두 밭 전(田) 자의 모양으로 되어 있고 농지에는 4구역이 있으며, 각 구역 모두 70묘이다. 큰 길 안은 가로로 보아도 4전 8구이고 세로로 보아도 4전 8구이다. 그리하여 구역은 모두 8×8=64구로서 조리가 있어서 조금도 어지럽지 아니하여 그 법과 모양이 바로 『주역』의 선천방도(先天方圖)와 같다.[39]

사실 평양에 남아 있는 기자의 정전 제도의 흔적을 처음으로 발굴하고 연구한 이는 조부인 서명응이다. 따라서 선천방원도를 이용하여 세계를 해석하고 문물을 찾는 서유구의 모습은 서명응의 행태를 다시 한 번 반복하고 있다고 할 수 있다.

한편, 수학의 근원을 하도와 낙서의 도서역(圖書易)으로부터 이끌어 내는 모습은 청대에 간행된 『수리정온』의 첫 부분에서 채택하고 있는 태도와 같다. 즉 『수리정온』의 상편 첫머리 부분인 수리본원(數理本源)

---

39 「本利志」 권1, 諸田, 箕子井田, "平壤箕田遺制, 至今阡陌皆存. 然其田形畝法, 與孟子所論井字之制有不同者焉. 其中含毬, 正陽兩門之間, 區畫最爲分明. 其制皆爲田字形, 田有四區, 區皆七十畝, 大路之內, 橫而見之, 有四田八區, 竪而見之, 亦有四田八區, 八八六十四, 正正方方, 其法象正類先天方圖."

의 항목에서는 수학이 본래 하도(河圖)·낙서(洛書)로부터 비롯된 연유를 말하고 있기 때문이다. 『수리정온』의 내용을 그대로 따르고 발췌하고 있는 「유예지」의 산법 부분 역시 『수리정온』의 관점과 경향을 그대로 잇고 있었던 것이다. 결국 「유예지」의 산법 부분은 서유구가 전통적인 동아시아의 수학지식과 명나라 말과 청나라 초에 전해진 서양수학을 함께 융합하여 저술한 것이라고 평가할 수 있는 셈이다.

5. 풍수지리(風水地理)의 지식들: 「상택지(相宅志)」

『임원경제지』에서 「상택지(相宅志)」는 풍수지리에 관련된 지식들을 모아서 정리한 백과사전에 해당한다.[40] 일반적으로 '풍수(風水)'라는 용어는 중국 동진(東晉)의 곽박(郭璞)이 쓴 『장서(葬書)』에서 연유하는데, 그 뜻은 기운(氣運) 혹은 생기(生氣)가 바람을 맞으면 흩어지고 물에 닿으면 머무른다는 구절에서 연유한다. 동아시아 전통사회에서 터를 정할 때에 기운과 풍수를 강조하는 것은 결국 생기를 모으고 보존하면서 흩어지지 않도록 만드는 땅이 살기에 좋은 땅이라는 관념을 표현하고 있다. 「상택지」에서 서유구도 이런 전통적인 관념을 계승하는 모습을 보여 주고 있다.

「상택지」의 내용은 크게 세 부분으로 구성되어 있는데, 그 첫 번째가 집터를 살피는 점기(占基)의 부분, 두 번째가 집을 가꾸는 영치(營治)의 부분, 세 번째가 전국의 명당(明堂), 즉 살기 좋은 곳을 정리해 놓은 팔역

40 「상택지」는 규장각본의 경우 제50책에 수록되어 있다. 「상택지」는 규장각본과 고려대본, 오사카본 모두 완질로 존재한다.

명기(八域名基)의 부분이다. 점기와 영치 부분은 「상택지」의 권1에, 팔역명기의 부분은 권2에 수록되어 있다. 이들 부분에 수록된 내용의 목차들을 열거하면 아래와 같다.

「상택지」 권1, 점기(占基)

1. 총론(總論)
2. 지리(地理)
3. 수토(水土)
4. 생리(生理)
5. 이인(里仁)
6. 승개(勝槩)
7. 피기(避忌)

「상택지」 권1, 영치(營治)

1. 황무지 개간〔開荒〕
2. 나무심기〔種植〕
3. 건물 짓기와 배치〔建置〕
4. 우물과 연못, 도랑〔井池溝渠〕

「상택지」 권2, 팔역명기(八域名基)

1. 팔역통론(八域統論)
2. 명기조개(名基條開)－233곳

   경기도 82곳, 충청도 56곳, 전라도 17곳, 경상도 25곳, 강원도 42곳, 황해도 5곳, 평안도 3곳, 함경도 3곳
3. 명기품제(名基品第)

「상택지」의 전체 분량을 권별로 나누어서 살펴보면, 권1의 점기와 영치 부분이 1/3의 분량을 차지하고 권2의 팔역명기 부분이 나머지 2/3의 분량을 차지하고 있다.

이와 같은 목차는 「상택지」의 구성이 전통적인 풍수지리서의 그것과는 분명히 다르다. 전통적인 풍수서에서는 일반적으로 처음에 생기(生氣)의 흐름과 취산을 동기감응(同氣感應)의 관념을 토대로 이야기하고, 이어서 지형의 형태와 물의 방향, 혈의 방향 등을 이야기하는 간룡법(看龍法)과 장풍법(藏風法)·득수법(得水法)·정혈법(定穴法)·좌향론(坐向論)·형국론(形局論) 등에 대한 논의가 등장한다. 그러면서 산(山)과 수(水), 방위(方位), 사람의 조합을 중시한다. 이에 비해 「상택지」에는 이와 같은 표제어들이 등장하지 않으며, 득수법이나 형국론 등과 관련된 자세한 이론들이 서술되어 있지 않다. 이런 점에서 「상택지」는 전통적인 풍수지리의 서적과는 분명 차이가 있는 서적이다.

서유구는 「상택지」의 서문에서 상택, 즉 집터를 살피는 데에 있어서 "술수가들처럼 향(向)과 배(背), 순(順)과 역(逆)의 국면이 어떠한지, 오행과 육기(六氣)가 어떻게 운행하는지"를 보고서 결정해서는 안 된다고 적고 있다. 심지어 그는

> 말하노니, 술수(術數)는 군자가 취하지 않는 것이다.[41]

> 하물며 이런 임원의 살 집은 형편을 살펴서 겨우 이 한 몸 비바람이나 가릴 수 있으면 그것으로 마땅하다. 어느 겨를에 쇠왕과 화복의 술수를 따지겠는가.[42]

---

41 「相擇志」 권1, 占基, 總論, "曰, 術數, 君子之所不取也."

라고 하면서 전통적인 풍수와 술수의 관념과 이론을 토대로 터를 정하는 데에 대해서 비판적인 관점을 드러낸다. 대신 서유구는 전통적인 풍수와 술수의 이론들 대신에 주거를 고르는 4가지 원칙으로서 '지리(地理)'·'생리(生理)'·'인심(人心)'·'산수(山水)'의 호불호를 제시한다.

> 주거지를 고르는 4가지 원칙〔卜居四要〕: 주거지로 선택하는 땅은 지리(地理)를 가장 먼저 고려해야 하고, 그 다음에는 생리(生理)를, 그 다음에는 인심(人心)을, 그리고 그 다음에는 산수(山水)를 고려해야 한다. 이 중에서 하나라도 결핍되면 살기 좋은 곳이 아니다. 지리가 훌륭하다고 하더라도 생리가 결핍된 곳이면 오래 거주할 수가 없고, 생리가 좋다고 하더라도 지리가 나쁘면 오래 거주할 수가 없다. 지리와 생리가 모두 좋다고 하더라도 인심이 좋지 않으면 반드시 후회하게 된다. 또한 주거지 근처에 감상하기에 좋은 산수가 없다고 한다면 성정(性情)을 도야할 길이 없을 것이다. 『팔역가거지(八域可居誌)』.[43]

여기서 '지리(地理)'라고 하는 것은 땅의 형태나 주변의 지리적 형국을 지칭하는 개념이라고 생각된다. 그리고 '생리(生理)'는 생활을 영위할 수 있는 지리적 여건이 될 것이다. 서유구에 따르면, 아무리 좋은 곳이라고 하더라도 깊은 산속에서 세속과 멀리 떨어져 있는 곳은 피해야 하고 오히려 인가(人家)와 들이 가까운 곳이 좋다. 깊은 산속에 떨어

---

42 「相擇志」 권1, 占基, 總論, "況 此林園之居, 略占形便, 僅以庇軀, 其宜也. 奚暇辨其衰旺禍福之術乎."

43 「相擇志」 권1, 占基, 總論, 卜居四要, "凡卜居之地, 地理爲上, 生理次之, 其次人心, 其次山水, 四者闕一, 非樂上也. 地理雖佳, 生理乏則, 不能久居. 生理雖好, 地理惡則, 不能久居. 地理及生理俱好, 而人心不淑, 則必有悔吝. 近處無山水可賞處, 則無以陶瀉性情. 八域可居誌."

진 곳에서 어떻게 생활을 풍족하게 영위할 수가 있을 것인가? 다음으로 서유구가 '인심(人心)'이라고 한 것은 함께 사는 주변의 사람들이 어떠한가의 문제이다. 인심이 좋은 곳이면 화평한 일들이 많겠지만, 인심이 흉악한 곳에서는 흉사가 끊이지 않을 것이다. 이러한 관념에 따르면, 서유구는 주거를 정하여 살기 좋은 터는 결국 사람들이 함께 살아가면서 경제생활을 영위할 수 있는 곳이다. 그가 마지막으로 꼽은 '산수(山水)'는 마음을 고요히 하여 성정을 닦을 수 있는 곳을 의미하지 깊은 산속이나 절경의 풍광을 지닌 곳을 의미하지는 않는다. 이와 같이 서유구가 제시하는 주거지를 고르는 4가지의 주요한 원칙은 기존의 풍수지리서와는 달리 좀 더 실용적이고, 추상적이지 않은 관점을 토대로 제시된 듯하다.

하지만 그렇다고 해서 서유구가 전통적인 풍수지리의 이론과 술수적 관념을 완전히 배격하고 그로부터 벗어난 학자라고 평가할 수는 없다.

> 터를 골라잡아 집을 짓고자 하는 사람이라면 주거지를 경솔하게 결정해서는 안 된다. …… 무엇보다도 먼저 풍기(風氣)가 모여 갈무리되어 있는지의 여부와 면배(面背)가 안온한지를 살펴서 영구한 주거지를 만들어야 할 것이다. 『삼림경제보(山林經濟補)』.[44]

그는 여전히 집터를 정할 때에 풍기(風氣)가 갈무리가 되는지의 여부와 산을 등지고 물을 앞에 두고 있는지 여부를 중요하게 취급한다. 인

44 「相擇志」 권1, 占基, 總論, 論卜居須審擇, "凡爲卜築之計者, 不可率爾定居或已治田作圃栽花種樹而不甕厥居棄而之地則枉費功力豈不可惜哉必先審擇其風氣之藏聚面背之安穩以爲永久之圖. 山林經濟補."

용문에서 언급된 풍기란 결국 생기가 모이고 흩어짐을 의미하고 면배란 산과 물이 앞과 뒤에 있느냐의 여부를 의미한다. 그는 전통적인 배산임수(背山臨水)의 이론을 기본적으로 따라야 한다고 생각하였다. 배산임수란 애초 풍수의 이론에서 생기가 모이고 바람에 의해 흩어지지 않는 곳으로서 의미가 있기 때문이다.

한편, 서유구가 말한 면배(面背)가 단지 산이 앞에 있느냐 뒤에 있느냐의 여부만을 의미하지는 않는다. 그에 따르면 주택으로 정할 터는 앞이 높고 뒤가 낮아서는 안 된다.

> 주택은 동쪽이 낮고 서쪽이 높아야 부귀하게 되고 영웅호걸이 난다. 앞이 높고 뒤가 낮을 경우에는 절대로 집안이 잘 되지 않는다. 뒤가 높고 앞이 낮을 경우에는 소와 말이 풍족하게 될 것이다. 『주서비오영조택경(周書秘奧營造宅經)』.[45]

이와 더불어 서유구는 전통적인 풍수의 사상론(四象論)을 여전히 따르고 있음을 보여 준다. 그에 따르면, 청룡과 백호, 주작과 현무가 적절하게 갖추어져야 좋은 땅이고 그러지 못한 땅은 흉한 땅이다.

> 사상론(四象論) : 주택의 왼편으로 흐르는 물을 청룡(青龍)이라고 하고, 오른편에 큰 길이 나 있는 것을 백호(白虎)라고 하며, 집 앞에 연못이 있는 것을 주작(朱雀)이라고 하고, 집 뒤에 구릉이 있는 것을 현무(玄武)라고 하여 이러한 지형을 가장 귀하게 여긴다. 만약 땅에 이러한 상(相)이 없으

45 「相擇志」 권1, 占基, 總論, 論四方高下, “凡宅東下西高, 富貴雄豪. 前高後下, 絶無門戶, 後高前下, 多足牛馬. 同上.”

면 흉하다. 『주서비오영조택경(周書秘奧營造宅經)』.[46]

서유구에 따르면, 사상론(四象論)의 관점에서 청룡과 백호, 주작과 현무의 형상이 어떠하느냐를 따라야 할 뿐만 아니라 택지의 모양과 방향 또한 중요하게 고려해야 하는 요소이다. 그는 집터 중에서도 방위가 길하지 않은 경우를 아래와 같이 제시한다.

네 방위가 길하지 않은 것 : 택지의 형상이 동서(卯酉) 방향의 길이가 넉넉하지 않은 곳에 살면 삶이 자유롭다. 남북(子午) 방향의 길이가 넉넉하지 않은 곳에 살면 흉하고, 북쪽에서 동남(子丑) 방향의 길이가 넉넉하지 않은 곳에 살면 구설수에 오르게 된다. 남북이 길고 동서가 좁은 집터는 길하다. 동서가 길고 남북이 좁으면 처음에는 흉하지만 나중에는 길하다. 『주서비오영조택경(周書秘奧營造宅經)』.[47]

나아가 서유구는 산의 형세를 따지는 산형론(山形論)도 일차적으로 수용하여 고려해야 한다고 생각한다. 그러면서 그는 산의 형세를 살피는 감여가들의 말을 여전히 따르라고 말한다. 물론 그가 제시하는 산형론은 전통적인 풍수의 이론에서 말하는 바에 비하면 조금 간명하다.

산의 형세를 살펴보면, 조종(祖宗)이 되는 산은 누각이 나는 듯이 치솟은 형세를 지닌다고 감여가는 말한다. 주산은 또 수려하고 단정하며 청명

46 「相擇志」 권1, 占基, 總論, 論四象, "宅欲左有流水, 謂之青龍. 右有長道, 謂之白虎. 前有汙池, 謂之朱雀. 後有邱陵, 謂之玄武. 爲貴貴地. 若無此相, 兇. 周書秘奧營造宅經."

47 「相擇志」 권1, 占基, 總論, 論方位不足, "凡宅地形卯酉不足, 居之自. 如子午不足, 居之大凶. 子丑不足, 居之口舌. 南北長東西狹吉. 東西長南北狹, 初凶後吉. 周書秘奧營造宅經."

> 하고 부드러운 것이 최상이다. …… 가장 피하는 것은 내룡(內龍)이 나약하고 멍청해서 생기가 없거나 혹은 산세가 부서지고 비스듬히 기울어서 길한 기운이 없는 것이다. 무릇 땅에 생기와 길한 기운이 없으면 인재가 나지 않는다. 『팔역가거지(八域可居誌)』.[48]

뿐만 아니라 주택의 주변에 있는 모래 언덕이나 구릉의 형태에 따라서 거주자의 운명이 결정된다고 하는 관념 또한 그대로 수용하고 있다.

> 주택의 좌우와 전면에 사(砂)가 뾰족하게 솟아 단정하고 둥글면 과거에 급제할 것이요, 손신의 방향에 붓이 우뚝 솟은 모양을 하고 있으면 문과에 급제하여 부귀하게 될 것이요, 갑옷이 쌓여 있고 군대가 주둔한 형상이면 무인이 되어 귀하게 될 것이요, 머리가 기울고 정수리가 비스듬한 형상이면 도적이 될 것이요, 고요하면 승려나 도사가 될 것이요, 조화의 경우에는 전염병과 화재를 겪을 것이요, 소탕의 경우는 쟁송이 일어나 남자는 멀리 유랑하고 여자는 예의가 없어진다. 천왜(天歪)의 경우에는 도적이 되어 병기에 맞아 죽을 것이다. 『양택길흉론(陽宅吉凶論)』.[49]

서유구는 주택의 방위에 따라서 길흉과 운명이 정해지는 것으로 보는 전통적인 풍수나 술수의 관념도 그대로 따르고 있다. 예를 들어 「상택지」에서 문을 설치하는 방향에 대한 내용의 일부를 보자. 이 부분은

---

48 「相擇志」 권1, 占基, 總論, 論山形, "凡山於祖宗, 有堪輿家樓閣飛楊之勢. 主山又秀麗端正淸明嫩香者爲上, …… 最忌來龍懶弱頑鈍而無生氣, 或破碎欹斜而少吉氣. 凡地無生氣吉氣, 則人才不出. 八域可居誌."

49 「相擇志」 권1, 占基, 總論, 論砂應, "凡宅左右前砂, 尖秀端圓科第, 巽辛見卓筆文貴, 堆甲屯軍武貴, 頭側頂斜盜賊, 孤曜僧道, 燥火瘟疫火災, 掃蕩爭訟男遠游女無狀, 天歪作賦兵死. 陽宅吉凶論."

『증보산림경제』에서 인용하여 적고 있는 것이다.

〈이(離) 방향의 주택〉

손(巽) 방향의 문 – 재산이 풍성하고 사람은 겸손하다.

진(震) 방향의 문 – 영화를 누린다.

감(坎) 방향의 문 – 장수하고 건강하다.

곤(坤) 방향의 문, 태(兌) 방향의 문 – 불이 나고 딸과 아내가 미치광이가 된다.

건(乾) 방향의 문 – 재물이 탕진되고 병이 끊이지 않는다.

간(艮) 방향의 문 – 미치광이와 귀머거리, 벙어리가 생긴다.

대체적으로 볼 때 감・이・진・손의 네 주택은 건・곤・간・태의 방향으로 문을 내는 것을 꺼리고, 건・곤・간・태의 네 주택은 감・이・진・손의 방향으로 문을 내는 것을 꺼린다. 그럼에도 이러한 기피사항을 범하면 흉하다.[50]

서유구는 건(乾) 방향에서부터 이(離) 방향으로 자리 잡고 있는 주택에 이르기까지 24방위의 주택에 대해 문호를 내는 방향에 대한 유불리를 정리하고 있다. 그러면서 감・이・진・태의 방향과 건・곤・간・태의 방위가 주택과 문호의 방위에서 서로 상충됨을 이야기하고 있다. 또 다른 예로, 『고사촬요(故事撮要)』를 인용하여 길을 내는 형태와 방향에 대한 내용을 살펴보자.

---

50 「相擇志」 권1, 營治, 裝門雜忌, “蓋坎离震巽四宅, 忌向乾坤艮兌方, 而裝門乾坤艮兌四宅, 忌向坎离震巽方而裝門, 犯之則凶. 增補山林經濟.”

길이 청룡을 에워싸고 있으면 길하고, 백호를 에워싸고 있으면 흉하다. 네 짐승(즉 청룡 · 백호 · 주작 · 현무)의 등뼈에 해당되는 부분에 십(十) 자 형태의 길이 나 있는 것과 명당 중심에 정(井) 자 형태의 길이 나 있는 것은 모두 꺼린다. 두 개의 길이 가로 놓이고 하나의 길이 곧게 뻗어서 뚫고 지나가는 길을 강시(扛尸, 시체를 멘 형상의 길)라고 부르는데 흉하다.[51]

이처럼 「상택지」에서 집터를 잡고 문과 창호의 방향을 정하는 것, 길을 내는 것 등과 관련해서 서유구는 전통적인 풍수지리나 술수적 관념에서 그다지 벗어나 있는 모습을 보여 주지 않는다. 더 실제적인 지식을 적고 있지만, 또한 술수적 관념을 그대로 따르고 중시하고 있다. 이는 그가 참고하고 인용한 서적들이 이미 전통적인 풍수와 술수적 관념을 토대로 만들어진 것이기 때문이다.

이와 더불어 서유구는 집터를 향해 바람이 불어오는 방향이 어떠한가에 따라서 자손의 운명이 달라진다고 하는 구절도 그대로 옮겨 싣고 있다.

바람의 방향 : 자(子) 방향의 바람이 불어오면 자손이 물에 빠지고, 계(癸) 방향의 바람이 불어오면 남녀가 음욕이 많아지고, 축(丑) 방향의 바람이 불어오면 군대에 투신할 때 진영으로부터 낙오가 되고 …… 신(申) 방향의 바람이 불어오면 어려운 일을 겪고, 술(戌)과 건(乾)의 방향의 바람이 불어오면 다리를 절고, 해(亥)와 임(壬)의 방향의 바람이 불어오면 빈천해진다.[52]

---

51 「相擇志」 권1, 營治, 取路法, "路繞青龍則吉, 繞白虎則凶, 四獸(謂青龍白虎朱雀玄武)脊上有十字樣路皆忌. 兩橫一直, 名曰扛屍凶."

그러므로 집터가 자리 잡고 있는 방향과 문과 창호가 향하고 있는 방향, 나아가 바람이 불어오는 방향 등을 헤아리기 위해서는 나침반의 일종인 윤도(輪圖)를 헤아려야 할 것이다. 이러한 이유로 그는 안설(按說)을 달아서 '목성윤도'의 제작과 사용법에 대해 아래와 같이 자세하게 서술하고 있다.

그 방향은 모두 목성윤도를 사용하여 헤아린다. 『증보산림경제』.

나의 의견: 목성윤도의 제도는 나무판 위에 안과 밖으로 두 줄의 둥근 윤도를 만든다. 안쪽의 윤도에는 자 방위로부터 왼쪽으로 돌면서 계・축・간・인・갑・묘・을・진・손・사・병・오・정・미・곤・신・경・유・신・술・해・임의 24방위를 배열한다. 바깥의 윤도에는 자 방위로부터 목성을 일으키는데 왼쪽으로 돌면서 조화・태양・고요・소탕・천왜・목성 ……의 차례대로 24위에 배열시키는데, 대체로 목성이 자・오・묘・유의 주가 되므로 이름을 목성윤도라고 한다. 구성 가운데에 목성・태양・금수・태음・천재는 다섯 가지의 길한 것이요, 천왜・조화・고요・소탕은 네 가지의 흉한 것이다.[53]

---

52 「相擇志」 권1, 占基, 總論, 論風射方, "子風射入〔子孫落水〕癸風〔男女淫慾〕丑風〔投軍落陳〕艮〔瘟瘟瘴疾〕寅〔虎狼陽害〕甲卯〔道路死亡〕乙〔子孫青盲〕辰巽〔主人頭瘋〕己丙〔蛇傷〕午丁〔水災〕未〔勞瘵咳嗽〕坤〔有公訟〕申庚〔主暴敗覆〕辛〔艱苦〕戌乾〔破躄〕亥壬〔貧賤○增補山林經濟〕凡有凹風吹射則氣散風左入則長房欠風右入則小房虧皆宜避忌〔同上〕."

53 「相擇志」 권1, 占基, 總論, 論砂應, "其方向皆用木星輪圖推之. 增補山林經濟. ○ 按木星輪圖之制, 木盤上, 作內外二圖輪圖, 內圖則, 從子左旋, 排癸丑艮寅甲卯乙辰巽已丙午丁未坤申庚酉辛戌乾亥壬二十四位. 外圖則, 從子位, 起木星亦左旋, 排燥火太陽孤曜掃蕩天歪木星燥火太陰孤曜掃蕩天歪木星燥火天財孤曜掃蕩天歪木星燥火金水孤曜掃蕩天歪於二十四位蓋木星爲主子午卯酉故謂之木星輪圖九星中木星太陽金水太陰天財五吉也. 天歪燥火孤曜掃蕩四凶也."

이상의 구절을 보건대, 「상택지」에서 서유구는 살 곳을 정하고 집터를 살피는 데에 있어서 당시로서는 상식적 수준에서 공유한 자연에 대한 지식들을 활용하고 있음을 알 수 있다. 게다가 그는 전통적인 풍수지리의 관념과 술수학 지식의 관념에서 결코 벗어나서 말하고 있지 않다. 그는 여전히 산형(山形)과 방위(方位)를 논하고 사상(四象)의 형태를 문제 삼고 있다. 다만 「상택지」가 과거의 풍수지리서와 구분되는 점이 있다면, 풍수와 지리 혹은 술수의 이론들을 장황하게 설명해 놓지 않고 있다는 점이다. 이런 점에서 필자는 터잡기를 위한 서적으로서 「상택지」에서 드러나고 있는 풍수지리에 대한 서유구의 관점을 조심스럽게 평가할 필요가 있다고 생각한다.

일부 연구자들은 서유구가 집터를 정하는 데에 있어 전통적인 술수적 지식인 풍수지리 지식들을 그대로 따르기보다는 실용적이고 실제적인 관점에서 새롭게 기준을 정하고 있다고 평가하기도 한다.[54] 필자가 보기에 이러한 시각은 「상택지」의 서문에서 다분히 선언적으로 피력된 구절들만을 토대로 하고 있는 듯하다.

하지만 「상택지」의 내용에 대해 '실용적이고 실제적인 성격'만을 강조하는 시각은 필자가 앞서 소개한 「상택지」 권1의 여러 구절에 담긴 풍수적 관념과 술수적 관념을 제대로 설명하지 못한다. 또한 「상택지」의 나머지 2/3를 차지하는 권2의 팔역명기(八域名基) 부분도 이와 같은 풍수지리적인 관념을 토대로 전국에서 뛰어난 명당 자리 233곳에 대해 서술한 내용들로 채워져 있음을 적절히 설명해 주지는 못하는 것이다. 다시 말해 「상택지」의 본문 내용이 과연 서문의 선언적 구절을 어느 정

54 예를 들어 정명현의 「상택지」에 대한 해제가 그러한 입장을 피력한다. 정명현 외(2012), 1425~1426면.

도 구현하고 있는지를 생각하면, 그렇지 못하다고 봐야 한다. 게다가 본문의 내용은 서문에 실린 '술수를 따질 계제가 못 된다'는 구절과는 달리 서유구가 전통적인 '술수'와 풍수적 관념을 그대로 반복하고 있음을 보여 주고 있는 것이다.

그러므로 '실용성'에 대한 강조를 바탕으로 서유구가 전통적 풍수지리와 술수적 관념에서 완전히 벗어나 지리와 인문에 대한 새로운 '합리성'을 도모하면서 택지(擇地)를 말했다고 한다면, 이는 분명 잘못된 해석이다. 왜냐하면 앞서 살펴본 대로 「상택지」의 내용은 이러한 근대주의적 해석에 분명하게 저항하고 있기 때문이다.

6. 서유구 자연과학 저술의 특징

1) 조부 서명응의 저술과의 관계

『임원경제지』에 포함되어 있는 서유구의 자연과학 저술의 특징을 생각해 보면 우선 조부인 서명응과의 관련성을 들 수 있다. 이런 특징은 1783년에 작업이 끝난 『보만재총서』의 편집과정에서 서유구가 지대한 역할을 수행하였다는 사실과 관련이 있어 보인다. 『보만재총서』의 편집과정에서 서유구가 수행한 역할은 지리학 저술인 『위사(緯史)』와 농학 관련 저술인 『본사(本史)』 부분에서 더욱더 두드러진다. 『본사』는 서유구가 22세 때에 조부의 명을 받아 그 일부를 보충하여 저술한 것이다. 서유구는 『본사』의 저술을 사양하고 있다가 서명응의 독려를 받고서 『본사』를 완성하였다고 한다.[55] 이런 점에서 『임원경제지』의 「본

---

55 『楓石全集』 권6, 「跋本史」.

리지」와 『보만재총서』, 『본사』의 관계와 내용의 출입에 대해서 좀 더 면밀히 살펴볼 필요가 있을 것이다.

『본사』 이외에도 서명응의 저술들 중에서 몇몇 저술은 두 사람의 공동 저작이거나, 혹은 서명응의 저술을 토대로 서유구가 보완하고 편집하여 완성을 한 것임이 분명해 보인다. 물론 서명응의 저술과 서유구의 저술의 관계는 그 내용상의 출입뿐 아니라 아이디어의 차원에서도 긴밀한 관계가 있을 것이다. 우선 앞에서 서술한 바와 같이 『임원경제지』의 「유예지」 권2에 수록된 '산법' 부분은 그 전체가 서명응의 『보만재총서』에 수록되어 있는 『고사십이집』의 오집(午集) 문예(文藝) 부분에 수록된 내용과 일치한다. 이런 사실은 『고사십이집』이 서명응과 서유구의 공동 저작일 가능성이 높음을 의미한다. 물론 『고사십이집』은 서명응이 편찬하였고, 서유구가 나중에 산법 부분만을 발췌하여 그 내용을 「유예지」에 수록한 것일 수도 있다.

한편, 이와 관련해서 주목할 필요가 있는 사실은 산법 부분의 편찬과정에서 서유구의 친부인 서호수가 관여했을 가능성이 있다는 점이다. 이런 짐작은 서호수가 『수리정온보해』를 편찬하였고, 산법 부분이 『수리정온』을 토대로 편찬되었음을 생각할 때 충분히 개연성이 있다.

이에 반해 「본리지」 권3, '심시' 부분에 수록된 내용과 아이디어는 기본적으로 서명응에게서 처음 비롯된 것이 분명하다. 팔도의 북극고도를 측정하고 경도를 살펴서 농사의 시기를 엄밀하게 하자는 주장은 서명응이 시작하였고 그 아들인 서호수가 관상감 제조로 있을 때에 서명응의 주장을 이어받아 개진하였다. 또한 서호수는 팔도여도(八道輿圖)를 가지고서 팔도감영의 북극고도와 한양에 대한 동서편도를 계산하였으며 그 결과를 『동국문헌비고』에 그대로 싣기도 하였다. 「본리지」, 심시 부분에 수록된 북극고도와 동서편도는 서명응으로부터 시작된 아이디어를 토대로 하며, 그 수치들도 서명응과 서호수의 작업의 결과에서 나온 것들이다. 서유구가 '북극고도'의 측정과 지방시각의 반영을 주장하면서, "이런 지경이라면 조선의 역서는 한양과 그 주변 200리 안의 역서에 그칠 뿐이다."라고 말한 수사적 표현 또한 사실 서명응에서부터 시작된 표현이다.

이런 사실들을 통해 한 가지 분명하게 드러나는 바는, 서유구의 『임원경제지』에 수록되어 있는 자연과학 관련 지식과 아이디어들은 조부인 서명응으로부터 시작해서 친부인 서호수로 이어지는 달성 서씨 가문의 가학(家學)의 전통 속에서 제시되고 발전하거나 보충되었던 것이라는 점이다.

2) 과학적 지식과 비과학적 지식, 술수학적 지식의 공존

서유구의 『임원경제지』가 지닌 실용성 혹은 실제적인 성격을 지나치게 강조하는 연구자들은 『임원경제지』에 수록된 점복적 내용과 술수적·상수적 내용이 서유구의 '실용성'에 대한 추구와 배치된다고 생각하는 듯하다. 그 결과 어떤 경우에는 『임원경제지』의 「위선지」를 비롯한 술수적 내용에 대해서는 의아해하거나 배제하는 모습을 드러내기도 한다.

하지만 앞서 「상택지」에 대한 논의에서 말했다시피, 서유구는 전통적인 자연철학 지식으로서의 풍수지리와 상수학·술수학의 관념에서 벗어난 사람이 결코 아니었다. 이는 「상택지」뿐 아니라 천체와 자연현상의 변화를 토대로 길흉을 점치는 「위선지」의 전체 내용을 통해서도 분명하게 확인할 수 있는 바다. 게다가 「유예지」의 산법 부분에서 서유구는 상수학과 술수학에서 중요하게 취급되는 그림들인 하도와 낙서를 가지고서 수학의 근원을 찾는 모습을 보여 주기도 하였다. 앞서 살펴본 바와 같이 가감승제(加減乘除)의 부분에서 "곱하고 나누는 법은 하도와 낙서에서 일어난다."고 하면서 곱셈과 나눗셈의 구체적인 과정을 하도와 낙서의 수의 배열로부터 끌어내어서 설명하고자 하는 모습이 그것이다.

서유구가 지닌 상수학적인 관념은 「이운지(怡雲志)」에서 「산림경제보」를 인용하면서 '용도서(龍圖墅)'와 '구문원(龜文園)'을 소개한 부분에서도 다시 한 번 확인할 수가 있다. '용도서'는 별장을 지으면서 하도(河圖)의 모양을 본으로 삼아서 만들어진 것을 말하는데, 별장을 구성하는 누각의 위치, 계단의 수, 돈대 등에서 팔괘(八卦)와 하도의 이치를 담고자 한 것이다. 이에 비해 '구문원'은 낙서(洛書)의 모양을 본따서 동산을 만든 것이다. 그 속에는 태극정(太極亭)을 중심으로 팔괘와 낙서의 수의 이치를 담은 섬돌과 연못 등이 배치된다.

19세기 초반까지 살았던 조선의 유학자로서 서유구가 전통적인 자연철학, 특히 상수와 술수·풍수·점술의 관념을 공유하고 있었음은 어떻게 보면 당연한 일이다. 게다가 그가 직접적인 영향을 받았고 저술에도 함께 참여한 조부 서명응으로부터 받은 영향도 있을 것이다. 서명응은 조선 후기 유학자들의 상수학적 관념을 전형적으로 대표하고 또한 정교화시킨 학자라고 할 수 있다.

하지만 비록 서유구가 전통적 자연철학의 관념을 공유하고 있지만, 그는 술수학·상수학의 이론과 해석의 작업을 조부인 서명응과 같이 장황하고 엄밀하게 진행하지는 않았다. 즉 『임원경제지』에서 등장하는 점복과 풍수지리, 상수와 술수적인 기사들은 전문적이고 열성적인 차원에서 작성된 것이라기보다는 당대의 유학자로서는 상식적이고 일반적인 차원에서 공유하고 있었던 것일 뿐이다. 다시 말해 『임원경제지』

에서 서유구는 이런 술수학과 상수학의 이론 자체를 연구한 것이 아니라 '실제적' 필요의 수준에서 여러 분야의 지식들을 관련 문헌들로부터 모아서 정리하고 편집하였으며, 그 속에서 일반적인 상수와 술수, 풍수지리와 점복적인 관념을 드러내고 있을 뿐이다.

3) 『임원경제지』가 지닌 '실용성'의 수준과 지식담론으로서의 성격

『임원경제지』 등에 수록된 자연과학 분야 기사들의 또 다른 특징은 수록된 지식들의 '비전문성'을 들 수 있다. 『임원경제지』에 수록된 천문학과 기상학, 수학·산학, 풍수지리의 지식들은 복잡한 수학적 계산의 과정이나 상당한 수준의 배경지식을 요구하는 전문적 지식들이 아니다. 물론 그렇다고 해서 이들 자연과학 기사들이 문외한이라도 손쉽게 이해할 수 있는 수준의 지식들도 아니다. 필자가 보기에 서유구는 유자가 임원에 기거하면서 알아야 할 지식, 나아가 '상식보다 좀 더 높은 수준의 지식'들을 정리해 놓은 것이 아닌가 생각된다.

예를 들어 「유예지」 권2에 수록된 산법 관련 지식들을 살펴보자. 특히 필자가 '심화과정'이라고 한 부분에서는 연립방정식과 수열 등에 대한 이론에서부터 상당한 수준의 수학적 계산능력을 키우는 방법들이 소개되어 있다. 그렇다면 과연 '임원'에서 기거할 유자가 이런 정도로 상당히 높은 수준의 수학적 계산법을 익히고 있을 필요가 있을까? 나아가 그 내용은 당시의 유자라면 과연 누구나 이해할 수 있었던 내용이었을까? 이런 질문에 대해 '그렇다'고 단언하기는 힘들 듯하다.

나아가 「본리지」, 심시 부분에 수록된 북극고도와 동서편도에 따른 일출입과 절기시각 차이에 대한 기사들을 생각해 보자. 중국과 같이 하나의 대륙을 영역으로 하는 국가라면 각 지방시를 따져서 역서에 집어넣고 농사에도 반영할 필요가 있지만, 과연 한반도 같은 좁은 지역에서 팔도의 시각 차이가 농사를 좌우할 정도로 큰 문제일까? 서유구도 이런 식의 반론을 염두에 두고 '논편양역찰경위도(論徧壤亦察經緯度)'라는 글을 다시 지어서 조선의 강역이 좁음에도 경위도를 살펴서 팔도의 지방시각을 계산하고 사용해야 한다고 주장하였다. 이런 식의 문제의식과 고민은 지방시와 관련된 문제에 조금 관심을 갖고서 참여하면 생각해낼 수가 있는 것이고 이해할 수 있는 것이다. 어쨌든 팔도 지방시의 측정과 역서의 게재에 대한 주장이 농사에 절실한 실용과 관련된 문제라고 쉽게 말할 수가 있을까? 동서편도 3도 내외의 차이로 생기는 몇 분 가량의 시각 차이가 농사의 성패를 좌우할 만큼 중요한 것일까? 어쩌면 이러한 주장은 시각의 측정과 천시(天時)에 대한 이상적이고 추상적인 견해가 아닌가?

여기서 더 나아가 「위선지」에 상당량 수록되어 있는 다양한 점법(占法)에 대해서 다시 한 번 생각해 보자. 과연 임원에서 기거하는 유자에게 「위선지」에 수록된 복잡하고 다양한 점법들이 모두 실용적이고 절실한 지식이라고 말할 수 있을까? 그렇지는 않을 것이다. 이런 점에서 『임원경제지』에 대해 우리가 '실용성'을 위주로 한 저술이라고 말을 할 때에 그 의미를 조심스럽게 따져볼 필요가 있다. 앞에서 논한 바와 같이 서유구는 『임원경제지』에 단지 실용에 직접적이고 절실히 필요한 지식만을 최소한 추려서 적지는 않았던 것이다.

그보다 서유구는 『임원경제지』에서 특정한 분야나 주제의 경우에는 그와 관련된 지식들을 모두 집대성하여 정리하고자 하는 '지적인 욕구'를 강하게 드러내고 있다. 「위선지」의 내용은 이와 같이 '지식에 대한 포괄적인 정리의 차원'에서 이해하고 평가할 수 있을 것이다. 「위선지」

에서 그는 점후(占候)에 대한 지식과 관련해서 여러 참고 서적들을 망라하여 관련 지식들을 계통적으로 정리하는 모습을 보여 준다. 물론 이러한 정리가 해당 지식에 대한 전문적이고 심오한 이론적 작업을 의미하는 것은 아니다.

그러므로 『임원경제지』는 단순히 임원에 필요한 실용적 지식만을 수록하지 않았다. 그보다는 서유구가 지식담론 자체에 대한 체계적 정리 혹은 '망라'의 목적을 강하게 지니고서 이 책을 저술한 것으로 보아야 한다. 일반적으로 백과사전류의 서적이 일상적이고 실용적인 차원에만 국한되는 지식의 수준을 넘어서서 해당 분야의 지식을 포괄적이고 상당히 수준 있는 정도로까지 정리하고 있듯이, 『임원경제지』도 실용과 더불어 지식의 전문성을 아우르고자 하는 백과사전류의 서적으로서 평가할 수 있을 것이다.

4) 분야 경계의 모호성, 혹은 파편적 서술방식

서유구의 자연과학 관련 주요 저술들을 살펴보면 그의 저술에서는 '자연과학 혹은 과학기술의 경계'가 모호하게 나타난다. 따지고 보면 서유구가 살았던 시기의 조선 사람들은 '자연과학' 혹은 '과학기술'이라는 용어를 사용하지 않았다. 또한 그들은 오늘날 우리가 당연하게 받아들이는 방식으로 과학기술을 구성하는 여러 하위 분야의 학문과 지식들이 '과학(Science)'이라는 하나의 단일한 분야로서 통합하여 존재하는 것으로 인식하지도 않았다. 그러기에 필자가 서유구의 저술들 속에서 '자연과학' 분야의 경계가 애매모호해지는 느낌이 드는 것은 어떻게 보면 현대의 연구자로서 당연한 일일 것이다.

하지만 서유구의 저술에서 과학기술, 혹은 자연과학 관련 기사들이 서술되는 방식에서 나타나는 '지식 경계의 모호성'은 서유구가 살았던 조선 후기 여타 학자들의 저술들과 비교해서도 분명히 두드러지게 나타나는 특징이라고 말할 수 있다. 그리고 이와 같은 특징을 확인하기 위해 굳이 멀리 가서 비교할 필요 없이 그의 조부인 서명응과 부친인 서호수의 저술들과 비교하면 된다. 서명응의 『보만재총서』를 보면, 그 속에는 역학(易學)과 천문학(천문 · 역법)과 지리학 · 농학 · 음악학 · 참동계학 등 자연과학의 지식들이 분야별로 명확히 나누어져서 정리되어 있다. 서호수의 경우에도 비록 그 저술이 대부분 전해지지 않지만, 『해동농서』나 『수리정온보해』, 『역상고성보해』, 『역상고성후편보해』 등과 같이 학문 분야별로 저술이 이루어지고 정리되고 있음을 확인하게 된다.

여기에 비해 서유구의 『임원경제지』 속에는 자연과학 혹은 과학기술 관련 지식들이 분야별로 묶여서 정리되어 있는 것이 아니라 오히려 여러 곳에 흩어져서 등장한다. 그리고 이렇게 흩어져 있는 곳에서 특정한 분야의 과학기술 지식은 여타 분야의 지식들과 더불어 혼합적 방식으로 존재한다. 이런 식의 모습이 가장 두드러지게 드러나는 분야가 바로 천문학 분야이다. 『임원경제지』에서 천문학 관련 지식들을 찾아보면, 「본리지」의 권3, 심시(審時) 부분(경도와 위도에 따른 시각의 차이에 대한 내용과 역서와 관련된 내용)과 「위선지」의 권3, 점성(占星) 부분(자미원 · 태미원 · 천시원 등에서부터 동방 · 서방 · 북방 · 남방의 별자리들에 대한 지식) 등에 흩어져서 존재한다. 사실 전통시대의 여러 자연과학 분야들 중에서 하나의 분야로서 명확하게 인식되고 구분되었던 분야가 바로 천문학이다. 하지만 서유구의 저술에서는 이 천문학의 분야가 흩어져 있는 것이다. 이러한 모습은 그가 『임원경제지』를 서술하면서 특정 분야의 과학지식에 대해 분과 학문적인, 혹은 전문적인 관심을 가지고서 임하지 않았음을 말해 준다.

다른 한편으로 특정한 과학 분야의 지식들이 여러 군데에 흩어져서 나타나는 모습은 오늘날의 유행어를 빌려서 말한다면, 지식의 융합 혹은 학문 분야간 융합의 모습을 보여 주는 것이라고 말할 수도 있다. 물론 이와 같은 지식 융합적인 면모는 백과사전적 저술이 갖는 일반적인 특징이기도 하다. 백과사전에서는 항목들을 어떻게 구성하느냐에 따라서 특정 분야의 지식이 새롭게 해체되어 재배열되고, 다른 분야의 지식들과 융합이 이루어지는 모습을 보여 주기 때문이다.

흔히 『임원경제지』를 지칭하면서 '조선 최대의 실용 백과사전'이라고 말한다. 『임원경제지』가 드러내고 있는 '실용'의 수준에 대해서는 앞에서 논의한 바가 있다. 필자가 보기에 『임원경제지』는 일상적 차원의 실용을 넘어서 지식담론적인 욕구를 드러내는 책이지만, 다른 한편으로는 실용의 관점에서 전문 분야의 지식들을 새롭게 선별하고 재조직한 책이라고도 할 수 있다. 실용의 관점에서 보면 상이한 전문 분야의 지식도 실제적 문제의 해결을 위해서는 함께 동원되고 융합되어야 한다. 실용의 관점에서 각각의 지식은 그 지식의 전문성 자체가 중요한 것이 아니라 실제에서의 쓰임새가 중요하기 때문이다. 이런 점에서 『임원경제지』는 이와 같은 지식 융합적인 성격을 지니고 있는 저술이라고 평가할 수 있을 것이다. 그리고 술수와 상수, 점복의 지식들은 이와 같은 지식 융합의 차원에서 중요한 역할을 수행하고 있는 것이다.

參考文獻

김문식(2009),「풍석 서유구의 학문적 배경」,『진단학보』108, 진단학회.

_____(2009),「『擬上經界策』에 나타난 서유구의 지역인식」,『한국실학연구』18, 한국실학학회.

김일권(2011),『임원경제지 위선지(국역본)』1~2, 소와당.

박권수(2008),「『保晩齋叢書』 속의 자연과학 지식」,『奎章閣』32, 서울대학교 규장각한국학연구원.

안대회 역(2007),『산수간에 집을 짓고』, 돌베개.

염정섭 외(2011),『풍석 서유구와 임원경제지』, 소와당.

오영숙(2013),「徐浩修(1736-1799)의『數理精蘊補解』研究」,『템플턴 한중워크샵: 17, 18세기 동아시아에서의 과학교류』.

이문규(2000),『고대 중국인이 바라본 하늘의 세계』, 문학과 지성사.

이은성(1985),『曆法의 原理分析』, 정음사.

장우석(2012),「19세기 조선의 수학 교재『遊藝志』卷2의 특징 연구」, 서울대학교 석사학위논문.

정명현 외(2008),『임원경제지 본리지(국역본)』1~3, 소와당.

________(2012),『임원경제지－조선 최대의 실용백과사전』, 씨앗을 뿌리는사람.

조창록(2003),「풍석 서유구에 대한 한 연구」, 성균관대학교 박사학위논문.

_____(2006),「풍석 서유구의「擬上經界策」에 대한 일 고찰－그의 文藝論과 治材觀의 한 면모」,『한국실학연구』11, 한국실학학회.

楓石의 醫學論: 「仁濟志」의 '利用厚生'을 중심으로

김 호 | 경인교육대학교 사회교육과 교수

1. 머리말

2. 「인제지(仁濟志)」 편찬 의도

3. 새로운 외과 지식의 수용

4. 외과 정골학(整骨學)의 도입

5. 조선 후기 '경험방(經驗方)'의 수집과 정리

6. 맺음말

1. 머리말

'이용후생(利用厚生)'이 조선 후기의 새로운 학문 경향을 설명하는 용어로 사용된 지도 오래다.[1] 조선 후기의 수많은 지식인들을 이용후생의 범주에 넣을 수 있지만, 새로운 기술과 지식을 벼려서 실생활을 두텁게 한다는 이용후생의 자의(字意)에 가장 걸맞는 학자 중 한 사람으로 서유구와 그의 『임원경제지』를 거론하는 데 누구도 반대하지 않을 것이다.[2] 그동안 서유구의 학문과 『임원경제지』에 관한 다양한 연구가 있었지만 의학에 관한 연구는 상대적으로 적다.[3] 최근에서야 서유구의 「인제지(仁濟志)」가 본격적인 연구 대상이 되었다고 보아야 한다.[4] 그 이유는 서유구가 「인제지」를 편집할 때 활용한 엄청난 인용문헌과 방대한 양 때문이다. 조선 후기 최대의 장서가 집안을 대표하듯이 서유구의 문헌 활용은 의학 지식의 편집에서도 그대로 이어진다. 물론 명·청 대 중국 의서의 인용으로 점철된 「인제지」의 의학사적 가치를 어떻게 평가할 것인지를 놓고 조선의학사를 개척했던 삼목영(三木榮)은 상대적으로 박하게 평가한 바 있다.[5] 그러나 이에 대한 재고에

1 이우성(1983).

2 안대회(2006).

3 심경호(2009); 정명현(2009); 김대중(2011).

4 노기춘(2006); 조창록(2009); 정명헌 외(2012) 참조.

5 미키는 『임원경제지』에 대하여 "순조 때 편찬한 박물학서의 하나이다. 전편을 16志로 나누었으며, 그중 의학 관련은 葆養志(總敍·精氣神·起居飮食·修眞·服食·壽親養老·求嗣育嬰·養生月令表)와 仁濟志(內因·外因·內外兼因·婦科·幼科·外科·備急·附余) 총 36권이다. 記述이 대단히 자세하며 많은 공을 들여 쓴 책이다. 인용서목 중에 여러 종의 의서가 있으나 다른 책의 인용문을 재인용한 것으로 학문적 가치는 그리

서도 드러나듯이 본격적인 연구를 통해서 비로소 서유구 학문의 전모가 밝혀질 것이다.[6]

최근에 「인제지」와 관련해서 『본초강목』이 『임원경제지』의 본초학 분류에 미친 영향을 고찰하거나,[7] 『동의보감』과 인제지를 비교하여 인제지의 특징을 살핀 연구가 있다.[8] 또한 『임원경제지』의 번역과정에서 이루어진 「인제지」와 「보양지(葆養志)」에 대한 상세한 해제는 서유구의 의학론을 이해하는 데 큰 도움이 된다.[9]

이상 최근의 연구에 따르면 「인제지」의 특징은 다음과 같다. "첫째, 편집 체재의 경우, 『동의보감』이 정(精) · 기(氣) · 신(神)을 앞세우고 양생을 우선시한 독창적 종합 의서인 점에 그 특징이 있다면, 『임원경제지』에서는 양생과 예방 위주의 「보양지」와 치료 의학의 「인제지」를 두어 당시 의학 지식을 총망라하고 있다. 둘째, 「인제지」에서는 대폭 증가한 외과 부분, 처방 색인인 탕액운휘, 형증 · 치료법 · 탕액 · 침과뜸 · 몸조리하는 법 순의 일관된 구성, 안설을 통한 연관 지식의 유기적 결합 등을 그 주요한 특징으로 들 수 있다."[10]

필자 역시 이상의 선행연구의 주장에 대부분 동의한다. 다만, 체재면에서 사후 치료보다는 사전 예방의 정신을 강조한 『동의보감』의 전통을 충실하게 따른 점은 특별히 강조되어야 할 필요가 있다. 『동의보감』은 단순히 양생을 강조한 의서라기보다 '예방과 치료'를 본말(本末)

높지 않다. 서유구 가문이 소장하던 원본(自然堂經室이라고 罫紙에 기록되어 있다)이 현재 오사카 府立 圖書館에 소장되어 있다."고 평가했다(三木榮, 1963 참조).

6 박상영(2013).

7 오재근(2012) 참조.

8 전종욱 외(2012) 참조.

9 정명현 외(2012).

10 전종욱 외(2012) 참조.

과 선후(先後)로 구분하여 종합한 의서이다. 예방을 우선한 내경의 정신을 충실히 표현한 것이다.[11] 「인제지」 역시 이러한 『동의보감』의 의학 정신을 그대로 이어받고 있다. 「보양지」와 「인제지」의 구분을 통해 이러한 사전 예방과 사후 치료의 구분에 입각하면서 관련 의학지식을 확장해 나가고 있기 때문이다. 이러한 서유구의 기획은 18세기 청의 온병학(瘟病學)과 일본 고방파(古方派) 의학의 상한론(傷寒論) 중시에서 드러나듯이 '치료론(학)'의 강세라는 동아시아 의학사의 전개과정 속에서 조선의학의 전통이 어떻게 유지되고 있었는지 잘 보여 준다.

조금 더 부연하자면, 서유구가 「보양지」를 통해 『동의보감』의 예방론, 즉 병들기 전에 조섭한다는 원리에 충실하면서도 동시에 「보양지」와 「인제지」를 분리함으로써 사후 치료에 해당하는 처방을 집대성하는 데 유리한 지위를 확보했다는 말이다. 『동의보감』의 경우 사전(事前)의 섭생이 강조되면 될수록 사후의 처방들은 부차적인 것으로 취급될 가능성이 높다. 그러나 「인제지」를 따로 독립시키게 되면 사전 예방이라는 근본의 '구속'으로부터 벗어나 자유롭게 다양한 처방(기술)들을 수록할 수 있는 여지가 생겨난다. 모든 병의 원인을 내적인 섭생과 수양의 실패에 돌리는 것이 아니라 외적인 원인으로 바라볼 수 있는 '여유'를 갖게 됨으로써 그동안 고려하지 않았던 다양한 처치법(외과적 수술이라 할 만한 방법들)마저도 처방의 효과만 인정된다면 '실용'의 입장에서 편집 수록할 수 있게 된 것이다.

이 글에서 필자는 「인제지」의 중국 외과 기술 수용과 조선 후기 경험방의 수집 정리라는 두 측면을 중심으로 이용후생의 면목을 살피고자 한다. 요컨대 서유구는 『동의보감』 이후 중국의 앞선 의학지식을 수

---

11 김호(2000) 참조.

용하는 동시에 조선 후기의 다양한 경험방을 수집함으로써 「인제지」를 진정한 '제중(濟衆)' 지식의 완결판으로 만들고자 했다.

2. 「인제지(仁濟志)」 편찬 의도

서유구의 의서 편찬 과정은 대략 1806년 무렵 시작하여 1827년 이전에 초고가 완성되었고, 1838년까지 관직 생활을 하는 동안 내용이 보완되고, 퇴임 이후 실증과 교정을 거쳐 1842년 무렵 완성된 것으로 추정된다.[12]

서유구의 「인제지」 서문을 보면, "나는 여러 가지 술수의 효과에 대해 들어 본 적이 없다. 실제로 본 바가 있고 사람을 구제하는 효과가 있는 것은 오직 의약의 도이다."[13]라고 하여 의학의 실용성을 강조한 바 있다. 그러나 너무 많은 의서를 전부 종합할 수는 없다. 서유구에게 의학지식이야말로 매우 실용적이지만 그 정보가 매우 방대하여 이를 모두 집적하는 것은 불가능하며 또한 불필요하다.

서유구의 이러한 생각은, 중국의 앞선 정보라 해서 모두 수용할 수는 없으며 조선의 사소한 경험방이라도 필요하다면 모두 수집해야 한다는 태도로 이어졌다. "삶은 토양이 각각 다르고 습속이 같지 않아 생활에 필요한 것이 고금의 차이가 있고 내외의 분별이 있다. 따라서 중국에서 필요로 하는 것을 우리에게 그대로 시행한다면 어찌 장애가 없겠는가? 이 책은 오직 아국(我國)을 위해 만들었으므로 당장 적용할

12 조창록(2009).

13 정명헌 외(2012) 참조. 「仁濟志引」.

수 있는 방안만을 택했고 합당하지 않은 것은 취하지 않았다. 좋은 제도로 지금 시행할 수 있는데도 우리들이 아직 강구하지 못한 것도 모두 실었다. 이는 후대 사람들이 이를 연구하여 시행하기를 바라기 때문이다."[14]

가장 필요한 처방들의 '선별(選別)'이 요구되었다. 이른바 밝은 눈이 필요한 것인데, 「인제지」의 서문에서 서유구는 이를 특별히 강조했다. "의학의 이치는 삶이 있은 이후로 성인들이 발견해 내고 지혜 있는 이들이 기록해 놓아, 그 도를 전수하는 사람들이 대대로 이어지고 연마하는 사람들이 끊이지 않았다. 글로 써 놓은 책들은 한우충동이라, 오늘날 『사고전서』에는 의약 저술이 97부 1,539권이나 실려 있다. 물론 그 중에는 원조와 아류의 차이가 분명히 있다. 이를테면 고인의 이름을 도용한 허무맹랑한 것도 있고, 이치를 정밀하게 보지 못하고 잘못된 처방을 함부로 내놓은 경우도 있으므로 ① 좋은 것을 선택할 줄 아는 밝은 눈이 있어야 한다. …… 오늘날의 의사는 알맹이 없는 영역을 헤매기 일쑤이고, 태반이 어림짐작이어서 견해는 더욱 어지러워지고 처방만 많아지는 형편이다. 더욱이 임원에 살면서 명의를 찾아가 배울 겨를이 없으니, 다만 간편한 방법을 택하여 이시진의 보조 역할을 할 수 있으면 되는 것이다. ② 또한 궁벽한 시골에서는 책이 부족한데다 갑자기 병에 걸렸을 때 찾아보기 어렵다는 점을 고려하였다."[15]

---

14 『임원십육지』 권1, 「林園十六志例言」.

15 「仁濟志引」(大阪本), "是道也, 自有生以來, 聖人發之, 智者述之, 授受者代有, 講劘者不絶. 發於言, 爲汗牛之書, 今四庫之所著錄有九十七部一千五百三十九卷. 然其中不能無純駁, 或有託於古人, 而羼以虛假之理者, 或有見道不精, 而妄售繆盭之方者. 惟在明見之擇善耳. 雖然古之醫者, 聞道也審, 故察病之祟昀, 辨藥之性確. 對而劑之者, 或抽一艸木焉, 或試一枝方焉. 今之人多冒於不實之圈, 强半是摸(扌+索), 故見益眩而方益滋勢也. 況林園之居不暇於大方家之肄習, 惟當取簡便之道, 如李瀕湖針線, 可也. 且念窮蔀苦乏書籍, 倉卒遘疾,

서유구는 조선 후기에 가장 '필요한 정보'를 중심으로 의서를 편찬하였다. 과연 『동의보감』 이후 18세기에 가장 절실한 의서의 형태는 무엇이었을까? 이미 기왕의 연구에서도 확인되었듯이 서유구는 『동의보감』 이후 의학지식을 보완하고자 했으며, 그 결과 『동의보감』의 오류와 부족한 부분을 보충하는 논설을 펼쳤다.[16]

한편, 정조(正祖)의 어명으로 편찬된 『제중신편』의 편찬과정을 참작해 볼 필요가 있다. 이를 통해 18세기 후반에 요구되었던 의서의 형태를 짐작할 수 있기 때문이다. 강명길은 『제중신편』이 편찬되어야 할 필요성으로, 『동의보감』이 너무 호번한데다 중복이 많다는 사실, 『동의보감』 이후 명 · 청 대 의서의 정보가 누락되었다는 사실, 그리고 조선 후기에 민간에서 효능을 인정받은 경험방과 속방 들을 수집해야 한다는 점을 들고 있었다.[17]

서유구 역시 이상의 문제의식을 고려했음이 분명하다. 『동의보감』이후 체계적이면서도 방대한 의서를 구상한 것이다. 『임원십육지』의 의학 부분을 「보양지」와 「인제지」로 나누어 체계를 세운 후, 명 · 청 대 의서의 백미로 알려진 『경악전서(景岳全書)』와 『의종금감(醫宗金鑑)』의 지식을 적극적으로 수용하였으며 동시에 조선의 경험방들을 가능한 수집하여 편집해 넣었다. 물론 이 과정에서 필요하다면 '안설(案說)'을 붙여 검증의 과정을 거쳤다.

難於考閱. 此所以略綴醫家言, 倣三因方之目, 而兼以婦幼外科等目, 總爲二十八卷耳."

16 조창록(2009).

17 김호(1996).

〈표 1〉「인제지」 총 목차

편목	권수	목차 및 내용
內因	1	內傷, 虛勞, 自汗
	2	遺泄, 驚悸, 癲癇, 少睡, 瘖瘂, 痰飮
	3	諸氣, 失血總方, 吐血, 衄血, 咳血, 齒衄, 尿血, 便血, 積聚, 諸蟲
外因	4	中風, 風痹
	5	傷寒, 中寒, 中暑, 瘴濕, 燥澀, 火熱
	6	痎瘧, 脚氣, 溫疫, 邪祟
內外兼因	7	頭痛, 眼疾
	8	耳聾, 鼻塞, 齒痛, 項背痛, 腰脚痛, 臂脇痛, 筋骨痛, 心腹痛
	9	霍亂, 噫噯, 嘔吐, 泄瀉, 痢疾, 便秘
	10	淋濁, 癃閉, 咳嗽, 咳逆
	11	疝氣, 浮腫, 脹滿, 消渴, 黃疸
婦科	12	胞血, 乳汁, 妊娠, 雜證
幼科	13	驚搐, 諸疳, 諸熱, 內傷乳食, 雜證
	14	痘瘡, 水痘
	15	麻疹
外科	16	癰疽總方, 瘡癤總方
	17	癍疹, 百會疽, 透腦疽 외
	18	發背, 蓮子發, 蜂窩發 외
	19	內癰, 肺癰, 脾癰 외
	20	附骨疽, 股陰疽, 伏兎疽 외
	21	疥癬, 楊梅瘡, 癩風 외
備急	22	諸傷, 解毒
	23	奇疾, 辟禳
附餘	24	炮製序例, 收採時令(上)
	25	收採時令(下)
	26	鍼灸腧穴, 刀圭器具, 附正骨器具
	27	湯液韻彙
	28	救荒

「인제지」의 참고문헌은 매우 방대하다. 그러나 특별히 강조된 의서들이 있으니, 가령 권1~권11에 해당하는 부분에서 『경악전서』의 활용은 두드러진다. 물론 다른 의서의 활용이 없다는 주장이 아니다. 기본적인 진단과 처방에 『경악전서』를 보충하려는 서유구의 의지가 간취된다는 말이다. 이러한 의서는 『경악전서』뿐 아니라 『본초강목(本草綱目)』 그리고 청대의 『의종금감』 등으로 확장된다. 이들은 서유구가 특별히 주목한 의서들이었다.

한편, 권16~권21에 해당하는 「외과」 부분은 「인제지」의 목차가 『의종금감』의 해당 목차와 거의 일치할 정도로 『의종금감』에 의존하고 있다. 대부분의 주요 내용이 『의종금감』에서 인용되었다. 물론 서유구는 『왜한삼재도회』처럼 일본에서 수입한 서적도 활용할 만큼 많은 자료를 수집하고 이들로부터 필요한 정보를 「인제지」에 수록할 계획이었다. 그러나 서유구가 무엇보다도 시급하게 보완해야 한다고 느낀 의학지식들은 대개 『동의보감』 이후 간행된 명・청 대 의서들이었다. 이 가운데 『의종금감』의 '외과 지식'은 매우 특별한 대접을 받았다.

서유구는 단지 중국의 의서와 총서들의 지식과 정보를 수집하는 데 그치지 않았다. 그는 조선의 경험과 정보들을 모두 수집할 계획이었고 그 결과는 권22~권23의 '비급' 부분에서 확인할 수 있다. 비급(備急)편에는 『동의보감』을 비롯하여 수많은 의서들이 인용되어 있지만, 특기할 만한 사실은 바로 조선 후기의 다양한 경험방 의서들의 광범위한 수집과 정리이다. 앞으로 살펴보겠지만 비급편에는 『(증보)산림경제(보)(增補)山林經濟(補)』, 『김씨경험방(金氏經驗方)』, 『광제비급(廣濟秘笈)』, 『규합사의(閨閤事宜)』 등 여러 가지 생활서와 경험방들이 인용되어 있다. 이들 처방은 '궁벽한 시골의 구급'에 필수적인 정보들이었다. 서유구는 이른바 생활 속의 구급 처방을 수록하면서 『동의보감』은 물론이

거니와 『지봉유설』과 같은 유서류 나아가 『산림경제』 등 의학 관련 정보가 수록된 책이라면 어느 하나 누락하지 않고 수집하였다. 심지어 무명씨의 속방(俗方)마저도 놓치지 않았다.

본고에서 필자는 서유구가 「인제지」를 통해 이루어 내려고 했던 의학지식의 집대성 방향을 ① 좋은 것을 골라내는 기준〔明見之擇〕, 그리고 ② 궁벽한 산거생활에 필요한 제중의 지식이라는 기준에 비추어 고찰하고자 한다. 즉 「인제지」 가운데 『경악전서』 및 『본초강목』의 활용 부분에 대해서는 후고를 기약하기로 하고, 이 글에서는 청대 의서인 『의종금감』을 통한 외과 지식의 수용 그리고 비급편에 나타난 조선 후기 경험방들의 수집과 정리에 주목하고자 한다. 새로운 외과 지식의 '선별(選別)'과 구급 관련 경험방의 수록과정을 통해 「인제지」의 의서로서의 면모를 모두 파악했다고 단언할 수 없지만 「인제지」의 중요한 특징을 파악하는 데 큰 무리는 없어 보인다.

3. 새로운 외과 지식의 수용

서유구는 새로운 의학지식 특히 외과 기술에 관심이 많았다. 이 과정에서 서유구는 청대 황명으로 편찬된 『의종금감(醫宗金鑑)』의 의학지식에 매료되었다. 「인제지」 외과편에서 서유구는 청 건륭제의 명에 따라 편찬된 『의종금감』의 목차뿐 아니라 '총치(總治)'와 처방을 그대로 전재한 경우가 많았다.

『의종금감』은 청나라 오겸(吳謙)이 건륭황제의 명을 받아 편찬한 방대한 의서이다. 모두 15문 90권으로 이루어진 청대 관찬 의서의 백미라 할 수 있다. 편찬을 총괄한 오겸은 건륭황제 즉위 초 태의원판(太醫院判)

에 오르면서 1740년 내부장서(內府藏書)와 전국의 의서들 그리고 세전되는 경험양방(經驗良方) 들을 모아 의서를 편찬하라는 황제의 명을 받들고 유유탁(劉裕鐸) 및 80명의 학자들과 더불어 편찬에 착수하여 1742년(건륭 7) 이 책을 완성하였다. 책이 완성되자 건륭제가 『의종금감』이라는 서명을 하사했다.[18]

〈표 2〉 『의종금감』의 목차와 분량

목차	분량
정정상한론주(訂正傷寒論註)	17권
정정금궤요략주(訂正金匱要略註)	8권
산보명의방론(刪補名醫方論)	8권
사진요결(四診要訣)	1권
운기요결(運氣要訣)	1권
상한심법요결(傷寒心法要訣)	3권
잡병심법요결(雜病心法要訣)	5권
부과심법요결(婦科心法要訣)	6권
유과심법요결(幼科心法要訣)	6권
두진심법요결(痘疹心法要訣)	4권
종두심법요지(種痘心法要旨)	1권
외과심법요결(外科心法要訣)	16권
안과심법요결(眼科心法要訣)	2권
자구심법요결(刺灸心法要訣)	8권
정골심법요지(正骨心法要旨)	4권

18 李經緯(2000), 571면.

『의종금감』은 구성과 내용이 모두 거질의 의서로, 『상한론』과 『금궤요략』을 중시하여 앞에 배치하고 이후 역대 명의들의 처방 가운데 정수를 뽑아 「명의방론」을 구성하였으며 이후 부인과 소아 그리고 두진과 종두 나아가 외과 및 추나학의 요지들을 수록했다. 특히 「외과심법요결」을 비롯하여 「정골심법요지」이나 「종두심법요지」 등의 전문적인 지식은 외과학 및 전염병 치료법의 획기적 진보를 가져왔다고 평가되고 있다.

〈표 1〉의 목차에서 확인할 수 있듯이 「인제지」는 내인(內因)·외인(外因)·내외겸인(內外兼因)으로 병인을 구분하고 이후에 부인·소아·외과 등을 보충하였는바, 이는 『의종금감』의 방식과 유사하다. 『의종금감』 역시 기본적으로 '삼인(三因)'의 분류를 취하면서 부인·소아·두진과 외과를 보충하는 방식으로 구성되어 있다. 내외가 서로 유기적으로 연결되어 있다는 의학론에 기초한 것이다.

> 사람의 장부는 몸에 뿌리박고 경락은 몸의 겉을 순행하면 기혈은 그 가운데를 관통하여 흐르니 의원은 참으로 내외를 구분해서는 안 된다. 다만 증상이 겉으로 드러나기 때문에 외과(外科)라고 부르는 것이다. 경에 이르기를 '육부가 조화롭지 못하면 혈기가 뭉쳐 옹(癰)이 된다.'고 하였으니 이 또한 겉이 속에 근본하였음을 알 수 있다. 이에 그림을 모으고 학설을 세워 겉으로는 형색·부위·경락을 분별하였고 안으로는 장부·기혈을 살펴 음양허실·육음칠정(六淫七情)·병인방약(病因方藥) 등과 함께 내치외치(內治外治)의 모든 방법을 상세하게 실었다.[19]

19 『(御纂)醫宗金鑑』(人民衛生出版社, 1998), 「凡例」 참조.

서유구의 「인제지」 또한 이러한 『의종금감』의 편찬의도와 깊은 관련성이 있어 보인다. 『의종금감』은 외과를 표면의 문제로 환원하지 않고 내외의 유기적 연관 속에서 탐구하고 있기 때문이다.

물론 서유구는 『의종금감』의 내용을 그대로 옮기지 않았다. 말하자면 서유구 스스로 독창적인 방식으로 활용했다. 예를 들어 「인제지」 권20, 외과 '고발(痼發)'조를 살펴보자. 고발조는 먼저 고발의 A. 형증에 대해 기술한 후, B. 치법을 기술했다. 그리고 형증을 다시 '명상(名狀)', '분야(分野)' 그리고 '인기(因起)'로 구분하여 설명했다.

A. 形證

a-1. 名狀 (醫宗金鑑) ①疼如痛風 而兼漫腫無頭 其色淡紅 增寒發熱 四肢沈重煩渴(痛風처럼 욱신거리는데 넓게 붓고 대가리가 없으며 담홍색을 띠고 오한과 발열이 나며 팔다리가 무겁고 가슴이 답답하고 갈증이 난다).

a-2. 分野 (醫宗金鑑) ② 多生於手足掌心 或腰腿臀下伸縮動處(대부분 손과 발의 중앙에 생긴다. 혹은 허리나 대퇴부 엉덩이 아래 신축성이 좋은 부위에 생긴다).

a-3. 因起 (醫宗金鑑) ③ 此證體受天地不正之厲氣而生 非由內作也(이 증상은 천지의 여기를 받아 생긴 것으로 내부의 원인이 아니다).

B. 治法

總治 (醫宗金鑑) ④ 初起宜服萬靈丹發汗解毒 腫仍不消 必欲作膿者 宜托裏消毒飮 兼琥珀蠟礬丸間服 (案)已潰治法 按癰疽總方.

이상이 「인제지」의 본문으로 해당 구절은 모두 『의종금감』에서 인용한 것이다. 이제 『의종금감』의 원문을 살펴보면 「인제지」와 다르다는 사실을 발견할 수 있다. 『의종금감』, 「고발」조의 원문은 아래와 같다.

方歌 痼發皆由外感生 伸縮動處每成形 漫腫無頭寒熱作 四肢沈重渴煩增.

注 ③ 此證體虛之人 感受天地不正之厲氣而生 非由內作也. ② 多生於手足掌心 或腰腿臀下伸縮動處. ① 疼如痛風 而兼漫腫無頭 其色淡紅 憎寒發熱 四肢沈重煩渴. ④ 初起宜服萬靈丹發汗解表 腫仍不消 必欲作膿者 宜托裏消毒散 兼琥珀蠟礬丸間服 已潰者 按癰疽潰瘍門治法.[20]

먼저 『의종금감』은 외우기 쉬운 노래 형식의 처방가(處方歌)와 해설〔注〕로 구성되어 있다. 그런데 서유구는 『의종금감』의 본문을 그대로 인용하지 않고 원문을 해독한 후 완전히 재분류하였다. 서유구는 외우기 좋도록 만든 처방가 부분을 삭제하고, 주석 가운데 '고발'의 증상을 설명하는 부분을 발췌하여 '명상(名狀)'이라는 분류를 만들어 재인용하였다(①). 그리고 해당 증상이 주로 신체의 어떤 부위에 발생하는지 설명하는 부분을(②)을 떼어 '분야(分野)'라는 분류 밑에 편집해 넣었다. '고발'은 손바닥 그리고 발바닥의 중앙 그리고 대퇴부 등 신축이 많은 부위에 주로 발병한다는 설명이다. 다음 '인기(因起)'의 항목을 만들어 '고발' 증세의 원인을 설명했다. 이때도 원문의 밑줄 친 '체허지인(體虛之人)'을 삭제하는 등 나름의 편집을 거쳤다. 몸이 허약한 사람만이 이환(罹患)되는 것은 아니라고 판단했기 때문이다(③). 마지막으로 '총치(總治)'라는 항목을 설정하여 여러 가지 치료법을 소개했다. 이처럼 서유구는 『의종금감』 본문을 자신의 분류 방식에 맞추어 재분류·재편집함으로써 『의종금감』에 의존하면서도 원본과는 다른 의서를 만들어

20 『醫宗金鑒』, 외과, '痼發'.

낼 수 있었다.

또 다른 사례를 살펴보자. '다골저(多骨疽)'에 대한 설명이다. 서유구는 가장 중요한 형증과 치법을 『의종금감』에서 인용했다. 명상(名狀) 및 분야 그리고 인기(因起)에 대한 설명 일체를 『의종금감』에서 인용하고 있지만 역시 재분류했다. 다골저에 대한 『의종금감』 원문은 다음과 같다.

方歌 多骨疽由腎虛源 瘡久腫潰復受寒 落草患此胎元結 名爲骨脹治一般.

注 ① 此證一名剩骨 一名朽骨 無論老少 皆有生者. ② 多在腮牙床眼胞頦下手足腿膊等處. ③ 有因腎虛之人 生瘡久潰 腫硬不退 口不收斂 外被寒邪襲入 與膿毒凝結 借人之氣血化成多骨者; 又有初生落草 身肉之中 按之有如脆骨 由胎元受之 精血交錯而致 迨其人長大後 必於脆骨所生之處 突然發腫生疽 及潰破後 多骨脫出 其口方收 有多骨出之不休者 名曰骨脹 難愈. ④ 以上二因 治法皆同 俱宜隔附子餅艾灸 以宣寒凝 令骨速脫 蓋骨屬腎 遇寒則凝 故從熱治也 若朽骨內含 或出臭膿 或出涎泡 宜撒黃靈藥 陀僧膏蓋貼 令朽骨出盡 其口始易斂也 腎虛微寒者 服六味地黃丸; 虛而寒甚者 桂附地黃丸 常服可愈 由胎元結成者 稟賦身虛 不可强取多骨 候自破則取之.[21]

앞에 인용한 '고발'의 사례와 마찬가지로 『의종금감』의 본문은 '방가(方歌)'와 '주석'으로 구성되어 있다. 서유구는 『의종금감』의 '다골저' 원문을 자신의 분류방식에 따라 ① 명상(名狀), ② 분야(分野), ③ 인기(因起), ④ 치법(治法)으로 재분류한 후 아래와 같이 재구성했다.

21 『御纂醫宗金鑒』(人民衛生出版社, 1988) 참조.

名狀 : (醫宗金鑑) 一名刺骨 一名朽骨 無論老少 皆有生者(일명 자골이라 하거나 후골이라 한다. 노소를 막론하고 생긴다).

分野 : (醫宗金鑑) 多在顋齶牙床 眼胞頦下手足腿膊等處(대개 빰과 입천장·잇몸·눈꺼풀·턱·손발·넓적다리·견갑 등에 생긴다).

因起 : (醫宗金鑑) 有因腎虛之人 生瘡久潰 腫硬不退 久不收斂 外被寒邪襲入與膿毒凝結 借人之氣血化成多骨者 又有初生落草 身肉之中 按之有如脆骨 由胎元受之精 血交錯而致 迨其人長大後 必於脆骨所生之處 突然發腫生疽 及潰破後多骨脫出 其口方收 出多骨不休者 名骨脹 難愈(신장이 허한 사람이 창이 생겨 오랫동안 곪아 터져 딱딱하여 사라지지 않고 터진 자리가 아물지 않은데다 외부에서 한사가 침입하여 고름독이 응결되어 사람의 기혈을 빌어다가 뼈가 되기 때문이다. 또한 신생아의 살을 눌러 보면 물렁뼈 같은 것이 있는데 이는 태반 속에서 정혈이 섞여 이루어진 것으로 성인이 된 후 물렁뼈 부위가 갑자기 부어오르면서 옹저(癰疽)가 되는데 곪아 터지면서 뼈가 나오고 그 종기 입구가 아물게 된다. 뼈가 나오면서 멈추지 않을 경우 이를 '골장'이라 하는데 치료가 어렵다).

『의종금감』의 원문보다 체계적인 분류가 이루어지고 있음을 알 수 있다. 실용의 차원에서 보자면 「인제지」의 구성이 훨씬 효율적이라고 평가할 수 있다.

서유구는 『의종금감』을 매우 신뢰했다. 특히 「인제지」 권16, 외과 '옹저총방(癰疽總方)'은 『의종금감』에 대한 절대적 신뢰 위에서 서술되고 있다. 서유구는 대부분의 외과 질환의 치료법을 '옹저총방'을 참고하라고 했을 만큼 옹저총방에 자신감을 보였다.[22] 새로운 의학지식 그

22 다양한 옹저 치료법을 수록하였는바, 서유구는 『의종금감』의 「癰疽潰瘍門治法」을 원용

리고 『의종금감』에 대한 서유구의 열의를 상징적으로 보여 주는 부분이기도 하다.

먼저 서유구는 종창 치료법 가운데 직접적으로 종창의 독소를 뽑아내는 약통발독법(藥筒拔毒法)이나 자죽통방(煮竹筒方) 등 외과 처치 기술에 큰 관심을 기울였다. 약통발독법(藥筒拔毒法)의 경우, 옹저가 음증으로 꺼져 들어가 치료가 어려울 때 권장되는 방법이었다. 죽통을 약물에 끓여 종기 부위의 피고름을 빨아들이는 처치법이다.

> 옹저 음증이 솟아오르지 않고 고름도 터지지 않으면 반드시 '약통발독법'을 사용하여 고름의 독을 배출하도록 한다. 미리 대나무 통을 약물에 넣어 뜨겁게 삶은 다음 피침으로 창정(瘡頂, 종기 상부) 사방 1촌 안에 품자(品字) 모양으로 구멍 세 개를 만든다. 그리고 죽통을 뜨거울 때 환부에 대고 피고름을 뽑아내는데 피고름이 홍황(紅黃)으로 선명한 경우 순증(順症)이고 자흑(紫黑)인 경우 패증이다.[23]

한편, 구체적으로 죽통을 삶는 방법〔煮竹筒方〕도 소개하였다.

> 강활(羌活)・독활(獨活)・자소(紫蘇)・기애(蘄艾)・창포(菖蒲)・백지(白芷)・감초(甘草) 각 5전, 뿌리 달린 파 2냥, 이상의 약재를 물 10사발에 서너 번 끓도록 달인다. 색이 선명한 어린 대나무로 길이 7촌 지름 1촌 반

하면서도 새롭게 '癰疽總方'으로 재구성해 냈다.

23 「仁濟志」 권16, 外科, 癰疽總方, 糝貽, '藥筒拔毒法', "癰疽陰症不起發, 膿深不潰, 宜用此法, 令毒膿得門路而出. 預將竹筒藥水煮熱, 次用鈹針置瘡頂一寸之內, 品字樣放開三孔取. 竹筒乘熱, 合於瘡孔上, 拔出膿血. 紅黃鮮明者爲順症, 紫黑者爲敗症."

짜리를 구해 한 쪽 끝은 마디를 남겨 두고 푸른 껍질을 긁어 제거하고 마디 근방에 작은 구멍 하나를 뚫고 삼나무 가지로 막는다. 준비한 대나무 통을 앞의 약물 안에 넣고 십여 차례 끓인 후 약물을 쏟아 버리고 뜨거울 때 급히 종기 부위〔瘡頂〕에 대어 힘껏 누르면 자연히 밀착된다. 조금 지나 약통이 식어 따뜻해지면 삼나무 가지를 제거한다. 죽통이 쉽게 떨어진다. 이어 환부 바깥에 고약을 붙여 풍사가 들어가지 못하게 한다. 피고름이 모두 빠지지 않았다면 다음날도 이처럼 한다. 이 방법은 음창(陰瘡)의 고름을 제거하는 데 아프지 않게 하는 좋은 방법이다. 양창(陽瘡)의 경우 반드시 이렇게 할 필요는 없지만 기혈을 상할까 조심해야 하므로 신중해야 한다.[24]

서유구는 『의종금감』에서 대나무를 약물에 삶아 낸 후 뜨거울 때 종기에 밀착하여 피고름을 제거하는 방법을 인용하고 있다. 사실 이렇게 환부의 피고름을 빨아내어 종기를 치료하는 방법은 조선의 의사들도 널리 사용하는 방법이었다. 이미 이러한 전통에 익숙한 서유구는 조선의 부항법과 중국의 그것을 비교하기도 했다. 서유구는 '안설'을 통해, 약재를 구하기 어려운 향촌에서는 작은 부항단지를 달구어 환부에 댄 후 피고름을 빨아내는 조선 의사들의 방법이 권장할 만하다고 추천했다. 조선에서는 솜을 단지 안에 넣어 불을 피워 진공을 만든 후

---

24 「仁濟志」 권16, 外科, 癰疽總方, 糝貽, '煮竹筒方', "羌活·獨活·紫蘇·蘄艾·菖蒲·白芷·甘草各五錢, 連鬚葱二兩, 水十椀, 熬數滾. 用鮮嫩竹一段, 長七寸徑口一寸半, 一頭留節, 刮去青皮, 靠節鑽一小孔, 以杉木條塞之. 放藥水內, 煮數十滾, 取筒傾水, 乘熱急合瘡頂, 按緊自然吸住. 片時藥筒已溫, 拔去杉木, 其筒易落. 外用膏藥蓋貼, 勿令受風. 膿血不盡, 次日又如此. 治陰瘡擠膿不受疼之良法也. 如陽瘡則不必用此法也, 恐傷氣血, 愼之."

종기에 대고 피를 뽑았기 때문이다.[25] 그러나 대통(부항기구)을 약물에 끓여 소독효과를 노린 것은 진일보한 방법이었다. 서유구가 죽통 삶는 방법을 자세하게 설명한 이유는 전통적인 부항법을 개선하기 위한 의도에서였다.

'옹저총방'의 새로움은 종창을 치료하기 위해 약물의 복용이나 종기의 고름을 빨아내는 기술 개선에 머물지 않고, 세척과 고약, 훈증 등 다양한 치료법을 강구한 데 있다. 예를 들어 옹저총방, '훈세'에 인용된 치료법을 살펴보자. 『의종금감』에는 '세척류방(洗滌類方)'이라 하여 다양한 세척 방법들이 소개되어 있는데 서유구는 이로부터 많은 영감을 받아 치료법을 인용하였다.

먼저 저제탕(猪蹄湯)이다. "이 탕약은 옹저의 고름이 흘러내리는 것을 치료한다. 죽은 피부와 종창의 입구를 되살린다. 피부가 완전히 썩어 문드러진 경우에는 사용할 수 없다. 당연히 쌀뜨물을 끓여 닦아 주되 심하게 닦아서는 안 된다."[26] 다음 총귀탑종탕(葱歸溻腫湯)이다. "옹저를 치료할 수 있다. 처음 부어오르면서 터지려 할 때 이를 사용하여 닦아 준다. 창종(瘡腫)의 안쪽이 열이 나고 가려울 때까지 세척한다. 독활(獨活)·백지(白芷)·당귀(當歸)·감초(甘草) 각 3전, 총두(葱頭) 7개 이상을 물 3대접을 넣어 끓인 후 찌꺼기를 버리고 비단에 적셔 뜨거울 때 닦아 준다."[27]

25 上同, "(按)今俗醫用傅缸法拔膿, 蓋本於此, 而只用一缸, 不藉藥料亦足, 爲鄕村簡便之方也. 其法, 用針作孔如上法, 取小瓷缸口弇腹侈者, 以新綿鬆薄, 如數錢大鋪缸內, 令微露四沿合瘡口, 當針孔小揭良久, 膿血滿缸而脫落後, 貼藥調護, 亦如上法."

26 「仁濟志」 권16, 外科, 癰疽總方, 熏洗, '猪蹄湯', "(醫宗金鑑) 此湯治癰疽流膿. 活死肌潤瘡口. 如腐盡者, 不必用之. 當以米泔水熱洗之, 不可過洗."

27 上同, '葱歸溻腫湯', "(又)治癰疽. 初腫將潰, 用此洗之. 以瘡內熱癢爲度. 獨活白芷當歸甘

가령 교증법(膠蒸法)은 훈증과 세척을 겸한 종창 치료법이었다. "옹저 등 여러 가지 종창이 아물지 않을 때 처치한다. 소가죽 한 덩이를 물에 끓여 졸이다가 농도가 적당하면 종이에 두껍게 바르는데, 매번 한 덩이 분량을 발라 종기 입구에 붙인다. 다음 진한 식초를 달여 부드러운 베 2장에 적셔 뜨겁게 덮어 둔다. (다음) 관중 2냥을 물에 넣고 달여 아교종이를 닦아 내고 고약을 붙인다. 다음날도 이렇게 훈증하고 씻어 내기를 창이 마를 때까지 한다."[28] 이상의 방법은 일종의 소독과 세척을 겸하는 방법으로 조선 후기에는 새로운 방법들이었다. 이처럼 서유구는 소독법에 지대한 관심을 기울였다.

다양한 처치법 가운데 서유구는 뜸의 활용에도 주목했다. 간편하면서도 효과가 컸기 때문이었다. 옹저총방, '폄설(砭焫)'에서 서유구는 다양한 구법을 소개했다. 부자구(附子灸)[29]와 상목구(桑木灸)[30] 그리고 황랍구(黃蠟灸) 등은 한두 가지 재료를 이용하여 뜸을 뜨는 방법으로 재료를 구하기 어려운 궁촌(窮村)에서 활용할 수 있는 좋은 방법이었다. 모두 『의종금감』에서 인용했음은 물론이다.

먼저 밀랍〔黃蠟〕을 이용한 구법을 보자. 각종 옹저와 악창에 밀가루 반죽으로 종기의 뿌리 부위에 테를 두르고 테 위에 베를 붙여 화기가 피부를 태우지 않도록 한 후 테 안에 황랍가루를 3~4푼 두께로 깔아

草各三錢, 葱頭七個, 右水三大椀, 煎去渣, 以絹帛蘸湯熱洗."

28 上同, '牛膠蒸法', "(醫宗金鑑)癰疽諸瘡不斂. 牛皮膠一塊, 水熬稀稠得所, 攤厚紙上, 每煎一塊貼瘡口. 次用釅醋煮軟布二塊乘熱. 貫衆二兩, 煎湯洗去膠紙, 外貼膏藥. 次日照前蒸洗, 至瘡乾."

29 「仁濟志」 권16, 外科, 癰疽總方, 砭焫, '附子灸', "(醫宗金鑑)生附子爲末, 黃酒合作餅, 如三錢, 厚安瘡上, 以艾灸. 每日灸數壯, 令微溫."

30 上同, '桑木灸', "(醫宗金鑑)桑柴火烘法, 此古法也. 但桑柴火力甚猛, 宜用於未潰之先, 可以生發陽氣速潰速腐. 若已潰之後, 或瘡口寒或天氣寒, 肌肉生遲者, 亦須烘之."

놓은 뒤 구리로 만든 국자로 뽕나무 숯을 담아 황랍 위를 쪼인다.[31] 이렇게 뜨거운 황랍의 열기로 악창의 독기를 치료하는 방법이다. 이 외에 부자를 가루 내 떡을 만들어 뜸을 뜨는 부자병구법(附子餠灸法)이라든가, 된장〔豆豉〕을 이용하여 뜸을 뜨는 두시병구법(豆豉餠灸法) 등도 모두 『의종금감』의 새로운 처방들을 인용한 것이었다.

한두 가지 재료를 이용하여 뜸을 뜨는 처방 이외에 서유구는 양수정(陽燧錠)이라는 뜸구의 효과에 큰 기대를 걸었다. 양수정은 여러가지 약재를 이용하여 만든 약정구(藥錠灸)로 기왕에 없었던 새로운 처방이었다. 구를 만드는 방법은 다음과 같다. "먼저 섬소(蟾酥)·주사(朱砂)·천오(川烏)·초오(草烏) 각 5푼과 직강잠(直殭蠶) 1개를 가루 내어 고루 섞은 후 유황 1냥 5전을 국자 안에 넣은 후 약한 불에 녹인다. 다음 앞의 가루를 넣고 고루 저은 뒤 다시 사향 2푼, 빙편 1푼을 넣은 뒤 고루 저은 다음 젖은 자기 그릇 안에 넣고 급하게 흔들어 조각을 이루면 바로 식혀 항아리에 담는다. 사용할 때 참외씨 크기로 윗부분은 뾰족하고 아래는 평평하게 만들어 먼저 붉은 대추살을 뜸뜰 부위에 발라 두고 그 위에 약을 붙인다. 등심초를 기름에 적셔 불을 붙인 후 양수정 위에 놓는다. 5장이나 7~9장을 뜬다. 마치면 쌀식초 반 잔을 마시고 작은 수포가 생기면 바늘로 따서 누런 물을 내보내고 만응고를 붙인다."[32] 서유

---

31 上同, '黃蠟灸', "(又) 凡癰疽惡瘡, 先以濕麪隨腫根作圈, 高寸餘貼皮上, 如井口形, 圈外圍布數重, 防火氣烘膚, 圈內鋪蠟屑三四分厚, 以銅漏杓盛桑木炭火, 懸蠟上烘."

32 「仁濟志」 권16, 外科, 癰疽總方, 砭焫, '陽燧錠', "(又)今時多用陽燧錠. 以代針焫, 實奇方也. 蟾酥朱砂川烏草烏各五分, 直殭蠶一條, 右爲末和勻, 用硫黃一兩五錢, 置杓內, 微火炖化. 次入前藥末攪勻, 再入麝香二分, 氷片一分, 卽傾入濕磁盌內, 速盪轉成片, 候冷罐收. 用時取甛瓜子大一塊, 要上尖下平, 先用紅棗肉擦灸處, 貼藥於上. 用燈草蘸油, 然火焠藥錠上, 灸五張或七九張. 畢卽飮米醋半鍾, 候起小皰, 用線針串破, 出黃水須, 貼萬應膏."

구는 이를 매우 신효한 방법이라고 극찬했다.

한편, 서유구는 종창을 치료하는 외용약(外用藥)으로 '고약(膏藥)'에 큰 관심을 가지고 있었다. 『의종금감』, 「삼이(糝貽)」 항목에는 다양한 고약 처방들이 수록되어 있는데, 서유구는 이들 대부분을 「인제지」에 옮겨 적었다. 물론 『의종금감』 이외에 다양한 의서들에서 종창 치료에 좋은 고약들, 가령 운모고(雲母膏, 博濟方)・오룡고(烏龍膏, 積善堂經驗方)・백룡고(白龍膏, 外科精義)・신선태을고(神仙太乙膏, 和劑局方)・신이고(神異膏, 醫學正傳)・홍보고(洪寶膏, 萬病回春)・만응고(萬應膏, 外科精義)・격피취농고(隔皮取膿膏, 醫學入門) 등을 초록하였으며, 조선 후기 대표적인 단방의서인 『김씨경험방』의 소종고(消腫膏)[33]를 빠뜨리지 않았다. 그러나 고약 처방의 숫자와 상세한 설명에서 『의종금감』의 활용은 단연 압도적이었다.

먼저 감주고(紺珠膏)를 보자. 모든 종류의 옹저와 종기독 그리고 종창을 치료하는 고약으로 제마유와 송향을 참기름에 넣고 끓이다가 송향을 넣고 중불로 달여 녹이면서 버드나무 가지로 저어 주면 된다. 불을 끈 후 유향・몰약・명웅황 등을 더 넣어 저은 후 찬 물에 굳혀 사용하는 처방이다.[34] 서유구는 감주고를 만드는 데 필수적인 제유법(製油法)과 제송향법(製松香法) 역시 『의종금감』의 내용을 인용하여 소개했다.

감주고 제조법은 다음과 같다. "당귀・목별자육・지모・세신・백지

---

33 「仁濟志」 권16, 外科, 癰疽總方, 糝貽, '消腫膏', "(金氏經驗方) 惡實忍冬花葉莖, 皆可用. 等分爛擣酒煮, 入亂髮灰一匕, 添入蜜熬成膏, 攤在紙上, 貼腫處."

34 上同, '紺珠膏', "(醫宗金鑑) 治一切癰疽腫毒諸瘡. 製痲油四兩, 製松香一觔, 右將痲油煎滾, 入松香文火熔化, 柳枝攪候化盡. 離火下乳香沒藥血竭各五錢明雄黃四錢輕粉二錢, 攪勻, 卽傾於水內, 拔扯數十次, 易水浸之聽用."

등 여러 가지 약재를 참기름에 21일 동안 달여 찌꺼기를 버리고 기름을 취하여 사용한다."[35] 다음 감주고에 필수재료인 송향(松香)의 제조법〔製松香法〕이다. 먼저 송향 조각과 홰나무・버드나무・복숭아나무・뽕나무・부용나무 등 다섯 종류의 나뭇가지를 큰 솥에 끓여 낸 후 초벌 달인 물에 다시 송향을 넣어 버드나무 가지 등으로 저어 가면서 졸여 끈기가 생기면 떡을 만들어 보관해 두었다가 사용한다.[36] 감주고 자체만을 소개하고 제조법과 재료를 알려주지 않았다면 제대로 된 활용을 기대하기 어렵다. 때문에 서유구는 이용후생의 차원에서 상세한 제조법을 잊지 않았다.

서유구의 「인제지」는 외용약인 '고약(膏藥)'에 대한 정보와 관심 면에서 조선 후기의 그 어떤 의서나 유서(類書)에 비해 월등하다. 이는 『의종금감』의 신지식을 전폭적으로 수용한 결과이면서, 동시에 조선 후기의 의학에서 보완되어야 할 부분이라는 서유구의 판단이 주요한 역할을 했기 때문이다.

고약은 용도에 따라 세밀하게 분류되었다. 가령 악종(惡腫)을 제거하는 용도와 새살을 돋게 하는 용도 등이다. 강주고(絳珠膏)의 경우 "옹저를 치료하여 썩은 살을 제거하고 통증을 멎게 하고 살을 돋게 하는 데 효과가 있었다."[37] 강홍고(絳紅膏)는 각종 종독이 곪아 아프고 삭지 않는 것을 치료한다.[38] 다음 파고(巴膏)이다. 역시 온갖 옹저를 치료

---

35 上同, '製油法', "每麻油一觔, 用當歸木鼈子肉知母細辛白芷巴豆肉文蛤打碎山茨菇紅芽大戟續斷各一兩, 槐柳枝各二十八寸, 入油鍋內浸二十一日, 煎枯去滓, 取油聽用."

36 上同, '紺珠膏', "擇片子, 淨嫩松香爲末十觔, 取槐柳桃桑芙蓉等五樣枝, 各五觔剉用, 大鍋水煎濃汁, 濾淨再煮一次各收之, 各分五分. 每用初次汁一分煎滾, 入松香末二觔, 以槐柳枝攪之, 煎至松香沈底爲度, 卽傾入二次汁內, 乘熱拔扯數十次, 以不斷爲佳, 候溫作餅收之."

37 上同, '絳珠膏', "(又)治癰疽, 去腐定痛生肌."

하는데 썩은 부위가 새살로 돋아나도록 하는 효과가 있다.[39] 가미태을고(加味太乙膏)는 일체의 옹종 악창을 치료하는 데, 특히 여러 가지 약을 썼지만 통증과 가려움이 그치지 않는 데 신효했다.[40] 다음 백고약(白膏藥)이다. 종독과 여러 가지 종창이 곪아 터져 고름이 흐르는 것을 치료하는 데 좋다고 설명했다.[41] 또한 패엽고(貝葉膏)는 옹저와 일체 짓무르고 헌데를 치료하는 고약으로 분류했고,[42] 회춘옥룡고(回春玉龍膏)・원주고(元珠膏) 등은 고름을 빨아내는 효능을 지닌 처방으로 소개되었다.[43]

이 외 썩은 살을 제거함으로써 새살이 빨리 돋아나도록 하는 고약처방들도 대거 인용했다. 백강단(白降丹)이 대표적이다. 옹저와 발배의 일체 정독(疔毒)을 치료하는데, 물에 개어서 종기의 대가리 부분에 발라주면 물집이 생기면서 상당한 효과를 볼 수 있는, 목숨을 구해 주는 신비한 영약으로 소개되었다.

썩은 살을 제거한 후 새살을 빨리 돋게 하는 '생기류방(生肌類方)'도 『의종금감』을 참조하여 다수 소개하였다. 생기정통산(生肌定通散)・경유생기산(輕乳生肌散)・부진생기산(腐盡生肌散)・생기옥홍고(生肌玉紅膏)・오색영약(五色靈藥)・여조일지매(呂祖一枝梅) 등이 그것이다. 이처럼 서유구는 '고약(膏藥)'이라도 그 효능에 따라 썩은 부위를 제거하는 용도, 고름을 빨아내는 용도, 새살을 돋게 하는 용도 등으로 세밀하게 분류했

38 上同, '絳紅膏', "(又)治一切腫毒已成, 疼痛不消者, 貼之悉效."
39 上同, '巴膏', "(又)貼一切癰疽化腐生肌."
40 上同, '加味太乙膏', "(又)治一切癰腫惡瘡, 諸藥不止痛痒者神效."
41 上同, '白膏藥', "(又)治腫毒, 諸瘡潰破流膿."
42 上同, '貝葉膏', "(又)貼癰疽一切潰爛諸瘡."
43 上同, '元珠膏', "(又)治腫瘍將潰, 塗之膿從毛孔吸出."

다. 『의종금감』에서 필요한 지식을 인용하면서도, 서유구는 자신의 새로운 분류체계와 방식에 따라 재조직·재분류함으로써 새로운 정보를 효율적으로 활용할 수 있도록 한 것이다.

서유구에게 『의종금감』의 다양한 외과 기술과 정보는 새로운 차원의 지식들이었다. 때문에 그는 조선 후기에 고질로 인식되었던 치질(痔疾)의 치료에 『의종금감』의 외과 기술을 적용하고자 시도했다.[44] 「인제지」 권19, 외과 '치창(痔瘡)'조를 보면, 탕약의 복용보다 『의종금감』의 외과 처치 기술이 다수 인용되어 있다. 가령 바르는 약물〔傅搽〕로 '고치산(枯痔散)'을, 좌약〔紝塞〕으로 '환치산(喚痔散)'을 소개한 것이다. 환치산은 "내치(內痔)를 치료하는 방법으로, 초오·고슴도치 가죽·고백반·사향·식염·빙편 등을 곱게 가루 낸 후 물로 항문을 잘 씻은 후 침으로 가루약 3돈을 개어 항문에 발라 두어 치창(痔瘡)이 나오도록 하는 처방"[45]이었다.

서유구가 관심을 기울인 외과 처치술의 백미는 '약선(藥線)'이라는 결찰 치료법이었다.

> 약선(藥線): "치창(痔瘡)이나 영류(瘿瘤)의 머리 부분이 크고 몸통이 작은 경우를 치료하는 방법이다. 원화(芫花) 5전, 벽전(壁錢) 2전을 흰색 실과 함께 물 한 잔을 넣고 펄펄 끓여 물이 졸아들면 실을 꺼내 음지에서 말린다. 실 한 줄로 두 번 꼬아 환부를 묶어 준다. 양쪽 실끝은 남겨 두어 날마다 잡아당겨 환부를 묶는다. 환부가 저절로 자흑색이 되어 가다가 말

44 김호(1998) 참조. 치질은 앉아서 공부하던 사대부층에게 하나의 고질로 여겨졌다.

45 「仁濟志」 권19, 外科, 痔瘡, 紝塞, '喚痔散', "(醫宗金鑑)治內痔. 草烏蝟皮煅各一錢, 枯礬麝香各五分, 食鹽三分, 氷片二分, 共硏. 先用溫水洗淨肛門, 津唾調藥三錢, 塡入肛門卽出."

라 떨어질 것이다. 월백진주산을 환부 입구에 발라 준다."[46]

약선, 즉 소독한 실로 치질 환부를 묶어 저절로 결락(缺落)시키는 수술요법은 조선 후기에 생소한 치료법이었다. 치질은 조선 후기에 고질로 인식되어 다양한 치료법이 강구되었고, 때문에 조선의 경험방이 없지 않았다. 『김씨경험방』의 훈증 및 좌약치료법이 「인제지」에 수록된 것은 물론이다. 훈증과 세척〔熏洗〕에 인용된 '송절위(松節熨)' 처방은 소나무 가지를 불에 구워 배어나오는 송진을 이용하여 치질을 훈세하는 방법이었다. 도라지〔桔梗〕를 사용하는 방법도 인용되었다. "길이 4~5촌 되는 생도라지의 껍질을 벗기고 끝을 뾰족하게 만든다. 대추살과 수은을 섞어 그 끝에 바른 후 항문에 넣어 둔다."[47] 이처럼 조선 후기에 다양한 외과 처치법들이 나름대로 개발되고 있었다. 서유구는 『의종금감』의 새로운 정보에 크게 의존하면서도 이들 조선 후기의 경험방을 무시하지 않았다.

누차 설명한 대로 서유구는 『의종금감』의 정보를 자신만의 방식으로 재분류하고 편집하였다. 특히 증상과 발병 부위 그리고 원인과 치료법을 일목요연하게 구별함으로써 유서(類書)로서의 활용도를 높였다. 질환의 증상에 대한 서술부터 처방의 활용에 이르기까지 진단과 치료 전 과정에서 지식의 재분류가 이루어졌다. 또한 서유구는 처방의 종류에 따라 탕약(湯藥)에서부터 훈세(熏洗)・첩부(貼付) 등 치료법을 다양하게 재분류함으로써 「인제지」를 가치있게 만들었다.

---

46 上同, '藥線', "(醫宗金鑑)治痔瘡瘻瘤頂大蒂小. 芫花五錢壁錢二錢, 同白色細衣線, 水一盌, 慢火煮湯乾, 取線陰乾. 用一根, 雙扣繫紮患處, 兩頭留線, 日漸緊之, 其患自然紫黑, 必枯落, 以月白珍珠散收口."

47 上同, '桔梗', "(金氏經驗方)用生桔梗長四五寸, 去皮作尾釘. 棗肉和水銀, 塗其上, 納肛門."

조선 후기 사회문제가 되었던 양매창 치료법을 통해 「인제지」의 특징을 다시 한 번 확인해 보자. 양매창은 천포창이라고도 불리는 매독의 일종이었다. 조선 후기에는 어린아이의 성기가 치료제라는 소문이 돌아 많은 아이들이 유괴되는 문제를 낳기도 하고, 일부 전염된 사족 부녀자들이 수치를 이기지 못하고 자살하는 등 사회문제가 되기도 했다. 서유구는 양매창을 치료하기 위해 『의학입문』, 『본초강목』 등을 인용하면서도 처방 부분은 대부분 『의종금감』을 인용하였다.

양매창(楊梅瘡) '치법(治法)': 근골이 몹시 아프고 소변을 찔끔거리고 창의 형태가 크고 단단하다. 기화로 전염된 경우 독이 표에 있고 아직 속으로 들어가지 않았으니 조금의 기미라도 느꼈으면 빨리 투골수풍산(透骨搜風散)을 복용한다. 원기가 실한 경우 양매일제산(楊梅一劑散)으로 땀을 낸다. 정화로 감염된 경우 독이 안에 있어 골수 깊숙이 도사리고 있지만 살과 살갗으로는 침투하지 않았으므로 구룡단(九龍丹)을 복용하여 대소변을 소통시켜 뼈 속의 독을 쓸어내려야 한다. 심한 경우는 두 번을 복용하여 독물을 설사시키고 배설물을 땅속 깊이 묻어야 한다. 설사를 한 뒤에 몸이 실한 경우는 승마해독탕(升麻解毒湯)을 복용하고 허한 경우는 귀령내탁산(歸靈內托散)을 복용하는데 근골이 아프지 않을 때까지 복용한다. 헌데의 색이 엷은 흰색을 띠고 독이 이미 풀렸으면 다시 금섬탈각주(金蟾脫殼酒) 1제를 복용하여 남아 있는 독기를 쓸어내리면 병의 근원이 제거된다.

매독이 발생한 초기에 발산하는 약〔表藥〕을 복용할 때는 독이 위로 올라와 머리와 얼굴을 공격할 수 있으므로 미리 호면산(護面散)을 복용해야 한다. 혹 헌데가 이미 얼굴까지 발생하여 나은 뒤에도 흉터가 사라지지 않을 때는 취운산(翠雲散)을 뿌리면 흉터가 사라진다. 양매창이 터져 짓무를 때 더러운 고름이 점점 퍼져 아픈 경우 아황산(鵝黃散)을 뿌린다. 번화양매의 경우도 또한 아황산에 웅황가루를 더하여 참기름에 개어 바른다. 이 외 호종환(護從丸)이 있는데 양매창이 발생했을 때 시종들에게 복용시키면 전염되지 않는다.[48]

『의종금감』에서 인용한 처방은 투골수풍산을 비롯하여 대략 열 가지에 달한다. 『의종금감』에는 매우 다양한 형태의 약물이 수록되었고, 이는 약제 사용의 다변화를 의미했다. 서유구는 『의종금감』의 처방을 인용할 때 먼저 내복약과 외용약 등을 구별하였고, 또한 바르는 약과 가루 형태의 뿌리는 약 등을 구별하여 재서술하였다.

예를 들어 서유구는 먼저 양매창 치료에 활용된 탕액 처방으로 '투골수풍산'을 인용하면서 대표적인 탕액(湯液, 복용약)으로 소개하고 있다.

매독으로 근골이 약간 아프고 가려운 것을 치료한다. 투골초(꽃이 흰 것을 그늘에 말린 것)·생지마·강활·독활·소흑두·자포도·괴자·백당·육안차·핵도육 각 1돈 5푼 이상의 약미들을 생강 3편, 붉은 대추 3쪽과 함께 물 3잔에 넣고 한 잔이 될 때까지 다린다. 하룻밤 밖에 두었다가 빈 속에 뜨겁게 하여 복용한 뒤 이불을 덮고 땀을 내는데 바람은 피

48 「仁濟志」 권21, 外科, 楊梅瘡, 治法, '總治', "(醫宗金鑑) 筋骨多痛, 或小水澁淋, 瘡形大且堅. 氣化者, 毒在表, 未經入裏, 稍有萌動, 宜急服透骨搜風散. 元氣實者, 楊梅一劑散汗之. 精化者, 毒在裏, 深伏骨髓, 未透肌膚, 宜服九龍丹, 通利大小二便, 以瀉骨中之毒. 甚者二服, 降下毒物, 以土深壓之. 行瀉之後, 體實者, 升麻解毒湯. 體虛者, 歸靈內托散, 服至筋骨不疼. 瘡色淡白, 內毒已解, 再用金蟾脫殼酒, 一料掃餘毒, 以絶其源. 如梅毒初發, 服表藥時, 恐上攻頭面, 宜豫服護面散. 或瘡勢已發於面, 愈後瘢痕不退, 宜翠雲散點之, 以滅痕跡. 若梅瘡潰爛時, 膿穢浸淫成片而痛者, 以鵝黃散撒之. 又翻花楊梅, 亦以本方加雄黃末, 香油調敷之. 外有護從丸, 於發瘡時, 令待從人服之, 可免傳染."

한다.[49]

다음 서유구는 바르는 약제〔搽洗〕 '아황산(鵝黃散)'을 소개하였다. "양매창으로 짓물러 더러운 고름이 많이 나오는 것을 치료한다. 경분·석고(달군 것)·황백(볶은 것)·이상 같은 등분으로 가루 내어 말려서 환부에 뿌려 주면 딱지가 생겨난다."[50] 아황산은 가루약으로 짓무른 상처 부위에 뿌려 주는 약재였으며 '차세(搽洗)' 약재로 분류되었다.

마지막으로 '조장(調將)' 즉 조섭 부분을 두어 『화한삼재도회(和漢三才圖會)』를 인용하여 약물 복용시 탕욕이나 뜨거운 화로 주변을 피하도록 했다. 질병의 독기가 온 몸에 퍼지는 것을 막기 위해서다.[51]

서유구는 양매창 치료법을 탕액(湯液)과 가루를 뿌려 바르는 약〔搽洗〕, 훈조(熏照), 조장(調將) 등으로 분류하여 재편집했다. 가령 빈 갈대로 목구멍에 약재를 불어 넣는다든지 귀 속에 약물을 한 방울씩 떨구는 방법, 연고를 환부에 바르거나 기구를 이용하여 고름을 제거하는 방법들을 각각의 분류법에 따라 탕약·점액·첩부(貼付)·차세(搽洗) 등으로 분류한 것이다.

이처럼 「인제지」의 약물 활용은 삼첩(糝貼)·부세(傅洗)·부첩(傅貼)·폄설(砭焫)·도세(塗洗)·위락(熨烙)·도첩(塗貼)·부차(傅搽)·점세(點洗)·도섬(塗摻)·훈세(熏洗) 등 다양했다. 같은 약물이라도 사용하는 방법에

49 「仁濟志」 권21, 外科, 楊梅瘡, 湯液, '透骨搜風散', "(醫宗金鑑) 治梅毒, 筋骨微疼痒. 透骨草(白花者陰乾)·生脂麻·羌活·獨活·小黑豆·紫葡萄·槐子·白糖·六安茶·核桃肉(各一錢五分), 生姜三片, 棗二枚, 水三鍾煎一鍾, 露一宿, 空心熱服, 出汗避風."

50 「仁濟志」 권21, 外科, 楊梅瘡, 搽洗, '鵝黃散', "(醫宗金鑑)治梅瘡爛膿穢多. 輕粉·石膏煅黃柏炒, 各等分, 共爲末, 乾撒患處, 卽生痂."

51 「仁濟志」 권21, 外科, 楊梅瘡, 調將, '禁忌', "(和漢三才圖會)服藥時, 忌浴湯及臥爐邊, 毒逆上攻耳目."

따라 여러 가지 활용이 가능해진 것이다.

서유구는 엄청나게 늘어난 처방전의 활용성을 높이기 위해 '탕액운휘(湯液韻彙)'와 같은 색인을 만들었다. 이미 조선 후기에 색인을 갖춘 의서가 점차 등장하기 시작하지만 「인제지」의 경우 5천에 달하는 처방을 운서(韻書)의 순서에 따라 제시하고, 탕(湯)·산(散)·단(丹)·환(丸)·전(煎)·원(元)·음(飮)·고(膏) 등 처방의 제형에 따라 분류 배열함으로써 색인의 활용성을 극대화했다.[52]

「인제지」 본문의 처방과 색인집의 유기적 결합을 확인해 보자. 가령 「인제지」 권16, 옹저총방(癰疽總方), '삼이(糝貽)'에는 바르는 약으로 옹저와 발배를 두루 치료하는 '백강단'이 소개되어 있다.

> 백강단: 옹저와 발배 일체 정독을 치료한다. 창이 큰 경우 5~6리(10분의 1푼), 창이 작은 경우 1~2리를 물에 개어 창종(瘡腫)의 대가리〔瘡頭〕에 바른다. 초기의 것은 즉시 물집이 잡히면서 사그라들 것이다. 곪은 경우 바로 터지며, 썩은 경우는 고름이 빠져나오고 부은 것이 사그라드니 참으로 명을 바꾸는 신령스러운 약이다.[53]

백강단은 일종의 바르는 약으로 종기 치료에 효과가 컸다. 이를 「인제지」 권27, 부여(附餘), '탕액운휘(湯液韻彙)', 즉 처방 색인에서 쉽게 찾을 수 있다. 백강단을 찾으면 다시 '옹저총방을 참조하라〔見癰疽總方〕'고 하여 옹저 치료로 연결해 주고 있다.[54]

---

52 조창록(2009), 30~33면 참조. 색인식 의서의 간행은 19세기의 『의종손익』이나 『의방활투』 등의 색인 방식으로 이어진다.

53 각주 46참조. '白降丹', "治癰疽發背, 一切疔毒. 瘡大者用五六釐, 瘡小者用一二釐, 水調敷瘡頭. 初起者立刻起皰消散. 成膿者卽潰, 腐者卽脫消腫. 誠奪命之靈丹也."

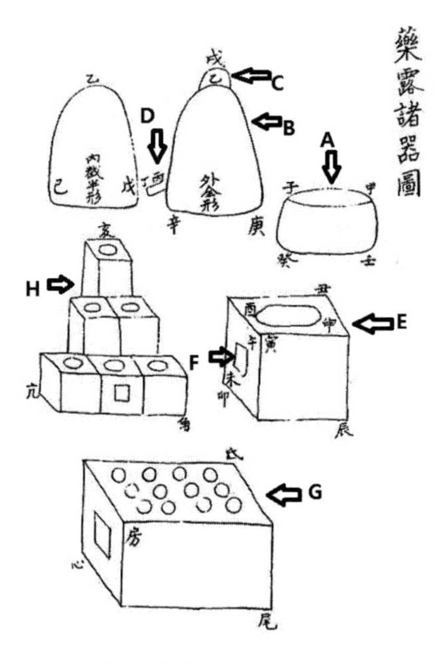

〈그림 1〉 약로제기도(藥露諸器圖)

새로운 의학지식의 수용과 활용은 약물의 종류와 처방의 다변화에만 머물지 않았다. 서유구는 「인제지」를 통해 새로운 약물 제조법과 기구의 소개를 잊지 않았다. 그는 서양의 의학 및 약물 제조기술에도 관심을 기울였다. 특히 증기로 약성을 추출하는 '약로(藥露)'에 관심이 많았다. 〈그림 1〉에서처럼 동으로 솥〔A〕을 만들되 바닥을 평평하게 하고 그 위에 뚜껑〔B〕을 씌울 수 있도록 한다. 뚜껑 부분에는 손잡이〔C〕와 함께 증류된 액체를 추출할 수 있도록 꼭지〔D〕를 달았다. 솥을 주석으로 제조한 아궁이〔E〕에 올려놓고 불을 지펴야 한다. 아궁이는 밖에서 불을 조절할 수 있는 입구〔F〕가 마련되어 있다. 기본적인 아궁이 이외에 하나의 아궁이에 여러 개의 솥을 평면으로 배치한 평평한 아궁이〔平竈, G〕 그리고 위로 쌓아 효율을 높인 고층 아궁이〔大竈, H〕도 소개하고 있다.[55]

54 「仁濟志」 권27, 附餘, 湯液韻彙, "白鳳膏見虛勞. 白龍膏見癰疽. 白玉丹見咳嗽. 白降丹見癰疽總方."

55 「仁濟志」 권26, 附餘, 刀圭器具, 藥露法, '製法', "(水法或問)其製法, 先造銅鍋, 平底直口, 下稍廣上稍斂, 不論大小, 皆高四五寸. 次造錫兜牟, 用鉛或銀尤勝也. 製如兜牟, 上爲提梁, 下口適合銅鍋之口, 罩在其外, 錫口內去口一寸許. 周遭作一錫槽, 槽底欲平, 無令積

서유구는 모든 초목과 과일 그리고 곡류 등이 물의 성질을 가지고 있기 때문에 약로 즉, 엑기스를 얻을 수 있다고 설명하고 이렇게 얻은 액체를 '로(露)'라고 하는데 장미로(薔薇露)가 대표적인 활용 사례라고 소개했다.[56] 서유구가 설명하고 있는 '약로(藥爐)' 그리고 약로(藥露)에 대해서 19세기 전반 이규경은 자신의 『오주연문장전산고』에서 자세하게 변증한 바 있다. 이규경 역시 약로를 설명하면서 조선의 소주고리와 유사한 형태로 설명하였다.[57] 인용 부분은 서유구와 약간 다르지만 원문의 인용처는 두 사람 모두 웅삼발(熊三拔)[58]의 『태서수법(泰西水法)』이었다.[59] 조선 후기의 서유구와 이규경 모두 자연의 '정수(精髓)'를 취하는 새로운 기술에 관심이 많았음을 알 수 있다.

水, 錫口外去口一寸許, 安一錫管, 管通于槽, 其勢斜下. 管之底, 平于槽之底, 寧下無高, 以利水之出也. …… 注曰 如本圖之甲壬癸子銅鍋也, 乙庚辛兜牟也, 戊提梁也, 庚辛錫口也, 戊己槽也, 丙丁管也, 丑卯辰竈也, 丑寅竈面也, 申酉窩也, 申酉與壬癸相入, 甲子與庚辛相入也, 午未竈門也, 亥角亢大竈也, 氐房心尾平竈也."

56 이규경 역시 증류한 액체〔露油〕에 대해 설명하고 있다. 서유구와 동일하게 熊三拔, 『泰西水法』 권4, 第二 藥露 부분을 인용하였다(『五洲衍文長箋散稿』, 「露油辨證說」, "水法. 凡諸藥係草木果蓏穀菜, 具有水性者, 皆用新鮮物料, 依法蒸餾得水, 名之爲露. 今用薔薇露, 則以薔薇花作之. 他凡爲香, 以其花草作之, 如薔薇木樨茉莉梅蓮之屬. 凡爲味, 以其花草作之, 如薄荷茴香紫蘇之諸香.").

57 『五洲衍文長箋散稿』, 「阿剌吉酒黃酒辨證說」, "乃今水火旣濟爐, 卽今俗名高里者也. 我東亦有二次重燒者曰還燒酒, 名曰甘紅露. 一次燒者名曰燒酒, 或曰露酒. 紅露, 自高麗始也."

58 사비아틴 데 우루시스(Sabbathin de Ursis, 1575~1620). 이탈리아 출신의 예수회 선교사. 1606년 중국에 입국, 북경에 들어가 마테오 리치에게 중국어와 한문을 배운 뒤 『泰西水法』, 『簡平儀說』 등을 편찬했다.

59 『五洲衍文長箋散稿』, 「水火旣濟罏辨證說」, "熊三拔『水法』, 取藥露法."

4. 외과 정골학(整骨學)의 도입

서유구는 약물 및 처방 구성의 다양성뿐 아니라 서양 의학의 증기 추출법 등 새로운 의과 기술에 관심을 기울이고 있었다. 또한 앞으로 소개할 정골(整骨) 기술도 예외가 아니었다. 일상생활의 구급과 깊이 연관된 치료법이었기 때문이다. 아마 조선에 최초로 소개된 일종의 응급 및 재활기법들로 보인다. 사실 정골・접골 등의 기술은 『의종금감』 이전의 중국 의학사에서도 매우 희귀했다.

> 정골과는 이전에 책이 없었다. 각 의가의 저술 가운데 오직 『증치준승(症治準繩)』에서 약간 언급하였으나 그것도 단지 증세와 약을 언급했을 뿐이다. 경락・부위・골도(骨度)・명목(名目)・수법(手法)에 대해서는 상세하지 않았다. 이제 영추와 소문의 골도편 및 십이경락과 상처 부위, 외치・내치・약이・수법(手法)・기구(器具) 등을 고찰하여 일일이 그림으로 그리고 이론을 세운 다음 이를 모아 책을 만들었다.[60]

「인제지」의 '정골수법(正骨手法)'은 『의종금감』의 「정골심법요지」를 그대로 요약한 것으로 부여(附餘)편에는 정골에 필요한 기구를 자세하게 소개하였다. 거의 원본을 전사한 형태는 새로운 기술에 대한 서유구의 관심을 잘 보여 주고 있다.

가령 접법(接法)의 경우 손과 기구를 이용하여 골절 부위를 치료하는 새로운 방법이다. 이하 조금 길지만 서유구의 새로운 외과 기술에 대한

---

60 『醫宗金鑑』, 「凡例」.

관심을 살펴보는 차원에서 그대로 인용하기로 한다.

“무릇 수법(手法)이란 양손으로 손상받은 근골을 안정되게 하여 예전 상태로 복구하는 것이다. 그렇지만 손상에 경중의 차이가 있으므로 수법은 각각 적합한 방법이 있다. 병의 차도가 느리고 빠른 것 그리고 후유증〔殘疾〕을 남기느냐 여부는 모두 수법이 적당하게 시술되었는지 그렇지 않았는지 혹 적합한 치료법이었으나 미진하였는지 등과 관련이 있다.”[61]

수법은 모두 8가지가 있다〔手法有八〕.[62]

첫째, 모법(摸法)이다. ‘모(摸)’는 손으로 손상 부위를 세세하게 만져주는 것이다. 먼저 그 손상이 혹 넘어져서 생긴 것인지 뼈가 겹질려서 생긴 것인지 아니면 맞아서 생긴 것인지를 알아낸 후에 모법에 따라 치료한다.[63]

둘째, 접법(接法)이다. ‘접(接)’은 이미 골절된 뼈를 한데 합쳐 본래 상태로 복기시키는 것이다. 함몰된 곳은 다시 솟게 하고, 부서진 부분은 다시 완전하게 하고, 돌출된 부위는 다시 평평하게 한다. 혹 손으로 하거나 혹 기구(器具)를 사용한다.[64]

셋째, 단법(端法)이다. ‘단(端)’은 양손 혹은 한 손으로 받쳐 들 부위를 붙잡아 고정시키고 그 경중을 참작하여 혹 아래쪽에서 위를 받쳐 들거

---

61 「仁濟志」 권22, 備急, 諸傷, 跌撲墮壓傷, ‘正骨手法’, “(醫宗金鑑)夫手法者, 謂以兩手安置, 所傷之筋骨, 使仍復於舊也. 但傷有輕重而手法各有所宜. 其痊可之遲速, 及遺留殘疾與否, 皆關乎手法之所施得宜, 或失其宜, 或未盡其法也.”

62 서유구는 『醫宗金鑑』의 「手法釋義」를 全載하는 대신에 요약하여 인용하였다.

63 「仁濟志」 권22, 備急, 諸傷, 跌撲墮壓傷, ‘正骨手法’, “一曰摸法. 摸者, 用手細細摸其所傷之處, 先知其或爲跌撲, 或爲錯閃, 或爲打撞, 然後依法治之.”

64 上同, “二曰接法. 接者, 謂使已斷之骨合復續. 陷者復起, 碎者復完, 突者復平. 或用手法, 或用器具.”

나 바깥쪽에서 안으로 밀거나 똑바로 받쳐 들거나 비스듬히 받치는 것이다. 뼈가 제자리를 이탈하였을 경우 반드시 수법으로 그 부위를 받쳐야 하니 그렇게 하면 오래지 않아 뼈의 간극이 바로 붙는다.[65]

넷째, 제법(提法)이다. '제(提)'는 함몰된 뼈를 예전의 상태로 끌어올리는 것이다. 그 방법은 한 가지가 아니다. 양손을 사용하여 끌어올리기도 하고, 줄이나 천으로 높은 곳에 매달아서 끌어올리는 방법도 있다. 끌어올린 후 기구를 사용하여 보조하여 다시 함몰되지 않도록 하는 방법도 있다. 반드시 상처의 경중과 깊이를 헤아린 연후에 치료해야 한다. 만일 중한 상처 부위에 가벼운 제법을 사용하면 병을 치유할 수 없고 가벼운 증상에 강한 제법을 쓰면 기존의 상처는 치유할 수 있지만 다시 새로운 질병을 얻기 때문이다.[66]

다섯째 안법(按法), 여섯째 마법(摩法)이다. '안(按)'은 손을 아래로 누르는 것을 말하고, '마(摩)'는 서서히 주무르고 문지르는 것을 말한다. 이 방법은 대개 피부와 근육에 손상을 입었으나 단지 부어오르거나 단단해지거나, 뻣뻣해진 증세만 있고 뼈가 부러지지 않은 경우에 시술하는 것이다. 경락에 안법을 시술하여 울폐된 기를 통하게 하고, 막힌 부위에 마법을 시술하여 어혈이 맺혀 부어오른 것을 풀어 주면 치유된다.[67]

---

65 上同, "三曰端法. 端者, 或兩手一手, 擒定應端之處, 酌其重輕, 或從下往上端, 或從外向內托, 或直端斜端也. 蓋骨離其位, 必以手法端之, 則不待曠日持久, 而骨縫卽合."

66 上同, "四曰提法. 提者, 謂陷下之骨, 提出如舊也. 其法非一, 有用兩手提者, 有用繩帛繫高處提者, 有提後用器具輔之. 不致仍陷者, 必量所傷之輕重淺深然後施治, 倘重者輕提則病莫能愈, 輕者重提則舊患雖去, 而又增新患矣."

67 上同, "五曰按法, 六曰摩法. 按者, 謂以手往下抑之也. 摩者, 謂徐徐揉摩之也. 此法蓋爲皮膚筋肉受傷, 但腫硬麻木, 而骨未斷折者設也. 宜按其經絡, 以通鬱閉之氣, 摩其壅聚, 以散瘀結之, 腫其患可愈."

일곱째 추법(推法), 여덟째 나법(拿法)이다. '추(推)'는 손으로 밀어서 원래의 위치로 돌리는 것이고, '나(拿)'는 두 손 혹은 한 손으로 환부를 붙들고 경중을 참작하여 서서히 원래의 위치로 돌리는 것이다. 만일 부종과 통증이 제거되고 상처가 치유된 후에 혹 근육이 긴장하여 돌리거나 움직이는 데 불편한 경우가 있거나, 혹 근육이 늘어져 운동이 자유롭지 않은 경우가 있거나, 혹 관절 사이가 어긋나 금 간 부위가 제대로 봉합되지 않은 경우가 있다. 이는 손상은 비록 평범하지만 기혈의 운행이 통하지 않는 것이므로 접법(接法)·정법(整法)·단법(端法)·제법(提法) 등은 적당하지 않다. 경락은 세락(細絡)의 차이가 있으므로 한 번 추법을 사용하고 한 번 나법을 사용할 때 그 허실을 살피고 참작하여 사용하면 마땅히 보사지법(補瀉之法)에 통할 것이니 이로써 환자가 낫지 않을 수 없다. 정골기구(正骨器具)는 '부여(附餘)' 조항을 보라.[68]

이상의 방법은 오늘날 '추나'에 해당한다. 접골과 추나를 구별하지 않고 '정골(正骨)'로 표현한 것이다. 한편 「인제지」, '부여' 편에는 접골에 활용되는 기구 10가지가 자세하게 소개되어 있다. 「인제지」 권26, 부여(附餘), 정골기구(正骨器具)는 『의종금감』 권87, 「기구총론(器具總論)」을 정리한 내용으로 이른바 접골(接骨) 혹은 정골(整骨)의 신기술들이었다.

서유구는 『의종금감』을 인용하여, "질박손상(跌撲損傷)을 비록 수법(手法)으로 치료했지만 완전하지 못하여 치료를 했어도 치료하지 않은 것 같은 고통에 이를까 염려가 된다면 의리가 정밀하다고 할 수 없다.

---

68 上同, "七曰推法, 八曰拿法. 推者, 謂以手推之, 使還舊處也. 拿者, 或兩手一手, 捏定患處, 酌其宜輕宜重, 緩緩焉以復其位也. 若腫痛已除, 傷痕已愈, 其中或有筋急而轉搖不甚便利, 或有筋縱而運動不能自如, 又或有骨節間微有錯落不合縫者, 是傷雖平而氣血之流行未暢, 不宜接整端提等法. 經細絡之分, 一推一拿, 視其虛實, 酌而用之, 則有宣通補瀉之法, 所以患者無不愈也. (案)正骨器具 見附餘."

이에 신체의 상하앞뒤의 형상에 따라 기구를 제작하여 환부를 교정하는데 수법이 미치지 못하는 곳을 보완하여 뼈가 분리된 것을 다시 붙게 하고 기울어진 곳을 바르게 회복시키고 높이 솟은 것을 평평하게 하고 함몰된 부위를 올리면 위험한 증세는 편안해질 것이요, 중상은 가볍게 될 것이다. 이후 약이(藥餌)을 조제하여 효력을 높이고 훌륭한 섭양법을 제시하면 곧 정골(正骨)의 도(道)가 완전해질 것이다."[69]라고 밝히고 있다.

골절의 치료는 일단 뼈를 붙이는 과정이 우선되어야 하고 그 다음에 약을 먹고 몸조리를 해야 한다는 주장이다. 복약과 섭양에 앞서는 외과 처치법에 대한 서유구의 관심을 알 수 있다.

서유구가 크게 관심을 기울인 '정골기구(正骨器具)'의 종류와 기능을 살펴보자. 먼저, ① 과렴은 기구 사용이 적합지 않은 환부에 사용하는 것으로 일종의 압박 붕대이다. 진정은 뇌진탕과 같은 두개골 손상을 치료하기 위해 사용하는 작은 나무 몽둥이로 발바닥의 족심혈을 가볍게 두드려 기혈을 유통시키는 치료기구이다. ② 피견은 어깨관절의 탈골과 이탈을 치료하는 기구로 어깨관절을 붕대로 압박 고정시킨 후 팔을 매달아 관절의 이탈을 막고 부종을 치료하는 방법이다. ③ 반삭과 첩전은 척추와 사지의 탈골과 함몰 등을 치료하는 방법으로 줄로 몸을 매달아 체중을 이용하여 뼈를 바로잡는 데, 벽돌을 밟고 올라서 매달린 후 차례로 벽돌을 뺌으로써 체중을 이용하여 뼈를 정합(整合)한다. ④ 통목은 척추가 휜 환자의 뼈를 바로잡는 기술이고, 요주는 요추골의 탈골과

---

69 「仁濟志」 권26, 附餘, 正骨器具, 總論, '論跌撲傷損當用器具', "(醫宗金鑑) 跌撲損傷, 雖用手法調治, 恐未盡得其宜, 以致有治如未治之苦, 則未可云醫理之周詳也. 爰因身體上下, 正側之象, 製器以正之, 用輔手法之所不逮, 以冀分者復合, 欹者復正, 高者就其平, 陷者升其位. 則危證可轉於安, 重傷可就於輕, 再施以藥餌之功, 更示以調養之善, 則正骨之道全矣."

근육 파열 등을 치료하는 방법이다. ⑤죽렴은 사지의 골절 부위를 교정하는 보조장치로 이보다 심한 골절을 교정하는 경우 삼리를 사용한다. 이중의 교정장치이다. ⑥마지막으로 포슬은 무릎 뼈의 탈골과 골절을 치료하는 기구이다.

인용이 조금 길지만 자세하게 설명하면 다음과 같다.

첫째, '정두부상손지구(正頭部傷損之具)'이다. 과렴(裹帘)은 흰 베로 만든다. 환부에 다른 기구의 적용이 마땅하지 않고 다만 베로 싸는 것이 적당할 때 이 방법을 사용하므로 과렴이라 부른다. 그 길이의 길고 짧음과 너비의 넓고 좁음은 병세를 헤아려 사용한다.[70] 다음 진정(振梃)은 목봉(木棒)이다. 길이는 한 척 반이고 둘레는 동전 크기만하고 또는 밀방망이 정도로 가늘다. 대개 손상 부위의 기혈이 응결하고 동통(疼痛)과 부종 그리고 경결(硬結)할 때 이 몽둥이로 환부의 상하사방을 미미하게 두드리고 쳐서 기혈을 유통시켜 사방으로 퍼지게 하면 동통이 점점 감소하고 부종과 경결도 사라질 것이다.[71] 조금 더 자세한 치료법은 다음과 같다. 대개 머리 손상에 뼈가 부서지지 않고 근육이 단절되지 않았다면 비록 어혈이 뭉쳐 부종과 통증이 있는 사람일지라도 모두 치료할 수 있다. 먼저 경항(頸項)의 근골(筋骨)을 단법(端法)과 제법(提法)으로 치료하고 다시 삼베로 머리를 재삼 팽팽하게 감싸며 재차 진정(振梃)으로 발바닥 가운데를 가볍게 두드려서 오장의 기를 상하로 잘 통하게 하고 어혈이 풀리게 하면 심장으로 치밀어 오르지 않고 또한 구역질과 딸국질이 나지 않으며 심신(心神)이 안정될 것이다. 만일 머리를 감싸고 족

---

70 「仁濟志」 권26, 附餘, 正骨器具, 正頭部傷損之具, '裹帘', "(醫宗金鑑)裹帘, 以白布爲之, 因患處不宜他器, 只宜布纏, 始宜得法, 故名裹帘. 其長短闊狹, 量病勢用之."

71 上同, '振梃', "(又)振梃, 卽木棒也, 長尺半, 圓如錢大, 或麪杖亦可. 蓋受賜之處, 氣血凝結, 疼痛腫硬, 用此梃微微振擊其上下四旁, 使氣血流通, 得以四散, 則疼痛漸減, 腫硬漸消也."

심(足心)을 두드려도 끝내 통증을 느끼지 못하고 혼미하여 사람을 알아보지 못하여 가래 끓는 소리가 톱질하는 것 같고 몸이 경직되면서 입으로 침을 흘리면 이는 기혈이 거의 끊어질 것으로 치료가 불가능하다고 보았다.[72]

요컨대 두개골 손상이 심하여 죽기 직전이거나 혹은 정신이 혼미한 사람의 경우 흰 베로 머리를 감싸고 나무 몽둥이를 이용하여 발바닥의 족심혈(足心血)을 가볍게 두드림으로써 기사회생시킬 수 있는 방법이었다. 서유구는 이와 같은 외과 치료의 도입에 매우 적극적이었다.

둘째, '정견부상손지구(正肩部傷損之具)'이다. 피견(披肩)은 삶은 소가죽 한 장을 사용하여 길이 5촌, 너비 3촌으로 만들고 양 끝에 각각 두 개의 구멍을 내어 손상 부위를 감싸고 면으로 된 끈을 구멍에 꿰어 팽팽하게 묶어 고정하는데 목판에 비교하면 약간 부드럽고 편한 느낌이다.[73]

무릇 양어깨가 타박과 낙상으로 갑자기 다쳐 뼈가 옆으로 돌출하거나 비스듬히 튀어나왔거나 골봉(骨縫)이 어긋나 근육이 뒤틀린 경우 그 치료법은 반드시 환자를 평상에 눕힌 후 골봉을 편안히 합하고 근육을 부드럽게 유법(揉法)·안법(按法)을 사용하여 풀어 주고 먼저 솜을 몸에 잘 붙인 후 다시 피견(披肩)으로 어깨 위 앞뒤를 꽉 끼워서 팽팽하게 묶고 재차 흰 베로 바깥을 감싸서 마친 후에 다시 길이 2척, 너비 3~4촌 정도의 지지판〔扶手板〕를 사용하여 양 끝에 줄을 꿰어 허공에 매달아

72 上同, '用法釋義', "(又)凡頭被傷, 而骨未碎, 筋未斷, 雖瘀聚腫痛者, 皆爲可治. 先以手法端提頸項筋骨, 再用布纏頭二三層令緊, 再以振梃輕輕拍擊足心, 令五臟之氣上下宜通, 瘀血開散, 則不奔心, 亦不嘔呃, 而心神安矣. 若已纏頭拍擊足心, 竟不覺瘀, 昏不知人, 痰響如洩鋸, 身體僵硬, 口溢涎沫, 乃氣血垂絶也, 不治."

73 「仁濟志」 권26, 附餘, 正骨器具, 正肩部傷損之具, '披肩者', "(醫宗金鑑) 用熟牛皮一塊, 長五寸寬三寸, 兩頭各開二孔, 夾於傷處, 以綿繩穿之, 緊緊縛定, 較之木板稍覺柔活."

놓고 환자로 하여금 그 위에 팔을 걸쳐 견골이 아래로 늘어지지 않도록 한다. 7일이 경과한 후 개봉하고 환부를 살펴보아 모두 치유되었으면 판을 제거하여 사용하지 않고 아직 치유가 되지 않았다면 계속 판을 사용한다. 만약 이 치료법을 따르지 않으면 후일에 반드시 갈대마디〔蘆節〕 같은 후유증이 남을 것이다.[74]

셋째, '정흉복액협상손지구(正胸腹腋脅傷損之具)'이다. 먼저 반삭(攀索)은 줄을 높은 곳에 걸어 두고 양손으로 그곳에 매달리는 방법이다.[75] 그리고 첩전(疊甎)은 벽돌 6장을 좌우에 각각 3장씩 포개쌓고 양발로 그 위를 밟는 것이다.[76] 이상의 방법은 흉(胸)·복(腹)·액(腋)·협(脅)의 뼈가 질(跌)·타(打)·팽(磞)·당(撞)·점(墊)·노(努) 등으로 흉부가 함몰하고 곧게 펴지지 않는 경우 먼저 환자의 양손을 새끼줄에 매달리게 하고 발로 벽돌 위를 밟게 하고는 뒤에서 허리를 붙잡은 후 각각 양측 벽돌 하나씩을 빼내며 환자는 몸과 가슴을 곧게 편다. 잠시

〈그림 2〉 반삭과 첩전

74 上同, '用法釋義', "(又)凡兩肩撲墮閃傷, 其骨或旁突或斜努, 或骨縫開錯筋翻, 法當令病人仰臥凳上, 安合骨縫, 揉按筋結. 先以棉花貼身墊好, 復以披肩夾住肩之前後縛緊. 再用白布在外纏裹早畢, 更用扶手板長二尺餘寬三四寸, 兩頭穿繩, 懸空掛起, 令病人俯伏於上, 不使其肩骨下垂. 過七日後, 開視之, 如俱痊, 可撤板不用, 如尙未愈則仍用之. 若不依此治法, 後必遺殘患蘆節."

75 「仁濟志」 권26, 附餘, 正骨器具, 正胸腹腋脅傷損之具, '攀索', "(醫宗金鑑)攀索者, 以繩掛於高處, 用兩手攀之也."

76 上同, '疊甎', "(又)疊甎者, 以甎六塊, 分左右各疊置三塊, 兩足踏於其上也."

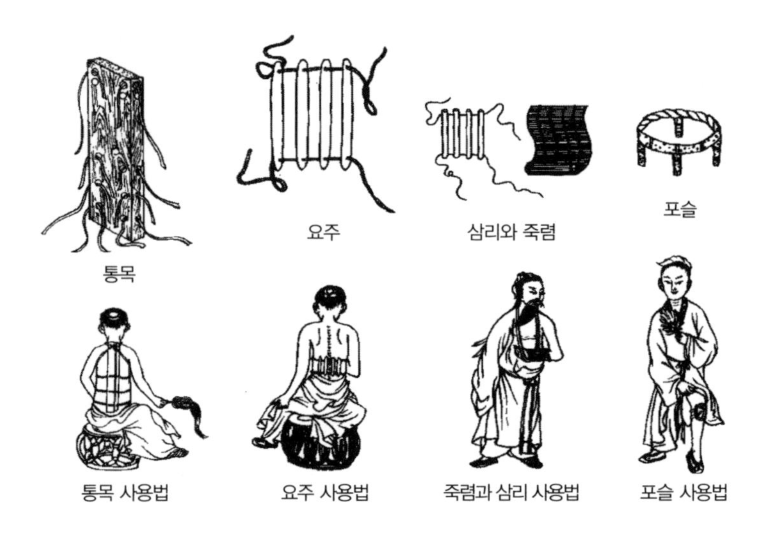

〈그림 3〉 각종 정골기구

후 또 각각 벽돌 한 장씩을 빼는데 여전히 몸과 가슴을 펴게 한다. 이처럼 세 번 하여 그 발이 땅에 닿으면 기가 펴지고 어혈이 풀어져 함몰된 곳은 융기되고 굽은 곳은 펴질 수 있다. 다시 환자의 흉부를 죽렴으로 둘러싼 후 여덟 장의 넓은 띠로 팽팽하게 묶어 장애가 되지 않도록 해야 하며 단지 똑바로 누워서 자고 엎드리거나 측면으로 자면 안 되며 허리 아래를 베개로 괴어 좌우로 움직이지 못하도록 한다고 했다.[77]

넷째, '정척배상손지구(正脊背傷損之具)'이다. 통목(通木)은 삼목(杉木)을 너비 3촌, 두께 2촌으로 만들어 사용하는데 길이는 환자의 허리에

77 上同, '用法釋義', "(又)凡胸腹腋脅, 跌打硼撞墊努, 以致胸陷而不直者. 先令病人以兩手攀繩, 足踏甎上, 將後腰拿住, 各抽去甎一箇, 令病人直身挺胸, 少傾又各去甎一箇, 令直身挺胸, 如此者三, 其足著地, 使氣舒瘀散, 則陷者能起, 曲者可直也. 再將其胸, 以竹簾圍裹, 用寬帶八條緊緊縛之, 勿令窒礙. 但宜仰睡, 不可俯臥側眠, 腰下以枕墊之, 勿令左右移動."

서부터 어깨 위로 1촌쯤 올라오게 하며 외면은 평정(平整)하고 등과 척추를 대는 안쪽은 요형(凹形)으로 하여 척추와 엉덩이에 딱 맞게 한다. 이를 대략 5등분하여 5개의 구멍을 뚫은 후 여기에 실을 넣어 몸을 감싸듯이 묶도록 한다. 또 통목을 사용할 때는 부드러운 솜이나 비단을 대서 아프지 않게 한다.[78] 결국 통목은 척추를 다친 사람이 바로 서기 어려운 경우 이를 지지해 줄 수 있는 판을 대어 교정하는 의료기구인 셈이다.

다섯째, '정요부상손지구(正腰部傷損之具)'이다. 요주(腰柱)는 삼목 4개를 지게의 등판처럼 만드는데 너비는 1촌, 두께는 5푼으로 하고 길이는 환부에 따라 조정한다. 모든 측면으로 구멍을 뚫고 끈으로 이를 꿰어 연결하여 사용한다. 요추를 다쳐 옆구리가 불편한 경우 요주를 배에 둘러 뼈를 고정시키는 효과를 보도록 했다.[79]

여섯째, '정지체상손지구(正肢體傷損之具)'이다. 팔다리의 골절을 교정하는 기구로 죽렴과 삼리가 있다. 먼저 죽렴은 여름철에 사용하는 서늘한 대나무발로 환부의 대소장단을 가늠하여 재단해서 만든다. 팔다리에 골절이 있으면 먼저 베를 이용하여 환부를 감싼 후 죽렴으로 밖을 싸서 팽팽하게 묶어 골절된 뼈가 가지런하게 자리를 잡도록 한다.[80] 한편 삼리는 죽렴을 다시 보강하기 위한 도구로 삼나무로 만드는데 골절된 부위의 형태 등을 고려하여 나무 울타리 비슷하게 만들고 끝에 끈을

78 「仁濟志」 권26, 附餘, 正骨器具, 正脊背傷損之具, '通木', "(醫宗金鑑)用杉木寬三寸厚三寸其長自腰起, 上過肩一寸許, 外面平整, 向脊背之內而刻凹形, 務與脊骨膂肉吻合, …… 凡用此木, 先以綿絮軟帛貼身墊之, 免致疼痛."

79 「仁濟志」 권26, 附餘, 正骨器具, 正腰部傷損之具, '腰柱', "(醫宗金鑑) 腰柱者, 以杉木四根, 製如扁擔形, 寬一寸厚五分, 長短以患處爲度, 俱自側面鑽孔, 以繩聯貫之."

80 「仁濟志」 권26, 附餘, 正骨器具, 正肢體傷損之具, '竹簾', "(醫宗金鑑)竹簾者, 夏月涼簾也, 量患處之大小長短裁取."

매달아 묶어서 사용한다.[81]

마지막으로 '정슬부상손지구(正膝部傷損之具)'이다. 포슬(抱膝)은 4개의 발이 있는 대나무 고리이다. 죽편(竹片)으로 고리를 만드는데 슬개골보다 약간 크게 만들고 다시 죽편 네 개로 고리 위에 다리처럼 삼으로 묶은 후 사용한다. 삼베끈으로 고리와 다리를 잘 감은 후 환부를 고정하는데 너무 세게 묶어 통증이 있어서는 안 된다.[82] 이 기구는 무릎 뼈를 다쳤으나 탈골이 되었을 뿐 골절되지 않은 경우 슬개골 보호대를 사용하여 절름발이를 면하도록 한 의료장치였다.

5. 조선 후기 '경험방(經驗方)'의 수집과 정리

「인제지」가 『동의보감』 이후 출간된 명말 혹은 청대 의서들의 새로운 정보를 수록했음은 이미 충분히 언급한 바이다. 「인제지」와 관련하여 강조하지 않을 수 없는 사실이 또 있다. 조선 후기 경험방의 수집과 정리이다. 서유구는 「인제지」, '비급(備急)'편에서 조선 후기의 다양한 단방(單方) 및 경험방들을 채집하였다. 그는 다양한 경험방들을 널리 수집하여 자신의 새로운 지식분류법에 따라 재분류하고 수록했다. 조선 후기의 대표적인 산거(山居) 서적인 『산림경제』와 『증보산림경제』를 비

81 上同, '杉籬', "(又)杉籬者, 複逼之器也. 量患處之長短闊狹曲直凸凹之形, 以杉木爲之, 酌其根數, 記其次第, 不得紊亂, 然後於每根兩頭各鑽一孔, 以繩聯貫之, 有似於籬, 故名焉. 但排列稀疏, 不似竹簾之密耳."

82 「仁濟志」 권26, 附餘, 正骨器具, 正膝部傷損之具, '抱膝', "(醫宗金鑑)抱膝者, 有四足之竹圈也. 以竹片作圈, 較膝蓋稍大些, 須再用竹片四根, 以麻線緊縛圈上, 作四足之形, 將白布條通纏於竹圈及四足之上, 用於膝蓋, 雖拘制而不致痛苦矣."

롯하여 『광제비급』과 『김씨경험방』 그리고 『규합사의』, 『해동경험방』에 이르기까지 종류와 범위가 다양하다. 이러한 단방들은 특히 일상의 구급에 필요한 지식이라는 점에서 그 활용도가 높았다.

19세기 중반의 학자 홍한주(洪翰周, 1798~1868)는 서유구의 『임원십육지』를 평가하면서 산거경제(山居經濟)에 필요한 모든 지식을 집대성하려던 것이요, 『임원십육지』 이전의 산림(山林)의 지혜를 정리한 『산림경제』의 증보완결판을 만들려 했다고 언급한 바 있다.[83] 따라서 「인제지」의 의학지식을 『산림경제』의 「구급」과 비교해 볼 필요가 있다.[84] 「인제지」 비급(備急)편이야말로 『산림경제』 구급편의 완결판이라 할 수 있기 때문이다.[85] 먼저 양자의 목차를 비교해 보자.

〈표 3〉 『山林經濟』, 「救急」과 「仁濟志」의 분류 비교

「山林經濟」 救急	「仁濟志」 備急
自縊死, 溺水死, 凍死, 入井死, 猝死	五絶
中惡, 鬼擊, 鬼魘, 客忤猝厥, 尸厥, 痰厥, 食厥, 蚘厥, 血厥, 氣厥, 中風, 中暑, 中寒	暴病
傷寒, 陰陽易, 脫陽, 霍亂, 攪腸沙, 猝心痛, 猝腹痛, 猝疝痛, 猝頭痛, 猝吐血, 猝衄血, 九竅出血, 毛竅出血, 血暈, 船暈, 猝癲狂, 狐魅, 大便不通, 小便不通, 咳逆, 猝噎, 猝失音, 急喉閉, 失欠脫頷, 眼睛突出, 腸頭出	구급, 怪證
繭唇, 唇腫, 舌腫, 腦背腫, 疔腫, 蛇纏瘡, 猫眼瘡, 櫻桃瘡, 燎疱瘡, 天疱瘡, 陰蝕瘡, 頭部癰疽瘰癧灸穴, 手部諸腫, 足部諸瘡, 騎竹馬穴法, 鍼瘡出血不止, 破傷風, 丹毒, 癮疹	→ 外科로 독립

83 『智水拈筆』(김윤조 외 역, 2013, 소명출판), 101면 참조.

84 「仁濟志」를 『攷事新書』(徐命膺 편찬)의 의학지식과 비교하는 작업이 선행되어야 하는데 본고에서 미처 다루지 못했다. 後考를 기약하기로 한다.

85 「仁濟志」, 備急편의 번역은 임원경제지연구소의 초벌 번역본을 참조하여 수정 인용했음을 밝혀 둔다. 참고할 수 있도록 해준 연구소 측에 감사드린다.

「山林經濟」 救急	「仁濟志」 備急
諸中毒, 一切飮食毒, 熱麪毒, 豆腐毒, 燒酒毒, 諸獸肉毒, 諸禽肉毒, 諸魚毒, 蟹毒, 食生膾不消, 食魚肉不消, 魚肉蔬菜毒, 諸菜毒, 菌蕈毒, 苦瓠毒, 海菜毒, 諸果毒, 諸藥毒, 石藥毒, 金石藥毒, 金銀銅錫鐵毒, 蠱毒, 馬毒, 烟熏毒	諸毒
湯火傷, 熱油傷, 金刃傷, 砲矢傷, 打撲傷, 墮壓傷, 骨折筋斷傷, 手足折傷, 肢節脫解, 耳鼻舌傷斷, 陰囊傷破, 杖傷, 人咬傷, 熊虎咬傷, 牛觸腸出, 馬驢騾咬踢傷, 犬咬傷, 猪咬傷, 猫咬傷, 鼠咬傷, 蛇咬傷, 蜈蚣咬, 蜘蛛咬, 蠼螋傷, 蜂螫傷, 雜蟲傷	諸傷
諸傷辟蠅蛆法, 諸蟲入耳鼻, 蜈蚣入耳, 蚰蜒入耳, 蟻子入耳, 誤呑諸蟲, 誤呑諸物, 諸骨鯁在咽, 芒刺在咽, 諸物入目, 飛絲入口舌間, 匙着口中, 諸物入肉, 魚骨在肚	辟禳, 誤呑諸物 諸物入竅
胎漏胎動, 難產, 胞衣不下, 產後諸病, 陰病, 血崩帶下, 小兒初生急病, 小兒客忤中惡, 驚風, 吐瀉, 疳瘡, 瘡疾, 癥癖, 蟲痛, 痘瘡經驗方	→ 產科, 幼科로 독립

『산림경제』의 구급 항목은 일상생활에서 야기될 만한 다양한 구급질병을 포괄하고 있다. 갑작스런 죽음〔自縊死·溺水死·凍死·入井死·猝死〕으로부터 시작하여 구급을 요하는 질병들〔猝心痛·猝腹痛·猝疝痛·猝頭痛·猝吐血 등〕 그리고 다양한 종기 및 종창들, 식중독, 화상을 포함한 여러 가지 사고로 인한 사상(死傷)까지 그 종류가 매우 많다. 마지막에 산부인과 소아들의 급성 구급질병을 서술함으로써 『산림경제』, 「구급」편은 여러 가지 생활상의 질병을 치료할 수 있는 기본 의서가 되었다.

서유구는 『산림경제』, 「구급」편의 정신을 이어받으면서도 지식과 정보의 집중과 확대를 도모했다. 그는 새로운 '지식의 체계와 분류'를 적용했다. 가령 산부인과와 소아과 부분을 「구급」에서 떼어내어 「인제지」의 산과(產科)와 유과(幼科)로 새롭게 증보했다. 여러 가지 창종(瘡腫) 및 종기 치료에 관한 지식을 「구급」에서 분리하여 「인제지」의 외과(外科)로 증보했다. 그리고 '비급'에서는 그야말로 '구급'에 해당하는 질병들만을 다루었다. 서유구는 「인제지」 권22, 권23에 '비급' 조항을 마련하고 제상(諸傷)·해독(解毒)·기질(奇疾, 怪疾)·벽양(辟禳)으로 분류한 후 각각 구급〔諸傷〕, (식)중독, 평상시 관찰하기 어려운 괴질(怪疾) 및 해충과 사기(邪氣)를 물리치는 방법들을 다양하게 수집했다(〈표 4〉 참조).

「인제지」, '비급'조가 단지 지식을 새롭게 분류한 데만 그친 것은 아니었다. 서유구는 모든 지식의 집대성이라는 기획 취지에 따라 구급에 필요한 단방 및 경험방을 광범위하게 수집했다. 『본초강목』을 비롯하여 중국 의서들뿐 아니라 『동의보감』 이후 조선 후기의 여러 경험방 의서들의 처방을 대거 수집한 것이다.

〈표 4〉 「仁濟志」, '備急'의 목차와 내용

<table>
<tr><td rowspan="9">권22
備急</td><td rowspan="9">諸傷
解毒</td><td>金鏃</td><td>傷脈度, 難治, 腸肚傷出外, 逐瘀止血, 定痛生肌合瘡, 內漏, 悶絶惡心, 中風中濕, 續筋接骨, 接舌縫頸, 金鏃中肉中骨不, 解藥箭毒, 針瘡, 禁忌</td></tr>
<tr><td>跌撲墮壓傷</td><td>脈度, 難易治, 墮壓卒死, 治分未出血已出血, 逐瘀調血, 止血定痛, 消腫滅痕, 接骨續筋, 正骨手法, 療傷損耳目鼻舌, 禁忌</td></tr>
<tr><td>竹木骨刺傷</td><td>竹木入肉, 骨刺入肉</td></tr>
<tr><td>諸獸傷</td><td>熊虎傷, 馬驢傷, 牛猪傷 貓鼠傷, 猘犬傷, 犬咬宜灸, 犬咬禁忌, 人咬傷</td></tr>
<tr><td>諸蟲傷</td><td>蛇虺傷, 毒蛇纏身, 蝎螫傷, 蜈蚣傷, 蜘蛛傷, 蚯蚓傷, 蠼螋傷, 蜂蠆傷, 蠶咬傷, 蝸牛傷, 壁鏡傷, 通治諸蟲傷</td></tr>
<tr><td>誤呑諸物</td><td>誤呑金銀銅鐵, 誤呑竹木, 誤呑骨鯁, 誤呑水蛭, 通治諸物哽喉</td></tr>
<tr><td>諸物入竅</td><td>諸物入目, 諸物入耳, 蛇入七竅</td></tr>
<tr><td>通治諸毒</td><td>中毒宜吐下, 解諸藥毒</td></tr>
<tr><td>金石毒</td><td>生金毒, 生銀毒, 銅錫毒, 生鐵毒, 砒石毒, 礜石毒, 硇砂毒, 硫黃毒, 雄黃毒, 丹砂毒, 水銀輕粉毒, 石英毒, 鍾乳毒, 石炭毒, 鹽滷毒, 通治金石毒</td></tr>
</table>

권23 備急		草木毒	鉤吻毒, 射罔毒, 烏頭附子天雄毒, 鼠莽毒, 羊躑躅毒, 狼毒毒, 防葵毒, 莨菪毒, 山芋毒, 大戟毒, 甘遂毒, 芫花毒, 仙茅毒, 藜蘆毒, 半夏南星毒, 艾葉毒, 煙草毒, 巴豆毒, 桂毒, 桐油毒, 苦楝毒, 桑白皮毒, 蜀椒毒, 煤炭毒
		菓蓏蔬菜毒	梨毒, 桃毒, 石榴毒, 杏仁毒, 銀杏毒, 西瓜毒, 苦瓠毒, 瓜蔕毒, 桔梗毒, 水芹毒, 水莨菪毒, 萵苣毒, 番椒毒, 野芋毒, 野菌毒, 解菌毒, 海菜毒, 通治菓蓏蔬菜毒
		蟲魚毒	斑蝥芫青樗鷄毒, 蜈蚣毒, 蠒蟲毒, 水蟲毒, 蛇頭毒, 河豚毒, 黃鱨魚毒, 鱓魚毒, 鯸鮧魚毒, 鰕毒, 馬刀毒, 鼈毒, 蟹毒, 通治諸魚毒
		禽獸毒	鴆毒, 雉肉毒, 鳩毒, 鷄肉毒, 鷄子毒, 鴨肉毒, 犀角毒, 牛肉毒, 狗肉毒, 猪肉毒, 馬肉毒, 馬肝毒, 通治禽獸肉毒
		飮饌毒	酒毒, 麪毒, 豆腐毒, 通治飮饌毒
		蠱毒	脈度, 緣起, 驗蠱法, 蠱毒宜吐下, 送蠱法, 辟蠱法, 灸蠱法, 禁忌, 金蠶蠱毒, 挑生毒, 射工溪溫毒, 沙蝨毒
	奇疾	諸般暴病	中惡客忤, 鬼魘, 鬼擊, 尸厥, 厥逆卒死, 血厥, 脫陽, 絞腸沙, 入井塚卒死, 船暈, 脫頷
		諸般怪證	截腸證, 脈溢證, 肉壞, 鼻中出毛, 肝漲證, 血潰證, 眉毛搖動, 渾身發斑, 肢堅如石, 化生鰕魚, 指縫生蟲, 皮膚蚓鳴, 掌中肉起, 內錐證, 化生禽獸, 腹如鐵石, 遍身作聲, 血壅證, 血餘證, 皮下有蟲, 氣出盤旋, 渾身燎疱, 人身作兩, 筋解證, 身腫如蛇, 身有光色, 飛絲纏陰, 頭腫視小, 眼見貓鬼, 視物倒植, 眼見五色, 蛤精疾, 見水氣塞, 吐腸證, 吸匙證, 吸藁證, 走陽證, 鼠膈病
		五絶 自縊死	溺水死, 凍死, 暍死, 餓死
	辟禳	辟瘟	服餌, 祓禳, 熏燒, 符呪, 入疫家不傳染法
		辟瘧	服餌, 祓禳, 符呪
		辟三尸	祓禳, 符呪
		辟邪魅	服餌, 祓禳, 熏燒, 辟狐魅, 辟水魅 , 辟魍魎作怪, 辟夢魘, 辟咀呪致邪祟, 辟犯太歲病
		辟諸蟲	辟蝨, 辟狗蝨, 辟狗蚤, 辟壁蝨, 辟蚊, 辟蚊蟲, 引蜈蚣, 蚊不入, 辟蠅, 辟螻蟻, 螻螘, 辟蛙, 辟雜蟲法, 辟廚間諸蟲, 辟壁間諸蟲, 辟井中諸蟲, 辟諸蟲撲燈, 辟蛇虺, 辟蜈蚣, 辟蚰蜒, 黃漆辟蛇
		辟鳥獸	辟燕, 辟梟鵂, 辟鼠, 辟虎豹

'비급'은 그야말로 절명(絶命)의 위급한 상황에 대처하는 방법이다. 처방들 대부분은 자상이나 골절상 혹은 화상이나 중독 그리고 교상(咬傷) 등 응급 처치가 요구되는 경우였다. 「인제지」, 비급편의 특징을 몇 가지 분류에 따라 살펴보자.

첫째, 칼이나 창, 화살〔金鏃〕 등에 의해 자상(刺傷)을 입어 지혈이 필요한 경우의 구급법이다. 서유구가 비급편에서 가장 주의를 기울인 위급 상황이다. 창상(創傷)이나 자상 등으로 과다출혈이 일어나고 장기가 밖으로 튀어나온 경우들이 대부분으로, 서유구는 이를 '금창(金瘡)'으로 인한 상처로 분류했다.

우선 출혈을 멎게 하고 어혈을 풀어 주는 단방들을 여러 의서에서 인용했다.[86] "금창으로 출혈이 심할 경우 백미(白薇)를 가루 내어 붙인다(儒門事親).", "금창으로 출혈이 심할 경우 자소엽(紫蘇葉)과 뽕잎(桑葉)을 함께 찧어 붙인다(永類鈐方).", "금창의 출혈로 기절했을 경우 부들〔蒲黃〕 반 냥을 달여 술에 타서 먹이고 지금(地錦)을 갈아 바른다(得效方).", "금창(金瘡)으로 출혈이 멈추지 않을 경우 황단(黃丹)·백반(白礬)을 가루 내어 바른다(聖惠方).", "금창으로 출혈이 멈추지 않을 경우 냉수에 담그면 멈춘다(三元延壽書)." "금창으로 출혈이 멈추지 않을 경우 소계(小薊)의 싹을 짓찧어 바른다(食療本草).", "자동화(刺桐花)가 금창의 출혈을 멈추게 한다(圖經本草)." "선복화〔旋覆〕 잎을 따서 바르면 지혈된다(日華本草)." "부추즙과 풍화석(風化石)을 섞어 바르면 지혈이 된다(瀕湖集簡方)." 비급조에 소개된 '금창(金瘡)' 치료 단방은 셀 수 없이 많다.

주목할 만한 점은 『본초강목』의 활용이다. 일일이 거론하기 어려울

---

86 「仁濟志」 권22, 備急, 諸傷, 金鏃, '逐瘀止血'.

정도로 『본초강목』의 인용이 많다. 예를 들어 “금창으로 출혈이 멈추지 않을 경우 오배자(五倍子) 가루를 붙인다. 또는 도끼나 칼에 의한 상처로 출혈이 멈추지 않을 때 잠아산(蠶蛾散)을 사용한다.”라고 처방을 인용한 후, 서유구는 “단오날 만잠아·석회 등을 섞어 풀로 덮어 발열 숙성 후 사용하는 방법이 『본초강목』에 자세하다.”는 안설(案說)을 붙였다.[87] “금창이나 이로 인한 상처로 출혈이 멈추지 않을 경우 어린 피의 뿌리〔稗苗根〕를 찧어 바르거나 곱게 갈아 뿌려 주면 출혈을 멈추는 데 효과가 있다. 음력 5월 5일에 금앵자(金櫻子)의 잎과 뽕잎〔桑葉〕·모시잎〔苧葉〕을 같은 분량으로 그늘에 말려 가루 내어 상처에 발라 주면 출혈이 멈추고 상처가 아문다. 이름하여 ‘군대의 한 줌 금〔軍中一捻金〕’이라 한다. 돌쩌귀에 쌓인 먼지는 출혈을 멈춘다. 비단을 태운 가루는 출혈을 멈춘다. 닥종이를 태운 재는 출혈을 멈춘다. 산칠(山漆)의 뿌리를 찧어 바르거나 가루 내어 붙이면 지혈된다. 삼베의 잎은 어혈을 풀어 준다. 단오에 이를 채취하여 석회(石灰)와 섞어 덩어리를 만들어 말려 두었다가 금창으로 인한 상처에 가루 내어 붙이면 지혈이 되고 딱지가 잡힌다.”[88] 서유구는 『본초강목』의 해당 구절을 자세하게 인용해 두었다. 『본초강목』의 활용도가 높은 이유는 단방(單方)이 많기 때문이었다.

서유구는 단방(單方)의 수집과정에서 조선 후기의 경험방을 빠뜨리

---

87 上同, “(案)一方, 端午日午時, 取晩蠶蛾石灰茅, 發熱過收貯, 每用刮下末摻之. 見本草綱目, 較此加詳.”

88 上同, “(本草綱目)金瘡及傷損, 血出不已, 取稗苗根, 擣傅或研末摻之, 卽止甚驗. 五月五日, 采金櫻子葉, 同桑葉苧葉等分, 陰乾研末, 傅金瘡血止口合. 名軍中一捻金. 門臼塵, 止金瘡出血. 帛燒研, 療金瘡出血. 楮紙燒灰, 療金瘡出血. 金刃傷箭傷, 血出不止者, 山漆根嚼爛塗, 或爲末摻之, 其血卽止. 苧麻葉, 甚散血. 五月五日收取, 和石灰, 擣作團, 曬乾收貯, 遇有金瘡折損者, 研末傅之, 卽時血止, 且易痂也.”

지 않았다. 금창 치료에 활용되는 『광제비급』의 지혈법이다. "금창으로 피가 멈추지 않고 통증이 사라지지 않을 경우 석회와 따뜻한 물을 섞어 상처에 붙이면 통증과 출혈이 멈춘다. 귀신 같은 효과가 있으니 수많은 처방이 이만 못하다."[89]

지혈과 통증을 억제하는 석회의 효과에 대해 서유구는 안설(案說)을 붙여 다시 한 번 강조했다. "『본초강목』에도 석회가 금창의 지혈과 통증을 억제하는 데 신효하다 했으니 혹 대황(大黃) 가루와 함께 사용하거나 괴화(槐花) 가루와 함께 쓰거나 저마(苧麻)의 잎을 찧어 함께 사용하거나 마엽(麻葉)이나 청호(青蒿)의 잎을 찧어 섞어 사용하거나 혹 부추즙과 섞어 쓰거나 만잠아(晚蠶蛾)를 가루 내어 사용하거나 혹 숫쥐를 갈아서 함께 사용한다. 모두 미리 준비했다가 구급에 대비한다."[90] 서유구는 금창으로 인한 상처에 석회(石灰)를 빼놓을 수 없는 구급약재로 추천했다.

조선 후기의 경험방으로 『김씨경험방』은 「인제지」의 편집과정에서 매우 중요한 위치를 차지하고 있다.[91] 서유구는 금창의 지혈방법에서 『김씨경험방』의 처방들을 다수 활용하였다. "금창으로 출혈이 멈추지 않을 경우 석회를 가루 내어 계란 흰자에 개서 탄환 크기로 환을 만든다. 이를 불에 태워 재를 바른다. 혹은 들보 위의 먼지를 바른다. 혹은 우엉의 씨〔牛蒡子〕를 소금을 조금 넣어 섞은 후 붙인다. 혹은 쪽잎의

---

89 上同, "(廣濟祕笈)金瘡血流, 不止疼痛, 石灰和溫水, 傅當處, 定痛止血, 如神, 千方無過此."

90 上同, "(案)本草綱目亦云, 石灰治金瘡止血定痛神品, 或同大黃末, 或同槐花末, 或同苧麻葉擣收, 或同麻葉青蒿擣收, 或同韭汁收, 或同晚蠶蛾擣收, 或同牡鼠擣收, 皆宜預備而救急也."

91 현재 서울대학교 규장각이나 한독약품박물관에 남아 있는 의서 목록 가운데 『김씨경험방』은 없다. 그런데 처방을 일일이 대조하는 과정에서 『김씨경험방』이 서울대 규장각 소장 유일본인 『良方金丹』임을 확인했다. 『양방금단』에 대한 추후 연구가 필요하다.

즙을 내어 사향과 웅황(雄黃)을 조금 넣어 섞은 후 발라 준다."[92]

『김씨경험방』의 활용은 이 외에도 다양하다. 금창으로 인해 기의 순환이 막혀 기절하거나 혹은 중풍(中風)의 증세가 나타날 수 있는데, 이를 치료하는 방법이다. 서유구는 『김씨경험방』의 처방 하나를 소개했다. "금창으로 인한 풍증(風症)이 중풍과 흡사한데 이는 혈맥이 허해졌기 때문이다. 반드시 사물탕에 들어가는 약재 1전 1푼 반에 황기를 더하여 물에 끓여 복용한다. 그리고 석회가루를 두텁게 발라 둔다. 상처가 심하면 활석을 첨가한다. 또한 차전자 가루 2전을 칡즙에 섞어 복용하거나 아울러 질경이·지유(地楡)·칡을 같은 분량으로 찧어 붙여 준다. 또 관중(貫衆) 가루 1전을 사함초(蛇含草) 끓인 물에 섞어 1잔을 복용하고 곧 사함초와 낙석초(絡石草)를 같은 분량으로 찧어 붙인다."[93]

칼날에 의한 상처를 치료하는 처방은 부엌살림을 도맡아 하는 여성들의 생활 경험으로부터 나오기도 했다. 칼날에 상처가 난 경우 "합환피(合歡皮)로 동여매고 하루가 지나 봉합된다. 또 자단향(紫檀香)을 가루 내어 붙여 주어도 효과가 있다. 이 외 파뿌리를 통째로 구운 후 이를 찧어 뜨거울 때 상처 부위에 덮어 주고 식으면 갈아 준다."[94] 이는 『규합사의(閨閤事宜)』의 처방이다.[95] 이처럼 서유구는 여성들의 지혜를 놓

---

92 上同, "(金氏經驗方)金瘡血不止, 石灰爲末, 以鷄子白, 調爲丸彈子大, 燒末摻之. 又梁上塵塗之. 又方, 牛蒡子入鹽少許, 擣付, 又藍葉汁入麝香雄黃少許, 塗之."

93 「仁濟志」 권22, 備急, 諸傷, 金鏃, '中風中濕', "(金氏經驗方)金瘡痓者, 强似中風, 血脈虛竭故也. 宜四物湯料各一錢一分半加黃芪, 水煎服. …… 急以石灰末, 厚塗裹定. 若瘡深, 加滑石. 又以車前子末二錢和葛根汁, 飮下, 兼以車前草地楡葛根等分, 擣傅, 限差. 又貫衆末一錢和蛇含草煎水一盞服, 仍以蛇含草絡石草等分, 擣傅."

94 「仁濟志」 권22, 備急, 諸傷, 金鏃, '定痛生肌合瘡', "(閨閤事宜)刀刃傷, 合歡皮纏束, 經夜卽合. 又紫檀香爲末傅之, 亦可. 又連根葱炒擣熱罨, 冷則易."

95 『규합사의』는 『閨閤叢書』와 같은 책으로 생각된다. 후고에서 자세하게 검토하기로 한다.

치지 않고 채집하여 기록했다. 합환목의 껍질을 이용하여 칼에 다친 상처를 봉합하거나 파뿌리를 이용하여 지혈하는 방법들은 삶 속에서 전수되는 경험의 지혜들이었을 것이다.

둘째, 타박과 골절로 인한 위급 상황 역시 생활에서 자주 맞닥뜨리는 문제였을 것이다. 서유구는 비급편에 다양한 구급 처방을 증보하면서 특별히 자상과 골절 등 외과 문제에 주의하였다. 그리고 조선 후기에 골절을 치료하는 여러 가지 경험방들을 수집했다.

먼저 『규합사의』에 소개되어 있는 타박과 골절로 인한 어혈을 풀어주는 처방이다. “어혈이 뭉쳐서 숨쉴 때 찌를 듯이 아픈 경우 도화가루 5~6푼을 술이나 물에 타서 복용한다. …… 어혈에는 호도 10개를 두 조각으로 쪼개어 숯불에 구운 후 땅에 벌여 놓고 지기(地氣)를 받도록 하여 가루 낸 것, 괴화 2냥을 기와 위에서 볶은 것, 참기름을 끓여 거른 것을 적당히 섞어 4~5차례 복용하면 상처가 오래되어도 효험이 있다.”[96]

『동의보감』의 활용은 물론이었다. “타박이나 떨어져 생긴 어혈은 술지게미와 식초 만들고 남은 찌꺼기를 섞어 함께 찐 후 찜질한다. 굼벵이를 술로 복용하거나 상처에 바른다.”[97] 『김씨경험방』과 『광제비급』의 처방 역시 소홀하게 취급하지 않았다. “타박이나 떨어져 생긴 어혈이 심장을 공격하여 정신이 혼미하고 통증이 있는 경우 창포를 가루 내어

96 「仁濟志」 권22, 備急, 諸傷, 跌撲墮壓傷, ‘逐瘀調血’, “(閨閤事宜)打撲折傷, 瘀血結聚, 呼吸刺痛, 桃花末五六分酒或水調服. …… 一切瘀血, 取胡桃十箇劈作兩片, 炭火炙黃, 覆於地上, 以取地氣, 乃以其肉研末, 槐花二兩瓦上微炒, 清油煎去滓, 隨量服四五次, 雖損傷年久者亦效.”

97 上同, “(東醫寶鑑)打撲墮落損傷內, 有瘀血腫痛, 酒糟和醋滓, 蒸溫熨之. 蠐螬和酒服, 又研傅傷處.”

3전 따뜻한 술에 타서 복용한다. 혹은 개똥을 볶아서 가루 낸 것 2수저를 따뜻한 술에 타서 먹는다."[98] 혹은 어혈을 치료하기 위해 쑥뜸 치료법을 권장했다. 『광제비급』을 인용하여 거궐혈 · 삼리혈 · 천응혈 등에 쑥뜸 수십 장을 놓는 방법을 소개했다.[99]

'비급'의 외과에 대한 관심은 뼈를 맞추고 근육을 붙이는 치료법〔接骨續筋〕을 자세하게 소개한 데서도 잘 드러난다. 서유구는 골절 치료에 필수적인 마취법에도 관심을 기울였다. 초오산을 이용한 마취법은 『득효방』의 처방으로 이미 『의방유취(醫方類聚)』나 『의림촬요(醫林撮要)』 등에 소개되었지만 실제 이를 활용한 사례는 없었다.

"뼈가 부서진 경우에는 마취약〔麻藥〕을 복용한 후 칼로 자르거나 심한 경우 가위로 뼈 끝을 잘라 내야 뼈가 살을 뚫고 나오지 않는다. 혹 부스러진 뼈가 있으면 작은 뼛조각을 제거하여 곪지 않도록 해야 한다. 매일 약물로 하루에 한 번 세척하여 악취가 나지 않도록 한다. '초오산'은 곧 마취약이다. …… 이상의 약재를 가루 내어 부러지거나 삐져나온 뼈를 맞출 때에 2전을 좋은 홍주에 타서 마시면 곧 마취가 되어 아픈 것을 모르게 된다. …… 집게로 꺼내거나 째서 화살촉을 꺼낸다. 수술 후에 소금물을 마시면 깨어난다."[100]

서유구의 '정골(整骨)'에 대한 관심은 『의종금감』의 정골편을 외과편

---

98 上同, "(金氏經驗方)打撲墮損惡血, 攻心悶亂疼痛, 菖蒲爲末三錢和溫酒服. 又狗屎炒末二匕, 溫酒調服."

99 上同, "(廣濟祕笈)治胸中瘀血, 灸巨闕五十壯, 三里七七壯, 膈兪百壯, 又取天應穴多入艾氣."

100 「仁濟志」 권22, 備急, 諸傷, 跌撲墮壓傷, '接骨續筋', "(案)凡骨碎者, 須用麻藥與服, 或用刀割開, 甚者用翦, 翦去骨鋒, 使不衝破肉. 或有粉碎者, 與去細骨, 免膿血之禍. 且以藥水一日一洗, 莫令臭穢. 草烏散卽麻藥也. …… 右爲末, 諸樣骨節出臼窠者, 每二錢好紅酒調下, 麻倒不識痛處, 然後或用刀割開, 或翦去骨鋒, …… 或鉗出或鑿開取出, 然後取鹽湯與服立醒."

에만 한정하지 않고 비급편에 다시 한 번 요약·삽입하도록 했다. 정골수법(正骨手法)을 소개하고 안설을 붙여 정골에 필요한 기구는 부여편을 찾아보도록 한 것이다.

셋째, 비급편에는 동물이나 벌레에 물리거나 중독된 경우를 응급 치료하는 방법도 상당수에 달한다. 사람에게 물린 상처부터 호랑이에 물린 경우, 소에게 받치거나 개나 고양이에게 물린 경우는 일상에서 발생 가능한 위급 상황이다. 서유구는 『산림경제』나 『규합총서』와 같은 일용서, 그리고 『김씨경험방』이나 『광제비급』과 같은 조선 후기 간편 의서들의 경험방들을 대부분 인용했다.

소에 받친 경우 사람의 오줌을 받아 따뜻하게 데운 후 상처 부위를 씻어 준다든지 구기자를 달여 상처를 닦아 주거나(『증보산림경제』), 고양이에 물린 경우 생강을 고양이의 입에 문지르면 거품을 물면서 침을 뱉는데 이를 받아 물린 상처에 발라 주면 치료할 수 있다(『증보산림경제』). 혹 호랑이에 물린 경우 생닭을 잡아 배를 가른 후에 따뜻한 채로 상처 부위에 덮어 둔다(『광제비급』)는 등 민간의 처방들을 수집 기록해 두었다.

뱀이나 벌레에 물린 경우를 치료하는 방법은 부지기수이다. 서유구는 먼저 『본초강목』에서 다양한 단방들을 인용했다. 뱀독을 풀어 준다는 '도관초'부터 옥잠엽(玉簪葉)의 즙을 술에 타서 복용하거나, 지네〔蜈蚣〕를 태워 가루를 바르거나, 소의 귀지를 파서 뱀에 물린 부위에 붙이거나, 두더지 똥을 돼지기름에 개어 바르거나, 거미를 찧어서 바르거나, 계심(桂心)과 과루(瓜蔞)를 같은 분량 가루 내어 대나무 통에 채워 두었다가 뱀에 물린 부위에 바르는 처방들이다.[101]

---

101 「仁濟志」 권22, 備急, 諸傷, 諸蟲傷, '蛇虺傷', "(本草綱目)都管草解蛇毒, 蕨根燒灰, 油

물론 『본초강목』처럼 당대 최고의 본초서에만 의존하지 않았다. 서유구에게 '모든 것이 지식'이요 관심의 대상이었다. 서유구는 '속방(俗方)'이라 하여 민간의 이름 모를 처방을 수집했다. 뱀에 물리는 일은 농촌 생활의 다반사였을 테고 속방이 없다면 그것이 도리어 이상한 일이다. 서유구는 뱀에 물린 것을 치료하는 속방으로 "강철을 물린 부위에 올려 두면 곧바로 달라붙는다. 오래 두면 저절로 떨어지는데 독이 재발하지 않는다. 강철은 뱀에 물린 데 성약(聖藥)이라 할 만하다."[102]고 기록했다. 믿기 어려운 방법이지만 민간에서 경험한 방법을 그대로 인정한 것이다. 강철은 아니지만 철가루를 이용한 뱀독 치료는 조선 후기에 널리 알려진 경험방으로 보인다. 『광제비급』에는 "뱀의 이빨이 사람의 살을 파고들었을 때 철가루를 상처 부위에 불어넣고 소금물로 씻어 낸다."고 했으며 서유구 역시 비급조에 이를 재인용했다.[103]

『증보산림경제』의 처방 또한 서유구가 중요하게 취급한 내용이다. (뱀에게 물린 경우) "소맥면을 냉수에 타서 복용한다. 혹 물에 빚어 떡을 만들어 붙인다. 사람의 젖을 자주 발라 준다. 청어 부레를 물에 담갔다가 상처 부위에 붙이면 효험이 있다."[104] 청어에 대해서는 안설을 붙여 보충설명까지 했다. "청어는 곧 조선의 청어를 말한다. 중국의 청어와 이름은 같지만 실물이 다르다." 계속하여 그는 정월 해일(亥日)에 새로

調傅. 玉簪葉擣汁, 和酒服, 以渣付之, 中心留孔, 洩氣. 蜈蚣燒末, 傅. 牛耳垢, 傅之. 鼴鼠糞硏末, 猪脂調塗. 蜘蛛擣, 傅. 桂心瓜蔞等分爲末, 竹筒密塞, 遇蛇傷, 卽付之. 塞不密, 卽不中用也. 鴨觜燒末, 一半酒服, 一半塗."

102 上同, "(案)俗方, 治蛇咬. 急以鋼鐵貼瘡處, 則鐵自粘著, 良久相落而毒不復發. 蓋鋼鐵乃蛇咬之聖藥也."

103 上同, "蛇骨入肉, 鐵粉吹瘡中, 後以鹽湯熏洗."

104 上同, "(增補山林經濟)小麥麪和冷水服之, 或水和作餠傅之, 人乳頻塗之, 靑魚白鰾浸水待潤, 貼之, 神效."

참기름을 짜서 물린 부위에 붙이고 마신다거나, 독사의 오줌에 스쳤을 경우 붓고 아픈데, 이 경우 비상을 교청에 섞어 바른다고 설명했다.[105] 이처럼 서유구는 조선 후기 민간의 경험방들을 소홀히 하지 않고 수집했다.

가능한 많은 단방(單方)을 수집하려는 서유구의 노력은 지네에게 물린 처방(蜈蚣傷)을 일별하는 것으로 충분하다. "도관초(都管草)를 찧어 붙인다(『本草綱目』), 향부자(香附子)를 찧어 바른다(袖珍方), 사함초(蛇含草)를 주물러서 바른다(錄驗方), 마치현〔灰莧〕잎을 비벼 바른다(談野翁方), 마치현을 찧어 즙을 바른다(肘後方), 달래(小蒜)를 씹어 바른다. 운대자(蕓薹子) 기름을 흙과 섞어 바른다(『積德堂方』), 닭벼슬의 피(鷄冠血)를 바른다(篋中方), 동으로 난 가지와 나뭇잎의 즙을 바른다(簡便方), 호초(胡椒)를 씹어 바른다(『多能鄙事』), 소금을 씹어 바르거나 소금물로 씻는다(梅師方), 땅에 왕자(王字)를 쓰고 그 안의 흙을 집어 바른다(集簡方), 지렁이 똥을 바른다(集效方), 우물 안의 진흙을 바른다(千金方), 삼으로 만든 신발의 바닥을 불에 구워 문지른다(『外臺祕要』), 상추의 줄기와 잎을 즙내어 바른다(『醫學綱目』), 모밀가루를 물에 개어 떡을 만들어 붙인다(『增補山林經濟』), 달팽이즙을 바른다(『廣濟祕方』)."[106] 서유구는 중국은 물론이거니와 조선의 경험방(『증보산림경제』, 『廣濟秘笈』)에 수록된

---

105 上同, "(案)靑魚卽指東産靑魚也. 與中國靑魚名同實異. 正月上亥日生榨芝麻油塗咬處, 幷飮之, 毒蛇尿著草木人觸之, 則腫痛肉爛, 砒霜和膠淸, 塗之."

106 「仁濟志」 권22, 備急, 諸傷, 諸蟲傷, '蜈蚣傷', "(本草綱目)都管草擣付. (袖珍方)香附子嚼塗之. (錄驗方)蛇含草挼傅之. (談野翁方)灰莧葉擦之. (肘後方)馬齒莧擣汁塗, 小蒜嚼塗之. (積德堂方)蕓薹子油傾地上, 擦地上油糝之. (篋中方)鷄冠血塗之. (簡便方)取楝木枝葉汁塗之. (集簡方)畫地作王字, 內取土糝之. (集效方)蚯蚓泥傅之. (千金方)井底泥頻傅之. (外臺祕要)麻履底炙熱揩之. (醫學綱目)萵苣莖葉擣付. (增補山林經濟)蕎麥麪水和作餠付. (廣濟祕方)蝸牛擣汁塗之."

처방들도 빠짐없이 수집하였다.

생활에 필요한 구급 지식은 이상에 그치지 않았다. 가령 조선 후기에 간수를 마시고 자살하는 여성들의 이야기가 간혹 전한다. 서유구는 『증보산림경제』와 『광제비급』을 인용하여 간수의 해독법을 소개했다. "『증보산림경제』에 이르기를 성질이 편협한 부인이 간수를 마시고 자살한다. 죽으려 하면 급히 따뜻한 꿀물을 마시도록 하고 계속하여 감초 달인 물을 마시게 한다."[107] 혹 "사람이 간수를 마시고 얼굴이 붉어지고 정신이 혼미하여 쓰러진 경우 몸을 움직이면 안 된다. 창자가 끊어질 염려가 있기 때문이다. 급히 쌀뜨물을 먹여 토하게 하면 낫는다. 망가진 대바구니를 씻은 물을 마시게 한 후 토하도록 한다."[108] 서유구는 『본초강목』을 인용하여 '망가진 바구니〔弊箄〕'의 약효를 보충 설명했다. 폐비(弊箄)는 곧 오래된 시루 바닥에 놓인 바구니로 이를 이용하여 소금기를 제거할 수 있다는 것이다.[109]

매탄(煤炭)에 중독된 경우들도 다반사였다. 서유구는 『본초강목』을 인용하여 "매탄의 독에 중독되어 갑자기 쓰러진 경우 새로 길어 온 물을 마시도록 한다. 독가스를 마시고 죽으려 한 경우는 무즙을 마시도록 한다."[110] 이미 언급한 바대로 서유구는 『본초강목』의 단방을 크게 신뢰했다. 서유구가 「인제지」 서문에서 자신의 작업을 가리켜 『본초강

---

107 「仁濟志」 권22, 備急, 解毒, 金石毒, '鹽滷毒', "(增補山林經濟)性褊婦人, 多有飮死之患, 至於將死, 急灌溫蜜水, 連灌甘草水."

108 上同, "(廣濟祕方)人飮滷水, 面赤昏倒, 愼勿轉動, 恐有絶腸之患. 急以米泔灌之吐瀉, 卽愈, 弊箄水洗多灌, 取吐卽甦."

109 上同, "(案)弊箄卽故甑底. 本草綱目云, 舊甑中箄, 能淡鹽味."

110 「仁濟志」 권22, 備急, 解毒, 草木毒, '煤炭毒', "(本草綱目)中煤炭毒, 一時運倒, 不救殺人, 急以新汲水灌之. 煙熏欲死, 飮蘿蔔汁."

목』의 보조 역할이면 족하다고 밝힌 이유를 알 수 있게 해 준다.

마지막으로 서유구는 부적 등 일종의 미신으로 취급될 만한 처방들도 빠짐없이 수집했다. 먼저 귀신을 쫓는 처방이다. 도깨비를 막는 방법으로 『광제비급』의 처방이 인용되었다. "도깨비는 인간에 괴이한 짓을 저지르니 빗장과 걸쇠를 일부러 훔쳐 내어 감추는 등 끝이 없다. …… 두더지 몇 마리를 잡아 불에 구워 냄새를 쏘이면 영원히 사라진다."[111] 그리고 "두더쥐는 민간에서 두지서(斗地鼠)라 하는데 땅을 파서 다니고 코가 뾰족하고 꼬리가 없다."[112]는 안설(案說)을 보충해 두었다.

『김씨경험방』 가운데 "도깨비가 괴이한 짓을 할 경우 쥐를 잡아 포를 만들어 볕에 말린 후 가루 내어 쌀가루와 섞어 떡을 만든 후 도깨비에게 먹이면 이를 먹고 사라진다."[113]는 처방을 인용했다. 서유구는 도깨비와 연관된 여성들의 지혜 또한 수집했다. "귀신은 못을 매우 두려워하므로 허리에 못을 차고 다니면 범접하지 못한다(『규합사의』)."[114] 『산림경제보』를 인용하여, "귀신과 도깨비가 작란하면 10월에 낙태된 개를 대문에 걸어 두면 영원히 사라진다. 밤에 산길을 걷는데 갑자기 자신의 성과 이름을 부르면 신중해야 한다. 바로 응답하면 오래지 않아 죽는다. 방해석을 소리나는 곳에 던지면 저절로 사라져 걱정이 없어진다."[115]고 소개하고, "방해석은 화철을 부딪혀 불꽃을 만드는 돌"

---

111 「仁濟志」 권23, 備急, 辟禳, 辟邪魅, '辟魍魎作怪', "(廣濟祕方)魍魎作怪於人家, 無所不至, 或扃鐍如故偸出祕藏. …… 又取鼴鼠數枚, 炙香置庭, 除永絶."

112 上同, "(案)鼴鼠, 俗呼斗地鼠, 卽穿地而行, 尖鼻無尾者也."

113 上同, "(金氏經驗方)家有魍魎作怪, 捕鼠作脯曝乾, 擣末和米粉爲餠, 饋之, 則魍魎食而退去."

114 上同, "(閨閤事宜)鬼甚畏釘, 帶釘則不敢犯."

115 上同, "(山林經濟補)鬼魅作祟, 十月半産狗, 懸於大門上, 永絶. 凡夜行山行忽聞呼自己姓

즉 부싯돌이라는 보충설명을 붙여 두었다.[116]

귀신을 물리치는 방법은 의서뿐 아니라 다양한 서적에서 수집되었다. 서유구는 잠곡 김육의 필담에서 홍화꽃을 내린 노란 색 물을 뿌리면 귀신을 쫓는다는 일화를 인용하기도 했다.[117] 이 외 저주를 푸는 방법도 다양하다. 서유구는 집안의 처첩이 서로 갈등하여 저주하거나 귀신을 불러들이는 경우 이를 치료하는 처방을 소개했다. 행동이 이전과 같으나 점차 야위어가고 갑자기 벽을 향해 말하거나 웃는다면 미친사람이다. 흉물을 찾아 버리거나 고양이를 삶아 먹거나 구모채를 말린 가루를 추목(楸木)의 뿌리 삶은 물에 복용하면 낫는다고 소개했다.[118]

이처럼 미신에 가까운 괴력난신이라도 서유구는 주저없이 채록했다. 이용후생의 방도라면 어느 하나 버릴 게 없다는 태도였다. 『김씨경험방』에서 악몽을 꾼 경우 곧바로 벽에 '대길(大吉)'이라고 써서 걱정을 지우는 방법을 인용했으며,[119] 이 외 부적을 활용한 방법도 다양하게 수록했다. 뱀을 물리치는 방법으로 단오날 두꺼비를 잡아 진액을 취해 '의방(儀方)' 두 글자를 써서 기둥에 거꾸로 붙여 두면 뱀을 쫓는다거나, 산속에 들어갈 때 마음속으로 '의방'을 외우면 뱀이 나타나지 않으며, 호흡을 통해 독사에게 물리지 않는 방법을 소개했다.[120] 비둘

名, 則愼勿答應, 應則不久必死. 卽以方解石向其處投之, 卽自滅不爲人患."

116 上同, "(案)方解石卽以火鐵迫擊, 取火者也. 色白柔滑, 處處有之."

117 上同, "(潛谷筆談)逐鬼, 以紅花黃汁洒之, 鬼不來."

118 「仁濟志」 권23, 備急, 辟禳, 辟邪魅, '辟咀呪致邪祟', "(廣濟祕方)凡人家婦女嫡妾妬嫉, 多有此患, 其證動作如常, 漸漸瘦削, 忽向壁癲狂, 狀不治必死. 急搜埋凶處, 掘去穢物, 又取貓肉烹食, 又嫗母菜曬末, 楸木根, 煎水和服, 以解惡氣愈."

119 「仁濟志」 권23, 備急, 辟禳, 辟邪魅, '辟夢魘', "(金氏經驗方)夜夢惡初覺, 便持筆寫壁上夢凶, 書壁大吉六字, 卽無咎."

120 「仁濟志」 권23, 備急, 辟禳, 辟諸蟲, '辟蚰蜒', "(案)熙朝樂事云, 端午覓蝦蟆, 以取蟾酥, 書儀方二字, 倒貼於楹, 以辟蛇虺. 又(案)一方, 入山林默念儀方, 不見蛇蟲, 凡入山林遇蟒

기를 집안에서 키우면 뱀·전갈·빈대 등 각종 독충을 물리칠 수 있는 방법도 수록했다.[121] 마지막으로 '속방(俗方)'이라 하여 민간에서 사용하는 방법으로 "들기름을 뱀의 몸에 바르면 뱀이 사라진다."는 내용도 채록했다.[122]

부엌의 벌레를 쫓는 방법 혹은 주문을 『규합사의』에서 인용하기도 했다. "종이에 '청주 모과여, 손님들이 너를 찾네〔青州木瓜客人叫你〕.'라는 8자를 써서 침상 다리에 붙인다."[123] 혹은 독충을 보면 '一二三四五, 金木水火土'라는 주문을 외우는 방법 등을 모두 수록했다.[124]

이를 쫓아낼 때 사용하는 부적도 있다. 『규합사의』를 인용하여 누런 종이에 '흠심연묵칠(欽深淵默漆)' 다섯 글자를 써서 부적으로 사용하거나,[125] 강활 달인 물로 옷을 풀 먹이거나 은행즙으로 풀을 먹이면 영원히 이가 사라진다(『增補山林經濟』)는 처방도 수집했다.[126]

빈대를 쫓는 방법은 『본초강목』에서 인용했다. "벽슬이란 곧 빈대이다. 산조인 모양으로 사람의 피를 빨고 상을 갉아먹는다. 목과(木瓜)를 태운 연기 혹 황백(黃柏)을 태운 연기, 우각(牛角)을 태운 연기로 쫓는다. 또는 사향(麝香)·웅황(雄黃)·창포(菖蒲) 가루 등을 자리 아래 뿌려 둔

蛇虺蝮, 左吸三口氣, 右呵三口氣, 則雖撫摩蛇身, 不敢噬螫."

121 上同, "(增補山林經濟)家中養鳩鴿, 蛇蝎蜈蚣, 壁蝨自去."

122 上同, "(俗方)以法油, 塗于蛇身, 則卽走不復來."

123 「仁濟志」 권23, 備急, 辟禳, 辟諸蟲, '辟壁間諸蟲', "(閨閤事宜)紙條書云, 青州木瓜客人叫你八字, 貼床脚辟壁間諸蟲."

124 「仁濟志」 권23, 備急, 辟禳, 辟諸蟲, '辟雜蟲法', "(閨閤事宜)鎭口法, 能禁一切毒蟲. 凡遇毒蟲, 先將自己所係裙兩角作一結, 次用手中指, 畫地十字, 兩脚踏之, 次誦呪曰, 一二三四五金木水火土."

125 「仁濟志」 권23, 備急, 辟禳, 辟諸蟲, '辟蝨', "(閨閤事宜)口吸北方氣, 一口吹于筆尖, 取三五寸長黃紙, 寫欽深淵默漆五字, 置衣服床席間, 蚤蝨永除."

126 上同, "凡洗衣, 以羌活煎水糨衣, 或取生銀杏汁糨衣, 永無蝨."

다."[127] 조선의 경험방 역시 빼놓을 수 없는 정보였다. 『증보산림경제』의 "웅황과 목과의 가지와 잎을 태운다. 은행잎을 찧어 즙을 짜서 콩가루와 섞어 벽에 바르는 방법"[128]으로 빈대를 쫓는 등 다양한 속방(俗方)을 소개하고 있다.[129]

쥐를 쫓는 방법은 조선의 경험방이 특히 많았다. 먼저 큰 수컷 쥐를 잡아 거세를 한 다음 놓아 주면 이 쥐가 다른 쥐를 고양이처럼 물어죽인다고 소개하였다.[130] 서유구는 보만재 서명응의 『고사십이집』을 인용하여 "황색 종이 5장에 진(辰) 자를 써서 중앙과 네 방위를 토(土)의 색과 수에 맞추자 쥐가 사라졌다."는 내용을 소개한 후 쥐가 수기에 속하고 진은 토인데 토극수(土克水)이므로 쥐를 물리칠 수 있다는 자못 이치에 가까운 설이라고 해설하기도 했다.[131]

한편, 온역을 물리치기 위해 기본적으로 "측백나무 잎이 동으로 향한 것을 취하여 말린 후 가루 내어 물에 마시거나 술로 마시면 온역을

---

127 「仁濟志」 권23, 備急, 辟禳, 辟諸蟲, '辟壁蝨', "(本草綱目)壁蝨卽臭蟲也. 狀如酸棗仁, 咂人血食, 爲床榻之害. 或燒木瓜煙 · 黃柏煙 · 牛角煙可, 麝香雄黃 · 或菖蒲末 · 或蒴藋末 · 或楝花末 · 或蓼末, 鋪席下."

128 上同, "(增補山林經濟)雄黃及木瓜枝葉, 皆可熏. 銀杏葉擣取汁, 和大斗末, 塗屋壁四隅, 則去之."

129 현재 『(증보)산림경제』에는 본 내용이 없다(현재 고전번역원 홈페이지에서 제공하는 산림경제 기준). 서유구가 활용한 『산림경제』의 필사본을 확인할 필요가 있다. 가령 파리를 쫓는 방법으로 서유구가 인용한 『증보산림경제』의 '幽蠅法'이나 '竄蠅法' 등은 고전번역원 『증보산림경제』에 기록되어 있지 않다. 『산림경제』의 다양한 이본들에 대한 본격적인 연구가 필요하다.

130 「仁濟志」 권23, 備急, 辟禳, 辟鳥獸, '辟鼠', "(案)大雄鼠一箇, 割去其勢, 放之, 滿室鼠, 自咬死, 似貓."

131 上同, "(攷事十二集)辟鼠諸方類多荒誕, 惟辰日塞穴之說, 頗近理. 以鼠屬水, 辰屬土, 土可克水故也. 嘗病板子上鼠患, 累年不能禁, 初書辰字於白紙, 貼之板子, 鼠撓如舊. 乃以黃紙五片, 書辰字貼之中央及四隅, 以應土之色與數, 自是鼠患遂絶." 구급방의 측면에서 『攷事新書』와 「인제지」의 비교 연구가 필수적인데 본고에서는 충분히 검토하지 못했다.

물리친다."[132]고 하여 약재를 복용하는 방법을 소개하고, 이외에 '불양(祓禳)'과 같은 미신적인 방법도 자세하게 채록했다. 가령 온귀(瘟鬼)를 물리치려면 석웅황을 차고 다니거나 쑥을 걸어 두거나 천금목으로 삿갓의 염주를 만들어 착용하는 방법이다.[133] 천금목을 이용한 벽사(辟邪)와 벽온의 효과는 『지봉유설(芝峯類說)』에도 동일한 내용이 소개되어 있는데 서유구는 이러한 자료들도 모두 수집하여 기록했다.[134] 『고사촬요』에서도 조선의 경험방을 찾아 정리했다. 제야(除夜)에 정원에 폭죽을 터뜨리거나 소똥을 태우는 방법,[135] '원범회모(元梵恢模)'의 네 글자를 붉은 글씨로 써서 가지고 다니거나 이를 태워 마시는 방법,[136] 조각자 혹은 반하 가루를 코에 불어넣어 온역을 예방하는 방법, 웅황가루를 물에 개어 코에 찍어 바르면 온역에 걸린 환자와 같이 있어도 전염되지 않는 방법, 환자의 집 안에 물을 가득 담은 솥에 소합향환(蘇合香丸)을 끓여 향기로 역기(疫氣)를 소독하는 방법 등은 모두 조선의 오래된 경험들이었다.[137]

서유구는 사소한 것으로 여겨지는 일도 조선의 경험이라면 누락하

---

132 「仁濟志」 권23, 備急, 辟禳, 辟瘟, '服餌', "(攷事新書)側柏葉東向者, 採取乾淨細末, 或湯服, 或酒服, 辟瘟疫."

133 「仁濟志」 권23, 備急, 辟禳, 辟瘟, '祓禳', "(攷事撮要)石雄黃佩之, 鬼不敢近. 五月五日以艾爲人懸門上, 千金木取作笠纓或作珠佩之."

134 上同, "(案)芝峯類說, 千金木能辟邪辟瘟,"

135 「仁濟志」 권23, 備急, 辟禳, 辟瘟, '熏燒', "(攷事撮要)除夜爆竹庭中, 辟瘟. 乾牛屎燒之, 亦佳."

136 「仁濟志」 권23, 備急, 辟禳, 辟瘟, '符呪', "(攷事撮要)'元梵恢模'四字, 朱書佩之, 又呑服. 四字以朱砂大書, 貼門左右."

137 「仁濟志」 권23, 備急, 辟禳, 辟瘟, '入疫家不傳染法', "(案)攷事撮要, 以皀角或半夏末, 吹鼻嚏之, 亦可. 雄黃末水調, 以筆濃蘸塗鼻竅中, 雖與病人同床亦不相染. 初洗面後及臨臥時點之. 凡入瘟疫家, 先令開啓門戶, 以大鍋盛水二斗, 置堂中心取蘇合香元二十丸煎之, 其香能散疫氣. 凡病者, 各飮一杯後, 醫者却入診視, 不致相染."

지 않았다. 학질을 치료한 일로 유명한 유몽인의 『어우야담(於于野談)』의 기사가 그러하다. 어린아이가 학질에 걸리자 율시 한 편을 지어 그의 등에 붙여 두었더니 곧바로 나았으며 이후 마을에 퍼져 나갔다는 믿기 어려운 이야기다.[138] 또한 이덕무의 『이목구심서(耳目口心書)』에서 여우귀신을 물리치는 방법을 인용했다. 닭을 오동나무씨 기름에 담갔다가 여우에게 먹이면 구미호라도 물리칠 수 있다는 것 등이다.[139]

6. 맺음말

지금까지 「인제지」의 '외과(外科)'와 '비급(備急)' 조를 중심으로 그 특징을 살펴보았다. 서유구는 『동의보감』 이후 간행된 중국의 새로운 의학 지식과 실생활에 없어서는 안 될 조선의 경험방들을 집대성하려는 목표를 가지고 있었다. 이미 18세기에 『동의보감』은 사족들이 지녀야 할 4대 서책 가운데 하나로 인식되었으며,[140] 19세기에 홍한주는 조선의 서적 가운데 신심성명(身心性命)에 도움이 되는 서적으로 율곡 이이의 『성학집요』와 허준의 『동의보감』 두 권을 꼽았다. 홍한주는 이러한 의견이 사적인 견해가 아닌 '근고에 이미 정해진 논의'임을 강조한 바 있다.[141] 물론 조선 후기에 『동의보감』에 대한 상찬(賞讚)과 달리 비

138 「仁濟志」 권23, 備急, 辟禳, 辟瘧, '符呪', "(於于野談)昔余寓連山家僮患瘧, 余戲作律詩一, 首傳其背卽愈. …… 自是隣里傳寫, 至於瘧發無不中, 故錄之."

139 「仁濟志」 권23, 備急, 辟禳, 辟邪魅, '辟狐魅', "(耳目口心書) 漬桐子油於鷄食狐, 則雖九尾善幻媚者, 必死."

140 김호(1998) 참조.

141 『智水拈筆』(김윤조 외 역, 2013, 소명출판), 102면 참조.

판의 목소리도 적지 않았다. 성호 이익은 "허준의 『동의보감』이 규모는 잘 이루어졌으나 너무 많이 늘어놓기만 하고 뜻이 소략하여 사람들이 만족하게 여기지 못한다."[142]고 평했다. 결국 많은 의학정보를 집대성하면서도 적절한 '편집과 분류'로 활용도를 높인 의서가 필요한 상황이었다.

정조는 허준의 『동의보감』 이후 간행된 명과 청의 의서들을 보완하고 조선 후기의 경험방을 보충하여 새로운 의서를 편찬할 계획을 세우고, 자신이 신뢰하던 어의(御醫) 강명길(康命吉)로 하여금 『제중신편』을 간행하도록 했다.[143] 한편, 민간에서는 『산림경제』처럼 허준의 언해본 의서들(『언해구급방』, 『언해두창집요』, 『언해태산집요』)과 『동의보감』을 기초로 하면서 이후의 여러 가지 경험방을 수집·정리한 의서들이 편찬되고 있었다. 또한 일부 지식인들은 명·청 대의 신간(新刊) 의서들을 활용하여 특별 분야에 전문화된 의서들을 편찬하고 있었다. 몽수 이헌길은 명·청 대 두진(痘疹) 의서들을 응용하여 마진 치료서를 편찬했으며, 다산 정약용은 이를 보다 발전시키는 동시에 『의종금감』, 「종두심법요지(種痘心法要旨)」의 종두법(種痘法)을 수용하여 『마과회통(痲科會通)』을 저술했다.[144] 전문 의서를 편찬하지는 않았지만 일부 실학자들의 의학에 대한 관심은 새로운 명·청 대 의서들에 대한 관심을 불러일으키기에 충분했다.[145]

---

142 『星湖僿說』 권28, 詩文門, 「武經經傳」.

143 김호(1996) 참조.

144 김호(1995) 참조.

145 박지원의 『熱河日記』에 수록되어 있는 「金蓼小抄」나 이덕무의 「耳目口心書」 가운데 상당한 의학·의술 관련 서술 그리고 19세기 전반의 이규경의 『五洲衍文長箋散稿』의 의학변증은 18세기 후반에서 19세기 전반에 많은 학자들이 새로운 의학 지식에 관심을 기울이고 있었다는 충분한 증거들이다. 김호 외(2005); 김채식(2009) 참조.

누군가는 당시 새롭게 수용된 명·청 대의 의학 지식들과 조선 후기의 축적된 경험방들을 수집하여 정리할 필요가 있었다. 서유구의 「인제지」는 바로 이를 완수해 낸 결과였다. 서유구는 『동의보감』 이후 간행된 중국의 의서들 가운데 『경악전서』, 『본초강목』 그리고 청대의 『의종금감』과 『도서집성(圖書集成)』을 적극적으로 활용했다. 뿐만 아니라 『왜한삼재도회』와 같은 일본에서 수입한 자료도 활용했다. 이에 더하여 조선의 의서를 비롯한 다양한 전적들을 수집하였다. 『동의보감』을 기본으로 『지봉유설』 같은 유서류, 『산림경제』, 『김씨경험방』, 『광제비급』, 『규합사의』 등 의학 관련 지식이 수록된 책이라면 어느 하나 누락하지 않고 수집했다. 심지어 무명씨의 속방(俗方)도 빠뜨리지 않았다.

19세기 전반 박학(博學)을 추구하는 학풍이 조선의 학자들에게 영향을 미칠 때 『지수염필』의 저자 홍한주는 조선의 장서가로 심상규와 조병구·윤치정을 꼽으면서 풍석 서유구를 같은 반열에 놓았다. '서유구의 두릉리 서고는 8천 권에 달한다.'[146]는 홍한주의 언급에서 도서와 자료 수집에 대한 서유구의 열정을 확인할 수 있으며 그의 학풍 또한 짐작케 한다. 홍한주는 "풍석 서유구가 만년에 『임원십육지』를 편찬하였으니 대개 근세에 나온 『산림경제』를 따라 만들었다. 더욱 많은 자료를 모아 지극히 풍부하니 산거경제(山居經濟)의 서적이라 할 만하다."고 평가했다.[147] 『임원십육지』를 산거경제의 종합판으로 평가한 것이다. 홍한주의 이러한 평가는 어떤 의미를 지닌 것일까?

홍한주는 당대 수많은 학자들에 대한 평가를 남겼는데, 조선 후기 최고의 학자로 다산 정약용과 추사 김정희를 꼽았다. 홍한주의 당대 학

---

146 『智水拈筆』(김윤조 외 역, 2013, 소명출판), 101면 참조.

147 上同.

자들에 대한 평가가 객관적일 수는 없지만 매우 흥미로운 논설이 아닐 수 없다. 먼저 추사에 대해 홍한주는 "천고의 역사에 통달하고 백가를 꿰뚫으며 아울러 명물도수와 서화고기(書畫古器)의 감상으로 당시에 독보적인 인물은 추사 한 사람뿐이다."[148]라고 높게 평가했다. 이는 그의 종형 연천 홍석주의 평과도 일치한다. 연천 홍석주 역시 "근세의 우리나라의 문인 가운데 열수 정약용과 추사 김정희 등이 가장 박학하다고 일컬을 만하고 이 외에는 사람이 많지 않다."고 했기 때문이다. 그런데 홍한주는 추사보다 정약용을 더욱 높게 평가했다. 정약용에 대해서는 추사에 비유해도 차라리 나을 뿐만 아니라 중국의 기윤(紀昀)과 완원(阮元)의 바로 아래에 있어도 남음이 있다고 보았다.[149] 홍한주가 다산을 추사보다 높게 평가한 이유는, 추사의 경우 박학정밀하지만 인품이 부족하며,[150] 유별난 괴론(乖論)을 펼쳐 기왕의 학자들의 문장을 모두 혹평하는 문제가 있기 때문이었다.[151] 선학(先學)의 학문에 한두 가지 잘못된 고증을 발견하면 이로써 학문 전체를 싸잡아 부정하는 태도를 비판한 것이다. 홍한주는 박학과 함께 의리의 학문을 중시했기에 추사의 학풍이 박학과 의리의 균형을 잃었다고 판단했다. 도리어 다산의 학문이야말로 시중(時中)을 얻었다고 보았다.

그렇다면 서유구의 학문에 대한 홍한주의 평은 어떠한가? 홍한주는 서유구를 명말청초의 학자 전겸익(錢謙益, 1582~1664)에 비유한 바 있다.[152] 홍한주는 서유구가 오로지 전겸익에 몰두하였다고 비평했다. 그

148 上同, 332면 참조.
149 上同, 320면 참조.
150 上同, 334면 참조.
151 上同, 335면 참조.
152 上同, 318면 참조.

런데 홍한주는 전겸익의 박학·고증 능력은 인정하면서도 그의 의리에 대해서 부정적인 평가를 내렸다. 조선의 농암 김창협도 전겸익을 명말의 대가로 인정할 만큼 그의 문장이 법도에 구애받지 않았으니 풍신(風神)의 면모가 소식(蘇軾)에 버금간다고 칭송하면서도 '전겸익은 단지 문장뿐'이라고 폄하했다. 그의 진퇴가 마땅하지 않았다는 것이다.[153] 홍한주의 전겸익에 대한 총평이다. "1647년 청의 군대가 강남을 함락하였다. 성이 함락되기 전에 전겸익은 대종백으로서 여러 관리를 이끌고 나가 항복한 후 심지어 향로를 받들고 앞장 서기까지 했으니 큰 절개를 잃어 다른 것을 논할 것이 없다. …… 이미 명에 불충하였고 또 청에도 불충하였으니 앞뒤로 모두 합당하게 처신하지 못했다고 할 만하다."[154]는 것이다.

전겸익에 대한 홍한주의 비판은 명말청초의 또 다른 대가인 고염무를 칭송한 것과 비교된다. 홍한주는 고염무를 고증박학에 능하면서도 동시에 의리에 밝은 학자라고 칭송했다. 그리고 홍한주는 다산을 고염무에 그리고 서유구를 전겸익에 비유한 것이다. 서유구의 학문 세계에 대한 홍한주의 비판적 태도를 느낄 수 있다. 서유구는 단지 '천문과 역학에 밝을 뿐'이라는 홍한주의 평가는 한학(漢學)과 송학(宋學)의 절충에서도 의리 중심의 박학을 추구하는 것이야말로 정도인데, 서유구가 상대적으로 박학에 치중했다는 혐의를 함축하고 있다. 서유구가 조선 후기에 가장 방대한 산거경제(山居經濟)의 총서를 편찬했고 이로써 이용후생에 큰 도움이 되었음은 분명하지만, 과연 이토록 많은 지식의 수집과 고증 및 분류가 또한 어떤 의미인가라는 게 홍한주의 근본적인 비

153 上同, 73면 참조.
154 上同, 130면 참조.

판이었다.

사실 이용후생을 위한 각종 정보의 수집과 정리는 그 자체만으로도 매우 고되고 어려운 작업임에 틀림없다. 서유구는 도대체 왜 이렇게 많은 지식을 수집하고 분류하였을까? 과연 이 많은 정보를 어떻게 활용할 생각이었을까? 『임원경제지』의 정교한 분류방법과 찾아보기(색인)를 읽다 보면 서유구가 활용도를 높이기 위해 매우 노력했음을 알 수 있다. 가능한 모든 생활의 지식을 수집하고 분류하여 옆에 두고 참조하려던 서유구의 계획은 『임원경제지』 한 질의 완성으로 어느 정도 그 목표를 이룬 듯 보인다.

필자는 『임원경제지』 그리고 그 한 편에 해당하는 「인제지」를 보면서 그 방대한 지식과 세밀한 분류에 감탄하면서도 일종의 당혹감을 떨쳐 버리기 어려웠다. 지식의 양이 점점 많아질수록 서유구가 원했던 활용의 측면은 그만큼 감소하기 때문이다. 산거(山居) 생활에 필수적인 지식들을 한데 모아 많은 정보를 축적하면 할수록 정작 산거(山居)에 긴요한 정보들은 찾기 어려워지는 딜레마에 빠지기 십상이다. 물론 서유구가 이 사실을 몰랐을 리 없다. 그럼에도 그는 최대한 많은 정보를 수집하려는 계획을 굽히지 않았다. 그리고 이를 '제중의 기획'으로 생각했다. 그 덕분에 오늘날 우리는 조선 최대의 백과사전을 소장할 수 있게 되었다. 하지만, 당시에 서유구는 '과유불급'이라는 혐의를 면하기 어려웠다.

參考文獻

『景岳全書』.

『攷事新書』.

『閨閤叢書』.

『東醫寶鑑』.

『良方金丹』.

『星湖僿說』.

『熱河日記』.

『五洲衍文長箋散稿』.

『(御纂)醫宗金鑒』.

「仁濟志」.

『濟衆新編』.

『智水拈筆』.

김 호(2000), 『허준의 동의보감 연구』, 일지사.

_____ 외(2005), 『19세기 조선, 생활과 사유의 변화를 엿보다』, 돌베개.

三木榮(1963), 『朝鮮醫學史及疾病史』, 자가출판.

李經緯(2000), 『中國醫學通史』, 人民衛生出版社.

이우성(1983), 『한국의 역사상』, 창작과비평사.

정명현 외(2012), 『임원경제지－조선최대의 실용백과사전』, 씨앗을뿌리는사람.

김대중(2011), 「풍석 서유구 산문 연구」, 서울대 박사학위논문.

김채식(2009), 「이규경의 『오주연문장전산고』 연구」, 성균관대학교 박사학위논문.

김　호(1995), 「朝鮮後期 痘疹 硏究: 『麻科會通』을 중심으로」, 『韓國文化』 17.

_____(1996), 「正祖代 醫療 정책」, 『韓國學報』 22-1.

_____(1998), 「18세기 후반 居京 士族의 衛生과 의료: 『欽英』을 중심으로」, 『서울학연구』 11.

노기춘(2006), 「임원십육지 인용문헌 분석고(2)－仁濟志를 중심으로－」, 『서지학연구』.

박상영(2013), 「仁濟志의 조선후기 의사학적 위상과 의의; 미키 사카에의 "재인용[孫引]" 지적과 "학술가치" 평가에 대한 재검토」, 『한국실학연구』 25.

심경호(2009), 「임원경제지의 문명사적 가치」, 『쌀삶문명연구』 2.

안대회(2006), 「林園經濟志를 통해 본 서유구의 利用厚生學」, 『한국실학연구』11

오재근(2012), 「『본초강목』이 조선 후기 본초학 발전에 미친 영향」, 『의사학』 21-2호.

전종욱 외(2012), 「임원경제지·「仁濟志」의 편집 체재와 조선후기 의학 지식의 수용 양상」, 『의사학』 21-3.

정명현(2009), 「임원경제지 사본들에 대한 서지학적 검토」, 『규장각』 34.

조창록(2009), 「임원경제지의 찬술 배경과 類書로서의 특징」, 『진단학보』 108.

달성 서씨의 포천 세거지 답사기

풍석 서유구 연구팀은 2013년 9월 6일에 서유구 집안의 세거지(世居地)였던 포천 지역을 답사하였다. 벽사 선생께서도 함께 답사를 가시기로 했지만 몸이 불편하여 참석하지 못했고, 김호도 다른 일정이 있어

〈그림 1〉 실시학사 앞에서 벽사 선생. 뒤의 왼쪽부터 박권수, 염정섭, 조창록, 김문식.

〈그림 2〉 약봉 서성(徐渻)의 묘소

참석하지 못했다. 오전 10시에 네 명의 연구자는 실시학사 입구에 모여 벽사 선생께 인사를 드린 후 화정에서 축석휴게소를 경유하여 포천으로 이동하였다.

연구팀이 찾아간 포천시 설운동에는 서유구의 7대조인 약봉(藥峰) 서성(徐渻)의 묘소가 있다. 서성은 서거정(徐居正)의 형인 서거광(徐居廣)의 현손

〈그림 3〉 서고(徐固) 묘소에서. 왼쪽부터 박권수, 조창록, 서동성, 김문식, 염정섭.

(玄孫)으로 어릴 때 송익필(宋翼弼)과 이이(李珥)의 가르침을 받았고, 선조 대와 인조 대에 병조판서와 형조판서를 역임한 인물이다. 서성의 원래 고향은 경북 안동군 일지면 망호동이었다. 그러나 그는 태어난 직후에 부친을 여의었고 서울의 약현(藥峴, 현재 서울역 뒤 중림동)에 있던 외갓집에서 자랐다고 한다. 서성은 혈혈단신으로 집안을 일으켜 네 아들을 두었고, 74세에 타계한 이후 부인 여산 송씨의 묘역에 안장된 곳이 지금의 장소이다.

서성의 묘소는 현재 경기도 기념물 제35호로 지정되어 있고, 묘소 입구에 서 있는 신도비는 김상헌(金尙憲)이 작성하였다. 연구팀이 서성의 묘소를 방문했을 때 그 후손인 서동성 씨가 마중을 나와 서성의 묘소 가까이에 있는 재사(齋舍)인 설운재(雪雲齋)와 서성의 사당인 숭덕사(崇德祠), 서유구의 9대조인 서고(徐固)의 묘소를 안내해 주었다.

연구팀은 만산토방이란 식당에서 점심 식사를 맛있게 한 후 포천시 영중면 거사리에 있는 금화봉(金華峰)으로 이동했다. 이곳은 서유구가 1806년 중부(仲父) 서형수(徐瀅修)가 유배되자 벼슬길에서 물러나 있으면서 『금화지비집(金華知非集)』, 『금화경독기(金華耕讀記)』 같은 책을 작성한 장소로 추정되는 곳이다. 그러나 연구팀이 금화봉을 방문했을 때에는 거대한 채석장이 들어서 이곳저곳을 파헤쳐 놓았고 땅속의 석재를 채취하느라 금화봉의 봉우리는 거의 사라지고 말았다. 다만 금화봉의 한쪽 산자락에는 달성 서씨 가의 묘소가 남아 있었고, 연구팀은 그중에서 서경우(徐景雨)와 서원리(徐元履) 부자의 묘소를 방문했다. 서경우는 서유구의 6대조인 서경주(徐景霌)의 첫째 형님으로 인조 때 우의정을 역임했고, 서원리는 병자호란 후 심양에 인질로 갔던 봉림대군을 수행하고 현종 대에 함경감사를 역임한 인물이다. 서경우와 서원리의 묘지(墓誌)는 서경우의 손자인 서문중(徐文重)이 작성했는데, 이를 보면 달성 서씨 가는 서경우의 묘소를 조성하면서 영

〈그림 4〉 채석장으로 변한 금화봉.

〈그림 5〉 금화봉 기슭의 서원리(徐元履) 묘소.

평(永平)의 치소(治所)에서 가까웠던 금화봉 인근에 새로운 터전을 마련한 것으로 보인다.

이날 풍석 서유구 연구팀이 안내판이 보이지 않는 지역을 쉽게 찾아갈 수 있었던 것은 포천에 거주하는 함영대의 사전답사와 안내가 있었기 때문이다. 이 자리를 빌려 감사를 드린다.

참고로 서유구의 고조부인 서문유(徐文裕)에서 시작하여 증조부 서종옥(徐宗玉), 조부 서명응(徐命膺), 생부 서호수(徐浩修), 서유구의 묘소는 파주군 아동면 금릉리에 있다. 이곳은 북한 접경 지역에 가까워 이번 답사에서는 현장을 방문하지 못했다. 훗날 답사할 기회가 있기를 기대한다.

부록

연보 — 연구논저 목록 — 찾아보기

서기	제왕 연대	나이	풍석의 사적
1764년	영조 40	1	○ 11월 10일(이하 음력) 서호수(徐浩修)와 이이장(李彛章)의 따님인 한산 이씨(韓山李氏) 사이의 4남 2녀 중 둘째 아들로 출생하다. 태어나던 날 서호수의 꿈속에 한 노인이 나타나 두 폭의 그림을 보여 주며 하나를 고르라고 하였는데, 이때 집어든 것이 목은(牧隱) 이색(李穡)의 초상이었다고 한다. 생부(生父) 서호수가 출계하여 백조부(伯祖父) 서명익(徐命翼)의 대를 잇고, 서철수(徐澈修)가 조부 서명응(徐命膺)의 대를 잇게 되어, 서유구는 양부 서철수와 양모(養母) 연안 김씨, 양계모(養繼母) 반남 박씨의 대를 잇게 된다.
1770년	영조 46	7	○ 유금(柳琴)에게 『사기』를 배우다. ○ 예양론(豫讓論)을 짓다.
1775년	영조 51	12	○ 여산 송씨(礪山宋氏)와 혼인하다.
1776년	영조 52	13	○ 3월 10일 정조 즉위하다. ○ 6월 30일, 7월 4일 홍인한(洪麟漢)과 정후겸(鄭厚謙)을 토죄할 것을 청하는 두 차례의 상소에 유학(幼學)으로 이름을 올리다.
1777년	정조 1	14	○ 평안도 관찰사였던 서명응을 좇아 평양에 머물다. 서명응으로부터 당송팔가문(唐宋八家文)을 배우다.
1778년	정조 2	15	○ 중부(仲父) 서형수(徐瀅修)로부터 오경(五經)・사서(四書)・당송팔가문・모시(毛詩)를 배우다.
1779년	정조 3	16	○ 이의준(李義駿)으로부터 『상서(尙書)』를 배우다. ○ 아내와 함께 용주(蓉洲)에서 서명응을 모시다. ○ '풍석암(楓石庵)'이라는 호를 쓰다.
1780년	정조 4	17	○ 한여름, 죽서(竹西)의 태극실(太極室)에 머물면서 남쪽 언덕에 파초 4, 5그루를 심다. ○ 폐(肺)를 앓다.
1781년	정조 5	18	○ 6월 백씨(伯氏) 서유본(徐有本)과 함께 강화유수로 있던 서호수의 임지에 머물다.

서기	제왕 연대	나이	풍석의 사적
1781년	정조 5	18	○ 대서(大暑) 「제세검정아집도(題洗劍亭雅集圖)」를 쓰다. ○ 초겨울 죽서의 태극실에서 『상서』에 대해 논변하다.
1783년	정조 7	20	○ 12월 16일 동학(東學)의 색장(色掌)으로 전강을 치르다. 성적은 조(粗).
1784년	정조 8	21	○ 3월 딸 노열(老悅)이 태어났으나 50일 만에 죽다. ○ 4월 26일 동학(東學)의 색장(色掌)으로 전강을 치르다. 성적은 략(略). ○ 용주에서 서명응을 모시다. ○ 『보만재총서(保晩齋叢書)』를 편찬하고, 「위사(緯史)」를 보충하다.
1785년	정조 9	22	○ 탄소(彈素) 유금(柳琴)과 부용강(芙蓉江) 가에서 노닐다. ○ 7월 「발본사(跋本史)」를 쓰다. ○ 겨울 용주에 머물면서 『춘추좌씨전』을 읽다.
1786년	정조 10	23	○ 생원시에 합격하다. ○ 12월 22일 관학 유생 진사들과 연명 상소를 올리다. ○ 제석(除夕) 이틀 전 「제왕모이부인문(祭王母李夫人文)」을 짓다.
1787년	정조 11	24	○ 2월 학산 병사(鶴山丙舍)에 머물다가 3월에 돌아오다. ○ 입하(立夏) 홀원(忽園)의 남쪽 못가에 노닐며, 「지북제시도기(池北題詩圖記)」를 쓰다. ○ 이의준에게 「여이우산논상서고문서(與李愚山論尚書古文書)」를 올리다. ○ 「유군묘명(柳君墓銘)」을 짓다. ○ 9월 서명응이 용주에서 서울로 들어감. ○ 겨울 『보만재총서』 6책 중 4책의 정사를 마치다. ○ 동짓날 「중부명고선생시유집목록후서(仲父明皐先生始有集目錄後序)」를 쓰다. ○ 12월 20일 조부 서명응의 상을 당하다.
1788년	정조 12	25	○ 정월 갑신일 「제왕부보만재선생문(祭王父保晩齋先生文)」을 짓다.

서기	제왕 연대	나이	풍석의 사적
1788년	정조 12	25	○ 서호수를 대신하여 「제유군탄소문(祭柳君彈素文)」을 짓다. ○ 「송원사곡기하자(送遠辭哭幾何子)」를 짓다. ○ 「여심치교걸제소조서(與沈穉教乞題小照書)」를 쓰다. ○ 『풍석고협집(楓石鼓篋集)』 6권을 완성하다.
1790년	정조 14	27	○ 9월 20일 증광문과 전시(殿試)에 급제하다. ○ 9월 30일 초계문신으로 선발되다. ○ 10월 1일 승문원 부정자(副正字)에 제수되다. ○ 10월 5일 사변가주서(事變假注書)에 임명되다. ○ 10월 28일 분가주서(分假注書)에 임명되다. ○ 11월 18일 연명 상소를 올리다. ○ 11월 19일 2차 연명 상소를 올리다. ○ 겨울 초계문신 응제에 「십삼경대(十三經對)」와 「농대(農對)」를 올리다.
1791년	정조 15	28	○ 1월 13일 가주서(假注書)에 임명되다. ○ 1월 16~18일, 정조의 수원 행차에 대동하다. ○ 12월 15일 연명 상소를 올리다. ○ 『주역강의』, 『상서강의』, 『대학강의』, 『논어강의』, 『맹자강의』, 『좌전강의』 등의 편찬에 참여하다.
1792년	정조 16	29	○ 2월 11일 규장각 대교(待教)에 임명되다. ○ 3월 13일 가주서에 임명되다. ○ 3월 21일 한림 권점에서 3점을 받다. ○ 3월 24일 춘당대에 나아가 한림 소시(召試)에 응하다. ○ 3월 24일 예문관 검열(檢閱)이 되다. ○ 3월 25일 홍문관 정자(正字)가 되다. ○ 3월 상림(上林)에서 꽃 구경하고 고기를 낚으며 연구를 짓다. ○ 규장각 대교를 사직하는 상소를 올리다. ○ 겨울 「송족숙리수지임진잠(送族叔理修之任鎭岑)」을 쓰다. (구황책에 대해 논의함)
1794년	정조 18	31	○ 응제문 「팔자백선서(八子百選序)」를 올리다. ○ 「자전자궁예경모궁시합행의절박고계(慈殿慈宮詣景慕宮時合行儀節博考啓)」를 쓰다.

서기	제왕 연대	나이	풍석의 사적
1794년	정조 18	31	○ 12월 22일 홍문관 부교리에 제수되다.
1795년	정조 19	32	○ 1월 12일 연명 상소를 올리다. ○ 봄 정릉(定陵)에 섭향(攝享)하는 날에 연구(聯句)를 짓다. ○ 내원(內苑)의 부용정(芙蓉亭)에서 꽃 구경하고 연구를 짓다. ○ 4월 26일 영흥(永興) 본궁에 향사하는 날 연구를 짓다. ○ 5월 11일 아들 우보(宇輔) 태어나다. ○ 6월 20일 2차 연명 상소를 올리다.
1796년	정조 20	33	○ 『누판고(鏤板考)』 7권을 편찬하다. ○ 12월 7일 삼경과 사서의 구두를 교정하는 일을 주관하다. ○ 『육영성휘(育英姓彙)』를 편찬하다.
1797년	정조 21	34	○ 6월 2일 『향례합편(鄕禮合編)』을 편찬하다. ○ (윤)6월 2일 『육주약선(陸奏約選)』을 편찬하다. ○ 7월 4일 순창군수에 제수되다. ○ 『주서절약(朱書節約)』과 『대학류의(大學類義)』를 광주(光州)·순창 두 곳에서 개국교정(開局校正)하다. (당시에 서형수가 광주에 부임해 있었음.) ○ 「영성수성사전박고의(靈星壽星祀典博攷議)」를 지어 올리다.
1798년	정조 22	35	○ 정조의 권농윤음에 응하여 「순창군수응지소(淳昌郡守應旨疏)」를 올리다.
1799년	정조 23	36	○ 1월 10일 생부 서호수의 상을 당하다. ○ 1월 12일 복상을 위해 순창군수에서 면직되다. ○ 1월 28일 부인 여산 송씨의 상을 당하다. ○ 12월 『홍재전서』 선사본이 완성되다.
1800년	정조 24	37	○ 6월 28일 정조 승하하다. ○ 규장각 학사가 되다.
1801년	순조 1	38	○ 1월 큰 여동생 사망하다. 「망매숙인서씨묘지명(亡妹淑人徐氏墓誌銘)」을 짓다. ○ 3월 21일 사헌부 장령에 제수되다. ○ 3월 26일 규장각 검교에 제수되다.

서기	제왕 연대	나이	풍석의 사적
1801년	순조 1	38	○ 4월 1일·9일·20일 소학 경연에 참석하다. ○ 4월 3일 홍문관 부교리에 임명되다. ○ 여름 규장각 부교리에 임명되다. ○ 4월 15일 건릉(健陵) 망제에 대축부과(大祝副果)로 참여하다. ○ 4월 23일 『서전(書傳)』 경연에 참석하다. ○ 4월 27일 연명 상소를 올리다. ○ 5월 1일 효원전 삭제(朔祭)에 집전부과(執奠副果)로 참여하다. ○ 12월 22일 어제를 선사교정(繕寫校正)한 공로로 승정원 동부승지가 되고, 좌부승지를 거쳐 형조참의에 제수되다.
1802년	순조 2	39	○ 1월 13일 『자치통감강목』 경연에 참석하다. ○ 1월 21일 『서전』 경연에 참석하다. ○ 5월 18일 『서전』에 현토하는 일을 맡다. ○ 12월 13일 의주부윤에 제수되다. 대론(臺論)을 받고, 여러 차례 사양하고 파직을 청한 끝에 부임하다.
1803년	순조 3	40	○ 9월 2일 공부시랑이 장자도로 달아난 간민의 압송을 요구한다고 보고하다. ○ 9월 13일 부도통과 공부시랑의 일정에 대해 봉성의 아문에 탐문하여 보고하다. ○ 9월 17일 용천부사 최조악이 중국의 군사와 함께 간민을 수색, 체포한 상황을 보고하다. ○ 10월 13일 장자도에 대한 부도통 책파극(策巴克), 성경공부시랑 파령아(巴靈阿)의 찰문을 보고하다.
1804년	순조 4	41	○ 5월 14일 의주부윤에서 체직되다. ○ 8월 13일 좌부승지에 제수되고, 『정조실록』 편찬에 참여하다. ○ 8월 25일 형조참의에 제수되다. 사직소를 올렸으나 불허하다. ○ 10월 5일 겨울 여주목사에 제수되다.
1805년	순조 5	42	○ 4월 11일 여주목사에서 교체되다. ○ 4월 15일 실록교정당상에 임명되다.

서기	제왕 연대	나이	풍석의 사적
1805년	순조 5	42	○ 5월 27일 성균관 대사성에 제수되고, 승지반장(承旨泮長)에 임명되다. ○ (윤)6월 29일 계속 사직소를 올린 끝에 허락을 받다.
1806년	순조 6	43	○ 1월 15일 홍문관 부제학에 제수되다. 삼종숙(三從叔) 서매수(徐邁修)가 홍문관 도당(都堂)의 주권(主圈)을 맡고 있었으므로 2차례 상소를 올리고 취임하지 아니하다. ○ 1월 18일 서형수가 '김달순 옥사'에 연루되어 섬으로 유배되자 사직소를 올려 허락을 받다.
1807년	순조 7	44	○ 가을 노원우소(盧原寓所)에 머물다.
1808년	순조 8	45	○ 「여붕래서(與朋來書)」를 쓰다.
1809년	순조 9	46	○ 금화산장(金華山莊)으로 거처를 옮겨 어머니를 모시다. ○ 삼각산 아래 사견촌(四堅村)을 방문하다.
1811년	순조 11	48	○ 봄 서철수를 모시고 두호(豆湖)에 머물다.
1812년	순조 12	49	○ 여름 대호(帶湖)에 머물다.
1813년	순조 13	50	○ 4월 20일 서조모(庶祖母) 밀양 박씨의 상을 당하다. ○ 9월 20일 생모 한산 이씨의 상을 당하다.
1815년	순조 15	52	○ 봄 임진강 가 난호(蘭湖)에 집을 짓다.
1817년	순조 17	54	○ 봄 고란강(皐蘭江)에서 노닐다. ○ 12월 「제난호화악집(題蘭湖華萼集)」을 쓰다.
1820년	순조 20	57	○ 겨울 모곤(茅坤)의 『팔가문선(八家文選)』을 평비(評批)하여 아들 우보(宇輔)에게 주다.
1821년	순조 21	58	○ 2월 서유본의 상을 당하다. ○ 겨울 오른팔을 쓰지 못하는 증상〔右臂不遂之證〕으로 삼호(三湖)의 행정(杏亭)에 머물다. ○ 인근에서 사고전서총목 200권을 열람하다.

서기	제왕 연대	나이	풍석의 사적
1823년	순조 23	60	○ 2월 6일 「백씨육십이세초도일제문(伯氏六十二歲初度日祭文)」을 짓다. ○ 7월 서형수가 추자도에서 영광군 임피현(臨陂縣)으로 이배되다. ○ 9월 29일 돈녕부 도정으로 복직되다. ○ 11월 18일 회양(淮陽)부사에 제수되다.
1824년	순조 24	61	○ 봄 아들 서우보가 임지로 찾아오다. ○ 11월 2일 서형수가 임피현 유배지에서 사망하다. 11월 11일 「제중부오여선생문(祭仲父五如先生文)」을 쓰다.
1825년	순조 25	62	○ 봄 금강산 화악대사(華嶽大師)를 초빙하여 『능엄경』, 『반야심경』 등을 듣다. ○ 봄 우부승지에 제수되다. ○ 고구마 종자를 얻어 재배하다. ○ 동지(冬至) 『행포지(杏蒲志)』를 저술하다.
1826년	순조 26	63	○ 여름 양주목사에 제수되다. ○ 8월 숭릉(崇陵)을 개수하는 역사에 참여하여, 가을에 그 공으로 가선대부의 품계를 받다.
1827년	순조 27	64	○ 3월 1일 강화부 유수에 제수되다. 3월 7일 사임 상소를 올렸으나 불허하다. ○ 상소를 올려 비예강어책(備豫强圉策)과 구폐오조(救弊五條)를 진언하다. ○ 6월 갑오일 임지에서 아들 서우보를 잃다.
1828년	순조 28	65	○ 가을 호조판서에 추천되고, 남공철의 상주로 자헌대부 정경(正卿)의 품계를 받다. ○ 8월 29일 사헌부 대사헌 겸지경연사에 제수되다. ○ 9월 20일 겨울 공조판서 겸지춘추관사에 제수되다. ○ 11월 24일 진찬당상(進饌堂上)에 임명되다. ○ 12월 공조판서 사직소를 올리다.
1829년	순조 29	66	○ 5월 15일 사헌부 대사헌에 제수되다. ○ 8월 25일 광주(廣州)유수를 제수받았으나, 양부(養父) 서철수(徐澈修)의 상을 당하여 바로 교체되다.

서기	제왕 연대	나이	풍석의 사적
1830년	순조 30	67	○ 2월 16일 동생 서유락(徐有樂)의 상을 당하다. ○ 4월 24일 아내와 아들의 묘를 이장하며, 「제망실천폄문(祭亡室遷窆文)」과 「제망자천폄문(祭亡子遷窆文)」을 짓다.
1831년	순조 31	68	○ 형조판서 겸지경연도총관에 제수되다. ○ 참판 임존상(任存常), 참의 이경재(李景在)와 연명상소를 올리다.
1832년	순조 32	69	○ 2월 비변사 제조, 예문관 제학에 제수되다. ○ 3월 예문관 제학 사임 상소를 올리다. ○ 7월 28일 사헌부 대사헌에 제수되다. ○ 8월 27일 예조판서 겸 예문관 제학에 제수되다. ○ 9월 15일 세손좌부빈객에 임명되다. ○ 9월 24일 호조판서에 제수되다. ○ (윤) 9월 호조판서 사직소를 올리다. ○ (윤) 9월 5일 홍문관 제학에 제수되다. ○ 12월 홍문관 제학 사직소를 올리다.
1833년	순조 33	70	○ 봄 기로소에 들어가다. ○ 3월 10일 전라도관찰사에 제수되다. 사직소를 올리다. ○ 가을 무성(武城)에서 홍석주(洪奭周)를 만나다. ○ 12월 16일 산골의 대동 면포를 돈으로 대신 바칠 것을 상소하다.
1834년	순조 34	71	○ 1월 17일 「우역방(牛役方)」을 관할 지역에 배포하다. ○ 봄 호남을 순시하고, 『종저보』를 간행하여 널리 배포하다. ○ 『계원필경집』을 간행하다. ○ 11월 순조 승하하다. 부절을 걸납하고, 순묘(純廟)의 빈전에 곡하다.
1835년	순조 35	72	○ 봄 전라도관찰사에서 체직되고, 예문관 제학에 제수되다. ○ 3월 30일 의정부 좌참찬에 제수되다. ○ 여름 도총관지실록(都摠管知實錄)에 임명되다. ○ 5월 21일 규장각 제학에 제수되다. ○ (윤) 6월 11일 이조판서에 제수되다.

서기	제왕 연대	나이	풍석의 사적
1835년	헌종 1	72	○ (윤) 6월 17일~19일 3번 사직소를 올려 허락을 받고, 지중추부사에 제수되다. ○ (윤) 6월 27일 지중추부사 사직소를 올려 허락을 받다. ○ 가을 빙고제조(氷庫提調) 차실록찬수당상(差實錄撰修堂上)에 임명되다. ○ 9월 14일 병조판서에 제수되다. ○ 9월 15일 사직 상소를 올리다. ○ 10월 9일 『소학』을 강하다가, 척불에 대해 논하다.
1836년	헌종 2	73	○ 1월 수원부 유수에 제수되다. ○ 1월 15일 수원부 유수 사직소를 올리다. ○ 1월 27일 수원부 유수로 부임하다. ○ 5월 19일 규장각에서 순종대왕어제 등을 간행하여 올리다.
1837년	헌종 3	74	○ 3월 6일 장단(長端)에 있던 살림들을 동교(東郊)의 번계(樊溪)로 옮기다. ○ 12월 2일 지경연(知經筵)에 임명되다. ○ 12월 12일 수원부의 임기를 마치고 상경하다. ○ 전성제조(典牲提調), 예문관제학 도총관에 제수되다.
1838년	헌종 4	75	○ 5월 지의금부사에 제수되다. ○ 5월 25일 사헌부 대사헌에 제수되다. ○ 여름 가뭄이 들다. ○ 6월 10일 구황삼책을 진언하다. ○ 7월 30일 종1품으로 가자되어 숭정의 품계에 올랐으며, 판의금부사에 제수되다. ○ 12월 13일 판의금부사 사직소를 올리다. ○ 가을 수락산을 유람하다. ○ 『보만재집』을 간행하다. 「보만재집발(保晩齋集跋)」을 쓰다.
1839년	헌종 5	76	○ 봄 번계에서 중국 강남의 볍씨 12품종을 시험재배하다. ○ 여름 번계에서 홍수 피해를 입다. ○ 8월 두 번의 상소를 올려 퇴임을 청하다. ○ 8월 16일 희정당의 진강에 참여하여 퇴임을 허락받다. 치사봉조하(致仕奉朝賀)가 되다.

서기	제왕 연대	나이	풍석의 사적
1839년	헌종 5	76	○ 가을 북한산을 유람하다.
1840년	헌종 6	77	○ 번계에서 도둑 떼의 창궐로 위협을 받다. ○ 가을 배로 한강을 거슬러 두릉(斗陵)까지 복거지를 물색하는 여행을 하다. ○ 12월 29일 번계의 자연경실(自然經室)에서 「윤현노육십일초도서(尹顯老六十一初度序)」를 쓰다.
1842년	헌종 8	79	○ 「오비거사생광자표(五費居士生壙自表)」를 쓰다. ○ 입동(立冬) 「중부명고선생자지추기(仲父明皐先生自誌追記)」를 쓰다.
1843년	헌종 9	80	○ 봄 건릉(健陵) 행차에 시종하자, 특명으로 정일품 보국숭록대부로 품계를 올리다. ○ 양계모 반남 박씨의 상을 당하다.
1845년	헌종 10	82	○ 11월 1일 경기도 광주(廣州) 두릉(斗陵)에서 서거하다. 거문고를 타게 하고 평온하게 운명하였으며, 집안 일에 대해서는 일체 언급하지 아니하다.
1846년	헌종 11		○ 정월 병인일에 장단 금릉리(金陵里)에 부인과 합봉하다.

■ **원전**

『楓石全集』, 서울대학교 중앙도서관 고문헌자료실, 3436-4.

『楓石全集』, 보경문화사, 1983.

『楓石全集』, 한국문집총간 288, 민족문화추진회, 2002.

『林園經濟志』, 고려대학교도서관, 零本 49책, 대학원 E1 A34.

『林園經濟志』, 大阪府立中之島圖書館, 零本 31책.

『林園經濟志』, 보경문화사, 1983.

『林園經濟志』, 민속원, 1991.

『林園經濟志略抄』, 서울대학교 규장각한국학연구원, 經古 630.951 Se61i.

「林園經濟志 16志 引」, 한양대학교 백남학술정보관 담헌문고 영인본.

『林園十六志』, 서울대학교 규장각한국학연구원, 奎 6565.

『林園十六志』, 서강대학교 중앙도서관 고서실, 3권1책, 고서 임67.

『林園十六志』, 서울대학교 고전간행회, 1967.

『林園十六志引用書目』, 미국 버클리대 동아시아도서관(아사미문고), 零本 1책, 25. 5.

『樊溪詩稿』, 국립중앙도서관 영인수집본, 古 3643-456(원본: 日本大阪中之島圖書館 韓8-73).

『金華耕讀記』, 東京都立中央圖書館, 特7641.

『蘭湖漁牧志』, 국립중앙도서관, 한古朝68-42.

『毛詩講義』, 국립중앙도서관 영인수집본, 古1233-62(원본: 日本大阪中之島圖書館 韓13-7).

『贍用志』, 미국 버클리대 동아시아도서관(아사미문고), 零本 1책, 30 1a.

『怡雲志』, 고려대학교 중앙도서관 한적실, 零本 1책, 신암 E1 A35A.

『種藷譜』, 국립중앙도서관, 古9155-1.

『種藷譜』, 『조선학보』 제44집 영인본, 조선학회, 1967.

『杏蒲志』, 미국 버클리대 동아시아도서관(아사미문고), 零本 1책, 30. 4.

『杏蒲志』, 화봉문고, 零本 1책.
『杏蒲志』, 한국근세사회경제사료총서, 農書 36, 아세아문화사, 1986.
『完營日錄』, 성균관대학교 대동문화연구원, 2002.
『華營日錄』, 서벽외사해외수일본 23, 아세아문화사, 1990.
徐有榘 外, 『應旨進農書』, 農書 7, 아세아문화사, 1981.
徐有榘 纂, 池錫永 抄, 『新林光珠』, 고려대학교 중앙도서관 한적실, 육당 E1 A20.

■ **번역서**

徐有榘 저, 이해형 번역(2004), 『華營日錄』, 경기도박물관 편.
______ 저, 안대회 엮어옮김(2005), 『산수간에 집을 짓고』, 돌베개.
______ 저, 김명년 역(2007), 『전어지』, 한국어촌어항협회.
______ 저, 이효지・조신호・정낙원・차경희 편역(2007), 『정조지』, 교문사.
______ 저, 정명현・김정기 역주(2008), 『임원경제지・본리지』, 소와당.
______ 저, 노평규・김영 역주(2010), 『임원경제지・관휴지』, 소와당.
______ 저, 박순철・김영 역주(2010), 『임원경제지・만학지』, 소와당.
______ 지음, 김일권 역주(2011), 『임원경제지・위선지』, 소와당.
徐有榘 外, 『應旨進農書』(2009), 고농서국역총서 15, 농업진흥청.
김성우・안대회(1987~1990), 「임원경제지」, 꾸밈, 토탈디자인.
정명현・민철기・정정기・전종욱 외 옮기고 씀(2012), 『임원경제지-조선 최대의 실용백과사전』, 씨앗을뿌리는사람.

■ **연구저서**

강명관(1999), 『조선시대 문학 예술의 생성 공간』, 소명출판.
김두종(1993), 『한국의학사』, 탐구당.
김명호(2008), 『환재 박규수 연구』, 창비.
김용섭(2004), 『한국근대농업사연구』(1), 신정증보판, 지식산업사.
______(2006), 『조선후기 농업사 연구』(2), 신정증보판, 지식산업사.

_____(2009), 『조선후기 농학사 연구』, 신정증보판, 지식산업사.
문중양(2000), 『조선후기 水利學과 수리담론』, 집문당.
백남운 저, 심우성 역(2004), 『조선사회경제사』, 동문선.
염정섭 · 옥영정 · 심경호 · 유봉학(2011), 『풍석 서유구와 임원경제지』, 소와당.
유봉학(1995), 『연암일파 북학사상 연구』, 일지사.
_____(1998), 『조선후기 학계와 지식인』, 신구문화사.
이성우(1981), 『한국식경대전』, 향문사.
이우성(1982), 『한국의 역사상』, 창작과비평사.
이춘녕(1989), 『한국농학사』, 민음사.
장효현(1988), 『서유영 문학의 연구』, 아세아문화사.
조성산(2007), 『조선후기 낙론계 학풍의 형성과 전개』, 지식산업사.
조은자(2007), 『임원경제지 속의 죽』, 광문각.
三木榮(1956), 『朝鮮醫書誌』, 自家印行.
三木榮(1963), 『朝鮮醫學史及疾病史』, 自家出版.

■ **연구논문**

강명관(2001), 「풍석 서유구의 산문론」, 『18세기 조선지식인의 문화의식』, 한양대학교 한국학연구소.
강민구(1998), 「풍석 서유구의 시경학 연구 서설」, 『반교어문연구』 9, 반교어문연구회.
_____(1998), 「서유구의 『시경』 辨釋에 대한 연구」, 『한국시가연구』 4, 한국시가학회.
_____(2003), 「『풍석고협집』을 통해 본 18세기 후반 문학비평 연구(Ⅰ)」, 『동방한문학』 25, 동방한문학회.
_____(2005), 「『풍석고협집』을 통해 본 18세기 후반 문학비평 연구(Ⅱ)」, 『동방한문학』 29, 동방한문학회.
_____(2012), 「서유구의 청년기 저작에 대한 효용론적 비평」, 『동방한문학』 51, 동방한문학회.

김귀영·이춘자·박혜원(1998), 「『임원십육지』의 곡물 조리가공(밥·죽)에 관한 문헌 비교 연구(I)」, 『東아시아食生活學會誌』 8-4, 동아시아식생활학회.
김귀영·이춘자(2002), 「『임원십육지』의 떡류(餠餌類) 조리가공에 관한 문헌 비교 연구」, 『東아시아食生活學會誌』 12-6, 동아시아식생활학회.
김대중(2006), 「화훼에 대한 서유구의 감수성과 그 의미」, 『한국실학연구』 11, 한국실학학회.
______(2013), 「「예규지」의 가정 경제학」, 『한국한문학연구』 51, 한국한문학회.
______(2013), 「위희와 조선후기 한문학—서유구의 사례를 중심으로」, 『민족문화연구』 58, 고려대학교 민족문화연구원.
김문식(2009), 「풍석 서유구의 학문적 배경」, 『진단학보』 108, 진단학회.
______(2010), 「「의상경계책」에 나타난 서유구의 지역인식」, 『한국실학연구』 19, 한국실학학회.
______(2010), 「정조·정약용·서유구의 십삼경 이해」, 『다산학』 16, 다산학술문화재단.
김선경(2012), 「1833～1834년 전라도 지역의 살옥 사건과 심리: 『완영일록』의 분석」, 『역사교육』 122, 역사교육연구회.
김승우·차경희(2013), 「조선후기 『임원경제지』 「인제지」 속의 구황」, 『한국식생활문화학회지』 28-3, 한국식생활문화학회.
김윤조(1996), 「실학파 문학의 계승양상에 관한 연구」, 『대동한문학』 8, 대동한문학회.
김용환·홍석주(1996), 「『임원경제지』의 동서사택론에 관한 연구」, 『박물관지』 5, 충청전문대학박물관.
김필래(2004), 「남한강변 장시에 유통된 품목고—서유구의 『임원십육지』를 중심으로」, 『한국의 민속과 문화』 9, 경희대학교 민속학연구소.
김현숙·이효지(2004), 「『임원십육지』 정조지의 조리학적 고찰(I)」, 『韓國生活科學研究』 24, 漢陽大學校 韓國生活科學研究所.
김현숙·이효지(2005), 「『임원십육지』 정조지의 조리학적 고찰(II): 활팽지류의 부식류 중 습열조리를 중심으로」, 『韓國生活科學研究』 25, 漢陽大學校 韓

國生活科學研究所.
노기춘(2006), 「『임원경제지』 인용문헌 분석고」(Ⅰ), 『한국도서관정보학회지』 37-1, 한국도서관·정보학회.
______(2006), 「『임원경제지』 인용문헌 분석고」(Ⅱ), 『서지학연구』 35, 서지학회.
리상용(2005), 「「누판고」 수록 도서의 질적 수준에 관한 연구」, 『서지학연구』 31, 서지학회.
______(2012), 「「누판고」의 목록기술방식에 대한 연구」, 『서지학연구』 52, 서지학회.
박권수(1998), 「서명응의 역학적 천문관」, 『한국과학학회지』 20-1, 한국과학사학회.
______(2006), 「서명응·서호수 부자의 과학활동과 사상」, 『한국실학연구』 11, 한국실학학회.
朴明德(1992), 「『林園十六志』의 「贍用志」 中屋三分法에 대한 小論」, 『建築』 36-4, 대한건축학회.
박문열(1985), 「「경외누판」과 「누판고」와의 관계」, 『논문집』 18-1, 청주대학교.
박상영(2013), 「「인제지」의 조선후기 의사학적 위상과 의의」, 『한국실학연구』 25, 한국실학학회.
박은순(2001), 「서유구의 서화감상학과 『임원경제지』」, 『18세기 조선지식인의 문화의식』, 한양대학교 한국학연구소.
백숙은·최영진(2004), 「임원십육지(林園十六志)에 수록된 어패류의 향약성(鄕藥性)에 관한 연구」, 『東아시아食生活學會誌』 14-3, 동아시아식생활학회.
성낙훈(1974), 「실생활의 개혁-서유구」, 『조선실학의 개척자 10인』, 신구문화사.
손병규(2003), 「서유구의 진휼정책: 『완영일록』·『화영일록』을 중심으로」, 『대동문화연구』 42, 성균관대학교 대동문화연구원, 2003.
신민자·최영진(1998), 「임원십육지를 통해서 본 우리나라 전통음료의 향약성 효과에 대한 고찰」, 『東아시아食生活學會誌』 8-2, 동아시아식생활학회.
신재식(2012), 「서유구의 『좌전』 저자 변증과 『일지록』의 수용 사례에 대하여」, 『한국실학연구』 23, 한국실학학회.

______(2013), 「서유구의 『고문상서원사』 비판에 대한 고염무·주이존의 영향」, 『민족문화』 41, 한국고전번역원.
신상섭(2012), 「임원경제지를 통해 본 식물의 이용경향과 종예법」, 『문화재』 45-4, 국립문화재연구소.
신영주(2005), 「『이운지』를 통해 본 조선후기 사대부가의 생활모습」, 『한문학보』 13, 우리한문학회.
심경호(2009), 「『임원경제지』의 문명사적 가치」, 『쌀·삶·문명연구』 2, 전북대학교 인문한국 쌀·삶·문명연구원.
안대회(2001), 「상상 속의 정원」, 『문헌과 해석』 통권 16호, 문헌과해석사.
______(2004), 「18·19세기의 주거 문화와 상상의 정원」, 『진단학보』 97, 진단학회.
______(2006), 「임원경제지를 통해 본 서유구의 이용후생학」, 『한국실학연구』 11, 한국실학학회.
안동교(2011), 「간찰에 나타난 학술적 교유의 양상들－홍대용과 서유구의 간찰을 중심으로」, 『고문서연구』 38, 한국고문서학회.
여상진(2010), 「완영일록에 나타난 19C초 전라감사의 집무와 전주부 관영시설 이용」, 『한국산학기술학회논문지』 11-2, 한국산학기술학회.
염정섭(2009), 「19세기 초반 서유구의 『임원경제지』 편찬과 「본리지」의 농법 변통론」, 『쌀·삶·문명연구』 2, 전북대학교 인문한국 쌀·삶·문명연구원.
______(2009), 「『임원경제지』의 구성과 내용」, 『농업사연구』 8-1, 한국농업사학회.
______(2009), 「『임원경제지』 「본리지」의 농정개선론」, 『진단학보』 108, 진단학회.
오재근(2012), 「『본초강목』이 조선후기 본초학 발전에 미친 영향-미키 사카에의 『임원경제지』 본초학 성과 서술 비판」, 『의사학』 21-2, 대한의사학회.
원보영(2005), 「전통사회의 질병에 대한 여성과 남성의 인식과 대응－『규합총서』와 『임원경제지』의 질병저술을 중심으로」, 『실천민속학연구』 7, 실천민속학회.
유봉학(2010), 「풍석 서유구의 학문과 사상」, 『역사문화논총』 6, 역사문화연구소.

이강민(2010), 「서지학적 분석을 통한 임원경제지 섬용지 영조기사의 구성과 특징 연구, 『한국주거학회논문집』 21-4, 한국주거학회.

이병찬(2010), 「임원경제지-전공지-」, 『박물보존과학』 11, 국립중앙박물관.

이봉호(2013), 「『보양지』 속의 도인과 안마」, 『도교문화연구』 38, 한국도교문화학회.

이성미(1992), 「『임원경제지』에 나타난 서유구의 중국회화 및 화론에 대한 관심」, 『미술사학연구』 193, 한국미술사학회.

이진수(1987), 「조선양생사상의 성립에 대한 고찰」, 『석당논총』 12, 동아대학교 부설 석당전통문화연구원.

이천승(2009), 「서유구의 『임원경제지』에 담긴 사상사적 함의」, 『쌀·삶·문명연구』 2, 전북대학교 인문한국 쌀·삶·문명연구원, 2009.

이헌창(2009), 「『임원경제지』의 경제학」, 『진단학보』 108, 진단학회, 2009.

임선미(2000), 「『유예지』에 나타난 19세기초 음악의 향유 양상」, 『한국학논집』 34, 한양대학교 동아시아문화연구소(구 한국학연구소).

장숙환(2010), 「『임원십육지』에 나타난 복식에 대한 연구-복식지구를 중심으로」, 『한국의상디자인학회지」 12-1, 한국의상디자인학회.

장진성(2009), 「조선후기 미술과 『임원경제지』」, 『진단학보』 108, 진단학회.

정명현(2009), 「『임원경제지』 사본들에 대한 서지학적 검토」, 『규장각』 34, 서울대학교 규장각한국학연구원.

______(2012), 「『임원경제지』 번역의 출발과 전개」, 『고전번역연구』 3, 한국고전번역학회.

______(2012), 「조선시대 견종법 보급론의 확대」, 『농업사연구』 11-2, 한국농업사학회.

전종욱·조창록(2012), 「『임원경제지』·「인제지」의 편집 체재와 조선후기 의학지식의 수용양상」, 『의사학』 21-3, 대한의사학회.

조창록(2001), 「풍석 서유구와 『번계시고』」, 『한국한문학연구』 28, 한국한문학회.

______(2004), 「조선조 개성의 학풍과 서명응 가의 학문」, 『대동문화연구』 47, 성균관대 대동문화연구원.

______(2005),「日本大阪中之島圖書館本『임원경제지』의 引과 例言」,『한국실학연구』 10, 한국실학학회.
______(2006),「풍석 서유구의「의상경계책」에 대한 일 고찰」,『한국실학연구』 11, 한국실학학회.
______(2008),「서유구·서우보 부자의 방폐기 행적과 난호 생활」,『한국실학연구』 16, 한국실학학회.
______(2008),「사대부의 생활이상과『임원경제지』」,『한문학보』 19, 우리한문학회.
______(2009),「서유구의 학문관과『임원경제지』의 글쓰기 방식」,『쌀·삶·문명연구』 2, 전북대학교 인문한국 쌀·삶·문명연구원.
______(2009),「『임원경제지』의 찬술 배경과 類書로서의 특징」,『진단학보』 108, 진단학회.
______(2010),「풍석 서유구의『금화경독기』」,『한국실학연구』 19, 한국실학학회.
______(2012),「조선 실학에 끼친 서광계의 영향－서유구 가문을 중심으로」,『사림』 41, 수선사학회.
______(2012),「『임원경제지』를 통해 본 서유구의 일본인식」,『대동문화연구』 78, 성균관대학교 대동문화연구원.
______(2012),「풍석 서유구와『주례』「고공기」」,『동방한문학』 51, 동방한문학회.
차경희(2009),「『임원경제지』 속의 조선후기 음식」,『진단학보』 108, 진단학회.
차경희·송윤진·이효지(2006),「채소류의 氣味論 연구－『임원십육지』「정조지」중 식감촬요와『동의보감』「탕액편」을 중심으로」,『한국식품조리과학회지』 22, 한국식품조리과학회.
차서연·장동우(2012),「서유구의 복식관－「섬용지」‘복식지구’의 분석을 중심으로」,『복식』 62-60, 한국복식학회.
최영진(2001),「林園十六志에 수록된 魚貝類의 일반적 特性과 금기식품에 관한 연구」,『關大論文集』 29, 關東大學校.
한미경(2010),「「난호어목지」와「전어지」의 비교 연구」,『서지학연구』 47, 서지학회.
한민섭(2004),「풍석 서유구의 산문에 대하여」,『동양한문학연구』 20, 동양한문학회.

______(2007), 「조선후기 가학의 한 국면-서명응 일가의 문학을 중심으로」, 『한국실학연구』 14, 한국실학학회.

홍나영(2009), 「조선후기 복식과 『임원경제지』」, 『진단학보』 108, 진단학회.

Lee Min, Zheng Shu Yang(2010), 「임원경제지의 상택지, 이운지, 섬용지 부분 참고 문헌 특성」, 『Journal of Oriental Culture&Design』 2-1, 국민대학교 동양문화디자인연구소.

■ **학위논문**

권민준(2012), 「풍석 서유구의 농업관과 농업경영론」, 부산대학교 석사학위논문.

김규섭(2013), 「조선시대 서유구의 자연관 및 정원조영 연구」, 상명대학교 박사학위논문.

김대중(2005), 「『풍석고협집』의 평어 연구」, 서울대학교 석사학위논문.

______(2011), 「풍석 서유구 산문 연구」, 서울대학교 박사학위논문.

김윤식(1978), 「누판고의 서지적 연구」, 성균관대학교 석사학위논문.

김일권(2013), 「전통시대 기상예측의 자료와 점후론 구조-『임원경제지』의 「이운지」와 「상택지」를 중심으로」, 상명대학교 박사학위논문.

김현숙(2006), 「『임원십육지』 정조지에 관한 고찰」, 한양대학교 박사학위논문.

김효진(2006), 「서유구의 서화감상학 연구-「화전」과 「예완감상」을 중심으로」, 조선대학교 석사학위논문.

김희영(2009), 「서명응 삼대의 공구서 편찬에 관한 연구」, 부산대학교 석사학위논문.

문선주(2001), 「서유구의 「화전」과 「예완감상」 연구」, 한국정신문화연구원 석사학위논문.

박권수(2006), 「조선후기 상수학의 발전과 변동」, 서울대학교 박사학위논문.

朴東必(2002), 「林園經濟志의 生氣관점에서 본 良洞마을 주거 연구」, 서울市立大學校 석사학위논문.

송윤진(2005), 「『임원십육지』 「정조지」 중 식감촬요와 『동의보감』 「탕액편」의 비교연구」, 한양대학교 석사학위논문.

이혜령(2011), 「서유구의 『완영일록』과 검안처리 업무」, 전주대학교 석사학위논문.

장우석(2010), 「19세기 조선의 수학 교재 「유예지」 권2의 특징 연구」, 서울대학교 석사학위논문.

장혜홍(1994), 「전통 갈색 색명과 그 견뢰성 연구: 임원십육지를 중심으로」, 건국대학교 석사학위논문.

정우봉(1992), 「19세기 시론 연구」, 고려대학교 박사학위논문.

조창록(2003), 「풍석 서유구에 대한 한 연구」, 성균관대학교 박사학위논문.

차서연(2011), 「서유구의 복식관」, 단국대학교 석사학위논문.

최순복(1992), 「植物에 의한 紅色系 染色 硏究 : 林園十六志를 中心으로」, 건국대학교 석사학위논문.

한민섭(2000), 「풍석 서유구 문학 연구」, 고려대학교 석사학위논문.

______(2010), 「서명응 일가의 박학과 총서 · 유서 편찬에 대한 연구」, 고려대학교 박사학위논문.

홍구표(1990), 「朝鮮朝 後期 農學思想과 農書編纂에 關한 硏究」, 청주대학교 석사학위논문.

가

나

다

마

바

사

아

자

차

타

파

하

기타

집필진(원고 게재 순)

조창록 · 성균관대학교 대동문화연구원 수석연구원
김문식 · 단국대학교 사학과 교수
염정섭 · 한림대학교 사학과 교수
박권수 · 충북대학교 기초교육원 교수
김　호 · 경인교육대학교 사회교육과 교수

실시학사 실학연구총서 09
풍석 서유구 연구(上)

1판 1쇄 인쇄 2014년 9월 20일
1판 1쇄 발행 2014년 9월 25일

편집인 | 재단법인 실시학사
집필진 | 조창록 · 김문식 · 염정섭 · 박권수 · 김 호

펴낸곳 | 성균관대학교 출판부 · 사람의무늬
등록 | 1975년 5월 21일 제1975-9호
주소 | 110-745 서울특별시 종로구 성균관로 25-2
전화 | 02)760-1252~4 팩스 | 02)762-7452
홈페이지 | http://press.skku.edu

ISBN 979-11-5550-081-1 94150
978-89-7986-923-1 (세트)
값 25,000원